utb 5948

Eine Arbeitsgemeinschaft der Verlage

Brill | Schöningh – Fink · Paderborn
Brill | Vandenhoeck & Ruprecht · Göttingen – Böhlau Verlag · Wien · Köln
Verlag Barbara Budrich · Opladen · Toronto
facultas · Wien
Haupt Verlag · Bern
Verlag Julius Klinkhardt · Bad Heilbrunn
Mohr Siebeck · Tübingen
Narr Francke Attempto Verlag – expert verlag · Tübingen
Psychiatrie Verlag · Köln
Ernst Reinhardt Verlag · München
transcript Verlag · Bielefeld
Verlag Eugen Ulmer · Stuttgart
UVK Verlag · München
Waxmann · Münster · New York
wbv Publikation · Bielefeld
Wochenschau Verlag · Frankfurt am Main

Dr. Michael Krennerich ist Professor für Politikwissenschaft am Lehrstuhl für Menschenrechte und Menschenrechtspolitik der Friedrich-Alexander-Universität Erlangen-Nürnberg. Zugleich ist er leitender Herausgeber der im Wochenschau Verlag erscheinenden „Zeitschrift für Menschenrechte".

Michael Krennerich

Menschenrechtspolitik

Eine Einführung

WOCHENSCHAU VERLAG

Online-Angebote oder elektronische Ausgaben sind erhältlich unter www.utb-shop.de

Bibliografische Information der Deutschen Nationalbibliothek

Die Deutsche Nationalbibliothek verzeichnet diese Publikation in der Deutschen Nationalbibliografie; detaillierte bibliografische Daten sind im Internet unter http://dnb.d-nb.de abrufbar.

www.wochenschau-verlag.de

Printed in Germany
Einbandgestaltung: siegel konzeption | gestaltung, Stuttgart
Umschlagmotiv: © designer_things – stock.adobe.com

utb-Band-Nr. 5948
ISBN 978-3-8252-5948-8 (Buch)
E-Book ISBN 978-3-8385-5948-3 (PDF)

Inhalt

Teil IV: Regionale und globale Menschenrechtspolitik

Warum dieses Buch?

Das vorliegende Studienbuch entspringt meiner Lehrtätigkeit als Professor für Politische Wissenschaft am Lehrstuhl für Menschenrechte und Menschenrechtspolitik der Friedrich-Alexander-Universität Erlangen-Nürnberg sowie meinen jahrzehntelangen praktischen Erfahrungen, die ich als Vorsitzender des Nürnberger Menschenrechtszentrums e.V. (NMRZ) und im Rahmen des bundesweiten Netzwerkes „Forum Menschenrechte“ gewinnen durfte. Das Buch fußt auf der Beobachtung, dass viele Studierende und menschenrechtlich Engagierte sich mit großer Hingabe menschenrechtspolitischen Themen zuwenden, es ihnen aber mitunter schwerfällt, bei entsprechenden empirischen Untersuchungen das Themenfeld zu strukturieren sowie allgemeine sozialwissenschaftliche Begriffe, Konzepte und Analyseansätze zur Anwendung zu bringen und diese auf die menschenrechtspolitische Praxis zu beziehen. Die vorliegende Einführung möchte hier Hilfestellungen und Anregungen geben. Sie führt nicht nur inhaltlich in die Vielfalt an Themen, Akteuren und Institutionen der Menschenrechtspolitik ein, sondern zeigt auch Möglichkeiten auf, wie mithilfe der Politikwissenschaft und benachbarter Disziplinen das Untersuchungsfeld geordnet und die komplexe Realität der Menschenrechtspolitik systematisch(er) beschrieben und untersucht werden kann. Zu diesem Zwecke werden auch einige ausgewählte sozialwissenschaftliche Ansätze vorgestellt, die noch nicht auf die Menschenrechtspolitik angewandt wurden.

Getragen wird das Buch von der Grundüberzeugung, dass die Umsetzung der Menschenrechte ein höchst anspruchsvolles, kritisch-emanzipatorisches politisches Projekt darstellt (oder zumindest darstellen kann), das sich gegen politische, wirtschaftliche, soziale und kulturelle Unterdrückung von Menschen weltweit richtet[1]: ein Projekt, für das es sich einzutreten lohnt und das unentwegt gegen Widerstände erstritten, verteidigt und weiterentwickelt werden muss. Dabei ist es wichtig, die theoretische und praktische Kritik an den Menschenrechten und der Menschenrechtspolitik (selbst, wenn diese mitunter polemisch vor-

1 Damit bestreite ich nicht, dass es auch weniger anspruchsvolle Lesarten der Menschenrechte gibt. So beruht etwa die neoliberale Sichtweise auf die Menschenrechte (und mitunter auch die Kritik daran) in ihrer einseitigen Betonung negativer wirtschaftlicher Handlungsfreiheiten auf einem reichlich reduktionistischen und rundweg abzulehnenden Verständnis der Menschenrechte; vgl. Krennerich 2021b.

getragen wird) zur Kenntnis zu nehmen[2], beispielsweise: um blinde Stellen des Menschenrechtsschutzes auszuleuchten; um vernachlässigte menschenrechtliche Anliegen auszumachen und aufzugreifen, um all jenen, gerade auch ausgegrenzten Menschen zuzuhören[3], denen die Anerkennung ihrer Menschenwürde verwehrt bleibt und die Unrechtserfahrungen erlitten haben; um zivilgesellschaftliches Menschenrechtsengagement und den institutionellen Menschenrechtsschutz stärker zusammenzuführen; kurz: um Menschenrechtspolitik inklusiv und praktisch relevant zu gestalten. Dabei ist die Umsetzung der Menschenrechte – sofern man nicht leichtfertig in deren Abgesang einstimmt[4] – mutmaßlich ein niemals endendes Projekt.

So war auch die große Hoffnung des ausgehenden 20. Jahrhunderts, dass sich die Menschenrechte weltweit durchsetzen würden, von Beginn an überzogen; allzu deutlich erkennbar waren bereits seinerzeit die vielfältigen Hindernisse, die es erschwerten, die bürgerlichen und politischen und schon gar die wirtschaftlichen, sozialen und kulturellen Menschenrechte wirksam durch- und umzusetzen. Auch sind so manche menschenrechtlichen Erfolge, die bei Anlegung eines großen Maßstabs in den vergangenen Jahrzehnten erreicht wurden,[5] nicht wirklich beruhigend. Zu groß sind die weiterhin bestehenden und die neu hinzukommenden menschenrechtlichen Probleme und Herausforderungen, die nicht konsequent angegangen wurden und werden. Andererseits sollten die zahlreichen menschenrechtspolitischen Rückschläge des frühen 21. Jahrhunderts, wie etwa das Wiederstarken illiberaler, autokratischer Herrschaftspraktiken sowie die allfälligen Schwierigkeiten bei der Umsetzung der Menschenrechte nicht entmutigen. Das Fortbestehen menschenrechtswidriger Strukturen und Macht-

---

2 Zur konstruktiv-kritischen Auseinandersetzung mit grundlegenden und relativierenden Einwänden gegen die Menschenrechte und/oder mit feministischer, de-kolonialer und anti-neoliberaler Menschenrechtskritik, siehe etwa Bielefeldt 1998 und 2022, Holzleithner 2016, Sikkink 2017, Huhle 2018 und i.E., Lohmann 2020, Kaleck 2021, Mende 2021, Pollmann 2022 sowie auch den Themenschwerpunkt „Menschenrechte und Kritik“ der *Zeitschrift für Menschenrechte*, 7 (2), 2013.

3 Bielefeldt (2022: 78) fordert hier zu Recht, „*the art of empathic listening*“ zu kultivieren.

4 Viel beachtet: Moyn 2010 und 2018, Hopgood 2013, Posner 2014. Ein Literaturüberblick aus geschichtswissenschaftlicher Sicht zu den *Endtimes of Human Rights* findet sich bei Möckel 2020. Kritisch gerade zu Moyn siehe etwa Lettinga/van Trost 2014, Huhle 2018, Bielefeldt 2019, 2020, 2022, Salomon/Scheinin 2019.

5 Solche Erfolge erkannte Sikkink (2017) etwa in Bezug auf Frauenrechte, die Bekämpfung des Hungers und die Todesstrafe.

verhältnisse in Politik, Wirtschaft und Gesellschaft verdeutlicht vielmehr, wie notwendig das politische Projekt der Menschenrechte ist und bleibt.

Dieses „Glaubensbekenntnis" vorausgeschickt, beschäftigt sich das vorliegende Buch jedoch weniger damit, wie wichtig Menschenrechte und Menschenrechtspolitik sind. Im Vordergrund stehen vielmehr Fragen, wie sich die Menschenrechtspolitik empirisch darstellt und wie sie sich aus politikwissenschaftlicher Sicht beschreiben, untersuchen und möglicherweise auch bewerten lässt. Besonders berücksichtigt wird dabei die Menschenrechtspolitik der Bundesrepublik Deutschland. Um nicht gleich „mit der Tür ins Haus zu fallen", werden den inhaltlichen und analytischen Ausführungen und Hilfestellungen dabei einige begriffliche Klärungen vorangestellt.

Zuvor seien aber Prof. Dr. Petra Bendel, Dr. Rainer Huhle und vor allem Jana Rothe für die sorgfältige Lektüre des Manuskriptes und zahlreiche hilfreiche Kommentare gedankt. Großer Dank gilt weiterhin dem Wochenschau Verlag, inbesondere Dr. Tessa Debus und Dr. Birgit Wolter, für die über viele Jahre bewährte und freundschaftliche Kooperation.

Teil I

Menschenrechte und Menschenrechtspolitik

1. Menschenrechte

Was sind Menschenrechte?

Menschenrechte sind in aller Munde. Doch was sind Menschenrechte, und welche Merkmale weisen sie auf? Zweifelsohne handelt es sich um *besonders grundlegende* Rechte. Sie zielen darauf ab, die Würde jedes einzelnen Menschen zu schützen[6] und einem jedem Menschen zu ermöglichen, „ohne Furcht und Not" (wie es in der Präambel der Allgemeinen Erklärung der Menschenrechte von 1948 heißt) ein *freies, selbstbestimmtes und menschenwürdiges Leben in Gemeinschaft mit anderen* zu führen. Dabei meint „selbstbestimmt" nicht isoliert von anderen, sondern vielmehr eigenverantwortlich in Beziehung zu anderen. Menschenrechte sind zwar Rechte, die jedem einzelnen Menschen zustehen und zu achten sind; insofern handelt es sich um individuelle Rechte. Doch es sind keine rein „individualistischen" Rechte. Vielmehr werden die Menschenrechte gemeinschaftlich ausgeübt[7] und sind auf das gemeinsame Zusammenleben und auf eine politische Ordnung ausgerichtet, in der alle Menschen nicht (mehr) ausgegrenzt und unterdrückt werden, sondern sich gemeinsam mit anderen entfalten können. In diesem Sinne sind sie gerade nicht „egoistisch", sondern weisen eine „kommunitäre Dimension" (Bielefeldt 2008c) auf und sind als solche auf das Gemeinwesen hin orientiert.

Die Menschenrechte treten dabei mit dem Anspruch auf, ausnahmslos für jeden Menschen, also *universell* zu gelten. Über spezifische Kontexte hinweg beschreiben sie einen Grundbestand an Rechten, der grundsätzlich *jedem* einzelnen Menschen aufgrund seines Menschseins zukommt, und zwar *gleichermaßen*. Das strikte Postulat menschenrechtlicher Gleichheit im Sinne einer prinzipiel-

---

6 Akzentuiert zur Menschenwürde als axiomatische Respektposition, die dem Menschen als Verantwortungssubjekt zukommt, und als „Grund der Menschenrechte": Bielefeldt 2008b, 2011. Zu verschiedenen Verständnissen von Menschenwürde und ihrem Verhältnis zu Menschenrechten siehe u.a. Lohmann 2010a, Düwell et al. 2014, Stoecker 2019, Pollmann 2022 sowie den Themenschwerpunkt der *Zeitschrift für Menschenrechte*, Jg. 4, 2010, Nr. 1.

7 Besonders deutlich etwa im Falle der Vereinigungs- und Versammlungs-, der Meinungs- und Presse- sowie der Religions- und Weltanschauungsfreiheit. Selbst das Recht auf Privatleben ist für die Mitwirkung am Gemeinwesen eine wichtige Voraussetzung, erlaubt es doch, sich zurückzuziehen und Ansichten im sicheren privaten Umfeld auszutauschen, bevor man sich am öffentlichen Diskurs beteiligt; vgl. Bielefeldt 2022: 43 ff.

len Gleichwertigkeit und Gleichberechtigung aller Menschen ist den Menschenrechten inhärent.[8] Es besitzt die Gestalt eines „konzeptionellen Axioms" (Pollmann 2022: 102), das sich selbst nicht mehr begründen lässt, aber nicht aufgeben werden kann, wenn man von Menschenrechten spricht. Allerdings musste (und muss) sich der Gleichheitsgedanke auch innerhalb des Menschenrechtsdiskurses erst gegen beharrliche Formen rechtlicher wie faktischer Ungleichheit durchsetzen, „... und zwar im Zuge politischer Kämpfe um eine progressive ‚Nicht-Diskriminierung', die somit nicht bloß als Inklusion von immer mehr Menschen in den Trägerkreis der Menschenrechte zu verstehen ist, sondern auch als deren sukzessive Gleichstellung" (ebd.: 101).

Die Menschenrechte sind weiterhin *unteilbar* und *interdependent*: Sie bilden einen Sinnzusammenhang aufeinander bezogener Rechte. Bürgerliche, politische, wirtschaftliche, soziale und kulturelle Menschenrechte bedingen sich gegenseitig und gehören untrennbar zusammen. Die Zeiten, in denen soziale Menschenrechte als politische Absichtserklärungen und als keine „echten" Menschenrechte abgetan wurden, sind spätestens seit der Wiener Menschenrechtskonferenz von 1993 und dem anschließenden Bedeutungsgewinn dieser Rechte vorbei (ausführlich: Krennerich 2013). Die nachstehende Tabelle listet die Menschenrechte der beiden grundlegenden UN-Menschenrechtsabkommen von 1966 (in Kraft seit 1976) auf, die mit wenigen Ausnahmen (Recht auf Eigentum, Recht, Asyl zu suchen) die Rechte der Allgemeinen Erklärung der Menschenrechte von 1948 in zwei völkerrechtliche Verträge überführt haben und auf denen weitere UN-Menschenrechtsabkommen aufsetzen (siehe Teil IV).

---

8 Dieses sollte beachtet, wenn etwa rechtsextreme Politiker:innen trotz der von ihnen vertretenen Ungleichheitsideologie von „Menschenrechten" sprechen.

Schaubild 1: Rechte des UN-Zivilpakts und UN-Sozialpakts

UN-Zivilpakt: bürgerliche und politische Rechte	UN-Sozialpakt: wirtschaftliche, soziale und kulturelle Rechte
• Selbstbestimmungsrecht der Völker • Diskriminierungsverbot (allgemein und akzessorisch)* • Recht auf Leben • Verbot der Folter und grausamer, unmenschlicher oder erniedrigender Behandlung oder Strafe • Verbot der Sklaverei, Leibeigenschaft, Zwangsarbeit • Recht auf persönliche Freiheit und Sicherheit • Recht auf Freizügigkeit • Gleichheit vor dem Gesetz, Unschuldsvermutung, faires Gerichtsverfahren, verfahrensrechtliche Mindestgarantien, Doppelstrafverbot etc. • Rückwirkungsverbot • Anerkennung als Rechtsperson • Schutz vor Eingriffen in die Privatsphäre • Recht auf Gedanken-, Gewissens- und Religionsfreiheit • Recht auf unbehinderte Meinungsfreiheit und freie Meinungsäußerung • Recht auf Versammlungsfreiheit • Recht auf Vereinigungsfreiheit • Recht auf Heirat und Familiengründung; Schutz der Familie • Rechte von Kindern auf Schutz • Recht von Staatsbürger:innen auf Mitwirkung an der Gestaltung öffentlicher Angelegenheiten, auf freie Wahlen und auf Zugang zu öffentlichen Ämtern • Recht auf eigenes kulturelles Leben, eigene Religion und eigene Sprache für ethnische, religiöse oder sprachliche Minderheiten	• Selbstbestimmungsrecht der Völker • Diskriminierungsverbot (akzessorisch)* • Recht auf Arbeit • Recht auf gerechte und günstige Arbeitsbedingungen (angemessener Lohn, gleiches Entgelt für gleiche Arbeit, sichere und gesunde Arbeitsbedingungen, Arbeitspausen, angemessene Begrenzung der Arbeitszeit, bezahlter Urlaub, Vergütung gesetzlicher Feiertage etc.) • Recht auf Gründung und Betätigung von Gewerkschaften • Recht auf soziale Sicherheit (Sozialversicherung) • Schutz von Familien (Gründung, Erziehung), Müttern (Mutterschaftsurlaub) und Kindern (vor wirtschaftlicher und sozialer Ausbeutung) • Recht auf angemessenen Lebensstandard (ausreichende Ernährung, Bekleidung, Wohnen und Wasser**) und Recht auf Schutz vor Hunger • Recht auf erreichbares Höchstmaß an körperlicher und geistiger Gesundheit • Recht auf Bildung (Grundschulpflicht, offener Zugang zu höheren Bildungseinrichtungen etc.) • Recht auf Teilnahme am kulturellen Leben und auf Teilhabe an den Errungenschaften des wissenschaftlichen Fortschritts sowie Schutz geistiger Urheberrechte

* Akzessorische Diskriminierungsverbote beziehen sich auf die im Vertrag garantierten Rechte.
** Das Recht auf Wasser ist nicht explizit erwähnt, wird aber aus dem Recht auf angemessenen Lebensstandard und dem Recht auf Gesundheit hergeleitet.

Quelle: eigene Zusammenstellung, anlehnend an den UN-Zivilpakt und den UN-Sozialpakt

Menschenrechte sind *komplexe* Rechte, die rechtliche, moralische und politische Dimensionen aufweisen. *Moralisch* gesehen wenden sich die Menschenrechte grundsätzlich an alle Menschen, und zwar als wechselseitige moralische Verpflichtung aller und als moralischer Anspruch eines jeden Menschen, die Menschenrechte im gemeinsamen Zusammenleben zu achten. Die diesbezüglich reichhaltige philosophische Debatte zeigt auf, dass die Menschenrechte als besonders grundlegende moralische Ansprüche unterschiedlichen Herleitungen, Bestimmungen und Begründungen zugänglich sein können, beispielsweise theologischer, natur- und vernunftrechtlicher, anthropologischer oder kontraktualistischer Art (einführend: Pollmann/Lohmann 2012). Diese lassen sich auch daraufhin prüfen, ob und inwiefern sie als eine „Moral der universellen Achtung aller" (Lohmann 2010b: 138) die universellen, egalitären und kategorischen Ansprüche der Menschenrechte begründen können.

Als rein moralische Ansprüche bleiben die Menschenrechte darauf angewiesen, aus moralischen Gründen als verbindlich anerkannt und befolgt zu werden. Hinsichtlich ihrer Durchsetzungskraft sind sie also vorderhand eher „schwache Rechte". Der entsprechende Durchsetzungsmodus ist appellativ. Über moralische Appelle lassen sich entsprechende Pflichten und Ansprüche einfordern und geltend machen – und deren Nicht-Beachtung etwa mittels Beschämens moralisch sanktionieren (ebd.: 141 f.).

Die *rechtliche* Dimension der Menschenrechte hingegen findet vor allem in Gestalt völkerrechtlich verbindlicher Menschenrechtsabkommen ihren sichtbaren Ausdruck. Mit der positiv-rechtlichen Verankerung der Menschenrechte rücken die Staaten als vorrangige Pflichtenträger in den Fokus. Dies ist bereits insofern sinnvoll, als der Staat sowohl Bedrohung als auch Garant der Menschenrechte sein kann. Formal ergibt sich die Staatszentriertheit zudem daraus, dass das Völkerrecht vornehmlich ein Staatenrecht ist. In Form internationaler Menschenrechtsabkommen verpflichten sich die Staaten im Rahmen internationaler Organisationen gegenseitig dazu, die Menschenrechte all jener Menschen, die in ihrem Hoheitsterritorium leben bzw. ihrer Hoheitsgewalt unterliegen, zu achten, zu schützen und zu gewährleisten. Hinzu kommen „extraterritoriale" Menschenrechtsverpflichtungen.[9] Finden die Menschenrechte zudem als Grundrechte Eingang in nationale Verfassungen, binden sie direkt die Staatsgewalten und die Ausübung der öffentlichen Gewalt. Grundrechte be-

9 Leicht verständlich: Krajewski 2022 und i.E., umfassend Gibney et al. 2022. Siehe speziell für wsk-Rechte auch: Coomans/Kamminga 2004, Coomans/Künnemann 2012.

treffen primär das Verhältnis zwischen Staat und Individuen (und mittelbar im Sinne einer „Drittwirkung" auch Privater untereinander).

Als juridische Rechte gewinnen die Menschenrechte grundsätzlich an Verbindlichkeit und Durchsetzungskraft. Allerdings hat die Staatengemeinschaft den internationalen Menschenrechtsschutz nur mit schwachen rechtlichen Durchsetzungsinstrumenten ausgestattet. Das Völkerrecht ist im Wesentlichen ein Koordinationsrecht, das auf die Zusammenarbeit der Staaten angewiesen ist. Dem nationalen Recht vergleichbare, wirksame Zwangs- und Vollstreckungsmittel bestehen nicht einmal dort, wo regionale Menschenrechtsgerichte verbindliche Rechtsurteile sprechen. Umso wichtiger ist, dass internationale Menschenrechtsabkommen innerstaatliche Rechtsgeltung erfahren und die Menschenrechte, wo noch nicht verankert, ins nationale Recht übernommen bzw. transformiert werden, vorzugsweise in Form von Grundrechten in den nationalen Verfassungen. Unter den Bedingungen funktionierender Rechtsstaaten sind die Rechte dann gerichtlich durchsetzbar. Gerade dann aber, wenn der Rechtsstaat versagt oder der nationale Menschenrechtsschutz Lücken aufweist, kommen die Institutionen und Verfahren des regionalen und globalen Menschenrechtsschutzes zum Tragen.

Die moralischen und rechtlichen Dimensionen von Menschenrechten sind eng miteinander verwoben. Einerseits werden moralisch hergeleitete und begründete Menschenrechte im Medium des positiven Rechts im Idealfall durch den Staat geachtet und geschützt, erfahren also eine rechtlich-institutionelle Absicherung. Andererseits ist Menschenrechten auch eine „intrinsische Autorität" (Bielefeldt 2022: 6) eigen, die dem rechtlichen Standard-Setting vorgelagert ist. Zugleich bedürfen auch juridische Rechte normativer Begründungen, die über den reinen Verweis auf die Geltung von Rechtsdokumenten hinausgehen. Gerade weil die völkerrechtlich verankerten Menschenrechte mit dem Anspruch auftreten, besondere Rechte zu sein und für alle Menschen gleichermaßen zu gelten, sind sie in besonderem Maße akzeptanz- und begründungsbedürftig. Auch können sich die moralischen und juridischen Dimensionen der Menschenrechte gegenseitig ergänzen und korrigieren. So können sich berechtigte und gut begründete moralische Forderungen auf die Verankerung neuer oder die (Re-)Interpretation und die Umsetzung bereits kodifizierter Menschenrechte auswirken. Umgekehrt können positiv verankerte Grund- und Menschenrechte einen Schutz vor übergriffigen moralischen Ansprüchen darstellen.

Der politische Charakter der Menschenrechte

Menschenrechte sind insbesondere deswegen politisch, weil Politik und Staat die vorrangigen Adressaten menschenrechtlicher Ansprüche und Verpflichtungen darstellen. In Abgrenzung zur moralischen Adressierung aller Menschen (wie sie gerade in der praktischen Menschenrechtsbildung typisch ist) nehmen politische Konzeptionen der Menschenrechte primär die politischen und staatlichen Funktionsträger:innen in die Pflicht. Menschenrechte gehen dabei mit dem Anspruch einher, dass die politische Ordnung den einzelnen Menschen den Zugang zu den menschenrechtlich formulierten Freiheiten und Ressourcen erlaubt und ermöglicht (Kreide 2013: 93).

Politisch sind die Menschenrechte aber auch deswegen, weil sie aus öffentlich artikulierten Unrechtserfahrungen (Bielefeldt 2006) entstanden und als solche das Ergebnis politischer Auseinandersetzungen in Reaktion auf Unterdrückung, Demütigung und staatliche Willkür sind. Zugleich unterliegen Menschenrechte Veränderungen und müssen immer wieder aufs Neue sich politisch zu eigen gemacht und gegen Skeptiker verteidigt werden. Dabei sind, empirisch gesehen, die Verankerung, die (Neu-)Interpretation und die Umsetzung der Menschenrechte in oft konfliktreiche Prozesse politischer Willensbildung und Entscheidungsfindung eingebettet.

So ist bereits die positiv-rechtliche *Verankerung* der Menschenrechte ein immanent politischer Prozess. Die gegenwärtigen Menschenrechtskataloge, so wie sie in der Allgemeinen Erklärung der Menschenrechte (AEMR) von 1948 und den darauf aufbauenden internationalen Menschenrechtsabkommen zu finden sind, wurden im Rahmen der Vereinten Nationen erarbeitet und zwischen Staatenvertreter:innen verhandelt – mehr oder minder stark beeinflusst von einzelnen Persönlichkeiten, Betroffenengruppen, nichtstaatlichen Organisationen sowie dem fachlichen und öffentlichen Diskurs der jeweiligen Zeit.[10] In die Ausarbeitung und Weiterentwicklung der Menschenrechte gingen und gehen dabei ideengeschichtliche und verfassungsrechtliche Traditionen ebenso ein wie konkrete historische Erfahrungen von Unterdrückung und Not sowie Emanzipationsbestrebungen benachteiligter Gruppen. Zugleich spiegeln die Menschenrechtsabkommen aber auch gesellschaftliche und zwischenstaatliche Machtverhältnisse sowie nationalstaatliche Interessen wider, die sich darauf aus-

---

10 In Bezug auf die AEMR siehe etwa: Morsink 1999, Huhle 2011 und i.E., Ramcharan/Ramcharan 2019 sowie die Porträts der Personen hinter der AEMR von Rainer Huhle auf der Website des Nürnberger Menschenrechtszentrums (NMRZ) (www.menschenrechte.org).

wirkten, welche Menschenrechte aufgenommen und wie diese ausformuliert wurden. Die historische Kontingenz einzelner Menschenrechtsformulierungen ist unverkennbar.

Die völkerrechtliche Verankerung und Entwicklung von Menschenrechten sind also Ergebnis politischer Prozesse zu spezifischen historischen Zeitpunkten. Dabei ist die Entwicklung noch nicht abgeschlossen. Selbst wenn die „Normsetzung" weit vorangeschritten ist, kann der „Katalog" der Menschenrechte verändert und erweitert werden. So wurden zahlreiche Menschenrechtsabkommen erarbeitet, welche die in der AEMR verankerten Rechte ausdifferenzierten und auf besondere Bevölkerungsgruppen (Frauen, Kinder, Menschen mit Behinderungen, Arbeitsmigrant:innen) und menschenrechtliche Probleme (Rassismus, Folter, gewaltsames „Verschwindenlassen") hin konkretisierten. Grundsätzlich ist anzunehmen, dass neue Unrechtserfahrungen und Veränderungen in den menschlichen Lebensbedingungen und Sozialbeziehungen – etwa durch Klimawandel, globale Flucht- und Migrationsbewegungen, Gentechnik, Digitalisierung und künstliche Intelligenz –, auch künftig neue Menschenrechte hervorbringen können, zumal, wenn damit Kritik an den Unzulänglichkeiten des bestehenden Menschenrechtsschutzes einhergeht. Über ein rechtlich verbindliches Dokument zur Stärkung der Menschenrechte von älteren Personen, eine Weltaltenrechtskonvention, wird beispielsweise seit 2011 in einer offenen UN-Arbeitsgruppe kontrovers beraten (Leisering/Focke 2022). Auch beauftragte der UN-Menschenrechtsrat die bestehende *Open-ended Working Group on the Right to Development* im Jahre 2018 mit der Aufnahme von Beratungen zur Ausarbeitung eines völkerrechtlichen Abkommens zu dem seit vielen Jahrzehnten diskutierten Recht auf Entwicklung.[11]

Weiterhin ist zu beachten, dass Menschenrechtserklärungen und -abkommen „*living instruments*" darstellen. Selbst wenn diese Menschenrechtsdokumente erkennbar „Kinder ihrer Zeit" sind, wurden die Menschenrechte so allgemein formuliert, dass sie in ihrem Geltungsanspruch weit über die historischen Entstehungszusammenhänge hinausweisen und grundsätzlich offen sind für sich ändernde *Interpretationen*.[12] So kreisen viele völkerrechtliche und politische Debatten gegenwärtig weniger um die Festschreibung neuer Menschenrechte als

11 A/HRC/RES/39/9 vom 27. September 2018.

12 Dies wird auch von den UN-Menschenrechtsvertragsorganen so gesehen. Stellvertretend sei der UN-Antirassismusausschuss genannt, der die Antirassismuskonvention als ein „*living instrument*" auswies, deren Interpretation sich an die gegebenen Bedingungen anpassen müsse; Thornberry 2020: 323.

um eine zeitgemäße, kontextsensible Auslegung bestehender Rechtsnormen. Deutlich sichtbar wird dies etwa in der Auslegung der wirtschaftlichen, sozialen und kulturellen Menschenrechte, die sich in den vergangenen 30 Jahren erheblich verändert hat.[13] Einen beachtlichen Wandel hat auch das Diskriminierungsverbot erfahren. Trotz aller Verfolgung und Gegenbewegungen in manchen Teilen der Welt (Hirschfeld-Eddy-Stiftung 2021) hat es in den letzten Jahrzehnten beispielsweise große Fortschritte bei der rechtlichen Situation von Lesben, Schwulen, Bisexuellen, Trans*, Inter* und Queer (LSBTIQ+) gegeben.[14] Auch für komplexe Formen intersektionaler Diskriminierung (Crenshaw 1989, 2021/2010) besteht nunmehr eine größere Sensibilität. Zugleich wurden im anti-kolonialen Diskurs Leerstellen hinsichtlich der Behandlung von Kolonialverbrechen und ihren Folgen ausgeleuchtet.

So ist die Interpretation der Menschenrechte kein rein juristisches Unterfangen[15], sondern immer auch Teil gesellschaftspolitischer Auseinandersetzungen darüber, *was* legitimerweise menschenrechtlich eingefordert werden kann und *wen* die Menschenrechte *auf welche Weise* verpflichten. Hier setzen etwa auch Diskussionen um „extraterritoriale" Verpflichtungen der Staaten oder um die menschenrechtliche Verantwortung von nichtstaatlichen Akteuren[16] wie etwa Wirtschaftsunternehmen[17] an. Der politische Menschenrechtsdiskurs nimmt also nicht mehr nur die Politik von Nationalstaaten in den Blick, sondern behandelt auch Macht-, Abhängigkeits- und Unterdrückungsstrukturen auf nichtstaatlicher und auf transnationaler Ebene, welche die Nutzung der Menschenrechte verhindern oder erschweren. Zugleich stoßen legitime Menschenrechtsansprüche, wie etwa die Nicht-Diskriminierung von LGBTIQ+, immer wieder auf Widerstände zwischen und innerhalb der jeweiligen Staaten. Allein mit Interpretationsvorgaben seitens internationaler Menschenrechtskontrollorgane ist es daher nicht getan, so sehr sich auch ein entsprechendes Grundverständnis

---

13 Siehe Krennerich 2006, 2012, 2013 und die dort angegebene Literatur.

14 Von einer diesbezüglichen Groteske in Österreich berichtet Holzleithner 2020.

15 Farahat (2022) plädierte im Kontext der europäischen Migrationspolitik bezeichnenderweise dafür, der rechtswissenschaftlichen Kritik an einem „human rights overreach", verstanden als eine zu weitreichende Interpretation der Menschenrechte, mit einem stärker politischen Verständnis der Menschenrechte zu begegnen.

16 Grundlegend: Alston 2005, Claphan 2006.

17 Vgl. etwa Heydenreich et al. 2014, 2017, 2020, Letnar Černič/Carrillo-Santarelli 2018, Krawjeski 2018, Krajewski/Oehm/Saage-Maaß 2018, Krajewski/Saage-Maaß 2018, Massaoud 2018, Schubert 2019, Brune 2020, Curzi 2020, Deva/Birchall 2020, Krajewski 2020, 2021. Aus Gender-Perspektive: u.a. Bourke Martignoni/Umlas 2018.

über den Gehalt einzelner Menschenrechte herausgebildet hat. Gerade weil die Menschenrechte im Sinne ihres Universalitätsanspruchs für jeden Menschen gelten sollen, ist es vonnöten, die Menschenrechte im interkulturellen politischen Dialog immer wieder zu begründen und zu plausibilisieren, damit ihnen über die völkerrechtliche Bindung hinaus auch eine tatsächliche politische und gesellschaftliche Anerkennung vor Ort zuteil wird.

Eine solche Anerkennung ist letztlich auch die Voraussetzung für die *Durch- und Umsetzung* der Menschenrechte in den jeweiligen Staaten. Dabei handelt es sich um hochgradig politische, oft konfliktbeladene Prozesse. So werden Menschenrechte nicht nur auf juristischem Wege erwirkt. Bei aller Bedeutung des gerichtlichen Rechtsschutzes und einflussreicher Leiturteile werden grundlegende Reformen, die darauf abzielen, die Menschenrechte besser und umfassender zu schützen, immer auch politisch erstritten, entschieden und umgesetzt, geht es hierbei doch um Macht, Verteilungsfragen, gesellschaftspolitische Leitbilder sowie im Idealfall um politische Einsicht und Lernprozesse. Stets bedarf es des kollektiven Handelns gesellschaftlicher und politischer Akteure, damit Unrechtserfahrungen und Emanzipationsbestrebungen in menschenrechtspolitischen Forderungen ihren Ausdruck finden und ggf. in Rechtsetzung, Rechtsauslegung und Rechtsumsetzung münden. Zugleich bedarf der politische Einsatz für Menschenrechte aber auch institutioneller Rückendeckung durch kodifiziertes Recht sowie durch Institutionen und Verfahren des Menschenrechtsschutzes. Nicht minder nötig sind die Begründung und Einübung menschenrechtlicher Verhaltensweisen in Politik und Gesellschaft.

Im Fokus der vorliegenden Schrift stehen nun die *politischen* Prozesse der Einforderung, Auslegung und Durch- bzw. Umsetzung der völkerrechtlich verankerten Menschenrechte. Diese gewinnen, daran sei erinnert, aber gerade auch durch ihre moralische und rechtliche Fundierung an Überzeugungs- und Durchschlagskraft.

Die empirische Erfassung der Menschenrechte

Bevor wir uns mit Menschenrechtspolitik beschäftigen, sei ein kurzer Blick darauf geworfen, wie sich die Menschenrechtslage empirisch erfassen lässt. Eine solche Bestandaufnahme ist ein methodisch anspruchsvolles Unterfangen[18] von großer politischer Bedeutung. Die Fragen, wie es um die Menschenrechte in einem Land bestellt ist und inwiefern die jeweiligen Staaten die Menschenrechte

---

18 Siehe etwa Coomans et al. 2009, Landman/Carvalho 2011, Alston/Knuckey 2016, Andreassen et al. 2017, McConnell/Smith 2018, Spannagel 2019, Krennerich 2019.

umsetzen oder aber verletzen, bilden für gewöhnlich den Ausgangspunkt staatlicher wie nichtstaatlicher Bemühungen, die Menschenrechte besser zu schützen und zu fördern. Vor allem nichtstaatliche Organisationen (NGOs) und internationale Kontrollorgane, wie etwa die UN-Menschenrechtsvertragsausschüsse, nutzen ein entsprechendes Monitoring, um die Umsetzung völkerrechtlich verankerter Menschenrechte zu überwachen und einzufordern. Vereinzelt verfassen auch einzelne Regierungen, besonders prominent etwa die US-Regierung[19], Berichte über die Menschenrechtslage in anderen Ländern und Weltregionen.

Voraussetzung für all' solche empirischen Erhebungen ist zunächst ein angemessenes Verständnis des normativ-inhaltlichen Gehalts der jeweiligen Menschenrechte. Was verstehen wir beispielsweise unter dem Verbot der Folter oder unter der Meinungs(äußerungs)freiheit? Was etwa unter den Rechten auf Bildung oder Wohnen? Die Menschenrechte sind begrifflich nur bedingt selbsterklärend und müssen jeweils näher bestimmt werden. Hier sind die zahlreichen Rechtskommentare und Lehrbücher hilfreich, welche unter Berücksichtigung der Spruchpraxis internationaler Menschenrechtskontrollorgane das rechtliche Profil der einzelnen Menschenrechte im Detail ausleuchten.[20] Zugleich bedarf es eines klaren Verständnisses davon, wen die Menschenrechte auf welche Weise verpflichten. Die Unterscheidung zwischen staatlichen Achtungs-, Schutz- und Gewährleistungspflichten, die sich in der jüngeren Völkerrechtsdogmatik etabliert hat, ist dabei besonders hilfreich, um festzustellen, ob bzw. inwieweit die jeweiligen Staaten die Menschenrechte angemessen achten und umsetzen.[21] Entgegen der überkommenen Vorstellung, dass bürgerlich-politische Menschenrechte lediglich Abwehrrechte und soziale Menschenrechte lediglich Leistungsrechte seien, ist zu betonen, dass alle Menschenrechte Abwehr-, Schutz- und Leistungsdimensionen aufweisen können, die mit staatlichen Achtungs-, Schutz- und Gewährleistungspflichten korrespondieren.

---

19 Siehe die jährlichen *Country Reports on Human Rights Practices* des U.S. State Department; https://www.state.gov/reports-bureau-of-democracy-human-rights-and-labor/country-reports-on-human-rights-practices

20 Empfehlenswert sind etwa die Einführungen: Kälin/Künzli 2019, Moeckli et al. 2019 sowie für die Europäische Menschenrechtskonvention Meyer-Ladewig 2017, Grabenwarter/Pabel 2021. Für wirtschaftliche, soziale und kulturelle Menschenrechte: Ssenyonjo 2009, Langford 2008, Eichenhofer 2012, 2021, Krennerich 2013, Riedel et al. 2014, Saul et al. 2014, Langford et al. 2017.

21 Siehe zur Verpflichtungstrias, die maßgeblich auf die Arbeiten von Henry Sue und darauf aufbauend von Asbjørn Eide im Rahmen der UN (z.B. E/CN.4/Sub.2/1984/22, 3. Juli 1984) zurückging, etwa Krennerich 2013: 103-110.

Schaubild 2: Staatliche Menschenrechtsverpflichtungen

Achtung-, Schutz- und Gewährleistungspflichten der Staaten
(im Sinne jüngerer völkerrechtsdogmatischer Entwicklungen)

Achtung
der Menschenrechte durch den Staat

Der Staat ist verpflichtet, den einzelnen Menschen nicht an der Ausübung seiner Rechte zu hindern.

Beispiele für Achtungspflichten:

Der Staat unterlässt willkürliche Tötungen, unrechtmäßige Verhaftungen und Verurteilungen, Folter, Zensur, Eingriffe in die Versammlungs- und Vereinigungsfreiheit, Wahlfälschungen etc.	Der Staat unterlässt widerrechtliche Zwangsräumungen und -vertreibungen, Gesundheitsgefährdungen, Trinkwasserverschmutzungen etc. und schließt keine Bevölkerungsgruppen z. B. von öffentlichen Gesundheits- und Bildungseinrichtungen aus.

Schutz
vor Eingriffen Dritter in die Menschenrechte

Der Staat ist verpflichtet, den einzelnen Menschen vor Eingriffen Dritter in seine Rechte zu schützen.

Beispiele für Schutzpflichten:

Der Staat ergreift Maßnahmen zum Schutz des einzelnen Menschen bei der Ausübung des Versammlungs-, Demonstrations- oder Wahlrechts etc. vor Störungen durch Dritte.	Der Staat ergreift Maßnahmen zum Schutz des einzelnen Menschen vor Landvertreibungen, Mietwucher, Gesundheitsgefährdungen, Arbeitssklaverei und menschenunwürdigen Arbeitsbedingungen etc. durch Dritte.

Gewährleistung
der Menschenrechte durch staatliche Leistungen

Der Staat ist verpflichtet, die Ausübung der Menschenrechte durch positive Leistungen zu ermöglichen.

Beispiele für Gewährleistungspflichten:

Der Staat schafft in Ländern ohne rechtsstaatliche und demokratische Traditionen funktionstüchtige Gerichte und eine demokratische Wahlorganisation, damit der einzelne Mensch seine Justizrechte und sein Wahlrecht nutzen kann.	Der Staat schafft in Ländern ohne ausgebautes Gesundheits- und Bildungssystem eine ausreichende Zahl an Krankenhäusern und Schulen, damit der einzelne Mensch seine Rechte auf Gesundheit und Bildung nutzen kann. Der Staat ergreift Maßnahmen zur Bekämpfung von Hungersnöten, Pandemien etc.

Quelle: Krennerich 2013: 109, leicht verändert

Aufbauend auf ein zeitgemäßes Verständnis des normativ-inhaltlichen Gehalts der jeweiligen Menschenrechte und der sich daraus ergebenden Staatenpflichten lassen sich dann die Lage der Menschenrechte und die Menschenrechtsperformanz staatlicher (oder auch nichtstaatlicher) Akteure empirisch erfassen. Zu diesem Zweck bedarf es systematisierender Konzepte. Landman/Carvalho

(2011: 31 ff.) unterscheiden beispielsweise, ob die einzelnen Menschenrechte *„in principle“*, *„in practice“* oder *„in policy“* gemessen werden: Hat der Staat zum Beispiel das Folterverbot im nationalen Recht fest verankert und entsprechende internationale Abkommen ratifiziert (*in principle*)? Kommt es zur Anwendung von Folter, und wenn ja durch wen (*in practice*)? Welche Maßnahmen werden staatlicherseits ergriffen, um Folter zu unterbinden oder ihr vorzubeugen (*in policy*)? Ausgehend von solchen oder anderen Systematisierungen lassen sich dann Kriterien entwickeln und Operationalisierungen vornehmen, mittels derer die empirische Bestandsaufnahme erfolgt. Während sich die rechtlichen Bestimmungen und die ergriffenen staatlichen Maßnahmen dabei noch vergleichsweise einfach nachhalten lassen, ist die Erfassung der tatsächlichen Einhaltung bzw. Umsetzung der Menschenrechte in den jeweiligen Ländern oft sehr schwierig. Dabei ist es stets nötig, qualitative wie quantitative Informationen systematisch zusammenzutragen. Dies kann auf unterschiedliche Weise erfolgen.

1) Im Rahmen ereignisbasierter Erhebungen (*events-based approaches*) dienen qualitative und quantitative Informationen vor allem dazu, menschenrechtsrelevante Geschehnisse zu rekonstruieren, Art und Ausmaß der Menschenrechtsverletzungen zu bestimmen sowie Betroffene und Verantwortliche mit ihren jeweiligen Merkmalen zu identifizieren. “Events-based data answer the important question of what happened, when it happened and who was involved, and then report descriptive and numerical summaries of these events” (ebd.: 37). Es geht also gewissermaßen darum, die „Grammatik“ menschenrechtsrelevanter Ereignisse zu entschlüsseln und deren Dimensionen zu erfassen. Eine besondere Form der Rekonstruktion menschenrechtsverletzender Ereignisse sind die Berichte sogenannter Wahrheitskommissionen.[22]

2) *Expert:innen-Einschätzungen* können wesentlich zu einem besseren Verständnis der Menschenrechtslage in einem Land beitragen und werden dementsprechend oft auch in Medien und in der Politik genutzt. Sie bilden darüber hinaus aber auch die Grundlage etlicher *standard-based-measures*. Darunter fallen beispielsweise Indizes, die qualitative Einschätzungen von Expert:innen in numerische Skalen überführen, die dann wiederum die Grundlage bilden für leicht abbildbare und vermittelbare Typologien – wie etwa „freie“, „teilweise freie“ und „unfreie Staaten“ (Freedom House) oder Länder mit „offenen“, „beeinträchtigten“, „beschränkten“, „unterdrückten“ oder „geschlossenen“ Räumen für zivilgesellschaftliches Handeln (CIVICUS Monitor). Mitunter bilden

22 Siehe etwa: Oettler 2006, Bisset 2014, Krüger 2014, Freeman 2015, Valji 2015, Bakiner 2016, Buckley-Zistel 2016, Heyns 2020.

Expert:inneneinschätzungen auch die Grundlage für Rankings, wie etwa für die Rangliste der Pressefreiheit von Reporter ohne Grenzen.

3) Mittels umfragegestützten Erhebungen zu Menschenrechten (*survey-based approaches*) ist es wiederum möglich, persönliche Wahrnehmungen von der Menschenrechtslage im Land abzufragen sowie, was besonders wichtig ist, menschenrechsverletzende Erfahrungen (Diskriminierung, Rassismus, sexuelle Gewalt etc.) von Betroffenen zu erfassen. Umfragen können weiterhin dazu dienen, das Wissen und das Verständnis von Menschenrechten sowie die Einstellungen gegenüber Menschenrechten zu ermitteln. Auch kann die Bereitschaft, sich menschenrechtlich zu engagieren, in Umfragen eruiert werden. Bei all‘ solchen Umfragen lässt sich ein mehr oder minder großes Sample der Bevölkerung oder eine spezifische Zielgruppe befragen. Repräsentativumfragen zu Menschenrechten waren lange Zeit eine „*underdeveloped line of inquiry*“ (Koo et al. 2012: 58), gewinnen aber zusehends an Bedeutung. Stellvertretend seien nur die groß angelegten Umfragen der Europäischen Grundrechteagentur (Fundamental Rights Agency, FRA) genannt.

2. Menschenrechtspolitik

Was ist Menschenrechtspolitik? Eine begriffliche Annäherung

Während die Menschenrechte Gegenstand unzähliger Bestimmungsversuche sind, finden sich kaum Definitionen von *Menschenrechtspolitik*. Ganz allgemein gesprochen, lässt sich Menschenrechtspolitik als politisches Handeln auf lokaler, nationaler, regionaler und globaler Ebene verstehen, das darauf abzielt, die Menschenrechte zu verankern, auszulegen, umzusetzen, zu schützen und zu fördern. Im Zentrum der gegenwärtigen Menschenrechtspolitik stehen hierbei die in internationalen Menschenrechtsabkommen garantierten bürgerlichen, politischen, wirtschaftlichen, sozialen und kulturellen Menschenrechte, die es zu achten, zu schützen und zu gewährleisten gilt. Menschenrechtspolitik bezieht sich sowohl auf die Ausgestaltung, Weiterentwicklung und Auslegung universeller Menschenrechtsnormen als auch auf deren Durch- und Umsetzung.

Inbegriffen sind alle drei Politikdimensionen, die in der Politikwissenschaft mit den Begriffen *polity*, *politics* und *policy* semantisch unterschieden werden, jedoch in der politischen Praxis ineinander greifen: die rechtlich-institutionellen Grundlagen der Menschenrechtspolitik (*polity*), der oft konfliktreiche Prozess politischer Willensbildung und Entscheidungsfindung, also die Gestaltung der Menschenrechtspolitik, an der eine Vielzahl an (kollektiven) Akteuren mitwirkt (*politics*); schließlich die menschenrechtspolitischen Inhalte und Politikergebnisse, beispielsweise gesetzgeberische, administrative, edukative und andere Maßnahmen, die dem Schutz und der Förderung der Menschenrechte in den einzelnen Teilbereichen dienen (*policies*).

Dabei beschränkt sich das politische Handeln beileibe nicht nur auf staatliche Akteure. Zwar obliegt den Staaten rechtlich die Hauptverantwortung für die Umsetzung und Förderung der Menschenrechte und wird das internationale Menschenrechtssystem vor allem von der völkerrechtlichen und politischen Zusammenarbeit der Staaten getragen. Doch ist weithin anerkannt, dass nichtstaatliche Menschenrechtsorganisationen, -netzwerke und -bewegungen wesentliche Antriebskräfte des nationalen wie transnationalen Menschenrechtsschutzes sind. Die Einschätzungen, welche Bedeutung ihnen im Verhältnis zu der Menschenrechtspolitik von Staaten und internationalen Organisationen zukommt, unterscheiden sich aber erheblich, auch abhängig von theoretischen Grundannahmen. Liberale und sozialkonstruktivistische Ansätze im Bereich der Internationalen Beziehungen weisen beispielsweise nichtstaatlichen Akteuren tendenziell eine größere Bedeutung zu als (neo)institutionalistische oder gar realpolitische. Letztlich ist es aber eine empirisch zu prüfende Frage, welche Akteure in welchem Stadium die menschenrechtspolitischen Prozesse besonders stark vorantreiben. Dabei ist es wichtig zu erkennen, dass gerade das *Zusammenwirken* von nichtstaatlichen Akteuren, menschenrechtlich engagierten Regierungen und internationalen Organisationen für den Menschenrechtsschutz bedeutsam ist.

Darüber hinaus beeinflussen nichtstaatliche Menschenrechtsorganisationen und -netzwerke nicht nur – etwa mittels Kritik, Protesten, Lobby-Arbeit und Beratung – erheblich die staatliche und internationale Menschenrechtspolitik. Sie ergreifen auch eigenständige Maßnahmen zum Schutz und zur Förderung der Menschenrechte. Diese umfassen, wie später noch gezeigt werden wird, auch die Stärkung eines menschenrechtlichen Empowerments und handfeste Hilfen für betroffene Gruppen und Menschenrechtsverteidiger:innen. Nichtstaatliche Akteure prägen zudem erheblich den öffentlichen Menschenrechtsdiskurs, der in vielfacher Hinsicht den Kontext bildet, in dem sich die staatliche und nichtstaatliche Menschenrechtspolitik entfaltet.

So ist den Menschenrechten und der Menschenrechtspolitik ein hohes Maß an *politischer Diskursivität* eigen, die dazu beiträgt, Inhalt, Reichweite und Schranken der Menschenrechte zu bestimmen und menschenrechtspolitisches Handeln argumentativ zu stützen und zu legitimieren. Einem weiten Verständnis von Politik zufolge ist dieser Diskurs sogar grundlegender Bestandteil der Menschenrechtspolitik. Gerade aus Sicht deliberativer Demokratievorstellungen sind informierte, argumentativ-abwägende und verständigungsorientierte politische Kommunikationsformen zwischen (auch moralisch) kompetenten Bürger:innen grundlegend für eine demokratische Menschenrechtspolitik.

Schließlich ergeben sich aus den inhärenten, strukturellen Merkmalen universeller Menschenrechte, namentlich aus ihrem freiheitlichen, egalitären und solidarisch-inklusiven Charakter, selbst normative Vorgaben für die Ausgestaltung der Menschenrechtspolitik in rechtlich-institutioneller, prozessualer und inhaltlicher Hinsicht. Die Freiheit beschränkende, partikularistische, diskriminierende und exkludierende Normen, Praktiken und Maßnahmen lassen sich nicht mit den normativen Ansprüchen an eine Menschenrechtspolitik in Einklang bringen. Wer also beispielsweise Menschenrechte nur für eine besondere Gruppe fordert, andere Menschen(gruppen) aber von deren Inanspruchnahme ausschließt, kann sich in der Sache nicht auf Menschenrechte berufen. Plakativ gesprochen: Dem Anspruch nach gelten Menschenrechte für alle gleichermaßen – oder es handelt sich nicht um Menschenrechte. Dies schließt nicht aus, dass universelle Menschenrechte für bestimmte Personen(gruppen), wie etwa für

Menschen mit Behinderung, jeweils konkret ausgestaltet werden müssen, damit diese sie auch tatsächlich nutzen können.

Auch zeichnet sich eine authentische Menschenrechtspolitik dadurch aus, dass sie tatsächlich auf die Geltung und Umsetzung der Menschenrechte abzielt. Sie grenzt sich damit von einer Politik ab, die nur vorgibt, die Menschenrechte zu schützen. Die Grenzen sind indes nicht immer leicht zu ziehen, da sich menschenrechtliche Anliegen auch mit anderweitigen Interessen überschneiden können und es immer wieder (auch erfolgreiche) Versuche gibt, die Menschenrechte für menschenrechtsfremde oder menschenrechtswidrige Zwecke zu missbrauchen, wie etwa im Extremfall für eine imperalistische Machtpolitik. Anders als das von mir vorgeschlagene, enge Verständnis von Menschenrechtspolitik könnte ein weiter Begriff der Menschenrechtspolitik also jegliches politische Handeln umfassen, das die Menschenrechte zum Gegenstand hat, und zwar selbst dann, wenn es nicht wirklich auf die Umsetzung der Menschenrechte abzielt. Auf eine allgemeine Kurzformel gebracht, wird im Rahmen dieses Buches jedoch Menschenrechtspolitik in einem engen, normativ anspruchsvollen Sinne folgendermaßen definiert:

Definition Menschenrechtspolitik

Menschenrechtspolitik stellt sich als die Gesamtheit der – diskursiv und argumentativ gestützten – rechtlich-institutionellen (*polity*), prozessualen (*politics*) und inhaltlichen (*policy*) Aspekte des politischen Handelns internationaler Organisationen sowie staatlicher und nichtstaatlicher Akteure dar, die auf die Verankerung, Auslegung, Umsetzung und Förderung universeller Menschenrechte in ihrer Eigenschaft als Freiheits-, Gleichheits- und Solidarrechte abzielen. Menschenrechtspolitik findet dabei auf lokaler, nationaler, regionaler und globaler Ebene statt.

Das Studium der Menschenrechte und der Menschenrechtspolitik

Das Studium der Menschenrechte profitiert stark von einem multi- und interdisziplinären Zugriff. Nach wie vor überwiegen rechtswissenschaftliche Handbücher, Kommentare und Studien zu den Menschenrechten. Im Mittelpunkt steht dabei die rechtsdogmatische Auslegung der einschlägigen Rechtstexte und die Spruchpraxis relevanter Rechtsinstitutionen, wie etwa des Europäischen, des Interamerikanischen oder des Afrikanischen Gerichtshofs für Menschenrechte, oder auch der Kontrollorgane der Vereinten Nationen. Aber auch die philosophische Debatte um Menschenrechte trägt reiche Früchte, gerade hinsichtlich der Begründung, Bestimmung und Auslegung von Menschenrechten. Ferner gibt es eine große Anzahl sozialwissenschaftlicher Studien zum Thema. Die Menschenrechts*politik* ist besonders geeignet, so ist anzunehmen, politikwissenschaftlich untersucht zu werden. Bereits auf den ersten Blick bieten sich vielfältige Anknüpfungspunkte an die traditionellen Teilbereiche der Politikwissenschaft an, die für die Entwicklung des inzwischen stark ausdifferenzierten Faches wichtig waren.

Hier ist etwa der Teilbereich der *Politischen Theorie* zu nennen. Für die Bedeutung und Ausdeutung der Menschenrechte und den kritischen, interkulturellen Dialog zu den Menschenrechten spielen gerade *normative* Theorien der Politik eine Rolle, zumal, wenn sie sich ausdrücklich mit Menschenrechten beschäftigen. Dies zeigt nicht zuletzt die lebhaft geführte Debatte um die Universalität der Menschenrechte. So gilt es, im gesellschaftspolitischen Diskurs beispielsweise religiösen und kulturrelativistischen Einwänden zu begegnen. Auch ist feministischen, anti-neoliberalen und postkolonialen Kritiken an den Menschenrechten Rechnung zu tragen und zu prüfen, inwieweit diese das tradierte Verständnis von Menschenrechten herausfordern und dazu beitragen können, Menschenrechte als ein anspruchsvolles politisches Projekt zu formulieren und voranzutreiben. Weiterhin können Theoretiker:innen wichtige normative Orientierungen für die praktische Menschenrechtspolitik geben, zumal dann, wenn es ihnen gelingt, das Grundsätzliche auch in der konkreten Politik auszumachen und anwendungsorientiert zu problematisieren.

Im Teilbereich der *Internationalen Beziehungen* wiederum können die jeweiligen Theorieschulen und die vielfältigen empirischen Studien zu internationaler und transnationaler Politik zu einem besseren Verständnis der Menschenrechtspolitik beitragen. Kommen beispielsweise die Menschenrechte, wie es die Sichtweise des (Neo-)Realismus nahelegt, wenn überhaupt, nur dann international zum Tragen, wenn sie mit machtpolitischen Interessen zusammenfallen, beziehungsweise dann, wenn sie mit effektiven Sanktionen und Anreizen verbunden sind? Und inwieweit ist *hard power* mit *soft power* verbunden, wie etwa der moralischen Autorität einer Regierung oder der politisch-kulturellen Anziehungskraft eines Landes? Ist eine aktive Menschenrechtspolitik – im Sinne liberaler Denkschulen – Ausdruck des demokratisch-rechtsstaatlichen Charakters und des menschenrechtlichen *commitment* von Staaten? Möglicherweise spielt die liberal-demokratische Ausprägung von Staat, Politik und Gesellschaft für die Einhaltung der Menschenrechte nicht nur im eigenen Lande, sondern auch in den auswärtigen Beziehungen eine wichtige Rolle. Dann stellt sich die Frage, inwieweit jene innergesellschaftlichen Kräfte, die sich für Menschenrechte einsetzen, auch Einfluss auf die Ausgestaltung der Außenpolitik nehmen. Oder werden Menschenrechte deswegen befolgt, weil den im Rahmen internationaler Menschenrechtsregime und vielfältiger Menschenrechtsdiskurse geschaffenen Verhaltenserwartungen Genüge getan wird und die Regierungen menschenrechtskonformes Verhalten bereits verinnerlicht und habitualisiert haben? Dann greift im Sinne konstruktivistischer Sichtweisen eher die „Logik der Angemessenheit" als jene der Zweckrationalität.

Der Doppelcharakter des Staates als Garant wie auch als Bedrohung der Menschenrechte lässt zudem erahnen, wie wichtig einzelfallbezogene oder vergleichende Analysen der politischen Systeme für das Studium der Menschenrechte und Menschenrechtspolitik sind. Trotz aller Globalisierungsprozesse spielt der Nationalstaat für die Achtung, den Schutz und die Gewährleistung der Menschenrechte nach wie vor die zentrale Rolle. Die Teilbereiche *Politische Systeme* oder *Vergleich politischer Systeme* bieten daher vielfältige Anknüpfungspunkte für empirische Untersuchungen etwa zu den Ursachen und Folgen von Menschenrechtsverletzungen in den jeweiligen Ländern. Zugleich stellen sie Analyse-Tools bereit, um die Ausgestaltung von Menschenrechtspolitik zu erklären und ihre Auswirkungen zu erfassen. Gerade im Ländervergleich kann danach gefragt werden, unter welchen Bedingungen der Menschenrechtsschutz greift oder eben versagt. Wie solche Vergleiche angelegt werden, hängt dabei stark von dem Erkenntnisinteresse und dem methodischen Zugriff ab. Je nach Analyseebene können beispielsweise Regimetypen und Herrschaftssysteme in den Blick genommen werden, das Verhältnis zwischen Staat und Gesellschaft oder auch das Akteursverhalten im Rahmen konkreter politischer Prozesse und Konflikte. Zum Studium der jeweils ergriffenen Maßnahmen und Politiken bieten sich wiederum Ansätze der Politikfeldanalyse an.

Dank des Querschnittscharakters der Menschenrechtspolitik tun sich zudem viele Forschungsfelder innerhalb und außerhalb (der traditionellen Teilbereiche) der Politikwissenschaft auf, die bereits wissenschaftlich „beackert" werden. So beschäftigt sich beispielsweise die vergleichende Gewaltforschung schon lange mit Menschenrechten. Auch Fragen der inneren Sicherheit und der Terrorismusbekämpfung stehen spätestens seit den Anschlägen vom 11. September 2001 in den USA im Fokus menschenrechtspolitischer Studien. Angesichts einer stark angestiegenen Zahl an geflüchteten Menschen – und des tausendfachen Sterbens von Geflüchteten im Mittelmeer oder andernorts – wird auch die Asyl- und Flüchtlingspolitik unter menschenrechtlichen Gesichtspunkten diskutiert. Der Themenbereich „Menschenrechte und Wirtschaft" wiederum wirft Fragen bezüglich der Regulierung wirtschaftlicher Globalisierungsprozesse und transnationaler Unternehmen auf. Feministische und LSBTIQ+-Perspektiven sowie die gesellschaftspolitischen Debatten um Rassismus und Postkolonialismus haben wichtige Impulse für theoretische und empirische Studien gegeben. Möglicherweise tragen sie auch zu einer Wiederbelebung einer kritischen Politikwissenschaft bei[23], die neben *class* nun mehr verstärkt auch *race* und *gender* als Bezugspunkte für eine kritische Gesellschaftsanalyse einbezieht und sich für wertbezogene Forschungen ausspricht. Nicht zuletzt ergeben sich Anknüpfungspunkte an die politische Soziologie und an das Studium sozialer Protestbewegungen. Diesem Bereich wird in dem vorliegenden Buch sogar insofern besonderes Gewicht eingeräumt, als es sich gerade auch mit der Bedeutung von zivilgesellschaftlichem Engagement auseinandersetzt.

23 In den 1970er und 1980er Jahren war es in der westdeutschen Politikwissenschaft üblich, zwischen normativ-ontologischen, empirisch-analytischen und kritisch-dialektischen Ansätzen zu unterscheiden (statt vieler: Alemann/Fondran 1974 und dessen verschiedene Auflagen bis 1990). Nach der Wiedervereinigung Deutschlands und dem Zusammenbruch des real existierenden Sozialismus verloren kritisch-dialektische Ansätze stark an Bedeutung.

Teil II

Zivilgesellschaftliches Engagement

3. Empowerment, NGOs und soziale Bewegungen

Menschenrechtspolitik ist eine Querschnittspolitik. Das heißt, es gibt eine Vielzahl an Politikfeldern, die sich bearbeiten lassen, und eine Vielzahl an Akteuren, die das Feld mehr oder minder erfolgreich bestellen. In der vorliegenden Einführung wird die Vielfalt der Akteure und ihres Handelns mithilfe sozialwissenschaftlicher Konzepte und Ansätze ausgeleuchtet – beginnend mit den Rechteinhaber:innen (*right holders*) und der Zivilgesellschaft, bevor wir dann später die Menschenrechtspolitik der Staaten (als *duty bearers*) sowie die Bedeutung regionaler und globaler Menschenrechtsinstitutionen behandeln.

Menschenrechtliches Empowerment

Die einzelnen Menschen befinden sich als Inhaber:innen der Menschenrechte strukturell in einer schwachen Position gegenüber jenen mächtigen Akteuren, die ihre Menschenrechte verletzen oder umzusetzen haben. Um sich menschenrechtliche Freiräume zu sichern und menschenrechtliche Ansprüche geltend zu machen, bedarf es daher eines menschenrechtlichen Empowerments. Der schillernde Begriff des Empowerments bezeichnet, ganz allgemein betrachtet, eine Entwicklung, in deren Verlauf die Menschen die Macht gewinnen bzw. „sich ermächtigen", selbstbestimmt ihr Leben in die Hand zu nehmen und ihr Lebensumfeld mitzugestalten.[24] Im *lebensweltlichen* Sinn bezieht sich Empowerment demnach auf das Vermögen der Menschen, ihren oft schwierigen Alltag zu meistern und ihr Leben in Eigenregie zu führen. Dabei geht es um eine gelingende Lebensbewältigung und -gestaltung, gerade auch eingedenk oft schwieriger persönlicher und sozialer Lebensverhältnisse – sei es ohne fremde Hilfe oder mit Unterstützung anderer.

Politisch verstanden, zielt Empowerment darauf ab, dass Personen und Gruppen, die über wenig Macht und Einfluss verfügen, aus dem Zustand der Machtunterlegenheit heraustreten und dergestalt erstarken, dass sie das Gemeinwesen in ihrem Sinne mitgestalten können. Vor dem Hintergrund von Machtschwäche und Fremdbestimmung hat Empowerment also viel mit der Er-

---

24 Eine instruktive begriffliche Annäherung an das Konzept des Empowerments bietet Herriger 2014. Einige der hier dargelegten Überlegungen finden sich auch in Krennerich 2015b.

langung oder Wiedererlangung von individueller, sozialer *und* politischer Autonomie zu tun. Politisches Empowerment beinhaltet dabei immer ein Element der *politischen* „Selbstbefähigung" und „Selbstermächtigung". So geht es gerade darum, dass Menschen die vorhandenen Potenziale, Ressourcen und Möglichkeiten nutzen oder sich diese aneignen, um das Gemeinwesen mitzugestalten und an den gesellschaftlichen Verhältnissen etwas zu ändern (oder ändern zu können). „Empowerment Now: Selbstvertretung von Geflüchteten mit Behinderung" heißt in diesem Sinne etwa eine Handreichung von Handicap International (2021). Dabei ist politisches Empowerment oft auf einen solidarischen Unterstützungszusammenhang angewiesen. Die Herausforderung besteht hierbei darin *zu unterstützen, ohne zu bevormunden.*

Menschenrechtliches Empowerment bezeichnet nun eine spezifische Form des Empowerment. Es meint einen Prozess, in dessen Verlauf die Inhaber:innen der Menschenrechte trotz ihrer strukturell schwachen Machtposition erstarken und das Vermögen erlangen, die eigenen Menschenrechte und die Menschenrechte anderer wirksam einzufordern und durchzusetzen. Dem menschenrechtlichen Engagement voraus gehen dabei häufig Unrechtserfahrungen. Bestimmte soziale und politische Zustände werden als Missstände und Ungerechtigkeiten empfunden, die es zu überwinden gilt.

Tatsächlich lassen sich unzählige Beispiele dafür finden, wie Menschen gegen soziale und politische Missstände aufbegehren und – in der Sache oder ausdrücklich – menschenrechtliche Ansprüche erheben. Dies können Menschen sein, die sich für willkürlich verhaftete oder verurteilte Angehörige und Freunde einsetzen, oder Journalist:innen und Blogger:innen, die sich gegen Zensur wenden. Dies können Arbeiter:innen sein, die gegen menschenunwürdige Arbeitsbedingungen protestieren, oder *campesinos* oder *indígenas*, die sich gegen Landvertreibungen wehren. Überall gibt es Menschen, die sich gegen Unterdrückung, Verfolgung und Diskriminierung zur Wehr setzen, sei es, weil sie selbst davon betroffen sind, oder sei es, weil sie sich mit den Betroffenen solidarisieren. In den vergangenen Jahrzehnten wurden solche Unrechtserfahrungen nicht immer, aber doch häufig in menschenrechtliche Begriffe gekleidet und mit menschenrechtlichen Forderungen verbunden, die aus der Zivilgesellschaft erhoben wurden. Von Vorteil ist hierbei, dass Menschenrechte – ungeachtet philosophischer Diskussionen und rechtlicher Details – *„inherently compelling"* (Bielefeldt 2022: 15) sind. Vielen Menschen ist bewusst, dass ihnen durch Menschenrechtsverletzungen Unrecht widerfährt, und sie erleben diese als Entwürdigung.

Menschenrechtliches Empowerment setzt für gewöhnlich voraus, dass Menschen, die in ihren Rechten verletzt werden, sich organisieren, sich vernetzen und ihr Handeln koordinieren. Zwar können auch einzelne Personen etwas bewirken. Doch abgesehen davon, dass auch sie dabei oft unterstützt werden, bedarf es zumeist kollektiven Handelns, damit menschenrechtliche Ansprüche gegenüber mächtigen Akteuren wirksam eingefordert und durchgesetzt werden können. Die Analyse *kollektiven Handelns* steht daher im Mittelpunkt der sozialwissenschaftlichen Analyse von Menschenrechtspolitik. Im zivilgesellschaftlichen Bereich findet gemeinsames Handeln typischerweise im Rahmen von lokalen Initiativen, NGOs, Ad-hoc-Allianzen, NGO-Netzwerken und sozialen Bewegungen statt, in denen sich Betroffene und ihrer Unterstützer:innen organisieren. Diese kollektiven Akteure wirken mit ihrer Menschenrechtsarbeit in die Gesellschaft hinein, tragen aber zugleich auch menschenrechtspolitische Forderungen an die staatliche Politik heran und versuchen diese im Sinne der Menschenrechte zu beeinflussen.

Nichtstaatliche Menschenrechtsorganisationen (NGOs)

Als Teil der Zivilgesellschaft sind nichtstaatliche Organisationen (*nongovernmental organizations*, NGOs) wichtige lokale, regionale und globale Menschenrechtsakteure. Obwohl etliche NGOs, die sich für Menschenrechte einsetzen, schon älteren Datums sind,[25] nahmen die Zahl und die Bedeutung von Menschenrechts-NGOs vor allem ab den 1970er Jahren erheblich zu. Heute sind NGOs aus der Menschenrechtspolitik nicht mehr wegzudenken.

Doch was sind Menschenrechts-NGOs? NGOs werden gemeinhin dem „dritten Sektor" zwischen Wirtschaft und Staat zugeordnet und weisen zunächst zwei grundlegende Merkmale auf: Sie sind nicht profitorientiert[26] und regierungsunabhängig[27]. Keine echten NGOs sind von der Regierung eingesetzte Schein-NGOs, sogenannte GONGOs (*Government-organized NGOs*). Ergän-

25 So etwa: International Alliance of Women (gegr. 1902 als International Alliance of Women for Suffrage and Legal Citizenship), Women's International League for Peace and Freedom (1915), American Civil Liberties Union (1920), Fédération internationale des ligues des droits de l'Homme (1922), International League for Human Rights (1942), International Commission of Jurists (1952). Zu erwähnen sind auch etliche jüdische NGOs (vgl. Galchinsky 2009).

26 Ob Organisationen nicht am Profit orientiert sind, lässt sich (zumindest vorderhand) an der jeweiligen Satzung festmachen und der Frage, ob erhaltene oder erwirtschaftete Gelder ausschließlich für die Satzungszwecke verwendet werden. Darüber sollten Rechenschaftsberichte Auskunft geben.

27 Gerade dann, wenn NGOs, die sich für Menschenrechte einsetzen, auch staatliche Unterstützung erhalten, ist zu prüfen, ob und inwieweit sie dennoch inhaltlich unabhängig agieren. Aufschlussreich ist beispielsweise, ob die NGOs auch Positionen vertreten, die

zend werden mitunter auch ausdrücklich kriminelle und gewalttätige Organisationen aus der Definition von NGOs ausgeschlossen. Im Unterschied zu Parteien oder auch Befreiungsorganisationen wollen NGOs selbst dann, wenn sie sich für öffentliche Anliegen einsetzen, zudem nicht Regierungsmacht übernehmen (Saunders/Roth 2019: 138 ff.).

Die Frage, ob es sich – bei der Vielzahl an Organisationen, die sich in diesem weiten Sinne unter NGOs fassen lassen – um eine *Menschenrechts*-NGO handelt, lässt sich am ehesten anhand der selbst erklärten Ziele und Aktivitäten festmachen: Zunächst fallen darunter jene NGOs, die sich ausdrücklich, vorrangig und hauptsächlich für den Schutz und die Förderung von Menschenrechten einsetzen. Daneben gibt es aber auch eine Vielzahl von NGOs, die im Rahmen eines umfassenderen Mandats menschenrechtliche Anliegen aufgreifen und fördern. Dabei kann es sich beispielsweise um nichtstaatliche und kirchliche Hilfs- und Entwicklungsorganisationen[28] oder auch um Umweltorganisationen[29] handeln, die im Rahmen ihrer Arbeit sich ausdrücklich *auch* für die Menschenrechte einsetzen. Diese sind zwar keine Menschenrechts-NGOs im engeren Sinne, vervollständigen aber – ebenso wie politische Stiftungen[30] – das Bild einer menschenrechtlich aktiven NGO-Szene.

Ursprünglich wurden mit NGOs insbesondere *internationale* NGOs benannt (Davies 2019: 2). Doch sind neben den großen, transnational agierenden NGOs eben auch lokale, nationale und regionale Menschenrechtsorganisationen tätig.[31] In etlichen Ländern und Regionen gibt es eine aktive „Menschenrechtsszene", die von lokalen NGOs getragen wird und die in Deutschland oft gar nicht bekannt ist. Diese gilt es aber gezielt zu berücksichtigen, zumal dann, wenn untersucht werden soll, wie sich vor Ort Menschen zusammenfinden, um sich

---

den Geldgebern nicht genehm sind, und inwiefern sie trotz staatlicher Unterstützung die Regierungspolitik kritisieren.

28 In Deutschland etwa: Brot für die Welt, Misereor und Missio oder auch die Kinderhilfswerke terre des hommes, Kindernothilfe und Deutsches Kinderhilfswerk e.V.

29 So etwa: Amazon Watch, Asociación Interamericana para la Defensa del Ambiente (AIDA). In Deutschland sind z.B. Rettet den Regenwald e.V. und urgewald e.V. menschenrechtlich aktiv.

30 Friedrich-Ebert-Stiftung, Friedrich-Naumann-Stiftung, Heinrich-Böll-Stiftung, Konrad Adenauer Stiftung e.V., Rosa-Luxemburg-Stiftung.

31 Es ist unmöglich an dieser Stelle eine repräsentative Auswahl an lokalen, nationalen oder selbst regionalen NGOs zu treffen, die sich für Menschenrechte einsetzen. Um nur einige wenige Beispiele regional aktiver NGOs zu nennen: Washington Office on Latin America, Comisión Andina de Juristas, Arab Organization for Human Rights, Association for Human Rights in Central Asia, Asia Centre, Commonwealth Human Rights Initiative.

für die Menschenrechte stark zu machen. Dabei sind mitunter auch NGOs zu beachten, die gezwungen sind, vom Exil aus zu agieren (wie etwa belarussische Menschenrechts-NGOs). Zugleich arbeiten große internationale NGOs häufig mit lokalen Partnerorganisationen zusammen. Oft haben sie selbst eine solide organisatorische Basis in einer Vielzahl an Ländern aufgebaut, verfügen dort über Sektionen und Netzwerke und sind längst globale NGOs. Kurzum: Auf lokaler, nationaler, regionaler und globaler Ebene besteht eine schier unüberschaubare, sich rasch verändernde Landschaft an NGOs und NGO-Allianzen, die sich für Menschenrechte einsetzen.

Dabei unterscheiden sich NGOs und NGO-Allianzen darin, zu welchen menschenrechtlichen Problemen sie arbeiten.[32] Einige setzen sich für eine große Vielfalt menschenrechtlicher Themen ein[33], andere fokussieren einzelne Rechte und Probleme. Die älteste, heute noch bestehende Menschenrechtsorganisation, Anti-Slavery International (ursprünglich Anti-Slavery Society), streitet beispielsweise seit 1839 für die Abschaffung der Sklaverei, die noch heutzutage in Form von Menschenhandel, Zwangsarbeit, Schuldknechtschaft oder ausbeuterischer Kinderarbeit die Lebens- und Arbeitswirklichkeit von Abermillionen Menschen prägt. Andere NGOs und NGO-Allianzen setzen sich, um nur einige Beispiele zu nennen, besonders für die Abschaffung der Todesstrafe[34], gegen Folter[35] und die Vermeidung von Völkermord[36] ein, bemühen sich um die Strafverfolgung schwerster Menschenrechtsverbrechen[37] und den Zugang von Betroffenen zur Justiz[38], verteidigen die Religionsfreiheit[39] oder die Meinungs-

32 Eine Unterscheidung zwischen Menschenrechts-NGOs, die vornehmlich zu „negativen" oder zu „positiven" Menschenrechten arbeiten, wie sie etwa Polizzi/Murdie (2019: 252) vornehmen, ist irreführend. Es kann nicht genug betont werden, dass alle Menschenrechte Abwehr-, Schutz- und Leistungsdimensionen aufweisen, die den Staat (als Hauptträger menschenrechtlicher Pflichten) verpflichten etwas zu unterlassen oder zu tun.

33 Exemplarisch: Amnesty International, Human Rights Watch oder auch kleinere Vereine wie: humanrights.ch – Menschenrechte Schweiz, Nürnberger Menschenrechtszentrum e.V.

34 So etwa die vielen NGOs, die in der World Coalition Against the Death Penalty mitwirken.

35 So etwa: Action by Christians for Abolition of Torture, Association pour la prévention de la torture, Organisation Mondiale contre la Torture sowie NGOs, die in dem International Rehabilitation Council for Torture Victims zusammengeschlossen sind.

36 So etwa NGOs, die in der Alliance against Genocide mitwirken.

37 So etwa: Coalition for the International Criminal Court, International Center for Transitional Justice, TRIAL International.

38 Exemplarisch: Advocats Sans Frontières.

39 So etwa die Organisation Human Rights without Frontiers, die eine Datenbank über

äußerungs- und Pressefreiheit[40] oder bekämpfen Antisemitismus[41], Antiziganismus[42], Islam- und Muslimfeindlichkeit[43] und allgemein Rassismus[44]. Andere wiederum nehmen das gesamte Spektrum bürgerlicher und politischer Menschenrechte in den Blick.[45]

Hatten sich bis in die 1990er Jahre nur wenige Menschenrechtsorganisationen der wirtschaftlichen, sozialen und kulturellen Menschenrechte (wsk-Rechte) angenommen[46], gibt es weltweit inzwischen eine Vielzahl an NGOs und NGO-Netzwerke, die wsk-Rechte zu schützen und zu fördern versuchen. Zur Stärkung der wsk-Rechte hat sich beispielsweise in den 1990er Jahren eigens ein International Network for Economic, Social and Cultural Rights (ESCR-Net) gebildet und in den 2000er Jahren in Gestalt der Coalition for an Optional Protocol to the ICESCR eine NGO-Allianz, die ein Beschwerdeverfahren für den UN-Sozialpakt einforderte. Zu den Pionieren der wsk-Rechte gehört FIAN International, das 1986 in Heidelberg gegründet wurde und sich gezielt des Rechts

---

Gefangene aufgrund ihrer Religion oder Weltanschauung unterhält, oder auch das European Network on Religion and Belief.

40 So etwa: International Press Institute, Committee to Protect Journalists, Reporter sans frontières, Article 19.

41 Exemplarisch: Simon Wiesenthal Center oder in Deutschland z.B. das Anne-Frank Zentrum e.V. und andere Vereine, die in dem Kompetenznetzwerk Antisemitismus zusammengeschlossen sind. Auch die Antonio Amadeu Stifung (die jedoch eine Stiftung und kein Verein ist) arbeitet zu Antisemitismus und Rassismus.

42 Siehe etwa in Deutschland die Antiziganismus-Arbeit der allgemeinen Interessenvertretungen von Rom:nja und Sinti:ze, die etwa im Zentralrat Deutscher Sinti und Roma, in der Sinti Allianz Deutschland, im Bundes Roma Verband sowie in Amaro Drom e.V. zusammengeschlossen sind.

43 So etwa einige Organisationen, die in dem European Network against Racism (ENAR) oder in der CLAIM-Allianz gegen Islam- und Muslimfeindlichkeit mitwirken (u.a. Fair International e.V.). Auch der Verband binationaler Familien und Partnerschaften unterhält auf Projektebene ein Kompetenznetzwerk Islam- und Muslimfeindlichkeit.

44 So etwa zahlreiche NGOs, die in dem Netzwerk UNITED for Intercultural Action oder in ENAR vertreten sind, einschließlich etwa der Initiative Schwarzer Menschen in Deutschland Bund e.V.

45 So etwa die Helsinki Committees for Human Rights in verschiedenen Ländern oder auch der Center for Civil Liberties (Ukraine) oder Viasna (aus Belarus), die durch den Friedensnobelpreis 2022 weltweit bekannt wurden. Siehe auch die später genannten NGOs, die zum Schutz von Menschenrechtsverteidiger:innen arbeiten.

46 So etwa: FIAN International, Center for Economic, Social and Cultural Rights oder auch das Centre on Housing Rights and Evictions, das sich bis Ende der 2000er Jahre für das Recht auf Wohnen einsetzte.

auf Nahrung annahm. Mittels seiner Sektionen und Netzwerke arbeitet FIAN inzwischen zu und in über 50 Staaten weltweit und greift auch weitere wsk-Rechte auf. Auch viele NGOs, die vornehmlich zu bürgerlich-politischen Rechten arbeiten, haben mittlerweile ihre Arbeitsbereiche auf wsk-Rechte ausgeweitet. Von besonderer Bedeutung war beispielsweise, dass Amnesty International – nach zähem innerorganisatorischem Ringen und gegen interne Widerstände – seit den 2000er Jahren auch die Umsetzung von (einzelnen) wsk-Rechten einforderte.[47] Auch die Berichte von Human Rights Watch behandeln inzwischen wirtschaftliche und soziale Menschenrechte.[48] Zugleich fanden die wsk-Rechte vor allem nach der Jahrtausendwende allmählich Eingang in die Arbeit von Hilfs- und Entwicklungsorganisationen, sofern diese nicht nur einen bedürfnisorientierten, sondern auch einen rechtebasierten Ansatz in ihrer Arbeit verfolgten.[49] Auch die Themenbereiche Wirtschaft und Menschenrechte sowie Umwelt bzw. Klimawandel und Menschenrechte haben enorm an Bedeutung gewonnen. Sie wurden mitunter von etablierten internationalen Menschenrechtsorganisationen aufgegriffen und brachten auch eigenständige NGOs und Initiativen hervor.[50]

Weiterhin unterscheiden sich die Träger- und Zielgruppen der nichtstaatlichen Menschenrechtsarbeit. Nicht wenige NGOs setzen sich – oft auch im Rahmen umfassenderer Mandate – gezielt für die Rechte bestimmter Gruppen ein oder sind deren Selbstorganisationen. Dies können, um nur einige Beispiele zu nennen, Angehörige von „verschwundenen" Personen sein[51], Frauen[52],

---

47 Siehe beispielsweise den AI-Arbeitsbereich „Living in Dignity".

48 Siehe die Auflistung der HRW-Berichte unter https://www.hrw.org

49 Im Unterschied zu einem bedürfnis-orientierten Ansatz, der auf die Befriedigung der Grundbedürfnisse abhebt, werden bei einem rechtebasierten Ansatz die Menschen als Rechteinhaber darin unterstützt, entsprechende Forderungen gegenüber den (vorrangig) staatlichen Pflichtenträgern einzufordern und durchzusetzen. Vgl. u.a. Brock 1996, Windfuhr 1997, Lingnau 2003, Krennerich 2003b, 2004, 2008, Selchow/Hutter 2004.

50 Siehe etwa Germanwatch und die mitwirkenden Organisationen der Initiative Lieferkettengesetz, der Kampagne „Justice is Everybody's Business", der Klima-Allianz Deutschland oder der globalen Kampagne „Climate Justice Now"; etliche sind auch menschenrechtlich aktiv. Siehe auch Global Witness.

51 So etwa: (Asociación) Madres de la Plaza de Mayo, Federation of Associations for Relatives of the Detained-Disappeared. In Mexiko etwa: AMORES, FUUNDEC/FUUNDEM, Grupo VIDA, Grupo Alas de Esperanza, Grupo Familias Unidas.

52 So etwa: Association of Women's Rights in Development, Comité de América Latina y el Caribe para la Defensa de los Derechos de las Mujeres, European Women's Lobby, Equality Now, Global Fund for Women, International Alliance of Women. In Deutschland

LSBTIQ+[53], Kinder[54], Menschen mit Behinderung[55] sowie Angehörige religiöser, ethnischer oder indigener Minderheiten[56], Geflüchtete und Vertriebene[57], Betroffene von Menschenhandel[58] oder auch Hausangestellte[59]. Zugleich bemühen sich Menschenrechts-NGOs gezielt auch um den Schutz und die Förderung von Menschenrechtsverteidiger:innen.[60]

Nicht nur hinsichtlich ihrer Arbeitsschwerpunkte und ihrer Träger- und Zielgruppen, sondern auch in ihrer Vorgehensweise unterscheiden sich NGOs zudem erheblich. Einige arbeiten vornehmlich juristisch, wie etwa der European Center for Constitutional and Human Rights, der Strafanzeigen unterstützt, um über strategische Prozessführung und gerichtliche Präzedenzfälle den Menschenrechtsschutz voranzubringen. Solche *strategic litigations*[61] wenden auch andere

---

z.B. Deutscher Frauenrat, medica mondiale e.V. und TERRE DES FEMMES – Menschenrechte für die Frau e.V.; vgl. auch Ruppert 2005.

53 So etwa: OutRight Action International, Organisation Intersex International, African Human Rights Coalition. In Deutschland etwa: Lesben- und Schwulenverband in Deutschland e.V. (LSVD) und seine Menschenrechtsstiftung Hirschfeld-Eddy-Stiftung, die auch das offene Netzwerk Yogyakarta-Allianz koordiniert.

54 So etwa: Child Rights International Network. In Deutschland etwa: Kindernothilfe, terre des hommes Deutschland sowie weitere Organisationen, die in der National Coalition Deutschland – Netzwerk zur Umsetzung der UN-Kinderrechtskonvention e.V. mitwirken.

55 So etwa: Disabled People's International, Disability Rights Advocates, Action on Disability and Development. In Deutschland etwa: Interessenvertretung Selbstbestimmt Leben in Deutschland e.V.

56 So etwa: Survival International, Minority Rights Group International, Gesellschaft für bedrohte Völker, Incomindios, Unrepresented Nations and Peoples Organization (UNPO), Asia Indigenous Peoples Pact (AIPP).

57 So etwa: Asia Pacific Refugee Rights Network (APRRN). In Deutschland etwa: Pro Asyl, der Bundesverband Unbegleitete Minderjährige Flüchtlinge e.V. oder auch die Ökumenische Bundesarbeitsgemeinschaft „Asyl in der Kirche" e.V. Hinzu kommen Selbstorganisationen von geflüchteten Menschen.

58 In Deutschland etwa: Bundesweiter Koordinierungskreis gegen Menschenhandel e.V. (KOK).

59 In Deutschland etwa die Deutsche Kommission Justitia et Pax, welche die Verhandlungen zum ILO-Übereinkommen 189 zur menschenwürdigen Arbeit von Hausangestellten (2011) gemeinsam mit gewerkschaftlichen, kirchlichen und zivilgesellschaftlichen Partnern in Europa, Afrika, Asien und Lateinamerika begleitet hat.

60 So etwa: Peace Brigades International (PBI), Civil Rights Defenders, International Service for Human Rights, Protection International, Front Line Defenders oder auch die Iniciativa Mesoamericana de Mujeres Defensoras de Derechos Humanos und das Pan-African Human Rights Defenders Network und ihre Mitgliedsorganisationen.

61 Vgl. Kaleck 2022. Zur strategischen Prozessführung siehe auch: Duffy 2018, Kessler 2018, Guerrero 2020.

NGOs an.[62] Nach wie vor ist jedoch in Deutschland eine im juristischen Sinne anwaltschaftliche Menschenrechtspraxis, die sich auf europäische oder internationale Menschenrechte bezieht, nicht verbreitet und eine Sache von engagierten „Einzelkämpfer:innen" (Lemke 2018: 89).

Viele andere Organisationen wiederum wirken stärker in den gesellschaftspolitischen Raum hinein. So umfasst die Menschenrechtsarbeit von NGOs gleich mehrere Handlungsfelder. Traditionell wichtige Bereiche nichtstaatlicher Menschenrechtsarbeit von NGOs sind die regelmäßige *Beobachtung* der Menschenrechtslage in einem Land oder einer Region und die *Dokumentation* von Menschenrechtsverletzungen. Eng damit verbunden ist auch die *Information der Öffentlichkeit* über menschenrechtliche Ansprüche, Probleme und Anliegen. Besonderer didaktischer Kompetenzen bedarf die *Menschenrechtsbildung*, in der nicht nur Wissen über die Menschenrechte vermittelt, sondern auch das Bewusstsein für Menschenrechte und die Handlungsfähigkeit gestärkt werden. Einige NGOs widmen sich wiederum ganz der *Analyse und Beratung*, fungieren gewissermaßen als menschenrechtliche „Denkfabriken". Oft unterstützen nichtstaatliche Menschenrechtsorganisationen auch gezielt das menschenrechtliche Empowerment der in ihren Rechten verletzten oder bedrohten Bevölkerungsgruppen, damit diese ihre Rechte selbst einfordern können. Oder sie unterstützen Partnerorganisationen finanziell oder durch andere Formen des *capacity building* und leisten technische Hilfe.[63]

Weithin wahrgenommen werden *öffentliche Proteste und Kampagnen*. Viele Menschenrechts-NGOs prangern Menschenrechtsverletzungen an, benennen die Verantwortlichen (*naming*) und setzen diese im Sinne eines Beschämens (*shaming*) und Beschuldigens (*blaming*) unter gesellschaftspolitischen Rechtfertigungs- und Handlungsdruck. Ein weniger sichtbares, gleichwohl aber immens wichtiges, menschenrechtspolitisches Handlungsfeld ist neben der allgemeinen *Advocacy-Arbeit* die gezielte *Lobby-Arbeit*, die NGOs gegenüber Regierungen, Parlamenten und staatlichen Behörden und im Rahmen internationaler Organisationen betreiben. Dabei geht es um die zielgerichtete Beeinflussung der Ausgestaltung des nationalen wie internationalen Menschenrechtsschutzes und die Einflussnahme auf menschenrechtsrelevante Politiken – vom politischen Agenda-Setting bis hin zur Planung, Umsetzung und Evaluierung entsprechen-

62 So etwa auch: Redress, Reprive, Trial International sowie in Deutschland auch: Büro zur Umsetzung von Gleichbehandlung e.V., Gesellschaft für Freiheitsrechte e.V. und JUMEN e.V.

63 Etwa bei der Verschlüsselung von Informationen, wie z.B CryptoRightsFoundation.

der Maßnahmen. Ergänzt werden diese ggf. durch *Beratungstätigkeiten*, bei denen die Expertise der NGOs abgefragt wird.

Bereits erwähnt wurde, dass nichtstaatliche Menschenrechtsorganisationen mitunter auch *juristischen Beistand* leisten und Betroffene darin unterstützen, bestehende nationale wie internationale Klage- und Beschwerdemöglichkeiten auszuschöpfen, um gegen Menschenrechtsverletzungen vorzugehen. Pro Asyl verfügt beispielsweise über einen eigenen Rechtshilfefonds. Auch andere Kontrollverfahren (Berichte, Untersuchungen, etc.) werden von NGOs gezielt genutzt, um menschenrechtliche Anliegen vorzubringen, etwa in Form von „Schattenberichten" an internationale Kontrollorgane. Manche Organisationen haben sich ganz der kritischen Beobachtung der Arbeit der UN-Menschenrechtskontrollorgane verschrieben.[64]

Weiterhin gehört der *Schutz von Menschen vor staatlicher Verfolgung* zu den „klassischen" Handlungsfeldern nichtstaatlicher Menschenrechtsarbeit. Angesichts repressiver NGO-Gesetze und der Diffamierung, Kriminalisierung und Verfolgung von Personen und Organisationen, die sich für die Menschenrechte einsetzen, sehen sich Menschenrechts-NGOs und ihre Partnerorganisationen in vielen Staaten zudem dazu gezwungen, auch *Eigenschutz* zu betreiben und sich selbst gegen bürokratische Schikanen, Schmutzkampagnen und strafrechtliche Anzeigen zur Wehr zu setzen. Auch bieten – oft spezialisierte – NGOs *Unterstützung für Betroffene von Menschenrechtsverletzungen* an (z.B. Folteropfer[65], Betroffene von Menschenhandel[66]). Schließlich wirken NGOs auch bei der Ausgestaltung der *Vergangenheitspolitik* mit. Die 1989 gegründete Menschenrechtsorganisation Memorial International in Russland, mit ihrem Schwerpunkt auf die historische Aufarbeitung politischer Gewaltherrschaft, ist hierfür ein prominentes Beispiel. Im Dezember 2021 ordnete das dortige Oberste Gericht indes ihre Auflösung an. 2022 erhielt Memorial – gemeinsam mit dem o.g. Center for Civil Liberties (Ukraine) und Ales Bialiatski, dem inhaftierten Vorsitzenden von Viasna (Belarus) – den Friedensnobelpreis.

---

64 So etwa: UN Watch, UPR Info.

65 So etwa: International Rehabilitation Council for Torture Victims (IRCT) mit über 150 Zentren in 76 Staaten sowie das European Network of Rehabilitation Centres for Survivors of Torture und seine Mitgliedsorganisationen. Dazu gehört – neben anderen deutschen NGOs (Pro Asyl, Refugio etc.) – gerade auch die Bundesweite AG der Psychosozialen Zentren für Flüchtlinge und Folteropfer (BafF), die in dem europäischen Netzwerk koordinierend mitwirkt und deutsche Behandlungseinrichtungen vernetzt.

66 Stellvertretend: KOK – Bundesweiter Koordinierungskreis gegen Menschenhandel e.V.

Schaubild 3: Handlungsfelder von Menschenrechts-NGOs

Was tun nichtstaatliche Menschenrechtsorganisationen? (Auswahl)	
Menschenrechtsbeobachtung	Beobachtung der Menschenrechtslage und der Menschenrechtspolitik, Dokumentation von Menschenrechtsverletzungen.
Öffentlichkeits-, Informations- und Bildungsarbeit	Informationen zu Menschenrechten, Thematisierung von Menschenrechtsproblemen, Vermittlung von Menschenrechtskenntnissen, Stärkung eines verantwortungs- und handlungsorientierten Menschenrechtsbewusstseins, Aufbau einer „Kultur der Menschenrechte" etc. durch Bildungsmaterialien, Info-Veranstaltungen, Workshops, Projekttage, Seminare usw.
Empowerment	Stärkung der Organisations- und Handlungsfähigkeit betroffener Menschen und Gruppen durch gezielte Beratung, Schulung und finanzielle Unterstützung, damit die Menschen ihre Rechte selbstständig einfordern, wahrnehmen und überwachen können – und fähig sind, menschenrechtlich relevante Entscheidungsprozesse aktiv mitzugestalten.
Öffentliche Proteste und Kampagnen	Proteste und Kampagnen gegen drohende oder bestehende Menschenrechtsverletzungen, um die Öffentlichkeit „wachzurütteln" und um Druck etwa auf Regierungen, Parlamente oder auch Unternehmen auszuüben, die Menschenrechte zu achten und zu schützen.
Allgemeine Advocacy-Arbeit und gezielte Lobby-Arbeit	Bewusstseinbildung und Einflussnahme auf menschenrechtlich bedeutsame Entscheidungen (Abkommen, Gesetze, Verordnungen, Maßnahmen etc.), z. B. nationaler Regierungen und Parlamente oder internationaler Organisationen.
Beratung	Bereitstellung von Expertise
Ausschöpfung nationaler Rechtsmittel	Rechtsberatung und Unterstützung von Betroffenen bei Klagen und Verfassungsbeschwerden vor nationalen Gerichten.

Einflussnahme auf und Mitwirkung beim internationalen Menschenrechtsschutz	Einflussnahme auf Normsetzung, -interpretation, -kontrolle und -umsetzung, z. B.: kritische Begleitung staatlicher Menschenrechtsberichte, Erstellung von Parallelberichten, Unterstützung von Beschwerden vor internationalen Menschenrechtsausschüssen und Gerichten usw.
Schutz von Menschenrechtsverteidiger:innen	Individueller Schutz für verfolgte oder bedrohte Menschenrechtsverteidiger:innen durch Appelle, Eilaktionen, vorübergehende Aufnahme von Verfolgten etc.
Hilfe für Betroffene und Hinterbliebene	Betreuung der Betroffenen von Menschenrechtsverletzungen (z. B. Opfer von Folter, Vergewaltigungen, Menschenhandel, ausbeuterische Kinderarbeit, Kindersoldaten), Trauma-Arbeit, Rehabilitationsprogramme, finanzielle Hilfe etc.
Einforderung und Mitgestaltung von Vergangenheitspolitik	Dokumentation von Verbrechen der Vergangenheit, Erinnerungs- und Gedenkkultur, Forderungen nach: Entschädigung der Betroffenen, Bestrafung der Täter:innen, Reformen, um zu vermeiden, dass sich Menschenrechtsverbrechen wiederholen.
Vernetzung von Menschenrechtsaktivitäten	Auf- und Ausbau schlagkräftiger Menschenrechtsnetzwerke auf nationaler, regionaler und globaler Ebene.

Quelle: eigene Zusammenstellung

Ein wichtiger Teil nichtstaatlicher Menschenrechtsarbeit besteht in der Netzwerkarbeit. Einige wichtige internationale Netzwerke wurden bereits genannt oder wären noch zu erwähnen[67], mit neuen Menschenrechtsthemen kommen weitere hinzu.[68] In Deutschland haben sich 1994 – im Anschluss an die Weltmenschenrechtskonferenz von 1993 – zahlreiche Organisationen im bundesweiten Menschenrechtsnetzwerk Forum Menschenrechte zusammengeschlossen, um: a) die Menschenrechtspolitik der Bundesregierung und des Deutschen Bundestags auf nationaler und internationaler Ebene kritisch zu begleiten; b) ge-

67 Exemplarisch: Civil Solidarity Platform, Asian Forum for Human Rights and Development (FORUM-ASIA).

68 Exemplarisch: 2014 wurde die Coalition Against Unlawful Surveillance Exports (CAUSE) gegründet.

meinsame Vorhaben zur Verbesserung des Menschenrechtsschutzes weltweit durchzuführen; c) das Menschenrechtsbewusstsein in der deutschen Öffentlichkeit zu stärken sowie auf mögliche Menschenrechtsverletzungen in Deutschland hinzuweisen und auf deren Überwindung hinzuwirken; d) Informationen unter den Mitgliedsorganisationen zu Menschenrechtshemen auszutauschen; e) lokale, regionale und nationale NGOs bei den internationalen Aspekten ihrer Arbeit zu unterstützen und die internationale Vernetzung von NGOs zu fördern.[69] Die Stärke des Forum Menschenrechte liegt weniger in der Kampagnen- als insbesondere in der Advocacy- und Lobby-Arbeit, in der Einflussnahme auf Regierung und Parlament – und damit auf *„insider activism*" (Saunders/Roth 2019: 138).

Soziale (Protest-)Bewegungen

Soziale Bewegungen sind fluider und weniger institutionalisiert als NGOs oder feste NGO-Netzwerke (die freilich ihrerseits als soziale Bewegungsorganisationen mitunter in Bewegungen mitwirken). Sie sind eine wichtige Form kollektiven, zivilgesellschaftlichen Handelns, in der sich ebenfalls menschenrechtlicher Protest ausdrücken kann. Unter den vielfältigen Beispielen wirkkräftiger sozialer Bewegungen, die menschenrechtlich bedeutsame Anliegen aufgegriffen haben (ohne semantisch immer ausdrücklich auf Menschenrechte Bezug zu nehmen), befinden sich etwa Arbeiter:innen-, Bürgerrechts-, Anti-Apartheid-, Dissidenten-, Frauenrechts-, Lesben-, Schwulen-, Behindertenrechts-, Friedens- und Umweltbewegungen oder auch Bauern- und indigene Bewegungen. Mit der wachsenden gesellschaftspolitischen Bedeutung des – ursprünglich stark von Fachleuten dominierten – Menschenrechtsdiskurses gewannen vor allem ab den 1970er Jahren die Menschenrechte als Bezugspunkte auch in solchen sozialen Bewegungen an Bedeutung, die bis dahin ihre Forderungen nicht ausdrücklich in der Sprache der Menschenrechte vorgetragen hatten. Die Berufung auf Menschenrechte erwies sich politisch als schlagkräftig (Sen 2004: 7).

Zugleich haben staatliche Repression und Willkür vielerorts menschenrechtliche Protestbewegungen *sui generis* hervorgebracht, die sich ausdrücklich auf Menschenrechte bezogen. So zeigt etwa der Blick nach Lateinamerika, wie die Idee der Menschenrechte dann aufgegriffen und zu einer kraftvollen Bewegung wurde, als verschiedene Länder mit brutalen Militärdiktaturen überzogen wurden. „Die Menschenrechtsbewegung in Lateinamerika hat ihren zeitlich und lokal recht genau festmachbaren Ursprung in einer besonderen politischen Kon-

69 Vgl. www.forum-menschenrechte.de. Siehe auch Motte 2015.

stellation, die ab den späten sechziger Jahren große Teile des Kontinents überzog: der ungewöhnlich brutalen und systematischen Repression einer Reihe von Militärdiktaturen“ (Huhle 2009: 407). Dabei zeigt Rainer Huhle auf, dass die moderne Menschenrechtsbewegung in Lateinamerika einen doppelten Ursprung hat: zum einen die Selbstorganisation der unmittelbar von der Verfolgung betroffenen Menschen, die gemeinsam ihre Forderungen in die Öffentlichkeit trugen, zum anderen die Unterstützung der Betroffenen durch verbündete Jurist:innen, Politiker:innen, Angehörige der Amtskirche und andere Professionelle. Erst aus diesem Zusammentreffen sei das entstanden, was man sinnvollerweise eine Menschenrechtsbewegung nennen könne. In diesem Sinn versteht er die Entstehung der Menschenrechtsbewegung in Lateinamerika als „Resultante aus dem Spannungsfeld von unmittelbarer Selbstorganisation und professioneller politisch-rechtlicher Arbeit im Rahmen von traditionellen Institutionen und/oder neu gegründeten Nichtregierungsorganisationen (NRO)“ (ebd.: 407 f.). Und als deren Geburtsstunde und Geburtsort gibt er den Putsch 1973 in Chile an.

Merkmale von sozialen Bewegungen
Inwieweit wiederkehrende oder langanhaltende Proteste, die sich implizit oder explizit auf bürgerliche, politische, wirtschaftliche, soziale und/oder kulturelle Menschenrechte oder auch auf das Recht auf eine gesunde Umwelt beziehen, nun als „soziale Bewegung“ angesehen werden können, hängt maßgeblich davon ab, wie letztere definiert werden. Was sind also – über etwaige Selbstbeschreibungen als „Bewegung“ hinaus – sozialwissenschaftliche Merkmale sozialer Bewegungen? Angesichts ihrer Vielfalt lässt sich dies schwer verallgemeinern, doch hat sich in der Literatur anhand der *Ziele*, *Handlungsformen* und *inneren Strukturen* ein Grundverständnis von sozialen Bewegungen herausgebildet.

Als ein wesentliches Merkmal sozialer Bewegungen gilt demnach das Ziel, grundlegende soziale Veränderungen anzustoßen und durchzusetzen oder aber abzuwehren und rückgängig zu machen (Snow et al. 2019). Ausgehend von einem Verständnis, dass sich Geschichte gestalten lässt, kommt sozialen Bewegungen also eine Akteursqualität zu und ihr Handeln ist – fördernd oder abwehrend – auf grundlegenden gesellschaftlichen Wandel hin ausgerichtet. Nicht immer sind soziale Bewegungen dabei progressiv.[70] Für gewöhnlich gibt es auch Gegen-

70 Teils werden zwar soziale Bewegungen mit progressiven Emanzipationsbewegungen gleichgesetzt (siehe bereits Hofmann 1974 sowie Huhle 2009 für Menschenrechtsbewegungen), doch ist hinsichtlich der Auseinandersetzung um Menschenrechte sinnvoll, auch Gegenbewegungen in den Blick zu nehmen.

Bewegungen als Reaktion auf tatsächlichen oder eingeforderten sozialen Wandel. So formierte sich beispielsweise auch in Europa im vergangenen Jahrzehnt eine Anti-Gender-Bewegung, die gegen gendersensible Sprache, Gender-Mainstreaming oder die Homo-Ehe mobilisierte (vgl. etwa Sauer 2019).

Die Machtbasis sozialer Bewegungen liegt vor allem in der anhaltenden Mobilisierung von Aktiven, Sympathisant:innen und Unterstützer:innen in der Bevölkerung. „Die aktive, permanente Suche nach Unterstützung, das In-Bewegung-Bleiben, ist deshalb ein weiteres Merkmal sozialer Bewegungen."[71] Dabei bedienen sich soziale Bewegungen – wenn auch nicht unbedingt ausschließlich, so doch vornehmlich – außerinstitutioneller Handlungsformen, um ihre Anliegen vorzubringen und ihre Anhängerschaft zu mobilisieren. „Wenngleich Proteste nicht exklusiv Bewegungen vorbehalten bleiben, so ist Protestorientierung doch ein konstitutives Merkmal sowohl für das Selbstverständnis von Bewegungen als auch ihre Wahrnehmung durch Öffentlichkeit und Publikum" (Rucht 1994: 339). Allseits sichtbarer Ausdruck sind eine Vielzahl von Straßenprotesten und eine oft große Vielfalt kreativer Aktionsformen. Ein wirkkräftiges Beispiel unter vielen ist die 2019 erstmals aufgeführte Performance gegen sexualisierte Gewalt des chilenischen Kollektives LATESIS, deren Protestsong „*Un violador en tu camino*" (Ein Vergewaltiger auf deinem Weg) in etlichen Städten weltweit von Frauen (teils gleichzeitig) angestimmt wurde (LASTESIS 2021).

Trotz aller Vielfalt an Akteuren und Aktionen bedarf es weiterhin eines Minimums an kollektiver Identität, zeitlichen Bestands und Organisation, um von einer sozialen Bewegung sprechen zu können.[72] Dies gilt selbst für Online-Mobilisierungen und Online-Bewegungen, die mitunter jedoch eher der Logik von einer „*connective action*" als von einer „*collective action*" folgen.[73] Die #metoo-Kampagne steht dabei beispielhaft für einen erfolgreichen Hashtag-Aktionismus, der zumindest ein gewisses Zusammengehörigkeitsgefühl unter all jenen schuf, die entsprechende persönliche Erfahrungen teilten, sich mit Betroffenen solidarisierten und gegen sexualisierte Gewalt protestierten. Tatsächlich ist die Herausbildung eines kollektiven (Selbst-)Bewusstseins der Zusammengehörigkeit, ein „Wir-Gefühl", sowohl ein Merkmal als auch eine Existenzbedingung für soziale Bewegungen. Dies schließt freilich nicht aus, dass innerhalb sozialer

71 Raschke, zitiert nach Stickler 2015: 95.

72 Hier erfolgt eine Abgrenzung zu radikal post-strukturalistischen Ansätzen; siehe etwa Vey et al. 2019.

73 Bennett/Segerberg 2013. Zum digitalen Aktivismus siehe u.a. die Themenausgabe des *Forschungsjournal Soziale Bewegungen*, 33 (2), 2020, sowie Dolata/Schrape 2018.

Bewegungen wiederum multiple Identitäten bestehen, Deutungskämpfe zwischen moderaten und radikalen Kräften stattfinden und kollektive Identitäten hinterfragt und rekonstruiert werden können. Dabei kann auch die Forschungsfrage aufgeworfen werden, welche Vor- und Nachteile starke oder schwache, kohärente oder fragmentierte sowie stabile oder fluide kollektive Identitäten für den Bestand und das Wirken der Bewegungen haben. Wie auch immer: Trotz aller Informalität sind soziale Bewegungen keine völlig herrschafts- und organisationsfreien Zusammenschlüsse. Das Zusammenspiel zwischen den Bewegungseliten, den in der Bewegung mitwirkenden Organisationen und den fluiden Teilen der Basis prägt gerade das eher lose, aber eben nicht völlig unstrukturierte Handeln sozialer Bewegungen. Indem soziale Bewegungen ein gewisses Maß an Kontinuität aufbringen, grenzen sie sich beispielsweise von einmaligen oder spontanen Protesten ab.

Zusammenfassend lässt sich also sagen: „Eine soziale Bewegung ist ein auf gewisse Dauer gestelltes und durch kollektive Identität abgestütztes Handlungssystem mobilisierter Netzwerke von Gruppen und Organisationen, welche sozialen Wandel mittels öffentlicher Proteste herbeiführen, verhindern oder rückgängig machen wollen“ (Rucht/Teune 2017: 11).[74]

Vielfach erscheinen außerinstitutionelle Aktionsformen, zumal aus der Sicht von Protestierenden, notwendig, um gesellschaftspolitische Veränderungen hervorzubringen (oder abzuwehren). Dies ist in Demokratien tendenziell immer dann der Fall, wenn drängende gesellschaftspolitische Anliegen nicht auf institutionelle Weise von Parteien und pluralistisch bzw. korporatistisch eingebundenen Interessengruppen aufgegriffen und im Rahmen demokratischer Verfahren und Institutionen zufriedenstellend „bearbeitet“ werden. Verstärkt werden können soziale Proteste zudem durch regelrechte Protestwellen, die sich im Rahmen einer „Streitpolitik“ (*contentious politics*) herausbilden. Indes geht mit außerinstitutionellen Protestaktionen sozialer Bewegungen nicht zwangsläufig eine völlige Abkehr von etablierten Formen institutionalisierter Politik einher; mitunter ergänzen sich diese sogar. In diesem Sinne sind soziale Bewegungen und deren Proteste inzwischen fester Bestandteil auch liberal-repräsentativer Demokratien

---

74 Ähnlich die Definition von Snow et al. 2019: 10: „Social movements can be thought of as: Collectivities acting with some degree of organization and continuity outside of institutional or organizational channels for the purpose of challenging or defending extant authority, whether it is institutionally or culturally based, in the group, organization, society, culture, or world order of which they are part.“

und können zwar als außerinstitutionelle, nicht mehr aber – wie ehedem[75] – rundherum als unkonventionelle, geschweige denn als irrationale Formen politischer Partizipation abgetan werden. Selbst ziviler Ungehorsam wird, wenn schon nicht als legal, so doch in Teilen der Bevölkerung mitunter als legitim erachtet.

Anders stellt sich dies freilich dort dar, wo beispielsweise die Parameter für unkonventionelles und illegales Handeln verschoben wurden und regimekritische Protestierende diffamiert, kriminalisiert und verfolgt werden. Dann geraten Aktivist:innen rasch ins Visier einer politischen Justiz. Straßenproteste und regierungskritische Demonstrationen, die in lebendigen Demokratien eben als legale, legitime und wichtige Ausdrucksformen gesellschaftspolitischer Mitwirkung gelten (sollten), werden besonders häufig in Autokratien, manchmal aber auch in Demokratien verboten und damit gezielt in die Illegalität gedrängt und diffamiert. Typisch sind Vorwürfe, dass die Protestierenden in Wahrheit „Kriminelle", „Aufrührer", „Nestbeschmutzer", „Vaterlandsverräter" oder gar „Terroristen" wären und eine Fremdsteuerung durch fremde Mächte vorläge.

Sollen über die Proteste hinaus nicht nur kurzfristig, sondern auch mittel- und langfristig Veränderungen angestoßen werden, ist es freilich auch in Demokratien wichtig, dass die von sozialen Bewegungen außerinstitutionell vorgetragenen Anliegen dauerhaft im gesellschaftlichen Diskurs verankert und in die politischen Entscheidungsprozesse eingespeist werden. Denn es geht eben nicht nur um Themen- und Agenda-Setting, sondern auch um die tatsächliche Einflussnahme auf die Politik, und zwar in unserem Fall im Sinne der Menschenrechte. Häufig verfügen soziale Bewegungen (zumindest anfänglich) jedoch nicht über etablierte – formelle oder informelle – Zugänge in die Politik, betreiben also (zunächst) eher einen *„outsider activism"*.

Anders verhält es sich oft mit etablierten NGOs und NGO-Netzwerken, die ggf. als Bewegungsorganisationen in den sozialen Bewegungen mitwirken oder als Bündnispartner mit diesen kooperieren. Große oder strategisch wichtige NGOs verfügen, auch im Bereich der Menschenrechte, mitunter über privilegierte Zugänge zu den politischen Entscheidungszentren. Dies kann zu Spannungen zwischen den fluiden Teilen sozialer Bewegungen und professionalisier-

75 Auch in der Bundesrepublik Deutschland änderte sich im Zeitverlauf die Sichtweise auf Straßenproteste – von der Manifestation irrationaler oder gar fremdgesteuerter Krawallmacher und Querulanten hin zu einer „normalen" und legitimen Erscheinungsform repräsentativer Demokratien und als rationales Mittel kollektiver Interessenvertretung; vgl. Roth/Rucht 1987, Rucht/Theune 2017.

ten NGOs führen. Auch können unterschiedliche Vorstellungen über Strategien, Taktiken und die Reichweite von Forderungen bestehen. Beispielsweise kann eine geber-orientierte, gemäßigte Ausrichtung der NGO-Arbeit gerade auch im Bereich der Menschenrechte zu einer gewissen Mäßigung und Entpolitisierung führen, die Widerstände hervorruft. Saunders/Roth (2019: 141) verwenden hier den Begriff der „NGOisierung" sozialer Bewegungen. Umgekehrt können sich soziale Bewegungen radikalisieren und neben gewaltlosen Aktionsformen von Beginn an oder im Zeitverlauf (etwa aufgrund der Enttäuschung über die Wirkungslosigkeit friedlicher Aktionen) auch eine gewisse Gewaltbereitschaft gegenüber Sachen oder Personen an den Tag legen. Die Protestbewegung in Hongkong 2019/2020 radikalisierte sich beispielsweise im Laufe der Zeit.

Kontinuität und Wandel sozialer Bewegungen lässt sich – wie dies Rucht und Theune für die Bundesrepublik Deutschland gezeigt haben – an einigen grundlegenden Fragen beschreiben, die auch für Menschenrechtsbewegungen relevant sind: „Zu welchen Themen wird protestiert? Wer protestiert, wer mobilisiert? Wie wird protestiert? Wie wird Protest kommuniziert?" (Rucht/Theune 2017: 12). Darüber hinaus vervollständigen Fragen nach der öffentlichen Wahrnehmung der Protestbewegung und nach etwaigen Gegenspielern das Gesamtbild des Protestgeschehens. Dabei zeigt sich denn auch, ob und inwieweit die Protestbewegung den menschenrechtspolitischen Diskurs nutzt, um ihre Anliegen vorzubringen – und ob sie hierbei Unterstützung erhält oder auf Widerstände stößt.

Darüber hinaus ist es wichtig, den transnationalen Charakter von Menschenrechtsbewegungen und ihr Wirken auf regionaler und globaler Ebene angemessen zu erfassen. Wir kommen später darauf zurück, wenn wir auf die Bedeutung von Advocacy-Netzwerken und sozialen Bewegungen für eine transnationale Menschenrechtspolitik eingehen.

4. Anknüpfungspunkte an die Bewegungsforschung

Die umfangreiche Literatur zu kollektivem Handeln und sozialen (Protest-)Bewegungen bietet viele mögliche Anknüpfungspunkte für ein Studium des zivilgesellschaftlichen Engagements von Menschen, die sich für die Menschenrechte einsetzen. Auf der Mikroebene der handelnden Protestbewegungen helfen sie (möglicherweise) zu beschreiben und zu erklären: wann, wie und warum Menschen sich gemeinsam für ein Anliegen – in unserem Falle die Menschenrechte – einsetzen; wer in lokalen Initiativen, NGOs, Netzwerken und sozialen Bewegungen solche (menschenrechtlichen) Anliegen aufgreift, mitwirkt und diese unterstützt – und wer aus welchen Gründen wieder „abspringt"; wie lokale Initiativen, NGOs, Netzwerke und soziale Bewegungen organisiert sind; was sie tun und wie sie mit anderen Akteuren interagieren; warum sie an Bedeutung gewinnen und wieder verlieren; und nicht zuletzt: was sie bewirken.[76]

Dabei richtet sich der Blick sowohl auf die objektiv verfügbaren Ressourcen und Handlungsmöglichkeiten als auch auf die subjektiven Wahrnehmungen, Interpretationen und Überzeugungen der Akteure. Auch die Frames und Narrative, die sie nutzen und kommunizieren, sowie die Emotionen, die sie hervorrufen und von denen sie getragen werden, lassen sich gezielt betrachten. Nicht minder wichtig sind konkrete Mobilisierungs- und Handlungsstrategien sowie die Interaktionen mit all den anderen Akteuren, die ihre Anliegen unterstützen, diesen indifferent gegenüberstehen oder gar abzuwehren versuchen. Zugleich nimmt eine umfassende Analyse die Akteure nicht isoliert in den Blick. Sie bettet deren Handeln vielmehr in die übergreifenden politischen, sozioökonomischen, kulturellen und/oder ökologischen Strukturen und Rahmenbedingungen auf der Makroebene ein. Dies ist wichtig: Solche Struktur(veränderung)en können für das Entstehen und Erstarken von sozialen Bewegungen ursächlich sein und bestimmen zugleich mit, ob und wie Anliegen vorgebracht, aufgegriffen oder abgewehrt werden.

---

76 Das sind die Fragen, die beispielsweise Goodwin/Jasper (2015) in ihrem „*The Social Movements Reader*" aufwerfen. Einen vertiefenden Blick auf die Merkmale und die Dynamik einzelner sozialer Bewegungen ermöglichen teilnehmende Beobachtungen; vgl. etwa Staggenborg 2022.

Im Laufe einer langen Forschungstradition wurde eine Reihe von Theorien und Konzepten zu sozialen Bewegungen entwickelt, die deren Entstehen, Erstarken und Wirken zu erklären versuchten. Das vorliegende Kapitel kann der Fülle und Tiefe der Forschung nicht ansatzweise gerecht werden. Auch geht es nicht darum, ausgefeilte Theorieentwürfe im Detail darzulegen oder gar selbst zu erarbeiten. Vielmehr soll das Forschungsfeld lose abgesteckt und einzelne Überlegungen aufgegriffen werden, die für die Analyse von Menschenrechtsbewegungen hilfreich sind.

Unzufriedenheit als Movens

Wer protestiert ist, so lässt sich annehmen, gemeinhin mit etwas unzufrieden und möchte einen Zustand ändern. In vielen sozialen Protestbewegungen ist Unzufriedenheit ein wichtiges Movens, um „auf die Straße zu gehen". Dies gilt mutmaßlich auch für Menschen, die sich kollektiven Protesten anschließen, um sich gegen tatsächliches oder wahrgenommenes Unrecht zu wehren, und ausdrücklich oder in der Sache ihre bürgerlichen, politischen, wirtschaftlichen, sozialen oder kulturellen Rechte einfordern.

Die Idee, dass individuell wahrgenommene und kollektiv verstärkte Unzufriedenheit eine wesentliche Antriebskraft für soziale Bewegungen darstellt, ist beileibe nicht neu und wird in der sozialen Bewegungsforschung nicht grundsätzlich bestritten. Prominent vorgetragen wurde sie von Deprivationstheorien, die sich bis in die 1980er Jahre hinein großer Beliebtheit erfreuten (Gurney/Tierney 1982). Sie nahmen vor allem die Handlungs- und Protestbereitschaft von Deprivierten in den Blick. Dabei wurde jedoch schon früh darauf hingewiesen, dass sich protestgenerierende Unzufriedenheit nicht nur aus der absoluten Deprivation von Menschen speist, die sich beispielsweise aus deren prekären Lebens- und Arbeitsbedingungen ergeben kann. Vielmehr sei die *relative* Deprivation die zentrale soziale Quelle von Unzufriedenheit und Protest. „Demnach sind Belastungen vor allem dann (potentiell) protestgenerierend, wenn sie im Verhältnis zur Lage anderer Bezugsgruppen als unzumutbar bzw. ungerecht empfunden werden" (Rucht 1994: 339). In den Fokus rückte damit die Diskrepanz zwischen der subjektiven Wahrnehmung der eigenen Lage einerseits und der Situation vergleichbarer Bezugsgruppen und legitimierbarer Ansprüche andererseits, die zudem dann besonders handlungsmotivierend sei, wenn der erstrebte Zustand als realisierbar angesehen werde.[77]

---

77 Vgl. ebd. Das Gefühl der relativen Benachteiligung kann etwa durch den subjektiven Vergleich mit anderen Bezugsgruppen genährt werden oder durch die Diskrepanz zwischen

Nun ist die Annahme, dass relative Benachteiligung ebenso wie unerfüllte, aber legitime Ansprüche und enttäuschte Erwartungen zu Unzufriedenheit und in Folge auch zu politischen Protesten führen *können*, durchaus plausibel, und zwar auch im Bereich der Menschenrechte. Beispielsweise fußt die Unzufriedenheit diskriminierter Bevölkerungsgruppen und Minderheiten nicht zuletzt auf dem subjektiven Vergleich der eigenen Lage mit jener anderer Bezugsgruppen und mit legitim(ierbar)en Ansprüchen, die sich (zumindest in der Sache) aus den Menschenrechten ergeben (können). Nur ist offen, ob das damit einhergehende Protest*potenzial* auch tatsächlich zu Protesten führt. So erklären die Deprivationstheorien nicht – was ihr eigentlicher Anspruch war –, auf welche Weise und unter welchen Bedingungen etwaige Protestbereitschaft in Protesthandeln umschlägt. Die Mobilisierung und Organisation unzufriedener und auf Veränderung drängender Personen zum Zweck kollektiven Handelns ist aber durchaus erklärungsbedürftig. Hier setzen sogenannte Ressourcenmobilisierungstheorien an, die sich teils aus der Kritik an den seinerzeit verbreiteten Deprivationstheorien entwickelten. Sie rückten die Organisation und die Ressourcen, die nötig sind, um (friedliche) kollektive Proteste zu formieren, in den Mittelpunkt der Analyse.

Mobilisierung von Ressourcen

Die Grundannahme der stark ökonomisch geprägten Ansätze der Ressourcenmobilisierung[78] ist, dass Unzufriedenheit, Unmut und Ärger (*grievances*) in einer Gesellschaft keine hinreichende Bedingung[79] für das Entstehen sozialer (Protest-)Bewegungen sind. Die Entstehung und Mobilisierungskraft sozialer Bewegungen hänge vielmehr entscheidend von den für kollektives Handeln erforderlichen Ressourcen ab. McCarthy/Zald (1977) nahmen sogar an, dass in einer

---

Erwartungen und deren Nicht-Erfüllung. Dabei kann es sich um stabile Erwartungen handeln, die aufgrund rückläufiger Möglichkeiten, etwa infolge einer Wirtschaftskrise, nicht (mehr) erfüllt werden können. Oder aber die Erwartungen steigen, etwa in Folge gesellschaftlichen Wandels oder politischer Versprechungen, bleiben aber aufgrund unzureichender Realisierungsmöglichkeiten oder fehlenden politischen Willens unerfüllt.

78 Einführend zu *Ressource Mobilisation*-Ansätzen siehe u.a. Kern 2008, Edwards/Kane 2014, Beyer/Schnabel 2017, Edwards/McCarthy/Mataic 2019. Grundlegend ist der Beitrag von McCarthy/Zald1977, wiederabgedruckt im Jahre 2015. Siehe auch McCarthy/Zald 2001.

79 McCarthy/Zaid sahen in ihrem einflussreichen Beitrag *„Ressource Mobilization and Social Movements: A Partial Theory"* (1977) *deprivation* und *grievances* als schwache, mitunter sogar nur als sekundäre Bestimmungsfaktoren für die Entstehung von sozialen Bewegungen an.

Gesellschaft stets genug Unzufriedenheit herrscht, um etwaigen sozialen Bewegungen hinreichend Unterstützung an der Basis (*grassroots supplies*) zu sichern, *sofern* diese effektiv organisiert seien und auch auf Ressourcen etablierter Gruppen innerhalb der Eliten zurückgreifen können. „Nicht der Leidensdruck gesellschaftlicher Gruppen sei also ausschlaggebend für die Entstehung von Protestverhalten, sondern der organisational vermittelte Zugang zu Ressourcen" (Stickler 2015: 106). Entscheidend sei es, inwieweit es „Bewegungsunternehmer:innen" gelingt, die für kollektives Handeln erforderlichen Ressourcen der Individuen zusammenzuführen und die (bereits bestehende oder zu Mobilisierungszwecken erst herbeigeführte) Unzufriedenheit zu organisieren. Kritisch ist anzumerken, dass hier eine Top-down-Perspektive eingenommen wird: Erfolgreiche soziale Bewegungen sind aus dieser Sicht eher Ergebnis der (Ressourcen-)Mobilisierung durch Bewegungseliten und -organisationen als ein „von unten" erwirkter Zusammenschluss einer breiten Basis unzufriedener Menschen, die sich zusammentun, um gemeinsam für eine Sache einzutreten und etwas zu bewirken. Dementsprechend werden die durchaus vorhandenen spontanen und expressiven Momente sozialer Bewegungen eher ausgeblendet.

Gleichwohl kommt den teils ausgefeilten theoretischen Überlegungen und empirischen Studien, die sich unter Ressourcenmobilisierungsansätzen fassen lassen (und hier nicht im Detail nachgehalten werden müssen), der Verdienst zu, den Blick auf die Organisationsstrukturen sozialer Bewegungen gelenkt und die Bedeutung von Ressourcen für kollektives Handeln betont zu haben, wobei sich das Spektrum der in den Blick genommen Ressourcen erheblich ausgeweitet hat (Edwards/McCarthy/Matiac 2019). So ist es auch für Menschenrechtsbewegungen und darin mitwirkende NGOs wichtig, ein breites Spektrum an Ressourcen zu mobilisieren. Dazu zählen die Mobilisierung von: a) materiellen Ressourcen etwa durch Eigenbeiträge, Spendenakquise und Fundraising; b) Humanressourcen etwa über menschenrechtliche Schulungen, die Mobilisierung und Rekrutierung von Personen mit menschenrechtlicher, organisatorischer oder kommunikativer Expertise sowie die Aktivierung von Netzwerken, c) sozio-organisatorische Ressourcen etwa über den Auf- und Ausbau von Kommunikations-, Kampagnen- und Organisationsstrukturen sowie der Vernetzung untereinander und mit Bündnispartnern; d) kulturelle Ressourcen über *collective action frames*, kreative Protestformen, Identitätsbildung z. B. durch Symbole, kulturelle Aktivitäten (Musik, Literatur, Filme, Kunst, Blogs etc.) und durch eine eigene Bewegungsgeschichte; e) moralische Ressourcen, etwa durch moralisch überzeugende Auftritte und Kampagnen, die Mobilisierung angesehener Unterstützer:innen, Menschenrechtspreise oder andere öffentliche Anerkennungen.

Framing-Prozesse

Während Ressourcenmobilisierungsansätze die Bedeutung von Ressourcen betonen, nehmen Framing-Ansätze gezielt die Entstehung und den Wandel kollektiver Deutungsmuster innerhalb sozialer Bewegungen in den Blick und beziehen sich vor allem auf die diskursive Ebene. Diese sind auch für NGOs bedeutsam, und zwar sowohl für deren interne Kohäsion als auch für ihre Öffentlichkeitsarbeit und Kampagnen (Saunders/Roth 2019). *Collective action frames* heben auf die Prozesse der subjektiven kollektiven Interpretation von gesellschaftspolitischen Problemen ab, die zivilgesellschaftlichem Engagement und kollektiven Protestaktionen zugrunde liegen. Es handelt sich also gewissermaßen um einen Interpretationsrahmen (daher das Wort *framing*), der eine gewisse Sichtweise auf gesellschaftspolitische Probleme und ihre Lösung nahelegt. Solche Frames können unterschiedliche Funktionen haben. Nützlich ist hier die weithin verwendete Unterscheidung zwischen *diagnostic framing*, *prognostic framing* und *motivational framing* (Snow/Benford 2000).

Diagnostisches Framing bietet potenziellen Mitwirkenden in sozialen Bewegungen (oder auch in Netzwerken und NGOs) eine Interpretation eines Problems an und benennt Verantwortliche. Ein solches Framing benutzen beispielsweise Klimaaktivist:innen, wenn sie hervorheben, dass Klimawandel nicht naturbedingt, sondern menschengemacht ist, rasch voranschreitet und durch das Nicht-Handeln der Regierungen die Lebensgrundlagen auf unserer Erde bedroht. Die Diagnose klingt trivial, war unter Sachverständigen auch schon lange bekannt und hat doch erst in den vergangenen Jahren eine breite Klimabewegung angestoßen. Ein solches diagnostisches Framing, das die Problemsicht bestimmt und verändert, ist auch für Menschenrechtsbewegungen bedeutsam. Selbst im Falle offenkundiger Unterdrückung und Ausbeutung müssen Menschen, die dagegen aufbegehren, davon überzeugt sein, dass ihre Lage nicht gott- oder naturgegeben, sondern menschengemacht oder zumindest von Menschen veränderbar ist, dass ihnen Unrecht geschieht und dass hierfür beispielsweise repressive Regierungen und ihre Unterstützergruppen verantwortlich sind. Letztlich ist die menschenrechtliche Interpretation von Unrechtserfahrungen eine grundlegende Veraussetzung für Menschenrechtspolitik überhaupt.

An das diagnostische Framing schließt sich ein *prognostisches* (oder besser: lösungsorientiertes) Framing an. Es enthält Vorschläge, wie die benannten Probleme zu lösen sind. Im Falle des Klimawandels wären hier etwa vielfältige Maßnahmen zur raschen Senkung des CO_2-Ausstoßes zu nennen, verbunden mit Forderungen, unsere althergebrachten Formen des Wirtschaftens, der Mobilität und des Konsums grundlegend zu ändern. Oder im Falle eines repressiven Regimes wird vielleicht der Rücktritt des Autokraten, die Durchführung freier und fairer Wahlen und/oder, wie leider erfolglos in Chile, die Erarbeitung einer neuen Verfassung als Lösung angesehen. Dabei ist es wichtig, dass die Lösungsvorschläge als nötig, angemessen und zielführend ausgewiesen werden und eine (zumindest geringe) Chance besteht, sie durchzusetzen. Für gewöhnlich gilt: Nur, wenn Wandel subjektiv als möglich erscheint, entfaltet das Framing auch wirklich sein (volles) mobilisierendes Potenzial. Dies führt über zum motivierenden Framing.

Das *motivierende* Framing versucht, mittels spezifischer Anreize (Anerkennung, Solidarität, moralische Appelle etc.) Menschen dazu zu bewegen, gemeinsam für ein Anliegen einzutreten und zu streiten. Dies ist dann die Stunde der „Gesichter" von Bewegungen wie beispielsweise Greta Thunberg bei „Fridays for Future", aber auch von *campaignern*. Zwar können mobilisierende Frames und Slogans im Rahmen kollektiver Aktionen entstehen, wie die vielen mehr oder minder originellen Plakate bei Demonstrationen häufig zeigen; doch können sie auch Teil gezielter Mobilisierungsstrategien sein, die von Kampagnen- und Kommunikationsprofis in sozialen Bewegungen und den darin mitwirkenden Organisationen eingesetzt werden. In den Sozialwissenschaften wird dabei die Bedeutung von *„entrepeneurs"* (eigentlich: Unternehmer) hervorgehoben, die entsprechende Frames kommunizieren und dafür werben. In diesem Sinne gibt es – zugegebenermaßen ein unschöner Begriff – auch *„moral entrepeneurs"*, die beispielsweise Unterstützung für menschenrechtlich geframte Anliegen zu gewinnen suchen. Entsprechende mobilisierende Kampagnen gibt es zuhauf. Ein Beispiel (unter unzähligen) für ein freilich eher spontanes, motivierendes Framing bietet die 18-0-Bewegung in Chile. Unter dem Slogan *„Chile despertó"* (Chile ist aufgewacht), fanden – ausgehend von der Erhöhung der U-Bahn-Tarife am 18. Oktober 2019 – Massendemonstrationen gegen die neoliberale Wirtschafts- und Gesellschaftsordnung sowie die Verfassung Chiles statt, die noch aus der Zeit der Diktatur stammten. Ergänzt wurden die Demonstrationen durch unzählige kreative Aktionen und künstlerische Selbstmanifestationen der Protestierenden im öffentlichen Raum.

Ob die Frames indes auf Widerhall stoßen (*frame resonance*), hängt von vielen Faktoren ab. Dazu zählen etwa Fragen, wie konsistent die entsprechenden Interpretationsangebote sind, wie glaubwürdig sie von wem vorgetragen werden, wie sehr sie kulturell angepasst sind, wie sehr sie die Lebensrealität und die Wertvorstellungen der Menschen treffen und wie bedeutsam das Anliegen für diese ist (Snow/Benford 1992, Johnston/Noakes 2005: 11). „*Wir* sind das Volk", riefen beispielsweise die Demonstranten in der DDR 1989. Sie benutzen hierbei nicht nur einen zugkräftigen Slogan, hinter dem sich eine breite Protestbewegung sammeln konnte, sondern boten zugleich einen interpretativen Gegenentwurf zu einem Regime an, das sich als Volksregierung bezeichnete, aber für große Teile der Bevölkerung offenkundig keine (mehr) war. Der Umstand, dass drei Jahrzehnte später illiberale Protestbewegungen den Slogan missbrauchten, um sich in ganz und gar anti-pluralistischer Weise als die „wahren Volksvertreter" zu gerieren, gehört zu den unschönen Nachfolgeerscheinungen der jüngeren deutschen Geschichte.

Zu den Strategien, um die Wirkkraft sozialer Bewegungen zu erhöhen, zählt wiederum das sogenannte *frame bridging*, durch das bislang getrennte, aber anschlussfähige Deutungsrahmen und Probleme miteinander verbunden werden, etwa Klimawandel und Menschenrechte. Mit der Einsetzung eines *Special Rapporteur on the promotion and protection of human rights in the context of climate change* durch den UN-Menschenrechtsrat im Jahre 2021[80] hat eine solche Themenverbindung im UN-Menschenrechtssystem inzwischen ein institutionelles Gesicht bekommen. Mitunter ist ein solcher Brückenschlag sogar bei inhaltlich offenkundig verwobenen Themen notwendig, wenn beispielsweise betont wird: Gewerkschaftsrechte sind Menschenrechte![81] Frauenrechte sind Menschenrechte![82] Behindertenrechte sind Menschenrechte![83] Kinderrechte sind Menschenrechte![84], LSBTIQ+-Rechte sind Menschenrechte.[85] Auch gelang es – dank des Bedeutungszuwachses der wirtschaftlichen, sozialen und kulturellen Menschenrechte ab Ende der 1990er Jahre – die bis dato getrennten „Welten" der Entwicklungszusammenarbeit und der Menschenrechte stärker zusammenzuführen.[86]

Eine weitere Strategie betrifft die Verstärkung der Frames (*frame amplification*) etwa durch griffige symbolische Aktionen. Thomas Kern (2018: 148) führt hier das Beispiel an, wie während der Demokratiebewegung in den 1970er und 1980er Jahren in Südkorea Studierendengruppen althergebrachte Formen der

80 HRC Resolution A/HRC/RES/48/14.

81 Vgl. etwa Kolben 2010, Evans 2015.

82 Vgl. etwa Bunch 1990, Kerr 1993, Matthews 2001, Critelli 2010, United Nationas Human Rights 2014, McLaren 2017, Reilly 2020.

83 Vgl. etwa Kanter 2014, Degener 2017.

84 Vgl. etwa Freeman 2009, Kilkelly 2020. So auch der Titel einer gemeinsamen Fachtagung der Schader-Stiftung, der DVPW und der DGVN am 3. Dezember 2021.

85 Vgl. etwa Hirschfeld-Eddy-Stiftung 2020.

86 Vgl. Brock 1996, Windfuhr 1997, Lingnau 2003, Krennerich 2004, 2008, Selchow/Hutter 2004, OHCHR 2006, Kaltenborn et al. 2020, Birkenkötter 2021, Polak et al. 2021a, 2021b.

Dorfkultur und Erzählkunst wiederbelebten, um sich über das Regime lustig zu machen und soziale Missstände anzuprangern. Auch in dem oben genannten Beispiel der chilenischen Protestbewegung 18-0 spielte die Symbolik eine große Rolle. So wurde, um nur ein Beispiel zu nennen, wieder das bekannte Lied *„El baile de los que sobran"* der Gruppe *Los Prisioneros* angestimmt, das 1986 inmitten der Pinochet-Diktatur entstanden war, und junge Protestierende trugen während der Proteste T-Shirts der Musikband mit der Aufschrift *„Nosotros somos rockeros sudamericanos"*.

Auch lassen sich Deutungsmuster ausweiten (*frame extension*), indem etwa bislang unterbelichtete Aspekte hervorgehoben werden, um neue Zielgruppen anzusprechen. So macht es beispielsweise einen Unterschied, ob „nur" die menschenunwürdigen und ausbeuterischen Produktionsbedingungen in der Textil- und Bekleidungsindustrie in fernen Ländern des „globalen Südens" angeprangert werden, oder ob darüber hinaus auch die Mitverantwortung der Einkaufspraktiken großer Modekonzerne hierzulande und unseres eigenen Konsumverhaltens für die dortigen schlimmen Zustände thematisiert werden (vgl. Krennerich 2016b). Möglicherweise bedarf es auch einer Transformation des Deutungsrahmens (*frame transformation*), also der Entwicklung einer neuen Sichtweise, die im Widerspruch zu althergebrachten Überzeugungen steht. Diese kann auch mit einer Erweiterung des Interpretationsrahmens einhergehen. Dazu gehört etwa die Sichtweise, dass häusliche Gewalt keine private Angelegenheit ist, in die sich der Staat nicht einzumischen habe. Selbst im menschenrechtlichen Diskurs musste sich diese – durch feministische Bewegungen mühsam erkämpfte – Sichtweise erst durchsetzen (vgl. etwa Brysk 2017).

Allerdings bleibt das – schon gar menschenrechtliche – Framing durch soziale Bewegungen politisch wie gesellschaftlich für gewöhnlich nicht unumstritten. Vielmehr müssen sich entsprechende Re-Interpretationen für gewöhnlich gegen offizielle Framings der Regierungen und/oder das *counterframing* von Gegenbewegungen behaupten, die ihrerseits mit Macht, Ressourcen und Organisationskraft ausgestattet sind. Um sich hier durchzusetzen, müssen also zugleich Machtungleichgewichte mitgedacht und angegangen werden (vgl. Ryan/Gamson 2015/2006). Dies betrifft auch den Zugang zu Medien, welche die Sicht auf gesellschaftspolitische Probleme und deren Lösung maßgeblich mitbestimmen, ohne dass dies den Mediennutzer:innen immer bewusst ist. Ein ausdrücklich motivierendes Framing wird ihnen zwar gemeinhin nicht zugesprochen (Noakes/Johnson 2005: 6). Doch gibt es selbstredend auch zum Handeln motivierende Propaganda und Gegenpropaganda in traditionellen und schon gar in neuen, sozialen Medien, die es eigens zu untersuchen gilt. Ohnehin lohnt es sich, wie

Dieter Rucht (1994) bereits vor vielen Jahren einforderte, die massenmedial vermittelte Öffentlichkeit verstärkt in die Untersuchung sozialer Bewegungen einzubeziehen. Hierfür bieten aus seiner Sicht Framing-Ansätze ebenso Anschlussmöglichkeiten wie *Political opportunity structures*-Ansätze und politische Prozess-Ansätze, die Rucht unter Interaktionstheorien fasste.

Politische Gelegenheiten und Prozesse

Political opportunity structures-Ansätze und die darauf aufbauenden Politischer-Prozess-Ansätze[87] rücken die Frage in den Vordergrund, inwiefern sich durch soziostrukturellen Wandel neue politische Mitwirkungsmöglichkeiten für bislang politisch marginalisierte gesellschaftliche Gruppen ergeben und wie der Staat solche Mitwirkungen ermöglicht und toleriert. Die Frage gilt als entscheidend für das Entstehen von sozialen Protestbewegungen und für die Art und Weise der Auseinandersetzung mit dem Staat. So macht es beispielsweise einen großen Unterschied, ob durch gesellschaftlichen Wandel erstarkte zivilgesellschaftliche Akteure ihre – ggf. menschenrechtspolitischen – Forderungen in einem eher offenen oder in einem eher geschlossenen politischen Kontext vorbringen. Die jeweiligen rechtlichen und politischen Strukturen bieten mehr oder weniger günstige Bedingungen für Protestbewegungen und bestimmen maßgeblich das Konfliktverhalten der Akteure. In dem Kapitel zur regionalen und globalen Menschenrechtspolitik gehen wir später noch darauf ein, dass selbst im Falle eines repressiven innerstaatlichen Kontextes sich politische Gelegenheiten auf transnationaler Ebene ergeben können, um Menschenrechte einzufordern.

In der Literatur zu politischen Gelegenheitsstrukturen geht es allerdings nicht nur um entstehende Gelegenheiten (*opportunities*), die es benachteiligten Gruppen ermöglichen durch ihre Mitwirkung und ihr Agieren in sozialen Bewegungen kollektiv wahrgenommene, alltägliche Missstände (*grievances*) zu adressieren. Handlungsmotivierend können auch Bedrohungen (*threats*) sein, welche die Missstände verstärken oder selbst erst schaffen. Zwischen beiden besteht ein Unterschied: *Opportunities* bieten Menschen, die sich sozialen Bewegungen anschließen, die Möglichkeit, Verbesserungen zu erwirken, während *threats* Menschen mobilisieren, um weitere Verschlechterungen abzuwehren (Almeida 2019: 44). Tilly (1978: 134 f.) ging sogar davon aus, dass „a given amount of threat tends to generate more collective action than the ‚same' amount of opportunity". Snow brachte hier die sogenannte *Prospect Theory* (auf die wir später bei

87 Einführend: Johnston 2011, Beyer/Schnabel 2017; siehe auch: Tarrow 1989, McAdam 1999, Tilly 2006, McAdam/Tarrow 2019

der Außenpolitikanalyse kurz eingehen werden) in Anschlag, um zu erklären, warum Gruppen, die Verluste befürchten, stärker motiviert seien, sich kollektiv zu engagieren, als solche, die sich Verbesserungen erhoffen (Snow et al. 1998).

Anknüpfend an solche Überlegungen lassen sich Beispiele aus dem heutigen Menschenrechtskontext finden, die Bedrohungen darstellen. Das nachfolgende Schaubild listet einige davon auf. Dabei ist zu beachten, dass etwaigen Bedrohungen immer auch eine subjektive Dimension eigen ist. Es geht also immer auch um Bedrohungs*wahrnehmungen*, die zudem durch die jeweiligen Akteure noch zusätzlich verstärkt oder abgeschwächt werden können. Dabei spielen die bereits genannten Framing-Prozesse keine unerhebliche Rolle.

Schaubild 4: Menschenrechtsrelevante Bedrohungen

Menschenrechtsrelevante Bedrohungen und Protestbewegungen (Beispiele)	
Bedrohungen (Dimensionen)	Beispiele von Protestbewegungen gegen:
Politisch	staatliche Willkür und Unterdrückungsgewalt, repressive Sicherheitsgesetze, Einschränkung von politischen Freiheitsrechten (Versammlungs-, Vereinigungs-, Meinungsfreiheit etc.), Ausnahmezustände, Wahlbetrug, Putsche, ausufernde Korruption etc.
Soziokulturell	Unterdrückung/Ausgrenzung/Diskriminierung/ Diffamierung gesellschaftlicher Minderheiten (Status, Rechte, Bildung, Sprachen, Religion, Gender etc.)
Sozioökonomisch	Privatisierung öffentlicher Güter, Austeritätsmaßnahmen, Abbau des Sozialstaates, ausbeuterische Arbeitsbedingungen, Landraub, Vertreibungen, Enteignungen etc.
Ökologisch	Klimawandel, Umweltzerstörungen und -verschmutzungen, gesundheitsschädigender Ressourcenabbau, Zerstörung von Biodiversität, Industrieunfälle etc.

Quelle: eigene Darstellung

Proteste und Protestrepertoire

Eine frühe Erkenntnis der Studien zu politischen Gelegenheitsstrukturen bestand darin, dass sehr offene und wenig repressive politische Systeme eher ein geringes Protestniveau aufweisen, da in diesem Fall gesellschaftliche Gruppen dazu neigen würden, ihre Anliegen im Rahmen institutionalisierter Politik vorzubringen. Gering sei die Protesthäufigkeit aber auch in hochrepressiven, geschlossenen politischen Systemen, da in diesem Fall die Mobilisierung mit hohen Kosten verbunden sei. Zwischen diesen beiden Polen, also bei einem Mix zwischen offenen und geschlossenen Gelegenheitsstrukturen, fällt aus dieser Sicht die Protesthäufigkeit am höchsten aus[88] – eine These, die plausibel ist, aber schon damals empirischen Prüfungen nicht uneingeschränkt standhielt und auch heute empirisch zu prüfen wäre.

Zweifelsohne findet aber weltweit eine große Zahl an Protesten statt, die, so zeigt eine aktuelle *Protest event analysis* (PEA)[89], zwischen 2006 und 2020 noch zugenommen haben.[90] Die fast 3.000 Proteste, die in der Studie erfasst wurden, werden dabei thematisch geordnet, je nachdem, ob sie sich a) gegen ein Versagen von politischer Repräsentation bzw. des politischen Systems (Fehlen „echter" Demokratie, Korruption etc.) oder b) gegen wirtschaftliche Ungerechtigkeit und Austeritätspolitiken richten, oder c) Bürger- und Minderheitenrechte oder d) globale Gerechtigkeit einfordern. In der Sache weisen viele dieser Proteste menschenrechtliche Bezüge auf.

Das Streit- und Protestrepertoire (*contentious/protest repertoire*), das weltweit genutzt wird, ist dabei vielfältig. Es umfasst ein breites Spektrum an institutionellen und außerinstitutionellen, konventionellen und unkonventionellen, legalen und illegalen Formen politischen Handelns. Mitunter kommt es auch zu gewaltsamen Aktionen. Eine Pionierstudie von Gene Sharp zeigte 1973 bereits 198 Formen von *nonviolent action* auf. Ortiz et al. (2022) übernahmen im Wesentlichen die Liste, modifizierten diese leicht an einigen Stellen und ergänzten sie um weitere Aktionen, so dass sie insgesamt auf 250 gewaltfreie Protestformen kamen. Nachstehend eine komprimierte Auswahl an gewaltlosen Protestmöglichkeiten.

---

88 Zusammenfassend Johnston 2011: 35 f.

89 Siehe Ortiz et al. 2002. Bei einer PEA handelt es sich um eine Forschungsmethode, bei der über Inhaltsanalysen von Zeitungsberichten eine große Zahl an Protesten systematisch erfasst und interpretiert wird.

90 Siehe Ortiz et al. 2022. Im Unterschied hierzu erfasst der *Global Protest Tracker* von Carnegie Endowment for International Peace, der auf der Auswertung englischsprachiger Medien beruht, lediglich „*significant antigovernment protests*"; https://carnegieendowment.org/publications/interactive/protest-tracker

Schaubild 5: Protestrepertoire

Protestrepertoire: gewaltlose Proteste (Auswahl)	
Veröffentlichungen und analoge Medien	Stellungnahmen, Reden, Protestbriefe, Solidaritätsbekundungen, Petitionen, Flugblätter, Pamphlete, Radio(beiträge), Fernsehauftritte, Veröffentlichung zensierten Materials, Whistle-blowing etc.
Online-Aktivismus	Websites, Blogs, Online-Petitionen, E-mail- und Social Media-Kampagnen, Clicktivism, Hashtags, Live-Streaming von Vorfällen, Crowdfunding, Massen-E-Mails an Politiker:innen, Online-Verspottungen, Hacken von Webseiten, Trolls, Daten-Leaks, Whistle-Blowing etc.
Öffentliche Aktionen und Interventionen	Demonstrationen, Prozessionen, Mahnwachen, Lichterketten, Menschenketten, Protest-Karavanen, (verdeckte) Protest-Spaziergänge, Protest-Camps, Teach-Ins, Protestabordnungen, politische Tribunale, Besetzen von Gebäuden, Plätzen, Land etc., Walk-ins, Sitz- und Straßenblockaden, Störungen durch Anketten oder Ankleben, herbeigeführte Überlastung öffentlicher Infrastrukturen und Verwaltungen etc.
Symbolische Aktionen	Nutzen von Protestsymbolen, Zeigen bzw. Tragen von Flaggen und symbolischen Farben, Aktionen an symbolischen Orten, Schweigeminuten, stille Proteste, Lärm (z. B. Topfschlagen, Trommeln, Pfeifen, Hupen), Tabubrüche (z. B. Zeigen oder Abschneiden von Haaren, Entkleiden, Nacktheit etc.), Protestaktionen während Nationalhymnen, gezielte Provokation von Verhaftungen, Hungerstreiks etc.
Kunstaktionen	Kritik, Proteste, Solidarisierung, Mobilisierung etc. in Form von: Protestsongs, Performances, Theateraufführungen, Happenings, Ausstellungen, Graffiti, Fotos, Fotomontagen, Videos, Literatur, Lesungen, Spott und Satire, Schmäh-Auszeichnungen etc.
Religiöse Aktionen	Protest-orientierte Gebete, Messen, Prozessionen, Fasten-Aktionen, Pilgerfahrten, Pray-Ins etc.
Ehrung der Toten	Politisierte Trauer, Trauermärsche, Beerdigungen, Gedenkveranstaltungen etc.
Soziale Nicht-Kooperation	Meiden des Umgangs mit bestimmten Personen, Auslassen von Verhaltensregeln (Verweigerung Handschlag etc.), Sexstreiks, Schüler:innen- und Studierendenstreiks, Boykott z. B. von kulturellen oder sportlichen Aktivitäten, Rückzug von sozialen Ämtern und Institutionen, sozialer Ungehorsam etc.

Wirtschaftliche Nicht-Kooperation	Streiks, Arbeitsstilllegungen, Ausstände, Abladen von z. B. Agrarprodukten auf öffentlichen Plätzen, Händler:innen-Boykotte, Verbraucher:innen-Boykotte, Aufschieben oder Aussetzen der Zahlung von Mieten, Gebühren etc.
Politische Nicht-Kooperation	Wahlboykott, Boykott politischer Gremien, Rückzug von politischen Ämtern, Verweigerung der Zusammenarbeit mit öffentlichen Stellen, Nicht-Anerkennung von öffentlichen Amtsinhaber:innen, Regeln und Institutionen, Nicht-Erfüllung von Pflichten (Registrierung, Volkszählungen, Kriegs- und Zivildienst, Steuern) etc.

Quelle: eigene Darstellung, teils angelehnt an die umfassenderen Listen von Ortiz et al. 2022 und Sharp 1973

Die Vielfalt an Protestformen darf allerdings nicht darüber hinwegtäuschen, dass das Protestrepertoire in den jeweiligen Ländern Kontinuitäten aufweist. „Repertoires vary from place to place, time to time, and pair to pair. But on the whole, when people make collective claims they innovate within limits set by the repertoire already established for their place, time, and pair“ (Tilly 2006: 35). Insbesondere Charles Tilly wies in seinen Arbeiten immer wieder darauf hin, dass das jeweils verwendete Repertoire an *contentious politics* stark von historischen Erfahrungen und von strukturellen Bedingungen geprägt sei. Vor diesem Hintergrund stellte er sich in „*Regimes and Repertoires*“ (2006) daher auch die Frage, wie es dennoch zu Veränderungen des Protestrepertoires kommen kann. Dabei unterschied er Situationen, in denen vorangegangene Protestformen keine, eine schwache, eine starke oder eine rigide Wirkung auf späteres Protestverhalten zeitigen (ebd.: 39 f.).

Ganz allgemein geht Tilly davon aus, dass in routinemäßig operierenden, relativ stabilen Regimen „starke“ Repertoires bestehen, in denen vertraute Verhaltensformen fortbestehen, aber innovativ und flexibel (beispielsweise aus strategischen Gründen) weiterentwickelt werden. Langfristig könnten die (vornehmlich inkrementellen) Innovationen dann zu einem Wandel der *contentious repertoires* führen (Tilly 2006: 43). Anknüpfend an *political-opportunity-structures*-Ansätze nimmt er umgekehrt an, dass Veränderungen in den politischen Gelegenheitsstrukturen zu einem Wandel der Auseinandersetzung (*contention*) führen: „Rapidly shifting threats and opportunities, I suggest, generally move power-holders toward rigid repertoires and challengers toward more flexible repertoires“ (ebd.: 44).

Zu beachten ist ferner, dass nicht alle Formen zivilgesellschaftlichen menschenrechtlichen Engagements, die sich in lebendigen Demokratien bewährt haben, für Autokratien geeignet oder möglich sind. Nicht nur sind in Autokratien die institutionalisierten und informellen Möglichkeiten von Menschenrechtsorganisationen, die politischen Entscheidungsträger:innen zu beraten oder zu lobbyieren, gemeinhin gering oder nicht existent. Auch die außerinstitutionellen Möglichkeiten, menschenrechtliche Forderungen mittels öffentlicher Kritik und Proteste an die Politik heranzutragen, stoßen bereits insofern an ihre Grenzen, als die Medien und die öffentliche Meinung stärker kontrolliert werden und autokratische Regierungen sich gegenüber menschenrechtlichen Forderungen tendenziell wenig(er) offen und responsiv zeigen. Zwar mag es auch Versuche der Kooptation von Menschenrechtsaktivist:innen geben; so können beispiele Kritiker:innen gezielt in die Regierung aufgenommen werden oder andere öffentliche Ämter erhalten. Doch meist werden – auch mit Hilfe von Unterstützergruppen in der Gesellschaft – menschenrechtliche Kritik und Proteste in mehr oder minder starkem Maße zu delegitimieren, zu illegalisieren und repressiv zu unterbinden versucht. Damit einher gehen oft erhebliche persönliche Nachteile und Gefahren für deren Initiatoren und Beteiligte. Viele diffamierte, kriminalisierte und verfolgte Menschenrechtsaktivist:innen mussten (und müssen) dies leidvoll erfahren.

Mitunter können sich aber auch in autokratischen Regimen Gelegenheitsfenster (*windows of opportunites*) öffnen, so dass soziale Bewegungen trotz widriger Kontextbedingungen entstehen oder erstarken. Von großer Bedeutung sind etwa Ereignisse, welche die Menschen in ihrer Auffassung stärken, dass endlich etwas verändert werden muss und dass sich auch etwas verändern lässt. Dabei kann es sich beispielsweise um einen lokalen Protest handeln, der – wie im Falle des „Arabischen Frühlings“ – im Sinne eines „Ansteckungseffekts“ auf das ganze Land oder sogar auf Nachbarländer übergreift und dem sich immer mehr Menschen anschließen. Es kann aber auch ein aktuelles Ereignis sein – wie etwa unverhohlener Wahlbetrug –, das Empörung auslöst. Die „Rosenrevolution“ in Georgien 2003, die „Orangene Revolution“ in der Ukraine 2004 und die „Tulpen-Revolution“ in Kirgistan 2005 zeugen davon. Auch in der DDR verlieh der offenkundige Wahlbetrug bei den Kommunalwahlen 1989 der Protestbewegung Auftrieb.

Ganz wesentlich ist dabei, wie gesagt, der (nicht immer rational begründete)[91] Glaube, dass sich durch kollektives Handeln etwas verändern lässt – ein Glaube, der durch die Mitwirkung in großen Protestbewegungen noch zusätzlich ge-

---

91 „Some of the most popular movements are based more on hope than on rational and clear-headed perception of political realities“, behauptet beispielsweise Johnston 2011: 45.

stärkt werden kann. Doch selbst in Demokratien werden die Einflussmöglichkeiten oft überschätzt, wenn es nicht gelingt, den „Druck der Straße“ dauerhaft aufrechtzuerhalten oder die Anliegen sozialer Bewegungen im Rahmen der institutionalisierten Politik zur Geltung zu bringen. Noch ernüchternder sind – auch eingedenk so mancher Protesterfolge – die Erfahrungen von vielen Massenprotesten in Autokratien. Der Veränderungsglaube und die vermeintliche Sicherheit in der Masse können trügerisch sein. Jüngere Beispiele in Venezuela (2018/19), Nicaragua (2018/19), Hongkong (2019/2020), Belarus (2020) und Myanmar (2021) veranschaulichen, wie selbst Massenproteste erfolgslos bleiben, ausklingen und repressiv zum Verstummen gebracht werden können. Zumindest schließen sich Gelegenheitsfenster für gewöhnlich nach einer bestimmten Zeit, und zwar oft durch Repression.

Repression und Repressionsrepertoire

Das jeweils verfügbare, aber auch sich ändernde Protest- und Repressionsrepertoire der widerstreitenden Akteure in den jeweiligen Handlungsfeldern und -arenen bestimmt auch deren Taktiken und Strategien. Aus menschenrechtlicher Sicht ist die Frage zentral, ob und unter welchen Bedingungen Gewalt zur Anwendung kommt und welche Folgen sie hat.

Auf die Entwicklung von sozialen Protest- und Menschenrechtsbewegungen kann sich Unterdrückungsgewalt unterschiedlich auswirken. Einerseits kann die Erfahrung mit staatlicher Repression selbst aus lokalen Protesten (etwa wegen der Erhöhung der Brotpreise, der Bustarife, der Benzinpreise etc.) Massenproteste entstehen lassen, wenn die Menschen sich in Auseinandersetzung mit dem Staat über Gewaltexzesse empören – und gleichzeitig das Regime die Protestbewegung nicht im Keim zu ersticken oder zu unterdrücken vermag. Staatliche Willkür und Repression können so die Klammer bilden für den gemeinsamen Protest ganz unterschiedlicher Bevölkerungsgruppen mit ganz unterschiedlichen Interessen. Dies zeigte sich, um nur eines von vielen Beispielen zu nennen, etwa beim Ausbruch der Protestbewegungen des „Arabischen Frühlings“ in Tunesien.

Andererseits wissen wir aber auch aus der Diskussion um einen eingeschränkten *political space for civil society*[92], wie schwierig es gerade unter politisch repressiven Bedingungen sein kann, dass zivilgesellschaftliche Gruppen sich überhaupt organisieren und agieren können. Als Voraussetzung für das – zumal menschenrechtliche – Wirken der Zivilgesellschaft wird demnach ein Mindest-

92 Van der Borgh/Terwindt 2012, Krennerich 2015, Unmüßig 2016, Kocyb/Lewicki 2020.

maß an gesellschaftspolitischen Freiräumen erachtet. Hier fallen dann die politischen Gelegenheitsstrukturen erheblich ins Gewicht. In einer Vielzahl an Staaten weltweit sind die zivilgesellschaftlichen Freiräume eben nicht „offen", sondern in mehr oder minder starkem Maße „beeinträchtigt", „beschränkt", „unterdrückt" oder gar „geschlossen".[93] Ein extremes Beispiel ist Nordkorea, wo Repression, gepaart mit allgegenwärtiger Propaganda und Indoktrinierung, überhaupt keinen Raum für eine freie Zivilgesellschaft zulässt.

Unterdrückungsgewalt ist also auch ein limitierender Faktor für kollektives Handeln. Selbst wenn es, wie etwa zeitweise in Belarus, unter repressiven Bedingungen zu friedlichen Protestbewegungen kommt, kann die Staatsgewalt diese oft rasch (wie dort nach den Wahlen 2010) oder selbst nach wochenlangen Massenprotesten (wie nach den Wahlen von 2020) unterbinden, in diesem Falle durch großangelegte Verhaftungen und Einschüchterungen. Auch in Russland unterdrückt die Staatsgewalt inzwischen äußerst wirksam Kritik und Proteste. Ebenfalls setzte die Führung der VR China bei der Niederschlagung der Proteste 1989 auf Gewalt und zeigte sich bei späteren Protestbewegungen entschlossen, mittels repressiver Sicherheitsgesetze, konsequenten Verhaftungen und Strafverfolgungen den Widerstand zu brechen.

So kann infolge von Repression die Mobilisierungskraft von Protestbewegungen schwinden, wenn die Menschen sich damit dauerhaft einem Risiko ausgesetzt sehen. Dies gilt schon gar, wenn tragende „Köpfe" sowie mehr oder minder weite Kreise an Anhänger:innen und Unterstützer:innen verfolgt werden.[94] Um den Verfolgungsdruck zu vermindern, lassen sich zwar die Protestformen mitunter kreativ an repressive Bedingungen anpassen (vgl. etwa Johnston 2018). Doch angesichts der Gefahren nimmt möglicherweise ein (großer) Teil der Protestierenden von politischen Aktionen Abstand und zieht sich zeitweise oder dauerhaft ins Private zurück. Andere setzen sich möglicherweise ins Ausland ab.[95] Wiederum andere radikalisieren sich womöglich.

Gerade die Radikalisierung von ursprünglich friedlichen Protestbewegungen beschäftigt traditionell die vergleichende politische Gewalt- und Revolutionsforschung, auf die hier allerdings nicht eigens eingegangen wird. Nur so viel:

---

93 Um hier die Kategorien des CIVICUS-Monitors zu verwenden; z.B. CIVICUS/Brot für die Welt 2021.

94 „Zur Heroisierung und Handlungs(ohn)macht inhaftierter Protestanführer" siehe Kinzelbach 2018.

95 Vgl. beispielsweise *Belarus Analysen* Nr. 61, 2022, mit dem Themenschwerpunkt „Politische Emigration und Diaspora."

Das Entstehen und vor allem Anwachsen gewaltsamer Protestbewegungen hat – neben etwaigen ideologischen Bestimmungsgründen – viel damit zu tun, ob gewaltlose Alternativen bestehen und erfolgversprechend sind. So können etwa die Diskreditierung friedlicher Transformationsalternativen und massive Repression seitens des Regimes dazu führen, dass sich Protestbewegungen radikalisieren bzw. radikalere Teile der Bewegung massiven Zulauf erhalten, wenn friedliche Veränderungen nicht möglich erscheinen. Die sozialrevolutionären Unruhen in Zentralamerika in den ausgehenden 1970ern und den frühen 1980er Jahren sind hierfür ein gutes Beispiel (Krumwiede 1987, Krennerich 1993).

Aus Sicht der politischen Machthaber ist die Anwendung von Repression daher ein zweiseitiges Schwert. Allerdings ist Repression auch nicht das einzige Herrschaftsinstrument von Autokraten. Hier hat die in den 2000er Jahren wiedererstarkte politikwissenschaftliche Autokratieforschung viel zum Verständnis von Repression als Herrschaftsinstrument beigetragen und deren Bedeutung im Zusammenspiel mit autokratischen Legitimations- und Kooptationspraktiken untersucht, und zwar vor allem unter dem Blickwinkel der Resilienz von Autokratien (z.B. Gerschewski et al. 2013). Dabei wurde einmal mehr deutlich, dass sich das Handlungsrepertoire von Autokraten beileibe nicht nur auf Repression beschränkt und dass sich auch Intensität und Formen der Repression erheblich unterscheiden können. So variieren autokratische Regime untereinander darin: wie viel und welche Art von Kritik und Protesten sie zulassen; wie sehr sie nicht nur die politischen Institutionen und die Justiz, sondern auch die Medien und den öffentlichen Raum kontrollieren; wie stark sie das Alltagsleben der Menschen bestimmen. Selbst innerhalb ein- und desselben Landes kann das Repressionsniveau erhebliche Unterschiede aufweisen, sowohl im zeitlichen Verlauf als auch in Bezug auf inhaltliche Problemfelder. Während in mancher Hinsicht gesellschaftspolitische Freiräume für Kritik und Proteste bestehen mögen, kann es andererseits regelrechte Tabuthemen geben, auf welche die politischen Führungen geradezu allergisch reagieren.

Wie breit die Repressionspalette gefächert ist, zeigt sich nicht zuletzt im Rahmen der bereits angesprochenen Diskussion um schwindende oder bereits beschränkte politische Handlungsspielräume für die Zivilgesellschaft und hier insbesondere bei der Verfolgung von Menschenrechtsverteidiger:innen (*human rights defenders*). Sie reicht von Diffamierungen und Verleumdungen der Betroffenen als „Vaterlandsverräter", „Handlanger des Auslands", „Unruhestifter" oder „Terroristen" über bürokratische Schikanen, fingierte Anschuldigungen, restriktiv(e) (genutzte) Gesetze und der strafrechtlichen Verfolgung der Betroffenen unter Missachtung rechtsstaatlicher Prinzipien bis hin zur blanken Repression, mittels derer die physische und psychische Integrität sowie das Leben der Betroffenen verletzt wird. Das folgende Schaubild skizziert das entsprechende Repressionsrepertoire, dem sich gerade auch *human rights defenders* ausgesetzt sehen.

Schaubild 6: Repressionsrepertoire

Repressionsrepertoire (Auswahl)	
Repressionsmittel	**Beispiele**
Diffamierung und Kriminalisierung	Öffentliche Beleidigungen und Diffamierungen, Verleumdungen, Fake News (z. B. bei öffentlichen Auftritten von Regierungsmitgliedern, in Sozialen Medien), verbale Kriminalisierung
Wirtschaftliche und soziale Sanktionen	Drohende oder tatsächliche Strafzahlungen, Arbeitsplatzverlust, eingeschränkter Bildungszugang (auch der Kinder), Diskriminierung beim Zugang zu staatlichen Leistungen, Beschlagnahmung von Eigentum von Personen oder Organisationen
Bürokratische Restriktionen (in Bezug auf)	Vereinigungsfreiheit (z. B. Registrierung von NGOs), Versammlungsfreiheit (z. B. Anmeldung von Demonstrationen), Medien (z. B. Vergabe von Lizenzen, Medienkontrolle), Wahlen (z. B. Registrierung von Wähler:innen, Kandidat:innen und Parteien), Reisefreiheit (z. B. Visa-Vergabe)
Gesetzliche Restriktionen (in Bezug auf)	Vereinigungsfreiheit (z. B. NGO-Gesetze), Versammlungsfreiheit (z. B. Versammlungsrecht, Demonstrationsrecht), Medien (z. B. Mediengesetze), Wahlrecht (z. B. Wahl- und Parteiengesetz), Bewegungs- und Reisefreiheit (z. B. Freizügigkeitsgesetz), allgemein (z. B. Antiterrorismusgesetze, Ausnahmezustand)
Freiheitsentzug und Strafverfolgung	Hausarrest, Inhaftierung (ohne Anklage und Gerichtsverfahren), restriktive oder vage Strafrechtsnormen (von Beleidigung bis Terrorismus), Verurteilungen ohne rechtsstaatliche Garantien, unverhältnismäßig hohe Haftstrafen
Physische Verfolgung (außergesetzlich)	Gewalt- und Morddrohungen, physische und sexuelle Gewalt, gewaltsame Vertreibungen, Verschleppungen, „Verschwindenlassen“, Folter und Misshandlung, selektiver Mord, Massenmord, Genozid

Quelle: eigene Zusammenstellung

Traditionell liegt das Augenmerk auf der physischen Verfolgung und auf willkürlicher Haft und Strafverfolgung. So wichtig dies ist, sei der Blick aber auch auf bürokratische und gesetzliche Restriktionen gerichtet, die auf subtilere Weise Regime- und Menschenrechtskritik zu unterbinden suchen. Diesem Zweck dienen etwa:

- rigide Registrierungsvorschriften für NGOs, die der Regierung als Hebel dienen, um unliebsame Vereinigungen nicht zuzulassen oder diese zu „disziplinieren“ und ihnen ganz oder zeitweise die Rechts- und Handlungsgrundlage zu entziehen;
- das Verbot politischer Aktivitäten nicht-registrierter NGOs, das jederzeit gegen regimekritische Organisationen, die nicht registriert sind, nach Gutdünken angewandt werden kann;
- Offenlegungspflichten und Auflagen bezüglich der Finanzierung von NGOs, um – unter Hinweis auf die nationale Souveränität – gerade die Unterstützung aus dem Ausland zu unterbinden;
- steuerrechtliche Auflagen und selektive Finanzprüfungen, welche die Arbeit kritischer NGOs behindern oder strafrechtliche Konsequenzen für einzelne Personen nach sich ziehen;
- die behördliche Nicht-Genehmigung unliebsamer Demonstrationen und Veranstaltungen sowie Einschränkungen aufgrund restriktiver Versammlungsgesetze;
- die Verweigerung von Konzessionen für unabhängige Medien sowie Mediengesetze, die legale Eingriffe gegen kritische Medienschaffende ermöglichen;
- Gesetze und Maßnahmen zur Terrorismusbekämpfung, die gezielt gegen regimekritische Aktivist:innen eingesetzt werden, denen dann unterstellt wird, sie seien Terroristen oder würden diese unterstützen;
- allgemeine strafrechtliche Bestimmungen – von Beleidigung bis zu Geheimnisverrat –, die genutzt werden, um Strafverfahren gegen regimekritische Personen und Organisationen einzuleiten.

Die jeweiligen UN-Sonderberichterstatter:innen zur Lage von *human rights defenders* haben in ihren Berichten zur Versammlungs- und Vereinigungsfreiheit hervorgehoben, wie weit verbreitet die Problematik ist, und auch Menschenrechtsorganisationen dokumentieren weltweit entsprechende Restriktionen. Besorgniserregend ist zudem, wenn Regierungen gemeinsam mit mächtigen gesellschaftlichen und religiösen Gruppen sowie regimeloyalen Medien auf breiter Front gezielt Stimmung gegen Regimekritiker:innen und *human rights defenders* machen.

Zusammenfassend lässt sich feststellen, dass in Ländern, in denen ein hohes Maß an Repression herrscht, Unterdrückung und Menschenrechtsverletzungen zwar ein wichtiger Beweggrund dafür sein können, dass Menschen aufbegehren, sie können aber zivilgesellschaftliche Proteste auch zum Verstummen bringen, zumal dann, wenn das gesamte Repressionsrepertoire zur Anwendung kommt.

Die Wirkkraft von Emotionen

Nachdem vor allem die frühe Massenpsychologie in der Tradition von Gustave Le Bon („Psychologie der Massen") in Massenprotesten noch ein irrationales, affektgesteuertes Verhalten gesehen hatte, spielten durch eine „radikale Hinwendung zu rationalen Erklärungsansätzen" (Bogerts 2015: 229) Emotionen in der Protest- und Bewegungsforschung ab den 1960er Jahren zunächst eher eine untergeordnete Rolle. Stattdessen wurden soziale Bewegungen vor allem als rationale und strategisch handelnde, kollektive Akteure angesehen und unter organisatorischen und strukturellen Gesichtspunkten betrachtet, besonders offenkundig im Rahmen von (frühen) Ressourcenmobilisierungs- und *political opportunity structures*-Ansätzen. Relative Deprivationsansätze nahmen allerdings auf Unzufriedenheit und Ärger als Handlungsmotivation Bezug.

Weitere Anknüpfungspunkte, um Emotionen Gewicht beizumessen, ergaben sich später, als im Rahmen des *„cultural turn"* in den Sozialwissenschaften Framing-Prozesse und kollektive Identitäten in den wissenschaftlichen Fokus rückten. Gerade das mobilisierende Framing spricht nicht nur kognitive, sondern auch emotionale Aspekte bei der Mobilisierung sozialer Bewegungen an, und das Konzept der kollektiven Identität kann ohne emotionale Bindung nicht funktionieren. Forschende, die sich verstärkt mit Emotionen und sozialen Bewegungen beschäftigten, ging dies indes nicht weit genug. Sie kritisierten, dass auch nach dem *„cultural turn"* vor allem kognitive Gesichtspunkte im Vordergrund stünden, und erachteten im Sinne eines *„emotional turn"* stabile und vorübergehende Gefühle als zentrales Element der Mobilisierung von Protestbewegungen (Jasper 1997, Goodwin et al. 2001). Vor allem auch moralische Empfindungen – in den Worten von William Gamson (1995) *hot cognitions* – sind demnach eine wichtige Motivation, sich Protesten anzuschließen. In diesem Sinne halten Jasper/Poletta (2019: 70) fest: „Moral emotions are one category of background emotions central to the emergence of protest". Empirische Untersuchungen nehmen inzwischen gezielt Emotionen bei Protesten in den Blick.[96]

96 Nur ein Beispiel: Mok (2022) untersuchte die Mobilisierung durch Emotionen in *Hong Kong's anti-extradition movement.*

So ist durchweg anerkannt, dass Emotionen für die Mobilisierung von Menschen eine wichtige Rolle spielen und dass gerade auch moralische Empörung wirkt. Im Bereich der Menschenrechte kann diese beispielsweise durch persönliche Erfahrungen mit staatlicher Unterdrückungsgewalt, durch schockierende Ereignisse (*moral shocks*) und die Offenlegung „himmelschreiender" Ungerechtigkeiten sowie durch das Anprangern schwerer Menschenrechtsverletzungen und die Benennung der dafür Verantwortlichen (*naming and shaming*) hervorgerufen werden. Verstärkend wirken oft eindringliche sprachliche und visuelle[97] Darstellungen. So versuchen auch Menschenrechtsbewegungen über entsprechende Narrative und Bilder starke Emotionen, wie gerade das Ungerechtigkeitsempfinden, anzusprechen, um Menschen für ihre Anliegen zu mobilisieren. Dabei können wirkkräftige Solidaritätsgefühle entstehen, die handlungsleitend werden.

Auch der Prozess des Mitwirkens in sozialen Bewegungen ist für gewöhnlich mit Emotionen verbunden[98], zumal er dazu beitragen kann, dass sich in gemeinsamen Aktionen auch gemeinsame Gefühle und Identitäten herausbilden oder verstärken können.[99] Im Bereich der Menschenrechte setzen hier etwa Appelle an die moralischen Selbstansprüche und das Gewissen der Beteiligten an. Oder es wird durch die Herausbildung kollektiver Identitäten und eines „Wir-Gefühls" ein etwaiges Bedürfnis nach Zugehörigkeit zu Gleichgesinnten und nach sozialer Abgrenzung von Andersdenkenden angesprochen. Der vorteilhafte Vergleich zwischen „Uns" und „den Anderen" kann dabei – sozialpsychologisch gesehen – zu einer Aufwertung kollektiver wie individueller Identitäten führen. Auch kann Stolz etwaigen Scham ersetzen, wie dies etwa der Gay Pride-Bewegung gelungen ist (z.B. Britt/Heise 2000, Bruce 2016). Zugleich kann das gemeinsame Handeln Gefühle der Selbstwirksamkeit verstärken, so dass die Einzelnen im Rahmen kollektiver Proteste politische Ohnmachtsgefühle überwinden oder sich sogar als Subjekte der Geschichte fühlen. Möglicherweise gibt es auch eine gemeinsam geteilte „Freude am Protest".[100]

Problematisch wird es allerdings dann, wenn nicht mehr die Sache, sondern der Event-Charakter im Vordergrund steht oder wenn sich, umgekehrt, allmählich eine „Protest-Fatigue" ausbreitet. Auch sind soziale Bewegungen nicht ho-

---

97 Vgl. hierzu Bogerts 2015: 237 ff.

98 Vgl. hier etwa auch Van Nees/Summers-Effler 2019 und die dort angeführten Literaturhinweise.

99 Vgl. etwa die entsprechenden Abschnitte in Beyer/Schnabel 2017; siehe auch Daphi 2011.

100 Der englische Begriff bei Jasper (1997) lautet „*pleasure of protest*".

mogen. Nicht nur vereinen sie unterschiedliche kollektive (Teil-)Identitäten der sie tragenden Individuen, Gruppen und Organisationen, die einander verstärken und ergänzen oder aber in einem Spannungsverhältnis stehen und miteinander konkurrieren können. Es gibt, wie wohl in allen großen Zusammenschlüssen, auch Meinungsstreit, Neid und Rivalität, welche Gefühle der Gruppensolidarität und „emotionale Energien" erheblich schmälern können. Und schließlich können auch Führungspersonen unterschiedlich motivierend sein: „(L)eaders who are not charismatic, hopeful, or effective in making blame stick are likely to undermine rather than fire-up a movement" (Van Nees/Summer-Effler 2019: 417). Hier lohnt es sich also, beispielsweise über teilnehmende Beobachtung und Interviews, auf Mikro-Ebene die internen Strukturen und Prozesse von Menschenrechtsbewegungen und der darin mitwirkenden Organisationen und Netzwerke genauer zu untersuchen und dabei auch die Entstehung und Dynamik von Emotionen gezielt in den Blick zu nehmen.

Kulturelle Kontexte berücksichtigen!

Kulturelle Kontexte sozialer Bewegungen lassen sich auf unterschiedliche Weise betrachten. Ausgehend von einem weiten Kulturbegriff als *„shared mental worlds and their embodiments"* (Jasper 1997: 12) können kulturelle Kontexte – wohlgemerkt nicht in einem essentialistischen Sinne – als weithin geteilte, veränderbare und sozial konstruierte Werte, Einstellungen und Praktiken in (mehr oder minder heterogenen) Gesellschaften und gesellschaftlichen Gruppen verstanden werden. Verändern diese sich im Zuge von gesellschaftlichem Wandel und Emanzipationsbestrebungen, führt dies innerhalb (und möglicherweise auch zwischen) Gesellschaften zu neuen kollektiven Akteuren und Konflikt(lini)en. So gingen beispielsweise Säkularisierung und Frauenemanzipation einher mit Forderungen nach rechtlich wie faktisch gleichberechtigter Teilhabe und Mitwirkung.

Zugleich wirken sich kulturelle Kontexte auch darauf aus, wie sich innerhalb sozialer Organisationen und Bewegungen kollektive (Teil-)Identitäten herausbilden und wie Menschen mobilisiert werden, sich organisieren, vernetzen und handeln. Die Narrative und das Framing, die benutzt werden (und im Idealfall auf Resonanz stoßen), um Menschen zu mobilisieren, sind ebenso stark von eingespielten, aber veränderbaren kulturellen Konstruktionen geprägt wie die Emotionen, die vor dem Hintergrund der individuellen und kollektiven Erfahrungen und Einstellungen bei Protesten angesprochen werden.

Auch die Ressourcen, die den zivilgesellschaftlichen Akteuren (und ihren Widersachern) zur Verfügung stehen, können sich kulturell erheblich unterscheiden, und schon gar unterliegt das Handlungsrepertoire der Protestierenden kulturellen Einflüssen. So betont selbst der Strukturalist Charles Tilly (2006: 43), *contentious repertoires* seien „simultaneously deeply cultural and deeply structural; they certainly rest on shared understandings and their representations in symbols and practices (that is, on culture), but they also respond to the organisation of their social settings“. Zum Tragen kommen dabei kulturell geprägte, subjektive Einschätzungen, etwa davon, welche Aktionsformen rechtens, angemessen und erfolgversprechend sind. Das gilt nicht nur für das Protestrepertoire, sondern in gewissem Maße sogar für das Repressionsrepertoire von Regierungen.

Das heißt aber auch: So manche menschenrechtliche Protestaktion hierzulande stößt möglicherweise in anderen politisch-kulturellen Kontexten[101] auf Unverständnis. Das Handlungsrepertoire, das Protestierende in Deutschland standardmäßig oder innovativ mit menschenrechtlichen Protesten verbinden, ist also möglicherweise nicht überall angebracht. Das betrifft nicht nur die Tatsache, dass in etlichen Staaten Proteststrategien an autoritär-repressive Beschränkungen und Gefahren kreativ angepasst werden müssen, sondern immer auch die Frage, welche Protestformen in den kulturellen Kontexten andernorts angelegt und eingespielt sind und inwieweit sich diese verändern. Das reicht von der Frage, wie deutlich Kritik von wem gegenüber wem formuliert wird und welche Symbole und Narrative benutzt werden, bis hin zu konkreten Handlungsoptionen. Was also in bestimmten kulturellen Kontexten und Milieus als angemessene Kritik und Protestform anerkannt sein kann, kommt in anderen möglicherweise einem (gewollten oder ungewollten) Tabubruch gleich.

In diesem Sinne gibt es auch „diskursive Gelegenheitsstrukturen“ (Koopman/Olzak 2014), die durch Beschränkungen, aber auch durch Möglichkeiten bestimmt werden. Sie sind nicht nur davon abhängig, inwiefern der Staat die Meinungsäußerungsfreiheit einschränkt oder zulässt. Auch innerhalb der Gesellschaft bestehen Sprachgrenzen des Sagbaren, die sich freilich ausweiten lassen – sowohl im emanzipatorischen als auch im reaktionären Sinne. Dies zeigt nicht zuletzt der „Kulturkampf“, der mancherorts um die Anerkennung von Genderidentitäten entbrannt ist, oder auch der beidseitig im Kampfmodus geführte Streit um eine „Cancel Culture“. Anhand selbst moderaten Forderungen nach einer gendersensiblen und diskriminierungsfreien Sprache lässt sich zeigen, wie schwer sich Menschen von tradierten Sprachgewohnheiten verabschieden, selbst wenn diese offensichtlich diskriminierend eingefärbt sind. So sind pro-

101 Der Plural ist hier bewusst gewählt, da Gesellschaften kulturell heterogen sind.

gressive Sichtweisen immer umstritten, müssen sich gegen althergebrachte Sichtweisen durchsetzen und sich zugleich gegen reaktionäre behaupten.

Den sozioökonomischen Kontext nicht vergessen!

Ursprünglich wurden soziale Bewegungen vor allem als Reaktion auf ökonomischen und sozialen Wandel verstanden. Dies fängt zum einen bei frühen kommunistischen, sozialistischen und anarchistischen Überlegungen zu Entstehungsbedingungen und Erfolgsaussichten der Arbeiterbewegung an, die den Klassenkampf in den Mittelpunkt rückten. Zum anderen sind hier Studien zu nennen, die in der bereits genannten Tradition von Gustave Le Bon die Dynamik und das Agieren von Massenbewegungen ebenfalls als Folge tiefgreifender ökonomischer und gesellschaftlicher Umbrüche ansahen, diese aber massenpsychologisch zu erklären versuchten, und zwar anfänglich vor allem als irrationales, affektgeladenes Verhalten. Schließlich kamen Ansätze hinzu, die soziale Bewegungen als rationales kollektives Handeln in Zeiten rapiden sozialen Wandels verstanden, in denen neue gesellschaftliche Akteure und Allianzen auftraten, neue Interaktionsformen und Normen ausgehandelt wurden und Modernisierungskrisen zu bewältigen waren.

Auch die bereits genannten Deprivationsansätze sahen Prozesse des sozialen Wandels oft als ursächlich für soziale Bewegungen an und hoben auf das Entstehen und die Folgen damit einhergehender subjektiver Unzufriedenheit ab, die dann in Proteste umschlagen würde.[102] *Political opportunity structures*-Ansätze und politische Prozessanalysen wiederum gingen davon aus, dass sich durch sozio-strukturellen Wandel Gelegenheiten und Bedrohungen ergäben, die mobilisierend wirken. Und doch wurden später durch das Aufkommen „neuer", postmaterialistisch ausgerichteter sozialer Bewegungen in Ländern des „globalen Nordens" die sozioökonomischen Bestimmungsgründe sozialer Protestbewegungen zeitweilig vernachlässigt.

Gerade außerhalb westlicher Wohlstandsgesellschaften blieben aber sozioökonomische Konfliktlinien stets prägend. Wachsende politische Bedeutung erlangten ab Ende des 20. Jahrhunderts dann zusätzlich die Proteste gegen Strukturanpassungsprogramme und neoliberale Politiken in vielen Staaten weltweit.[103] Gegen die Folgen von Austeritätspolitiken und Neoliberalismus – und später auch von Wirtschafts- und Finanzkrisen[104] – richten sich bis heute viele

---

102 Vgl. den Überblick bei Beyer/Schnabel 2017: 21-65.

103 Siehe etwa die von Ortiz et al. (2022) erstellte o.g. Protestdatenbank.

104 Erinnert sei etwa an die *Indignados*-Bewegung in Spanien; vgl. Sánchez Dionis 2013.

Proteste[105] und zahlreiche kritische Publikationen. Sie hoben insbesondere auf soziale Misstände und die gesellschaftlichen Folgen neoliberaler Politik ab, teilweise verbunden mit einer Geringschätzung gegenüber bürgerlich-politischen Menschenrechten.[106] Nicht selten wurde die Kritik am Neoliberalismus sogar mit der Kritik an den Menschenrechten selbst verbunden, wobei die Menschenrechte oft auf ihren liberalen Abwehrcharakter oder gar auf ein – gewiss nicht akzeptables – libertäres Verständnis verkürzt wurden. Nach dieser Lesart waren bzw. sind Menschenrechte angeblich zentraler Bestandteil eines „neoliberalen Projekts“ (Whyte 2019) oder zumindest „willfähriger Begleiter“ des Neoliberalismus (Moyn 2018).

Nicht hinreichend gewürdigt wurde dabei, dass die wirtschaftlichen, sozialen und kulturellen Menschenrechte ab Ende des 20. Jahrhunderts erheblich an Bedeutung gewonnen haben und sich die damit einhergehenden Forderungen oft deutlich gegen neoliberale Wirtschaftsaktivitäten und Gesellschaftsvorstellungen richten. Ob dies ausbeuterischer Ressourcenabbau und Freihandelsabkommen sind, Wasserprivatisierungen und Bodenspekulationen oder auch die Ökonomisierung von Bildung und Gesundheitsversorgung, überall lassen sich kritische Menschenrechtsstimmen vernehmen, sowohl auf UN-Ebene als auch in den Ländern des „globalen Südens“. Wie die Verfolgung von *human rights defenders*, die sich für die wsk-Rechte einsetzen, *e contrario* zeigt, ist die Umsetzung dieser Rechte auch auf die bürgerlichen und politischen Menschenrechte angewiesen (Forum Menschenrechte 2012). In einem anspruchsvollen, kritisch-emanzipatorischen Sinne lassen sich Menschenrechte somit als ein umfassendes rechtliches und gesellschaftspolitisches Projekt verstehen, um sich eben auch gegen soziale Missstände zu wehren und mehr soziale Gerechtigkeit einzufordern (Krennerich 2021b).

---

105 Bezeichnend zwei Buchtitel von della Porta: *Social movements in times of austerity: Bringing capitalism back into protest analysis* (2015) sowie *Global Diffusion of Protest. Riding the Protest Wave in the Neoliberal Crisis* (2016). Siehe auch den Beitrag von Klandermaans/Van Strekelenburg: *Taking austerity to the streets: Fighting austerity measures or austerity states* (2016).

106 Noami Klein (2008) behauptete beispielsweise, dass internationale Menschenrechtsorganisationen wie Amnesty International mit ihrem einseitigen Einsatz für bürgerlich-politische Rechte nach dem Putsch von 1973 in Chile den kausalen Zusammenhang zwischen dem dann eingeführten Neoliberalimus und politischer Gewalt verschleiert hätten.

Der ökologische Kontext – zusehends wichtig

Umweltzerstörungen, Verlust von Biodiversität und Klimawandel bilden den Kontext, in dem mit zunehmender Dynamik gesellschaftlicher Wandel stattfindet. Mehr und mehr kollektive Akteure treten auf den Plan, die zurecht die Lebensgrundlagen auf dem Planeten existenziell bedroht sehen. Weltweit fordern Umwelt- und Klimabewegungen einen grundlegenden, radikalen Wandel des Umgangs mit natürlichen Ressourcen sowie der Art des Wirtschaftens, der Energiegewinnung und unserer Lebens-, Konsums- und Mobilitätsgewohnheiten. Die bereits prognostizierten ökologischen und klimatischen Veränderungen werden die künftigen Lebensverhältnisse fundamental verändern, bestehende innergesellschaftliche wie zwischenstaatliche Konflikte erheblich verstärken und viele weitere hervorbringen.

Dies hat auch Auswirkungen auf die Menschenrechte und zivilgesellschaftliches Menschenrechsengagement. Zwar nimmt die heterogene Umwelt- und Klimabewegung[107] – wenn es sich nicht gerade um Menschenrechtsverletzungen an Aktivist:innen handelt[108] – bislang allenfalls am Rande auf Menschenrechte Bezug. Geschuldet ist dies nicht zuletzt der anthropozentrischen Ausrichtung und der individualrechtlichen Ausgestaltung der Menschenrechte (deren kommunitäre Dimensionen oft übersehen werden) sowie der Tatsache, dass die Menschenrechte bezüglich der Rechte künftiger Generationen Blindstellen aufweisen. Doch beleuchten die Menschenrechte potenziell wichtige Aspekte des Umwelt- und Klimaschutzes und bieten eine kraftvolle Sprache, um sich dafür einzusetzen. Umgekehrt fügen sich die weiter gefassten Umwelt- und Klimaschutzziele zwar nicht vollumfänglich in die enger gefassten Konzeptionen des Menschenrechtsschutzes ein. Doch angesichts der – bereits bestehenden und der noch absehbaren – menschenrechtlichen Folgen von Umweltproblemen und Klimawandel nehmen sich Menschenrechtsaktivist:innen dem Thema verstärkt an. Auch traditionelle Menschenrechtsorganisationen machten sich beispielsweise bei der jüngsten Weltklimakonferenz für Klimagerechtigkeit stark.[109] Im Blickpunkt menschenrechtlichen Engagements steht dabei gerade auch die Betroffenheit marginalisierter und schutzbedürftiger Bevölkerungsgruppen von

---

107 Siehe etwa Dietz/Garrelts 2013, Martinez-Alier 2016, Müller 2017, Berglund/Schmidt 2020, Haunss/Sommer 2020 sowie entsprechende Beiträge im *Forschungsjournal Soziale Bewegungen* oder *Mobilization. An International Quarterly.*

108 Zu eingeschränkten zivilgesellschaftlichen Handlungsspielräumen für Umwelt- und Klimaaktivist:innen siehe etwa Unmüßig 2015.

109 Um nur ein Beispiel zu nennen: Amnesty International beteiligt sich an der Kampagne „Clima Justice Now“ anlässlich von Weltklimakonferenzen.

Klimwandel. So lassen sich im akademischen Diskurs wie auch in der politischen Praxis Bemühungen feststellen, die bestehenden Menschenrechte zum Schutz der Umwelt und des Klimas in Wert zu setzen, neu zu interpretieren und ggf. zu ergänzen.[110] Das zivilgesellschaftliche Engagement spielt dabei eine entscheidende Rolle.

110 Siehe etwa Atapattu/Schabert 2019, Schubert 2022 mit Verweisen auf weitere Literatur.

Teil III

Staatliche Menschenrechtspolitik

5. Menschenrechtsansatz und Menschenrechtsberichte

Merkmale eines Menschenrechtsansatzes in der staatlichen Politik

Staatliche Menschenrechtspolitik kann unterschiedlich anspruchsvoll ausgestaltet sein.[111] Sie kann nur das Nötigste tun, um staatliche Menschenrechtsverpflichtungen umzusetzen, oder aber bemüht sein, die eingegangenen Staatenpflichten so umfassend wie möglich zu erfüllen und über die eigenen Pflichten hinaus die Menschenrechte international aktiv zu fördern. Sie kann sich als spezialisierter Politikbereich zur Förderung der Menschenrechte verstehen und/ oder eine Querschnittsaufgabe darstellen, die darauf ausgerichtet ist, menschenrechtliche Normen und Prinzipien in den verschiedenen außen- und innenpolitischen Politikbereichen zur Geltung zu bringen. Sie kann hinter verschlossenen Türen und über die Köpfe der Betroffenen hinweg formuliert werden oder aber transparent und partizipativ ausgestaltet werden und auf eine lebendige „Kultur der Menschenrechte" hinwirken, in der die Menschen menschenrechtliche Ansprüche eigenständig formulieren und einfordern können und in der es ihnen möglich ist, menschenrechtsrelevante Entscheidungen mitzugestalten und ihre Umsetzung zu überprüfen.

Die deutliche und konsequente Ausrichtung staatlichen Handelns an internationalen Menschenrechtsnormen und an grundlegenden menschenrechtlichen Prinzipien (Nicht-Diskriminierung, Partizipation, Rechenschaftspflicht etc.), verbunden mit der ausdrücklichen Anerkennung der Menschen als Rechteinhaber (*rights-holders*) und der Staaten als primäre Pflichtenträger (*duty-bearers*), stellen wesentliche Merkmale eines Menschenrechtsansatzes in der staatlichen Politik dar. Dieser erhebt die Menschenrechte zu einem verbindlichen Referenzrahmen der *gesamten* Politik und stellt sich somit als eine politische Querschnittsaufgabe dar. Eine so breit angelegte menschenrechtsbasierte Politik unterscheidet sich zum einen von einer eng gefassten Menschenrechtspolitik, die gewissermaßen ein Nischendasein fristet und nicht politikfeldübergreifend wirkt. Zum anderen grenzt sie sich von einer „nur" menschenrechtsrelevanten Politik ab, die nicht ausdrücklich auf Menschenrechte Bezug nimmt. Orientiert

111 Im Folgenden werden einige Passagen aus Krennerich 2013 übernommen.

an unterschiedlichen Ausformulierungen von *human rights-based approaches*[112], lassen sich die Merkmale eines Menschenrechtsansatzes in der staatlichen Politik also folgendermaßen zusammenfassen.

Schaubild 7: Merkmale eines Menschenrechtsansatzes in der staatlichen Politik

Merkmale eines Menschenrechtsansatzes in der staatlichen Politik

- **Menschenrechte fungieren als zentraler Bezugsrahmen staatlicher Politik. Diese nimmt konsequent auf menschenrechtliche Standards, Rechte, Pflichten und Prinzipien (wie Nicht-Diskriminierung, Partizipation, Rechenschaftspflicht) Bezug.**
- **Menschenrechte stellen eine Querschnittsaufgabe staatlicher Politik dar. Über spezifische Menschenrechtsmaßnahmen hinaus werden die Menschenrechte in allen Bereichen staatlicher Politik verankert, berücksichtigt und umgesetzt.**
- **Die staatliche Politik anerkennt, schützt und unterstützt menschenrechtliche Ansprüche aller Menschen in ihrer Eigenschaft als Inhaber:innen der Menschenrechte.**
- **Die staatliche Politik anerkennt ihre Pflichten, die Menschenrechte zu achten, zu schützen und zu gewährleisten, und setzt diese um.**
- **Die staatliche Politik fördert die Menschenrechte auch über die eigenen menschenrechtlichen Pflichten hinaus. Sie tut also freiwillig mehr, als verpflichtend verlangt ist.**
- **Die staatliche Politik fördert aktiv internationale menschenrechtliche Normen, Institutionen und Verfahren.**

Quelle: eigene Zusammenstellung

Die Menschenrechtsberichte der Bundesregierung

Aufschluss über die – durchaus ambitionierte – staatliche Menschenrechtspolitik Deutschland geben die Menschenrechtsberichte an den Bundestag.[113] Die Bundesregierung legte auf Beschlussempfehlung des Auswärtigen Ausschusses

112 Am frühsten und deutlichsten ausformuliert wurden diese in Bezug auf die Entwicklungszusammenarbeit. Allerdings unterschieden sich die Ansätze darin, ob Menschenrechte „nur" zu einem wichtigen oder zum zentralen Referenzrahmen der Entwicklungszusammenarbeit erhoben wurden; vgl. etwa Human Rights Council of Australia 1995, 1998, 2001, Frankovits/Earle 2000, Hamm 2001, El Obaid/Lamontagne 2002, Lingnau 2003, UNSDG 2003, Gready/Ensor 2005, UK Interagency Group on Human Rights-Based Approaches 2007, GIZ 2020, European Commission 2021a.

113 BT-Drs.: 11/6553 (1990), 12/6630 (1993), 13/3312 (1995), 13/8861 (1997), 14/3739 (2000), 14/9323 (2002), 15/5800 (2005), 16/10037 (2008), 17/2840 (2010), 17/11250 (2012), 18/3494 (2014), 18/10800 (2016), 19/7730 (2019), 19/25000 (2020). Der

(BT-Drs. 10/6223) am 3. Dezember 1990 dem Bundestag erstmals einen Bericht zur Menschenrechtspolitik vor (BT/Drs. 11/6553). Der Bundestag nahm den Bericht in der folgenden Legislaturperiode zustimmend zur Kenntnis und forderte die Bundesregierung auf, mindestens alle zwei Jahre in möglichst gleichen Abständen konkret über ihre Menschenrechtspolitik zu informieren (BT/Drs. 12/1735). Auch sollten die Berichte als Informationsbroschüren herausgegeben werden. Seitdem legen die Bundesregierungen dem Bundestag alle zwei bis drei Jahre einen Bericht über ihre Menschenrechtspolitik vor. Aus den kurzen Broschüren sind, beginnend mit dem fünften Menschenrechtsbericht (2000), ganze Bücher geworden.

Während die ersten fünf Berichte aus den Jahren 1990, 1993, 1995, 1997 und 2000 nur die Menschenrechte in den Auswärtigen Beziehungen zum Inhalt hatten, bezog der „Sechste Bericht der Bundesregierung über ihre Menschenrechtspolitik in den Auswärtigen Beziehungen und in anderen Politikbereichen" (2002) auf Empfehlung des Bundestages (BT-Drs. 14/5795) erstmals systematisch innenpolitische Belange mit ein. Seitdem umfassen die Berichte sowohl außen- als auch innenpolitische Bereiche. 2012 wurde dann der sperrige Titel in „Bericht der Bundesregierung über ihre Menschenrechtspolitik" geändert.

Potenziell sind die Berichte ein wichtiger Beitrag sowohl zur parlamentarischen als auch zur gesellschaftspolitischen Debatte über die Menschenrechtspolitik der Bundesregierung. Auf umfassende Weise werden dort die rechtlich-institutionellen Grundlagen, die Ziele und die Maßnahmen deutscher Menschenrechtspolitik dargelegt und in den Kontext des europäischen und internationalen Menschenrechtsschutzes gestellt. Allerdings spielen die Berichte – über die Behandlung in öffentlichen Anhörungen im Menschenrechtsausschuss hinaus – im parlamentarischen und im öffentlichen Diskurs kaum eine Rolle. Für NGOs können sie gleichwohl ein wichtiges Instrument für den Dialog mit der Regierung sein. Indem an der Erstellung der im Auswärtigen Amt koordinierten Menschenrechtsberichte verschiedene Ressorts beteiligt sind, können die Berichte zugleich dazu beitragen, dass sich innerhalb der Regierung die verschiedenen Ministerien über menschenrechtliche Bezüge ihres Handels vergewissern und verständigen – und die Menschenrechte als eine Querschnittspolitik verstehen.

Allerdings sind die Menschenrechtsberichte auch kritisch zu lesen: So wurden beispielsweise in öffentlichen Anhörungen zu den Menschenrechts-

---

15. Menschenrechtsbericht (Auswärtiges Amt 2022) lag im Dezember 2022 noch nicht als Bundestag-Drucksache vor.

berichten im Menschenrechtsausschuss, neben manchem Lob stets Kritik an den Berichten geäußert.[114] Kritikpunkte betrafen etwa: die anfängliche Fokussierung auf außenpolitische Themen; eine erst nur zögerliche Thematisierung der wsk-Rechte innerhalb Deutschlands und ihre Darstellung als reine Leistungsrechte; fehlende oder unzureichende Begründungen für Vorbehalte zu Menschenrechtsverträgen oder für die Nicht-Ratifizierung von Abkommen; ein unzureichende Bekenntnis zu extraterritorialen Staatenpflichten; das fehlende Eingehen auf die Kohärenzproblematik deutscher Menschenrechtspolitik; die Nicht-Beachtung institutioneller Schwächen deutscher Menschenrechtspolitik; oder auch das Ausklammern nordamerikanischer Staaten und von EU-Staaten im Länderteil der Berichte. Regelmäßig wurde auch das Fehlen oder die allzu knappe Behandlung einzelner wichtiger Menschenrechtsthemen kritisiert und eine vertiefende Auseinandersetzung mit den Empfehlungen regionaler und internationaler Menschenrechtsvertragsorgane angemahnt. Schließlich stößt auch der wenig selbstkritische und tendenziell beschönigende Sprachduktus bis heute auf Kritik.[115]

---

114 Aufschlussreich sind hier die schriftlichen Stellungnahmen der Sachverständigen in den öffentlichen Anhörungen zu den Menschenrechtsberichten. Die nachstehenden Kritikpunkte beschränken sich auf Aspekte, die der Autor als Sachverständiger bei den jeweiligen Anhörungen zum achten, neunten, zehnten, zwölften und 13. Menschenrechtsbericht in den Jahren 2008, 2011, 2013, 2017, 2019 selbst geäußert hat. Die schriftlichen Stellungnahmen finden sich unter dem Archiv des Menschenrechtsausschusses auf der Website des Bundestages.

115 Vgl. etwa das abschließende Kapitel der AI-Stellungnahme von Julia Duchrow bei der Anhörung 2021.

6. Die staatliche Menschenrechts-innenpolitik Deutschlands

Staaten sind völkerrechtlich verpflichtet, ratifizierte Menschenrechtsabkommen auf ihrem Hoheitsgebiet umzusetzen. Die Bundesrepublik Deutschland hat die allermeisten Kernabkommen des internationalen und europäischen Menschenrechtsschutzes ratifiziert. Im internationalen Vergleich steht sie gut da und gehört zu den 53 Staaten, die mindestens 15 der 18 UN-Kernabkommen (einberechnet sind hier auch die Zusatzprotokolle) ratifiziert haben.[116] Im November 2022 hat der Bundestag nun auch den Gesetzesentwurf zur längst überfälligen Ratifikation des Fakultativprotokolls zum UN-Sozialpakt angenommen. Eine Ratifikation der UN-Wanderarbeiterkonvention ist hingegen sehr unwahrscheinlich. Das Abkommen wurde in Europa – mit Ausnahme von Bosnien-Herzegowina – von keinem Staat ratifiziert, schon gar nicht von einem europäischen Zielland von Arbeitsmigration.

Auch gilt es Vorbehaltserklärungen zu Menschenrechtsabkommen zu beachten, welche die Staaten einseitig abgeben können, um zu klären, unter welchen Bedingungen sich der Vertragsstaat an den Vertrag binden will.[117] In der Theorie davon abzugrenzen sind Interpretationserklärungen, mit denen ein Vertragsstaat erklärt, wie er eine bestimmte Menschenrechtsnorm auslegt, ohne die Norm zu ändern oder auszuschließen. In der Praxis sind die Übergänge indes fließend. Nachdem Deutschland im Juli 2010 seinen lange Zeit kritisierten Vorbehalt zur UN-Kinderrechtskonvention zurückgenommen hat[118], verbleibt noch

116 Zu den 53 Staaten gehören jedoch auch einige Staaten mit einem sehr schlechten Menschenrechtsprofil, wie etwa Aserbaidschan, Venezuela oder die Zentralafrikanische Republik.

117 Nach der Wienervertragsrechtskonvention (WRK) ist ein Vorbehalt „eine wie auch immer formulierte oder bezeichnete, von einem Staat bei der Unterzeichnung, Ratifikation, Annahme oder Genehmigung eines Vertrages oder bei dem Beitrag zu einem Vertrag abgegebene einseitige Erklärung, durch die der Staat bezweckt, die Rechtswirkung einzelner Vertragsbestimmungen in der Anwendung auf diesen Staat auszuschließen oder zu ändern" (Art. 2 Abs. 1 lit d WVK).

118 Die vielfach kritisierte Passage lautete: „Nichts in dem Übereinkommen kann dahin ausgelegt werden, dass die widerrechtliche Einreise eines Ausländers in das Gebiet der Bundesrepublik Deutschland oder dessen widerrechtlicher Aufenthalt dort erlaubt ist; auch kann keine Bestimmung dahin ausgelegt werden, dass sie das Recht der Bundesrepublik Deutschland beschränkt, Gesetze und Verordnungen über die Einreise von Ausländern

ein wichtiger Vorbehalt zu den Kernabkommen des UN-Menschenrechtsschutzes: Die Bundesrepublik hat zwar den UN-Zivilpakt ratifiziert, schließt aber die Zuständigkeit des Menschenrechtsausschusses für die Prüfung von Individualbeschwerden zum Artikel 26 des Paktes aus. Der Artikel enthält den allgemeinen Gleichheitsgrundsatz bzw. das allgemeine Diskriminierungsverbot.

Für die Frage, inwieweit Staaten ihren Verpflichtungen aus ratifizierten internationalen Menschenrechtsverträgen nachkommen, ist in rechtlicher Hinsicht zunächst bedeutsam, wie diese Abkommen innerstaatliche Rechtswirkung entfalten.[119] Grundsätzlich steht es den Staaten dabei frei, ob sie internationale Menschenrechtsverträge ins nationale Recht „einverleiben" und ihnen damit unmittelbar Geltung verleihen, oder ob sie deren Inhalt auf dem Weg der Gesetzgebung, etwa mittels inhaltlich identischer Gesetze oder entsprechender Zustimmungsgesetze, ins nationale Recht umwandeln (vgl. Kälin/Künzli 2019). Auch den Rang, den völkerrechtliche Verträge in der innerstaatlichen Normenhierarchie beanspruchen, kann sich ganz erheblich unterscheiden. Menschenrechtliche Verträge können, wie in etlichen lateinamerikanischen Staaten, Verfassungsrang einnehmen oder sogar im Sinne eines *bloque constitucional* als Teil des Verfassungsrechts angesehen werden (Suárez Franco 2010, Ahrens 2011). Sie können aber auch nur im Rang eines Gesetzes stehen, oder sie liegen in der Rechtshierarchie dazwischen, indem sie etwa einfachen Gesetzen vorgehen, aber keinen Verfassungsrang haben. In Deutschland werden Menschenrechtsverträge per Zustimmungsgesetz (gemäß Art. 59 Abs. 2 GG) in die innerstaatliche Rechtsordnung einbezogen und stehen im Rang eines Bundesgesetzes.[120]

Weiterhin ist wichtig, ob und inwieweit sich die einzelnen Menschen (in ihrer Eigenschaft als Inhaber:innen der Menschenrechte) innerstaatlich auf die in Menschenrechtsabkommen verankerten Rechte berufen können. Dies ist völkerrechtlich zwar nicht zwingend, wenn analoge Verfassungsgarantieren oder Gesetzesbestimmungen innerstaatlich geltend gemacht werden können (vgl. Kälin/Künzli 2019). Doch ist es menschenrechtlich wünschenswert und wird von

und die Bedingungen ihres Aufenthalts zu erlassen oder Unterschiede zwischen Inländern und Ausländern zu machen"; vgl. Deutscher Bundestag – Wissenschaftlicher Dienst 2007, Peter 2006.

119 Die nachfolgenden Textpassagen wurden teils aus Krennerich 2013: 74 f. übernommen.

120 Eine Sonderstellung nimmt hier laut Krajeweski (2017: 10) die Europäische Menschenrechtskonvention (EMRK) ein. Formal stehe sie zwar auch nur im Range eines Bundesgesetzes, doch das BVerfG verleihe ihr einen höheren Rang, da es die Grundrechte des GG im Lichte der EMRK auslege und dabei auch die Rechtsprechung des Europäischen Gerichtshofs für Menschenrechte (EGMR) heranziehe.

den Menschenrechtsvertragsorganen immer wieder eingefordert. Inwieweit man sich als einzelner Mensch vor deutschen Gerichten *unmittelbar* auf völkerrechtliche Menschenrechtsnormen berufen kann, hängt dabei vom Inhalt der jeweiligen Rechtsnorm ab. Die Rechtsnorm muss ausreichend klar bestimmt sein und keine weiteren Umsetzungsakte mehr benötigen. Für bürgerliche und politische Menschenrechte ist dies weithin unbestritten[121], für wirtschaftliche, soziale und kulturelle Menschenrechte hingegen oft nicht (Krajewski 2017: 11). Hier bedarf es also für gewöhnlich weiterer nationaler Rechtsakte – etwa im Rahmen der Arbeits- und Sozialgesetzgebung –, damit diese Rechte auch national eingeklagt werden können. Darüber hinaus liegt die Nicht-Beachtung von justiziablen Aspekten der wsk-Rechte (wie z.B. Nicht-Diskriminierung) aber auch darin begründet, dass deutsche Gerichte mit den völkerrechtlichen Abkommen, die wsk-Rechte verankern, und der völkerrechtlichen Auslegung der dort verankerten Rechte wenig vertraut sind. Das Völkerrecht spielt in der hiesigen Jurist:innen-Ausbildung nur eine Randrolle.

Nicht minder wichtig ist daher die Frage, ob und inwieweit das nationale Recht – gemäß den völkerrechtlichen Verpflichtungen – menschenrechtskonform ausgestaltet ist[122] und den Schutzbereich der Menschenrechte abdeckt. Besonders hilfreich ist es, wenn die Menschenrechte als Grundrechte in der Verfassung verankert und Grundrechtsverletzungen einer Verfassungsbeschwerde zugänglich sind. Auch hier sind die Länderunterschiede groß. Etliche jüngere, progressive Verfassungen, etwa in Kolumbien (1991), Venezuela (1999), Ecuador (2008), Bolivien (2009) oder, international stärker beachtet, in der Republik Südafrika (1996), sehen eine breite Palette an Grundrechten vor, die auch wirtschaftliche, soziale und kulturelle Grundrechte umfasst.[123] In vielen etablierten Demokratien des „globalen Nordens", einschließlich des viel gerühmten schwedischen Wohlfahrtsstaates, tauchen hingegen soziale Grundrechte nur selten und vereinzelt auf. Zu den Ausnahmen gehören in Europa etwa die Verfassungen Belgiens und Finnlands sowie die südeuropäischen Staaten Italien, Spanien und vor allem Portugal, welche die sozialen Rechte umfassender berücksichti-

121 Ein Beispiel: Gegen Träger hoheitlicher Gewalt kann das Folterverbot als unmittelbar geltendes Recht vor Aufsichtsbehörden und Gerichten geltend gemacht werden; vgl. BT-Drs. 19/25000, S. 23.

122 Eine solche Prüfung obliegt in Deutschland gemeinhin dem Justizministerium.

123 In Chile wurde hingegen ein sozial progressiver Verfassungsentwurf (Schönsteiner 2021) in einem Referendum 2022 abgelehnt.

gen. Inwieweit sich aus diesen dann subjektive Rechtsansprüche ergeben, die eingeklagt werden können, ist jeweils zu prüfen.

Der Katalog an Grundrechten und grundrechtsgleichen Rechten im deutschen Grundgesetz deckt, entgegen dem Allgemeinverständnis in der Bevölkerung, den Schutzbereich nicht aller, sondern im Wesentlichen nur der bürgerlichen und politischen Menschenrechte ab. Auf wirtschaftliche, soziale und kulturelle Rechte verzichtet der Grundrechtskatalog des GG – im Unterschied zu jenem der Weimarer Verfassung (Eichenhofer 2012, 2016) – weitestgehend. Das heißt nun nicht, dass diese Rechte in Deutschland verfassungsrechtlich ungeschützt wären. Hier kommt die in der Verfassung verankerte Menschenwürdegarantie in Verbindung mit dem Sozialstaatsprinzip zum Tragen. Demnach ist es zumindest geboten, dass der Staat die Mindestvoraussetzungen für ein menschenwürdiges Dasein sichert bzw. schafft. Eine justiziable Handlungspflicht – im Sinne einer Bereitstellung oder Vermittlung der für ein menschenwürdiges Dasein notwendigen Mittel – kann sich also dann ergeben, wenn diese Mindestvoraussetzungen nicht mehr gegeben sind und sich die jeweilige Person nicht selbst helfen kann. So verhielte sich der Gesetzgeber dann verfassungswidrig, wenn durch Belastungen der Bürger oder durch Einschnitte in Sozialleistungen das Existenzminimum unterschritten würde, oder wenn der Staat untätig bliebe, obwohl das Minimum nicht (mehr) gewährleistet wird. Zumindest dieser „harte Zielkern“ des Sozialstaatsprinzips ist der Gestaltungsfreiheit des demokratischen Gesetzgebers hierzulande entzogen und kann auch nicht unter Ressourcenvorbehalt gestellt werden. Darüberhinausgehende Rechtsansprüche, die sich ggf. einklagen lassen, ergeben sich allerdings dann auf Grundlage einfacher Gesetze, wie etwa der Arbeits- und Sozialgesetze. Politische Bemühungen, soziale Grundrechte oder Staatsziele im Grundgesetz zu verankern, sind bisher gescheitert.[124]

Umso wichtiger ist die Frage, welche legislativen oder anderweitigen Maßnahmen die Regierungen und die sie stützenden Regierungsfraktionen im Parlament ergreifen, um den menschenrechtlichen Verpflichtungen Deutschlands nachzukommen und die Menschenrechte hierzulande bestmöglich umzusetzen. Hier spannt sich ein breites Themen- und Akteursfeld auf.

124 Zu den entsprechenden Ergebnissen und Diskussionen im Rahmen der Gemeinsamen Verfassungskommission (GVK) nach der deutschen Einheit siehe den Abschlussbericht von 1993 (BT-Drs. 12/6000) sowie Konegen/Nitschke 1997. Siehe auch später einzelne erfolglose Anträge im Bundestag, wie etwa BT Drs. 16/13791 (2009) oder BT Drs. 18/10860 (2017).

Schaubild 8: Anspruchsvolle rechtliche Anerkennung von Menschenrechtsabkommen

Anspruchsvolle *rechtliche* Anerkennung und Umsetzung von Menschenrechtsabkommen
Ratifizierung ohne Vorbehalte Anerkennung der Kontrollverfahren der Abkommen
Übernahme der Abkommen ins nationale Recht Hervorgehobener Rang der Abkommen im nationalen Recht Unmittelbare Anwendbarkeit der Rechtsnormen vor nationalen Gerichten
Menschenrechtskonforme Ausgestaltung des nationalen Rechts Abdeckung des menschenrechtlichen Schutzbereichs in Verfassung und Gesetzen, verbunden mit subjektiven Klagemöglichkeiten

Quelle: eigene Zusammenstellung

Eine Vielfalt an Themen

Die tatsächliche oder potenzielle Themenbreite einer nach innen gerichteten Menschenrechtspolitik lässt sich gleich an mehreren Berichten ablesen: Hier wären zunächst die innenpolitischen Teile der bereits genannten *Menschenrechtsberichte der Bundesregierung* an den Bundestag anzuführen. Eine Durchsicht der Berichte zwischen 2002 und 2020[125] zeigt einerseits eine Kontinuität von Themen auf, welche die Berichte durchziehen. Dazu gehören etwa die Behandlung ausgesuchter bürgerlich-politischer und wirtschaftlicher, sozialer und kultureller Rechte, die Rechte von Frauen und von Kindern sowie das Thema Rassismus. Teils kamen aber auch neue Themen(aspekte) hinzu und es drückt sich in den Berichten ein sich veränderndes gesellschaftspolitisches Bewusstsein für die Benachteiligung gesellschaftlicher Gruppen aus. So rückten beispielsweise Menschen mit Behinderung, ältere Menschen sowie Trans* und Inter* im Laufe der Zeit verstärkt oder erstmalig in den Blickpunkt. Auch spiegeln sich in den Berichten immer wieder bedeutsame Geschehnisse und Entwicklungen wider. So griff beispielsweise der 7. Bericht (2002-2004) in einem eigenen „Brennpunkt" das Thema „Menschenrechte und Terrorismusbekämpfung" auf, das nach den Anschlägen des 11. September 2001 in den USA auch hierzulande stark an Bedeutung gewonnen hatte. Auch gesellschaftspolitisch diskutierte Themen wie das Folterverbot, Kopftuchverbote oder der Schutz von Geflüchteten fanden Eingang in die Berichte, ebenso später Themen wie Whistleblowing, *No Hate Speech Movement*, Racial Profiling und vieles weitere mehr.

---

125 Der 15. Menschenrechtsbericht erschien erst im Dezember 2022 nach Fertigstellung des Manuskriptes und konnte hier nicht mehr berücksichtigt werden.

Aufschlussreich sind weiterhin die offiziellen *Staatenberichte Deutschlands* an internationale Menschenrechtsvertragsorgane, mittels derer die Bundesregierung Rechenschaft über die Umsetzung der einzelnen Menschenrechtsabkommen in und durch Deutschland ablegt. Den Abkommen entsprechend werden dabei bürgerlich-politische Rechte (UN-Zivilpakt), wirtschaftliche, soziale und kulturelle Rechte (UN-Sozialpakt) sowie die bürgerlichen, politischen, wirtschaftlichen, sozialen und kulturellen Rechte von Frauen (UN-Frauenrechtskonvention), Kindern (UN-Kinderrechtskonvention) und von Menschen mit Behinderung (UN-Behindertenrechtskonvention) sowie die Themen Folter (UN-Antifolterkonvention) und Rassismus (UN-Anti-Rassismuskonvention) in Deutschland behandelt. NGOs bemühen sich, über schriftliche Eingaben an die Ausschüsse auf Fragelisten Einfluss zu nehmen und in Form von Parallelberichten die tendenziell beschönigenden Staatenberichte kritisch zu ergänzen. Etliche Themen finden sich ferner in dem Allgemeinen Überprüfungsverfahren des UN-Menschenrechtsrates wieder, auf das wir noch später eingehen werden.

Schließlich sei noch der alljährliche Bericht des *Deutschen Instituts für Menschenrechte* zur Menschenrechtssituation in Deutschland erwähnt, der dem Bundestag zugeht. Obwohl die Berichte jeweils nur Schwerpunkte herausgreifen, decken sie in ihrer Gesamtheit ein breites Themenspektrum ab. In den bisherigen Berichtszeiträumen von Mitte 2015 bis Mitte 2022 beschäftigten sich die Berichte des DIMR verschiedentlich mit der Lage von Geflüchteten, setzten sich mit Rassismus und Rechtsextremismus auseinander und griffen unter menschenrechtlichen Gesichtspunkten soziale Probleme auf, wie etwa die Arbeitsausbeutung von Migrant:innen oder die Wohnungslosigkeit in Deutschland sowie das Thema Wirtschaft und Menschenrechte. Auch Wahlrechtsausschlüsse, das Betreuungsrecht und die Gesundheitsversorgung von Menschen mit Behinderungen sowie Kinderrechte kamen zur Sprache.

Akteure staatlicher Menschenrechtspolitik

Im Hinblick auf die Gestaltung der von den *Staaten* betriebenen Menschenrechtspolitik sind zunächst solche Akteure wichtig, deren Beteiligung *institutionell* begründet ist. Hier sind also all jene Akteure bedeutsam, die auf institutionalisierte Weise an der Formulierung und Umsetzung der staatlichen Menschenrechtspolitik beteiligt, wenn nicht für diese sogar verantwortlich sind. Dabei kann die staatliche Menschenrechtspolitik unterschiedlich stark institutionalisiert sein. So können der Schutz und die Förderung der Menschenrechte, denen die allgemeinen gesetzgebenden, vollziehenden und rechtsprechenden Gewalten verpflichtet sind, mithilfe spezifischer Menschenrechtsorgane verstärkt werden. Besondere Bedeutung kommt etwa Menschenrechtsbeauftragten in Regierungen, Menschenrechtsausschüssen in Parlamenten sowie unabhängigen nationalen Menschenrechtsinstitutionen gemäß den Pariser Prinzipien[126] zu.

Auf *Bundesebene* sind in der Bundesrepublik Deutschland unter den institutionellen staatlichen Akteuren zunächst die *Regierung und ihre Ministerien* zu nennen. Der oder die Bundeskanzler:in, die Minister:innen und die Spitzen der Ministerialbürokratien bestimmen letztlich, ob und inwiefern menschenrechtliche Themen in die Arbeit der Regierung und der einzelnen Ministerien hochrangig Eingang finden und welche Prioritäten dabei gesetzt werden. Für die alltägliche Menschenrechtsarbeit sind in den Ministerien dann die dortigen Referate und Arbeitseinheiten zuständig, die sich mit Menschenrechtsfragen beschäftigen. Dort werden ggf. auch menschenrechtliche oder menschenrechtlich relevante Aktionspläne erarbeitet und koordiniert. Zudem bestehen Menschenrechtsbeauftragte der Bundesregierung im Auswärtigen Amt und im Justizministerium. Auch etliche weitere Beauftragte der Bundesregierungen, die über unterschiedliche institutionelle Anbindungen verfügen, sind von menschenrechtlicher Bedeutung.[127]

Der *Deutsche Bundestag* wiederum tritt als Menschenrechtsakteur außenpolitisch dann in Erscheinung, wenn er sich zur Menschenrechtslage in anderen Staaten verhält, und innenpolitisch dann, wenn menschenrechtsrelevante Gesetze verabschiedet werden, etwa in den Bereichen Inneres, Digitales, Arbeit und

---

126 Bei den Pariser Prinzipien handelt es sich um Standards für das Mandat und die Arbeitsweise nationaler Menschenrechtinstitutionen (NMRI), die von den Vereinten Nationen 1993 angenommen wurden (General Assembly Resolution 48/134). Gefordert sind u.a. die rechtliche wie faktische Unabhängigkeit der Institution und ein alle Menschenrechte umfassendes Mandat. Als Dachverband überprüft die Global Alliance of National Human Rights Institutions (GANHRI) die Kriterien in einem von der UN anerkannten Akkreditierungsverfahren, das zwischen einem A- und B-Status unterscheidet. A-akkredierte NMRI, wie das Deutsche Institut für Menschenrechte, haben u.a. Rederecht im UN-Menschenrechtsrat.

127 So z.B. jene in Personalunion für Migration, Flüchtlinge und Integration und für Antirassismus (im Bundeskanzleramt, BKAmt), für Religions- und Weltanschauungsfreiheit (im Bundesministerium für wirtschaftliche Zusammenarbeit und Entwicklung, BMZ), für jüdisches Leben in Deutschland und den Kampf gegen Antisemitismus (im Bundesministerium des Inneren und für Heimat, BMI) oder für die Belange von Menschen mit Behinderungen (im Bundesministerium für Arbeit und Soziales). 2022 wurde zudem erstmals ein Queer-Beauftragter sowie ein Antiziganismus-Beauftragter der Bundesregierung (beide im Bundesministerium für Familien, Senioren, Frauen und Jugend, BMFSFJ) berufen. Die Unabhängige Bundesbeauftragte für Antidiskriminierung ist zugleich Leiterin der Antidiskriminierungsstelle des Bundes.

Soziales, Gleichstellung, Gesundheit oder Familien, Senioren, Frauen und Jugend. Trotz eines inhaltlich oft engen menschenrechtlichen Bezugs wird jedoch bei innenpolitischen Themen semantisch häufig nicht auf „Menschenrechte" Bezug genommen. Hier ist noch Bewusstseinsbildung nötig. Ausdrücklich hat der Bundestag hingegen ein eigenes Menschenrechtsschutzprogramm („Parlamentarier schützen Parlamentarier") aufgelegt. Auch entsendet er Delegierte in die parlamentarischen Versammlungen des Europarates und der OSZE, in der u.a. menschenrechtliche Themen behandelt werden.

Weiterhin verfügt der Bundestag, wie bereits erwähnt wurde, über einen eigenen *Ausschuss für Menschenrechte und humanitäre Hilfe*, der 1998 aus einem Unterausschuss des Auswärtigen Ausschusses hervorgegangen ist und sich als Vollausschuss der Menschenrechte – im Idealfall als Querschnittsthema – annimmt.[128] Im Unterschied zu anderen Ausschüssen steht dem Ausschuss allerdings kein „Spiegel-Ministerium" gegenüber, so dass er potenziell Themenbereiche berührt, die mitunter andere Ausschüsse für sich reklamieren. Auf Grundlage seines Selbstverfassungsrechts kann der Ausschuss aber grundsätzliche oder aktuelle Fragen der Menschenrechtspolitik aufgreifen. Öffentliche Anhörungen dienen dazu, sich mithilfe von Sachverständigen ein Bild zu einzelnen Menschenrechtsthemen zu machen. Öffentliche Stellungnahmen wiederum richten die Aufmerksamkeit auf besondere menschenrechtliche Problemlagen. Ansonsten befasst sich der Ausschuss in nichtöffentlichen Sitzungen – selten federführend, meist nur mitberatend – mit den an ihn überwiesenen Bundestagsanträgen oder EU-Vorlagen, welche die Menschenrechte und die Menschenrechtspolitik betreffen.

Der *Bundesrat* kann bei bundespolitischen Entscheidungen in Erscheinung treten, die ggf. auch die Menschenrechte betreffen. Zum einen können die Landesregierungen mit Anträgen und Initiativen im Bundesrat selbst menschenrechtspolitisch aktiv werden. Um nur ein Beispiel zu nennen: Die Regierung von Rheinland-Pfalz kritisierte das in weiten Teilen vom Bundesverfassungsgericht als verfassungswidrig erkannte Transsexuellengesetz (TSG) und forderte bereits 2017 und 2018 im Bundesrat ein Gesetz zur Anerkennung der Geschlechtsidentität und zum Schutz der Selbstbestimmung bei der Geschlechterzuordnung.[129]

---

128 Leider wurde die Studie von Silke Voß (2000) über die Behandlung internationaler Menschenrechtsfragen im Deutschen Bundestag unter besonderer Berücksichtigung des damaligen Unterausschusses für Menschenrechte und humanitäre Hilfe (1972-1998) nicht fortgeschrieben.

129 Landtag Rheinland-Pfalz, Drs. 18/704, 21. Juli 2021.

Zum anderen kann der Bundesrat, je nach Kompetenzverteilung und Mehrheitsverhältnissen, auch Entwürfe von Bundesgesetzen blockieren. Deutlich wurde dies beispielsweise in der Flüchtlingspolitik, als 2019 die gesetzliche Festlegung von Georgien und den Maghreb-Staaten Algerien, Marokko und Tunesien als sichere Herkunftsländer an der fehlenden Zustimmung im Bundesrat scheiterte.[130] Etliche menschenrechtlich relevante Bereiche wie Bildung und Wohnen liegen ganz oder teilweise in der Kompetenz der *Länder* der Bundesrepublik Deutschland.

Gerichte sind Teil der rechtssprechenden Gewalt und keine politischen Akteure. Eine Sonderstellung kommt jedoch dem *Bundesverfassungsgericht* zu. Als unabhängiger Gerichtshof gehört das BVerfG zwar zur Judikative und kann nicht eigeninitiativ tätig werden und damit auch keine eigene „Agenda" verfolgen, doch aufgrund seiner „Deutungsmacht" bei der Auslegung des Grundgesetzes wird es mitunter als ein eigenständiger Akteur im politischen Prozess erachtet.[131] Von menschenrechtlicher Bedeutung sind hierbei insbesondere der Grundrechtsschutz durch das BVerfG im Rahmen von Verfassungsbeschwerden, etwaige Normenkontrollverfahren zur Vereinbarkeit von Bundes- und Landesrecht mit dem Grundgesetz oder auch Maßnahmen zur Sicherung des demokratischen Verfassungsstaats, etwa in Bezug auf die Verwirkung von Grundrechten und auf Parteiverbote.

Politische Parteien treten sowohl im intermediären Bereich zwischen Staat und Gesellschaft als auch direkt im staatlichen, gouvernementalen Bereich auf. Als Regierungsparteien (*parties in government*) bestimmen sie die staatliche Menschenrechtspolitik mit, wobei die politikwissenschaftlich interessante Frage zu klären wäre, inwiefern – im Sinne der Parteiendifferenztheorie (s.u.) – die parteipolitische Zusammensetzung der Regierung und einzelner Ministerien in der Menschenrechtspolitik jeweils einen Unterschied macht (*Do parties matter?*). Zugleich strukturieren die politischen Parteien in Form von Fraktionen die Mehrheitsverhältnisse und die Arbeit des Bundestages und seiner Ausschüsse. Dabei nutzen die jeweiligen Oppositionsfraktionen in Form von großen und kleinen Anfragen (und einzelne Abgeordnete über schriftliche Anfragen) ihre parlamentarischen Kontrollrechte gegenüber der Menschenrechtspolitik der

130 Zur rechtlichen und politischen Diskussion über die Möglichkeit, auch unter Umgehung des Bundesrates sichere Herkunftsländer zu bestimmen, siehe etwa die Öffentliche Anhörung im Innenausschuss des Bundestags vom 9. Dezember 2019.

131 Grotz/Schroeder 2021: 325, mit Verweis auf Vorländer 2006. Sehr kritisch gegenüber der politischen Rolle des BVerfG ist Maus 2018.

Bundesregierung. Innerhalb aller Fraktionen bestehen zudem fachliche Arbeitsgruppen zu Menschenrechten, und auch die Parteiorganisationen außerhalb des Parlaments verfügen über mehr oder minder institutionalisierte Arbeitseinheiten zu Menschenrechten.

Unter den unabhängigen Menschenrechtsinstitutionen ist zunächst und vor allem das bereits erwähnte *Deutsche Institut für Menschenrechte* zu nennen, das 2001 aufgrund eines einstimmigen Bundestagsbeschlusses als Verein gegründet wurde und im Juli 2015 nach langem Ringen auch eine gesetzliche Grundlage erhielt.[132] Es ist das unabhängige nationale Menschenrechtsinstitut der Bundesrepublik Deutschland im Sinne der Pariser Prinzipien. Laut Vereinssatzung und Gesetz soll es die Öffentlichkeit über die Lage der Menschenrechte im In- und Ausland informieren und zur Prävention von Menschenrechtsverletzungen sowie zur Förderung und zum Schutz der Menschenrechte beitragen.[133] Am DIMR sind inzwischen auch die Monitoring-Stellen zur UN-Behindertenrechtskonvention und zur UN-Kinderrechtskonvention angesiedelt. Das DIMR erarbeitet regelmäßig Empfehlungen an die Politik.

Zu erwähnen wären noch die *Antidiskriminierungsstelle des Bundes*, die v.a. auf Grundlage des Allgemeinen Gleichbehandlungsgesetzes zu Diskriminierung informiert, berät und forscht,[134] sowie die *Nationale Stelle zur Verhütung von Folter*, deren Einrichtung auf einem entsprechenden Zusatzprotokoll der UN-Antifolter-Konvention beruht. Sie hat die Aufgabe, Orte der Freiheitsentziehung auf Missstände hin zu überprüfen.[135] Die Ampel-Koalition kündigte im Koalitionsvertrag an, beide Institutionen – ebenso wie das DIMR – personell und finanziell zu stärken (Koalitionsvertrag 2021: 121, 145). Auch wurden dort die Einrichtung einer unabhängigen Monitoring- und Beratungsstelle für antiziganistische Vorfälle (ebd: 120) sowie einer unabhängigen Monitoringstelle zur Umsetzung der Europaratskonvention gegen den Menschenhandel (ebd.: 115)[136] angekündigt.

Neben der institutionell begründeten Mitwirkung werden fallweise oder regelmäßig solche Akteure in die Ausgestaltung staatlicher Menschenrechtspolitik einbezogen, deren Beteiligung *funktional* begründet ist, weil sie etwa perso-

---

132 Gesetz über die Rechtstellung und Aufgaben des Deutschen Instituts für Menschenrechte (DIMRG) vom 16. Juli 2015 (BGBl. I.S. 1194).

133 https://www.institut-fuer-menschenrechte.de/das-institut/auftrag/rechtliche-grundlagen

134 https://www.antidiskriminierungsstelle.de

135 https://www.nationale-stelle.de/nationale-stelle.html

136 Siehe hierzu auch das Leitbild „Berichterstattungsstelle zu Menschenhandel", das das DIMR (2021b) erarbeitet hat.

nelle oder finanzielle Ressourcen, Informationen, Expertisen oder anderweitige Kapazitäten einbringen, die für die Gestaltung oder Legitimation der staatlichen Menschenrechtspolitik bedeutsam sind. Nicht selten sind dies wissenschaftliche oder zivilgesellschaftliche Akteure, die Zugang zu den relevanten institutionellen Akteuren haben und von diesen konsultiert werden. Hinzu kommen all jene Akteure, die nicht direkt an der Gestaltung staatlicher Menschenrechtspolitik mitwirken, aber über ihre Stellungnahmen und ihr Handeln die öffentliche Wahrnehmung sowie die politische Willensbildung und Entscheidungsfindung „von außen" beeinflussen.

Welche Rollen spielen Länder und Kommunen?

Die Bundesrepublik Deutschland ist ein Bundesstaat, in dem die institutionellen Strukturen der *Politikverflechtung* dazu führen, dass Bund und Länder im Sinne eines *kooperativen Förderalismus* zusammenwirken. Zu den Regelungsbereichen autonomer Ländergesetzgebung,[137] die von menschenrechtlicher Bedeutung sind, gehören etwa Teile der Bildung und der Inneren Sicherheit. Auch das Kommunalwahlrecht der Länder wäre hier zu nennen. Einige Bundesländer binden beispielsweise das kommunale Wahlrecht – im Unterschied zum Bundes- und Landeswahlrecht – an einen festen Wohnsitz und verwehren so wohnungslosen Menschen, die auf der Straße wohnen („Obdachlose"), das Recht zu wählen und gewählt zu werden (vgl. Krennerich 2021c). Ferner variiert das Wahlalter für Landtags- und Kommunalwahlen zwischen den Ländern. Hinzu kommen menschenrechtsrelevante Bereiche der ausschließlichen und der konkurrierenden Gesetzgebung. Weiterhin setzen die Länderverwaltungen eigenverantwortlich die meisten Bundesgesetze um, haben sich aber dabei an die jeweiligen Vorgaben für den administrativen Vollzug zu halten (Grotz/Schröder 2021: 104).

Sofern die Landesregierungen und Landesparlamente selbst *expressiv verbis* Menschenrechtspolitik betreiben, stehen zum einen Symbolik, Solidaritätsbekundungen und edukative Aspekte im Vordergrund. Hier wären beispielsweise offizielle Erklärungen, Empfänge, Festreden, Würdigungen, Preisverleihungen, Ausstellungen sowie Lern- und Gedenkorte zu nennen, die es – analog zum Bund – in mehr oder minder großem Umfang in allen Bundesländern gibt. Zum anderen haben einzelne Bundesländer aber auch Programme aufgelegt und fördern Projekte mit menschenrechtlichem Bezug. Hier ließen sich beispielsweise

137 Die Bereiche der autonomen Ländergesetzgebung werden im Grundgesetz nicht ausdrücklich genannt und betreffen Bereiche, die vom Bundesgesetzgeber nicht geregelt werden; Grotz/Schroeder 2021: 82.

die Aktionspläne der jeweiligen Länder zur Umsetzung der UN-Behindertenrechtskonvention anführen.[138] Zudem haben alle Bundesländer Behindertengleichstellungsgesetze verabschiedet. Auf Grundlage eines Inklusionsgrundsätzegesetzes (2016) haben Nordrhein-Westfalen und das Deutsche Institut für Menschenrechte sogar vertraglich vereinbart, die Umsetzung der UN-BRK in Nordrhein-Westfalen durch eine unabhängige Monitoring-Stelle dauerhaft begleiten zu lassen.[139] Auch sind die Länder beispielsweise in mehr oder minder starkem Maße im Diskriminierungsschutz aktiv. Insgesamt besteht auf Landesebene aber eine nur schwer überschaubare Landschaft an Akteuren, die sich ausdrücklich oder in der Sache dem Schutz von Menschenrechten widmen.

In vielen menschenrechtsrelevanten Bereichen – etwa im Bereich der Bildung, der Inneren Sicherheit oder seit 2020 der Bekämpfung der Corona-Pandemie – stimmen sich der Bund und die Länder sowie die Länder auch untereinander ab. Hierzu finden beispielsweise Bund-Länder-Konferenzen statt und bestehen Bund-Länder-Arbeitsgruppen. Eine solche gibt es etwa seit 2000 zu häuslicher Gewalt (unter Einbeziehung von Kommunen, Fachverbänden und NGOs). Die Abstimmung der Länder untereinander wiederum erfolgt u. a. in Gestalt von Minister(präsident:innen)-Konferenzen oder von Verwaltungskooperationen. Weithin bekannt ist etwa die Kultusminister:innen-Konferenz, die länderübergreifende Angelegenheiten in Bildung, Wissenschaft und Kultur koordiniert.[140] Die Konferenz hat mehrfach die grundlegende Rolle der Menschenrechte als Voraussetzung, Rahmen und Gegenstand der Bildung betont. Neben einer Reihe anderer Dokumente[141] ist hier die 1980 beschlossene „Empfehlung zur Förderung der Menschenrechtserziehung in der Schule“ zentral, die in den Jahren 2000 und 2018 überarbeitet wurde und inzwischen „Menschenrechtsbildung in der Schule“ heißt.[142]

---

138 Vgl. hierzu die Analyse der „Monitoring-Stelle UN-Behindertenrechtskonvention“ am DIMR, welche die Aktionspläne unter menschenrechtlichen Gesichtspunkten ausgewertet hat; Aichele et al. 2020.

139 https://www.institut-fuer-menschenrechte.de/das-institut/abteilungen/monitoring-stelle-un-behindertenrechtskonvention/nrw; Kroworsch 2019.

140 https://www.kmk.org/kmk/aufgaben.html

141 Stellvertretend seien hier die Empfehlungen zur Interkulturellen Bildung und Erziehung in der Schule (1996, i.d.F. vom 2013), zur Erinnerungskultur als Gegenstand historisch-politischer Bildung in der Schule (2014) sowie zur Lehrbildung für eine Schule der Vielfalt (2015) genannt.

142 Abrufbar unter: https://www.kmk.org

Trotz aller Abstimmungen bestehen indes große Länderunterschiede, die im Sinne der Vielfalt teils auch politisch gewollt sind. Problematisch ist allerdings, wenn die Menschenrechte in unterschiedlichem Maße gewährleistet werden. In Bezug auf eine möglichst menschenrechtskonforme Ausgestaltung der Unterkünfte für Geflüchtete wurde beispielsweise schon vor dem Anstieg der Geflüchtetenzahlen in den Jahren 2015 und 2016 kritisiert, dass es keine bundesweit verbindlichen Mindeststandards für Aufnahme- und Gemeinschaftsunterkünfte gibt (und aufgrund der föderalen Kompetenzverteilung auch nicht vorgesehen sind) und dass sich zwischen den Ländern die Regelungen und Praktiken erheblich unterscheiden (Cremer 2014, Krennerich 2016a). Auch die auf Initiative des BMFSFJ und von UNICEF von Wohlfahrtsverbänden und NGOs in den Jahren 2016 und 2017 ausgearbeiteten „Mindeststandards zum Schutz von geflüchteten Menschen in Flüchtlingsunterkünften" blieben rechtlich unverbindlich.

An dem Beispiel der Unterbringung von Asylsuchenden, die gemäß dem Asylbewerberleistungsgesetz (AsylBLg) den Ländern obliegt, lässt sich ferner zeigen, dass es auch innerhalb ein und desselben Landes zu großen Unterschieden kommen kann. Dies führt über zu den Gestaltungsmöglichkeiten von *Kommunen*[143], deren Zuständigkeiten „doppelter Natur" sind. Zum einen bestehen diese in der Ausführung von Bundes- und Landesgesetzen als Auftragsangelegenheit und zum anderen in der kommunalen Selbstverwaltung, die im Grundgesetz (Art. 28 Abs. 2 GG) verbrieft ist (ebd.). In mehr oder minder großem Maße können die Kommunen hier Gestaltungsspielräume nutzen.

Ein Forschungsprojekt an den Universitäten Hildesheim und Erlangen-Nürnberg mit dem Titel „Zwei Welten? Integrationspolitik in Stadt und Land" untersuchte beispielsweise die kommunale Integrationspolitik in 92 ausgewählten Kommunen in zwölf deutschen Bundesländern, um zu zeigen, wie Kommunen auf die erhöhte Zuwanderung der Jahre 2015/2016 reagierten und wie nachhaltig die aufgebauten Strukturen sind (Schammann et al. 2020). Auch das Modellprojekt „Ankommen in Deutschland – Integration von Geflüchteten vor Ort" der Bertelsmann-Stiftung (2019) ging für 23 Pilotkommunen der Frage nach, wie Kommunen es schaffen, die Geflüchteten in Bildung, Arbeit und Gesellschaft zu integrieren.

143 Unter dem Oberbegriff „Kommune" fallen, so Grotz/Schroeder (2021: 382), streng genommen alle Gebietskörperschaften unterhalb der Landesebene, also Gemeinden, kreisfreie Städte, Landkreise und Kommunalverbände. Häufig würden die Begriffe „Kommune" und „Gemeinde" aber auch synonym verwendet.

Obwohl zu einzelnen menschenrechtsbezogenen oder -relevanten Themenbereichen – wie beispielsweise zu inklusiver Bildung, Flucht und Integration oder auch zur Wohnungslosigkeit[144] – auf Länder- und kommunaler Ebene geforscht wird, ist es sehr schwierig, sich einen Überblick über menschenrechtsbezogene und -relevante Stellen und Maßnahmen der Kommunen zu verschaffen, geschweige denn gibt es systematische Vergleiche der Menschenrechtspolitik auf subnationaler Ebene. Hier liegt ein weites, in großen Teilen „unbestelltes" Forschungsfeld brach, dessen Bearbeitung allerdings einer echten Kärrnerarbeit bedarf.

Europäisierung nationaler Menschenrechtspolitik?

Die EU stellt mit ihren vielfältigen Entscheidungskompetenzen den supranationalen Rahmen für das deutsche Regierungshandeln dar. Dabei gestaltet allerdings die Bundesregierung Recht und Politik der Europäischen Union aktiv mit. Auch unterscheiden sich je nach Politikfeld die Kompetenzen der EU und deren Gebrauch durch Unionsorgane (Grotz/Schroeder 2021: 67 ff.). Während die Menschenrechtspolitik im Rahmen der Gemeinsamen Außen- und Sicherheitspolitik (GASP) – mit Ausnahme von Sanktionen – lediglich koordiniert wird, obliegen beispielsweise Rechtsakte zu der menschenrechtlich durchaus relevanten gemeinsamen Handelspolitik in der ausschließlichen Zuständigkeit der EU. Im Bereich der Innen- und Justizpolitik wiederum sind die Zuständigkeiten geteilt.

In hohem Maße vergemeinschaftet ist dabei die für den Menschenrechtsschutz wichtige Asyl- und Flüchtlingspolitik. Nachdem der Rat der Europäischen Union in einer ersten Harmonisierungsphase, von 1999 bis 2005, auch aufgrund des Einstimmigkeitsprinzips lediglich Mindeststandards festgeschrieben hatte, wurde – unter Beteiligung des Europäischen Parlaments und unter Anwendung neuer Abstimmungsregeln im Rat – das Asyl- und Flüchlingsrecht sukzessive harmonisiert. Einen Meilenstein stellte hier die 2013 verabschiedete Neuauflage des „Gemeinsamen Europäischen Asylsystem" (GEAS) dar, bestehend aus einem umfangreichen Paket von Verordnungen und Richtlinien[145], die trotz aller Reformbemühungen bis heute (Stand November 2022) geltendes Recht sind:

---

144 Vgl. etwa zur ordnungsrechtlichen Unterbringung von wohnungslosen Menschen in den Kommunen Engelmann et al. 2020, Engelmann 2022. Zu menschenrechtlichen Anforderungen an die Hilfe für wohnungslose Frauen: Rudolf 2015.

145 EU-Verordnungen der EU sind in den EU-Mitgliedstaaten unmittelbar wirksam, EU-Richtlinien müssen von diesen in nationales Rechte transponiert und implementiert werden.

Die Dublin III-Verordnung und die EURODAC-Verordnung legen die Zuständigkeit für Asylverfahren zwischen den Mitgliedstaaten und die dazu notwenige Datenerhebung fest. Verschiedene Richtlinien regeln: wer in den Mitgliedstaaten als Flüchtling gilt („Qualifikationsrichtlinie"); welche Rechte den langfristig Aufenthaltsberechtigten zukommen; wie die Aufnahme und Behandlung von Asylbewerber:innen und Flüchtlingen zu erfolgen hat („Aufnahmerichtlinie"); und nach welchen Regeln die Asylverfahren ablaufen („Asylverfahrensrichtlinie") (siehe Bendel 2013, 2014, 2022a). Von aktueller Bedeutung ist zudem die Richtlinie zum vorübergehenden Schutz bei einem „Massenzustrom", die bereits aus dem Jahr 2001 stammt und 2022 erstmals angewandt wurde, angesichts der vielen Menschen, die vor Putins Angriffskrieg gegen die Ukraine flüchte(te)n. Die rechtlichen Vorgaben des GEAS binden in beträchtlichem Maße den nationalen Gesetzgeber, offenbarten aber auch Schwächen und Umsetzungsprobleme, wie gerade der Umgang mit der hohen Zahl an Geflüchteten in den Jahren 2015/2016 und die nachfolgenden Reformdiskussionen zeigten (vgl. Bendel 2017, 2022a, SVR 2017: 36 ff.).

Allerdings gibt es auch bei der Umsetzung von EU-Richtlinien nationale Gestaltungsspielräume, wie sich etwa anhand des für Geflüchtete wichtigen Familiennachzugs für Drittstaatsangehörige zeigen lässt: So räumt die Familiennachzugsrichtlinie (2003/86/EG) den Mitgliedstaaten die Möglichkeit ein, Nachzugsrechte auf die Kernfamilie zu begrenzen, den Nachzug von Kindern und Ehegatten auf bestimmte Altersgruppen zu beschränken und den Nachzug an bestimmte Voraussetzungen zu knüpfen, indem sie Integrationspflichten einführen. Solche Gestaltungsspielräume hat der deutsche Gesetzgeber im Aufenthaltsgesetz (AufenthG) genutzt. Allerdings können die nationalen Regierungen auch über die Vorgaben der EU hinausgehen. Als Beispiel sei hier das im Jahr 2006 verabschiedete Allgemeine Gleichbehandlungsgesetz (AGG) genannt, das Herzstück des Gesetzes zur Umsetzung europäischer Richtlinien zur Verwirklichung des Gleichheitsgrundsatzes. Laut Koalitionsvertrag (2021: 121) soll es evaluiert werden, um Schutzlücken zu schließen, den Rechtsschutz zu verbessern und den Anwendungsbereich auszuweiten.[146]

Der Einfluss regionaler und internationaler Menschenrechtskontrollorgane

Die Institutionen des regionalen und internationalen Menschenrechtsschutzes, in die Deutschland im Rahmen des Europarates und der Vereinten Nationen

146 Die am 29. April 2022 beschlossene Änderung des AGG zur Stärkung der Antidiskriminierungsstelle gilt als ein Zwischenschritt für eine umfassende AGG-Reform.

eingebunden ist, werden später noch gesondert behandelt. Dennoch sei bereits an dieser Stelle darauf hingewiesen, dass Deutschland verpflichtet ist, Urteile des Europäischen Gerichtshofes für Menschenrechte (EGMR) umzusetzen. Über deren Umsetzung informiert die Bundesregierung das Ministerkomitee des Europarates, das die Umsetzung der EGMR-Urteile überwacht. Dabei sind individuelle Maßnahmen, welche die Beschwerdeführer:innen betreffen, von allgemeinen Maßnahmen zu unterscheiden, die erforderlich sind, um die Konventionsverletzung zu beenden, deren Folgen zu beseitigen und in gleichgelagerten Fällen neue Konventionsverletzungen zu vermeiden.

Im Unterschied zu den Urteilen des EGMR sind die Empfehlungen der UN-Menschenrechtskontrollorgane nicht bindend, wenngleich die Umsetzung ratifizierter Menschenrechtsabkommen völkerrechtlich verpflichtend ist. Auf die Frage, inwieweit die Bundesregierungen Kritik und Empfehlungen seitens der Menschenrechtsvertragsorgane aufgreifen und umsetzen, gehen wir später noch ein.

7. Anknüpfungspunkte an die Policy-Forschung

Die Policy-Forschung (Politikfeldanalyse) bietet nützliche begriffliche und konzeptionelle Anknüpfungspunkte für die Untersuchung von Menschenrechtspolitik innerhalb von Nationalstaaten (und darüber hinaus in den vergemeinschafteten Politikbereichen der Europäischen Union). Allerdings hat sich die Policy-Forschung bislang der Menschenrechtspolitik nicht ernsthaft angenommen. Die Tatsache, dass Menschenrechtspolitik eine Querschnittspolitik darstellt, erschwert die Politikfeldanalyse erheblich und lässt es sinnvoll erscheinen, *sub-policies* mit je eigenen Policy-Arenen zu unterschieden. So ist offenkundig, dass je nach politischem Themenfeld – ob Folterverbot, Meinungsfreiheit oder Recht auf Bildung, um nur drei Beispiele zu nennen – sich der rechtliche Rahmen, die Akteurslandschaft und die inhaltliche Ausgestaltung der Menschenrechtspolitik ganz erheblich unterscheiden. Für die Darstellung und Analyse der Menschenrechtspolitik sind dennoch themenübergreifende Begriffe und Konzepte der Politikfeldanalyse hilfreich.

Der Policy-Zyklus

Die Vorstellung eines *Policy-Cycle* bietet einen ersten heuristischen Zugriff auf die menschenrechtspolitischen Prozesse in einzelnen Politikfeldern. Der Policy-Zyklus versteht dabei Politik als einen Prozess der Problemverarbeitung (was eine voraussetzungsvolle Annahme ist). Dabei werden idealtypisch verschiedene Phasen des politischen Prozesses unterschieden: die Problemdefinition, das Agenda-Setting, die Politikformulierung, die Umsetzung der Politik (Implementierung) sowie deren Bewertung (Evaluierung). Letztere führt dann ggf. dazu, Probleme neu zu definieren und erneut in den politischen Prozess einzuspeisen – oder die politischen Maßnahmen einzustellen.[147]

In der Praxis stellen sich zwar Politikprozesse für gewöhnlich weit komplexer dar, als der Policy-Zyklus nahelegt: sie folgen nicht schlicht der idealtypischen Abfolge und stehen immer im Zusammenhang mit parallel oder zeitversetzt verlaufenden politischen Prozessen in anderen Problem- bzw. Politikfeldern. Auch ist Politik nicht immer problemlösungsorientiert. Mitunter stellt sie

147 Einführend zur Policy-Analyse und zum Policy-Zyklus: Schneider/Janning 2006, Blum/Schubert 2011, Knoepfel et al. 2011, Jann/Wegrich 2014, Knill/Tosun 2015.

sich nur als symbolische Politik dar oder hebt vornehmlich auf den Gewinn von Wahlstimmen und politischer Unterstützung ab. Dennoch ist die Vorstellung eines Policy-Zyklus auch in Bezug auf die Menschenrechtspolitik heuristisch von Nutzen, denn sie hilft verschiedene Dimensionen des Politikprozesses auf nationaler Ebene (und gegebenenfalls auch auf EU-Ebene) systematisch zu unterscheiden.

Problemwahrnehmung und Agenda-Setting
So lassen sich die Wahrnehmung bestimmter sozialer Lebenslagen als soziale Missstände und deren Einstufung als menschenrechtliche Probleme als eigenständige kognitive und interpretative Prozesse verstehen, die menschenrechtspolitischen Forderungen eigen oder vorgeschaltet sind. Solche Wahrnehmungen und Interpretationen sind stark vom gesellschaftspolitischen Kontext abhängig und immer akteursvermittelt. Es bedarf also stets individueller oder kollektiver Akteure, die eine gesellschaftliche Situation als menschengemachtes oder zumindest durch Menschen beeinflussbares Unrecht wahrnehmen. Solche Unrechtserfahrungen können unter bestimmten Bedingungen öffentlich artikuliert werden und sich gegebenenfalls auch in Form menschenrechtlicher Ansprüche Bahn brechen. Eine zentrale Rolle spielen hier gerade zivilgesellschaftliche Akteure wie NGOs und Protestbewegungen, die menschenrechtliche Missstände anprangern und menschenrechtliche Forderungen an die Politik herantragen. Mit Blick auf die Problemwahrnehmung und Problemartikulation lassen sich dabei Überlegungen zu Framing-Prozessen fruchtbar machen, die wir bereits in Bezug auf soziale Bewegungen thematisiert haben. Neben NGOs und sozialen Bewegungen „framen“ allerdings auch Funktionsträger:innen in Politik und Verwaltung Problemlagen, entwickeln Sichtweisen und Problemdefinitionen, die sich mit einem menschenrechtlichen Framing decken oder aber mit diesem konfligieren können.

Ob und inwieweit nun menschenrechtliche Anliegen im öffentlichen und im politischen Raum gehört und erhört werden, ist eine andere, analytisch durchaus interessante Frage. Die Policy-Forschung hat hier mit dem „Agenda-Setting“ einen wichtigen Aspekt des politischen Prozesses hervorgehoben, denn es ist offenkundig, dass nicht alle gesellschaftlichen Probleme die Aufmerksamkeit der Massenmedien sowie der politisch Verantwortlichen in Regierung und Parlament erregen. Die öffentliche und die politische Aufmerksamkeit sind ein knappes Gut, und menschenrechtliche Probleme „konkurrieren“ mit vielen wichtigen und unwichtigen Problemen, die zeitgleich behandelt werden (sollen), sowie mit allerlei politischen Routineangelegenheiten. Jede:r Menschenrechtsaktivist:in weiß, wie schwierig es ist, menschenrechtspolitische Themen in den Medien zu platzieren und menschenrechtspolitische Anliegen ins Parlament oder in die Ministerien hineinzutragen.

Unter welchen Bedingungen gelangen also menschenrechtliche Probleme in die öffentliche Diskussion und unter welchen auf die politische Tagesordnung? Manche Themen scheinen dafür geeigneter zu sein als andere. Hier lassen sich Überlegungen aus der Policy-Forschung in Anschlag bringen, die auf die Konkretheit und Klarheit (Eindeutigkeit vs. Mehrdeutigkeit), die gesellschaftliche Relevanz (starke vs. geringe Betroffenheit gesellschaftlicher Gruppen), die Dringlichkeit (dringlich vs. verschiebbar), die Komplexität (einfach vs. komplex), die Novität (Neuheit vs. Routineangelegenheit) sowie die Symbolkraft (große vs. geringe symbolische Bedeutung) abheben (Schneider/Janing 2006: 56). So ist anzunehmen (wiewohl empirisch zu überprüfen), dass einfach vermittelbare, dringliche Menschenrechtsprobleme von großer gesellschaftlicher Relevanz mit klar benannten Verantwortlichen und einer hohen Symbolkraft ein großes Aufmerksamkeitspotenzial aufweisen, zumal, wenn sie sich in die jeweiligen Aufmerksamkeitszyklen und „Themenkarrieren" einpassen, denen auch Menschenrechtsthemen unterliegen können.

Darüber hinaus kommt es darauf an, wer auf welche Weise diese Themen setzt. Aus Sicht der Policy-Forschung bedarf es nämlich immer „Diskursgeneratoren", oft in Form von „Diskurskoalitionen", und „Agenda-Settern". Schon im Zusammenhang mit sozialen Bewegungen haben wir festgestellt, dass es für die Resonanz von (Menschenrechts-)Frames hilfreich ist, wenn diese von glaubwürdigen Akteuren konsistent, öffentlichkeitswirksam und strategisch geschickt vorgebracht werden und die Lebensrealität und die Wertvorstellungen der Menschen treffen. Entsprechend wichtig sind für Menschenrechtsorganisationen eine wirksame und glaubhafte Öffentlichkeits-, Kampagnen- und Lobbyarbeit sowie die gemeinsame Abstimmung von Strategien und Aktionen in entsprechenden Netzwerken. Diese ist umso wichtiger, als menschenrechtliche Probleme nur selten innerhalb der Regierung und des Parlaments aufgegriffen werden, ohne dass sie „von außen" hineingetragen wurden oder in der Öffentlichkeit Aufmerksamkeit erregt haben. Ausgeschlossen ist dies aber nicht.

Auch innerhalb des politisch-administrativen Apparats kann ein entsprechendes menschenrechtliches Problembewusstsein be- oder entstehen, das handlungsmotivierend ist. Neben der wichtigen Außeninitiierung von menschenrechtlichen Anliegen durch gesellschaftliche Akteure, bestenfalls unterstützt durch eine hohe mediale Aufmerksamkeit, können menschenrechtliche Themen also auch von Personen und Gruppen in der Regierung und im Parlament gesetzt werden. Ohnehin sind die Grenzen fließend: So bestehen in den jeweiligen menschenrechtlichen Problemfeldern oft *Issue Networks* oder *Advocacy Coalitions*, in denen – über institutionelle und organisatorische Grenzen hinweg – sich beispielsweise Akteure aus Politik, Gesellschaft, Wissenschaft, Medien und Verwaltung mit ähnlichen *belief systems* lose koordinieren, um ein gemeinsames menschenrechtliches Anliegen voranzubringen, nicht selten gegen den Widerstand anderer Advocacy-Koalitionen.[148]

Zusätzlich können Urteile von Gerichten, in Deutschland etwa des Bundesverfassungsgerichts (BVerfG), des Europäischen Menschenrechtsgerichtshofes (EGMR) oder des Europäischen Gerichtshofs (EuGH), menschenrechtliche Themen auf die politische Tagesordnung bringen. Eingebettet in das europäische Mehrebenensystem spielen zudem, wie bereits gezeigt wurde, europäische Gesetzesinitiativen eine wichtige Rolle. Und schließlich können menschenrechtliche Themen auch über internationale Menschenrechtskontrollorgane oder transnationale Foren und Akteure auf die Agenda gelangen. Weiterhin gibt es nichtintendierte Auslöser – in der Sprache der Policy-Forschung „*focusing events*" –, welche die politische Aufmerksamkeit schlagartig auf menschenrechtliche Probleme lenken können und die Politik zeitweilig unter Handlungsdruck setzen.

Ein Beispiel: Der Einsturz des Gebäudekomplexes „Rana Plaza" des Jahres 2013 in Bangladesch, bei dem 1.127 Textilarbeiter:innen starben und 2.438 teils schwere Verletzungen erlitten,[149] erfuhr – noch stärker als zuvor die Brände in Textilfabriken Pakistans des Jahres 2021 – in Deutschland große öffentliche Aufmerksamkeit. Die Unfälle verdeutlich(t)en exemplarisch die Missstände in unzähligen Textilfabriken weltweit, die unter menschenverachtenden Bedingungen für den Weltmarkt, einschließlich Deutschland, billig Kleidung herstellen, und wurden zum Sinnbild für die mangelnde Sorgfalt und die Verantwortungslosigkeit von dortigen Fabrikbesitzer:innen sowie deren Auftraggeber:innen im „globalen Norden". Als Reaktion gründete der damalige Bundesentwicklungsminister Gert Müller im Oktober 2014 das Bündnis für nachhaltige Textilien mit dem Ziel, die Bedingungen in der weltweiten Textilproduktion zu verbessern.[150]

---

148 Vgl. das Kapitel zu Advocacy-Koalitionen.

149 Die Daten führt Thomas Seibert (2016: 77), seinerzeit Südostasienkoordinator von *medico international*, an.

150 Kritisch hierzu: https://www.ci-romero.de/austritt-textilbuendnis/

Auch die Tragödie vor Lampedusa im Herbst 2013[151] war seinerzeit ein solch trauriger *focusing event*, der – trotz aller gegenteiliger Forderungen – allerdings in diesem speziellen Fall kein neues „Gelegenheitsfenster" (*window of opportunity*) für eine grundlegend neue europäische Asyl- und Flüchtlingspolitik aufstieß. Hier blieb es weitgehend bei symbolischer Politik (Bendel 2014). Erst mit den vielen nach Europa geflüchteten Menschen in den Jahren 2015 und 2016 wurden Flucht und Migration erneut zu einem politischen Thema ersten Ranges, das freilich hochgradig kontrovers diskutiert wurde. Der Hilfsbereitschaft auf der einen Seite standen Proteste gegen eine angebliche „Grenzöffnung" auf der anderen Seite gegenüber.

Einschneidende Ereignisse können aber auch längerfristige Auswirkungen zeitigen und sind dann mehr als nur ein Ereignis, das kurzfristig Aufmerksamkeit erregt. Besonders weitreichend waren die Folgen der Terroranschläge vom 11. September 2001 in den USA, die in der Fachliteratur ebenfalls als ein Beispiel für einen *focusing event* angeführt wurden (Rüb 2014: 379). Sie bestimmten im darauffolgenden Jahrzehnt nicht nur die sicherheitspolitische Agenda, sondern hatten auch massive Auswirkungen auf die Menschenrechte. In dem Maße, wie selbst etablierte Demokratien – wie die USA und Großbritannien – im Kampf gegen den internationalen Terrorismus schwere Menschenrechtsverletzungen begingen, konnten auch Autokraten terroristische Bedrohungsszenarien nutzen, um Repression zu legitimieren. Der militärische Angriff auf die Ukraine im Jahr 2022 ist möglicherweise ein noch folgenreicheres Ereignis. Der russische Angriffskrieg stellt nicht nur ein *focusing event* dar, sondern eine vielzitierte Zeitenwende für die internationale und europäische Sicherheitsordnung.

Die Politikformulierung

Die Politikformulierung beschreibt einen Prozess, in dem – in Bezug zu unserem Thema – aus artikulierten menschenrechtspolitischen Problemen, Vorschlägen und Forderungen politische Programme werden (allgemein: Schubert/Bandelow 2009: 89). Ziele und Prioritäten der staatlichen Menschenrechtspolitik sowie Maßnahmen zu deren Umsetzung werden benannt und entschieden.

Einen ersten Aufschluss über die übergreifenden menschenrechtspolitischen Ziele und Vorhaben der jeweiligen Regierungen geben in Deutschland, wo Koalitionsregierungen üblich sind, bereits die jeweiligen Koalitionsvereinbarungen. Im Koalitionsvertrag von 2021 gibt es beispielsweise ein eigenes, allerdings

151 Es handelte sich um die bis *dato* schlimmste Flüchtlingskatastrophe auf dem Mittelmeer. Bei dem Bootsunglück starben mehrere Hundert Menschen.

nur außenpolitisches Kapitel zu Menschenrechten. Aber auch viele innenpolitische Teile des Textes durchziehen menschenrechtlich relevante Aspekte, ohne dass dort allerdings begrifflich auf Menschenrechte Bezug genommen wird.

Aufschlussreich sind weiterhin nationale Menschenrechtsaktionspläne, die auf eine Empfehlung der Wiener Weltmenschenrechtskonferenz 1993 zurückgehen und deren Erstellung auch von Menschenrechtskontrollorganen der Vereinten Nationen angeraten wird. In Deutschland veröffentlichen die jeweiligen Bundesregierungen regelmäßig einen nationalen „Aktionsplan Menschenrechte", der seit 2008 jeweils den bereits o.g. Menschenrechtsberichten der Bundesregierung angehängt bzw. seit 2020 vorangestellt wird. Die rechtlich unverbindlichen nationalen Menschenrechtsaktionspläne legen Prioritäten und Schwerpunkte deutscher Menschenrechtspolitik dar, sind aber recht allgemein gehalten und schreiben teilweise nur die bereits eingeleiteten Maßnahmen der jeweiligen Ressorts in gebündelter Form fort.

Konkreter stellen sich mitunter themenspezifische Aktionspläne dar, die im Idealfall klare, überprüfbare Ziele und Maßnahmen beinhalten, eindeutige Zuständigkeiten benennen und angemessen finanziell, personell und organisatorisch unterlegt sind.[152] Solche spezifische, menschenrechtsbezogene oder -relevante Aktionspläne wurden in Deutschland verschiedentlich verabschiedet, beispielsweise zur Umsetzung der UN-Behindertenrechtskonvention (2011, 2016),[153] zur Bekämpfung von Gewalt gegen Frauen (1999, 2007), zum Schutz von Kindern und Jugendlichen vor sexueller Gewalt und Ausbeutung (2003, 2011) oder auch zur Bekämpfung von Rassismus (2017). Zu erwähnen wäre auch der Nationale Aktionsplan zur Agenda Frauen, Frieden und Sicherheit des Sicherheitsrats der Vereinten Nationen (2021-2024). Große Aufmerksamkeit erlangte zudem der Nationale Aktionsplan Wirtschaft und Menschenrechte (2016), der den Weg bereitete für das vieldiskutierte Lieferkettensorgfaltspflichtengesetz (2021), das kurz vor Ende der 19. Wahlperiode (2017-2021) noch verabschiedet wurde.[154] Im November 2022 beschloss die Bundesregierung ferner den ressortübergreifenden Aktionsplan „Queer Leben" für Akzeptanz und Schutz sexueller und geschlechtlicher Vielfalt.

152 Vgl. etwa die Handreichung für menschenrechtliche Aktions- und Maßnahmenpläne der Monitoring-Stelle zur UN-Behindertenrechtskonvention des DIMR (2019).

153 Die Monitoring-Stelle Behindertenrechtskonvention am DIMR forderte 2021 für die 20. Wahlperiode eine Fortschreibung des Nationalen Aktionsplans zur Umsetzung der UN-Behindertenrechtskonvention unter umfassender Beteiligung von Menschen mit Behinderungen und ihren Organisationen.

154 Vgl. Paasch 2021 und die dortigen Literaturangaben.

Besonders verbindlich werden menschenrechtspolitische Programme, wenn sie mit völkerrechtlichen Selbstverpflichtungen einhergehen, wie etwa durch die Ratifizierung eines Menschenrechtsabkommens. So hat Deutschland beispielsweise 2021 (endlich) die Revidierte Europäische Sozialcharta und die ILO-Konvention 169 zum Schutz der Rechte indigener Völker ratifiziert. Auch erlangen menschenrechtliche Vorhaben Verbindlichkeit, wenn sie in Gesetze und Verordnungen münden. Im 14. Menschenrechtsbericht der Bundesregierung (2020) nahm die damalige Große Koalition beispielsweise auf etliche Gesetze(sreformen) und Verordnungen Bezug, die aus ihrer Sicht dem Schutz und der Förderung der Menschenrechte dienten. Dazu zählten etwa, um nur zwei Beispiele zu nennen, das Gesetz zur Stärkung der Teilhabe und Selbstbestimmung von Menschen mit Behinderung (Bundesteilhabegesetz, BTHG), von 2016, das in mehreren Stufen in Kraft trat, oder auch das Gesetz für gleichberechtigte Teilhabe von Frauen und Männern an Führungspositionen in der Privatwirtschaft und dem öffentlichen Dienst (FÜPOG 2015, 2021). Etliche weitere menschenrechtlich relevante Gesetze setzten zudem rechtsverbindliche EU-Richtlinien um.

Andere Gesetze(sänderungen) wurden durch Urteile des Bundesverfassungsgerichts nötig. Große öffentliche Aufmerksamkeit erfuhr – nach den Anschlägen vom 11. September 2001 in den USA – beispielsweise das Luftsicherheitsgesetz (LuftSiG, 2005, zuletzt 2020 geändert), das der verfassungsrechtlichen Prüfung durch das BVerfG (2006) in einem zentralen Punkt nicht standhielt: einem möglichen Abschuss eines mit Passagieren besetzten Flugzeugs, das zu einem Terroranschlag missbraucht wird.[155] Weitere Beispiele sind etwa die Neuregelung der Sicherungsverwahrung im Strafgesetzbuch (2013) oder die Rücknahme des Wahlrechtsausschlusses von Menschen unter Vollbetreuung und von Patient:innen in der forensischen Psychiatrie im Wahlgesetz (2019).[156] Dasselbe gilt für das Gesetz zur Änderung der in das Geburtenregister einzutragenden Angaben (2018), das auf eine Entscheidung des BVerfG von 2017 bezüglich der Einführung eines positiven dritten Geschlechtseintrags im

155 Konkret lautete der entsprechende § 14 Abs. 3 LuftSiG: „Die unmittelbare Einwirkung mit Waffengewalt ist nur zulässig, wenn nach den Umständen davon auszugehen ist, dass das Luftfahrzeug gegen das Leben von Menschen eingesetzt werden soll, und sie das einzige Mittel zur Abwehr dieser gegenwärtigen Gefahr ist.“ Neben formellen Gründen sei die Regelung nicht mit dem Recht auf Leben in Verbindung mit der Menschenwürdegarantie vereinbar, so das BVerfG.

156 Vgl. BVerfG, Beschluss vom 29. Januar 2019 – 2 BvC 62/14. Siehe auch: Palleit 2011, DIMR 2016, Krennerich 2021: 72 f.

Personenstandsrecht für Personen mit Varianten der Geschlechtsentwicklung zurückgeht.[157]

Im März 2021 hat das Bundesverfassungsgericht zudem entschieden, dass die Regelungen des im Dezember 2019 verabschiedeten Klimaschutzgesetzes (KSG) über die nationalen Klimaschutzziele und die bis zum Jahr 2030 zulässigen Jahresemissionsmengen insofern mit Grundrechten unvereinbar sind, als hinreichende Maßgaben für die weitere Emissionsreduktion ab dem Jahr 2031 fehlen. Zwar könne nicht festgestellt werden, dass der Gesetzgeber mit diesen Bestimmungen gegen seine grundrechtlichen Schutzpflichten, die Beschwerdeführenden vor den Gefahren des Klimawandels zu schützen, oder gegen das Klimaschutzgebot des Art. 20a GG verstoßen hat. Die teils noch sehr jungen Beschwerdeführenden seien aber durch die Vorschriften in ihren Freiheitsrechten verletzt, da sie hohe Emissionsminderungslasten unumkehrbar auf Zeiträume nach 2030 verschoben würden.[158] Und um ein letztes Beispiel zu nennen: Im Lichte der Rechtsprechung des BVerfG möchte die Ampel-Koalition das Asylbewerberleistungsgesetz weiterentwickeln, den Zugang für Asylbewerber:innen zur Gesundheitsversorgung unbürokratischer gestalten und minderjährige Kinder von Leistungseinschränkungen bzw. -kürzungen auszunehmen (Koalitionsvertrag 2021: 140).

Hinzu kommt eine Reihe weiterer, nicht nur gesetzlicher Maßnahmen. Sie betreffen etwa: die Berichterstattung, die Analyse und das Monitoring von menschenrechtsrelevanten Entwicklungen;[159] die Ausarbeitung und Weiterentwicklung von (ressortübergreifenden) Gesamtstrategien (beispielsweise zur Gleichstellung und zum Schutz von Frauen und Kindern vor Gewalt oder gegen Rassismus); eine angemessene und dauerhafte Finanzierung von menschenrechtsrelevanten Programmen und Einrichtungen; oder auch der ganze Bereich der Gedenkstättenarbeit und Erinnerungskultur, inklusive der Unterstützung der Betroffenen von Menschenrechtsverletzungen. Das Spektrum reicht hier vom Holocaust und der SED-Diktatur über die Morde der Terrororganisation des Nationalsozialistischen Untergrunds (NSU) bis hin zu den Verbrechen der Kolonialzeit, die in jüngster Zeit verstärkte Aufmerksamkeit erlangten. Auch für Trans*- und Inter*-Personen, die aufgrund früherer Gesetzgebung Körperverlet-

157 BVerfG vom 10. Oktober 2017 – 1 BvR 2019/16.

158 BVerfG, Beschluss des Ersten Senats vom 24. März 2021 – 1 BvR 2656/18 –, Rn. 1-270.

159 Dazu zählt beispielsweise auch die im Koalitionsvertrag angekündigte verbesserte Erfassung politisch motivierter Kriminalität, etwa in Bezug auf frauen- und queerfeindliche Hasskriminalität.

zungen oder Zwangsscheidungen erlitten, möchte die neue Bundesregierung einen Entschädigungsfonds einrichten (Koalitionsvertrag 2021: 120).

Menschenrechtspolitisch wichtig ist die Frage, inwieweit es Betroffenen, NGOs und Netzwerken gelingt ihre Forderungen in die Ausgestaltung menschenrechtspolitischer Ziele, Programme und Gesetze einzubringen. Inwieweit betreiben sie eine aktive Lobbyarbeit in den jeweiligen menschenrechtlichen Problemfeldern? Wie aufgeschlossen für menschenrechtliche Akteure und deren Anliegen sind die jeweiligen Funktionsträger:innen im politisch-administrativen Apparat, die meist mehr oder minder klare Vorstellungen davon haben, welche Probleme (vorrangig), auf welche Weise und mit wem angegangen werden sollen? Um dies herauszufinden, bedarf es nicht nur des Abgleichs zwischen einerseits menschenrechtlichen Forderungen aus der Zivilgesellschaft und anderseits den proklamierten Zielen staatlicher Menschenrechtspolitik. Nötig ist auch eine nähere Untersuchung, etwa in Form eines *process tracing*, der jeweiligen Prozesse der Politikformulierung. Qualitative Interviews mit den jeweils involvierten Akteuren, die über entsprechende Insider-Kenntnisse verfügen, sind hier ggf. aufschlussreich.

Die Durchführung und Umsetzung der Politik

Die Verabschiedung von politischen Programmen bedeutet nicht zwangsläufig, dass diese umgesetzt werden. Dies gilt gerade auch für menschenrechtspolitische Rahmen- und Aktionspläne, die stark von Menschenrechtsrhetorik geprägt sind. Daher ist stets zu prüfen, inwieweit die programmatischen Vorgaben konkretisiert und effektive Maßnahmen zum Schutz und zur Förderung der Menschenrechte ergriffen werden. Die Implementierung entscheidet maßgeblich darüber, ob Menschenrechtspolitik konsequent betrieben wird und dem Menschenrechtsschutz zugutekommt.

Auch hier geben die Menschenrechtsberichte der Bundesregierung einen allgemeinen (tendenziell geschönten) Überblick über gesetzliche und weitere Maßnahmen, welche die Bundesregierung im Berichtszeitraum ergriffen hat. Dabei kann offenbleiben, ob Gesetze noch als umzusetzende oder als bereits umgesetzte Maßnahmen verstanden werden. Die Grenzen zwischen Politikformulierung und -durchsetzung sind fließend. Zweifelsohne muss aber von der Vorstellung Abstand genommen werden, dass die Umsetzung einer reinen Top-Down-Logik folgt. Dies gilt nicht nur für die Umsetzung des Unionsrechts durch Deutschland, gegen das bezeichnenderweise zahlreiche EU-Vertragsverletzungsverfahren anhängig sind, sondern auch für die Umsetzung von Bundesgesetzen. Selbst, wenn die Vollzugsträger und Normadressaten von Programmen und Gesetzen der Regierung oder Verwaltung angehören, verläuft deren Implementierung nicht immer problemlos. Dies gilt umso mehr, als im deutschen Föderalismus die Länderverwaltungen in Eigenverantwortung die meisten Bundesgesetze umsetzen. Die Länder haben sich zwar an mehr oder minder detaillierte Vorgaben für den administrativen Vollzug von Bundesgesetzen zu halten, verfügen jedoch über einen organisatorischen und inhaltlichen Handlungsspielraum, den sie mitunter ausgiebig nutzen. Darüber hinaus wird die Komplexität des Vollzugs erhöht, wenn, wie dies gerade auch im korporativen Föderalismus der Fall ist, nichtstaatliche Akteure die Bereitstellung öffentlicher Leistungen übernehmen oder zumindest in die Implementation stark eingebunden sind. Kurzum: Mit der Vielfalt staatlicher wie nichtstaatlicher Vollzugsakteure geht zwangsläufig ein erhöhter Abstimmungsbedarf einher, um die vorab formulierten Ziele öffentlicher Politik zu implementieren.

Vollzugsprobleme können sich dabei selbst bei sanktionsbewehrten, regulativen Gesetzesmaßnahmen in Gestalt von Geboten und Verboten ergeben, zumal dann, wenn die Kontroll- und Sanktionsmöglichkeiten mit hohem Aufwand verbunden sind und eine ausgeprägte Tendenz zu Normverstößen vorliegt. Man denke hier nur an die in Deutschland bekannt gewordenen Fälle in der Fleischindustrie, bei denen geltendes (Arbeits-)Recht missachtet oder unterlaufen wurde (und wird).[160] Auch die Umsetzung des AGG ist beispielsweise darauf angewiesen, dass Unternehmen und ihre Mitarbeitenden aktiv Diskriminierung im Arbeitsalltag überwinden (wollen), sei es z.B. über Bewusstseinsbildung, interne Unternehmensregeln und Möglichkeiten zur Beschwerde. In diesem Sinne lassen sich regulative Instrumente (*sticks*) auch mit entsprechenden persuasiven Instrumenten (*sermons*) verbinden und ggf. durch Anreize (*carrots*) und infrastrukturelle Angebote unterstützen.[161] Wichtig ist etwa mit Blick auf den Diskriminierungsschutz, dass im Bund, den Ländern und den Kommunen gut ausgestattete Institutionen, etwa Antidiskriminierungsstellen, geschaffen werden, die im Vorfeld von Gerichtsprozessen entsprechende Konflikte niedrigschwellig bearbeiten.

---

160 Als Beispiel: DGB Schleswig-Holstein Nordwest: „Arbeiten in Schleswig-Holsteins Schlachthöfen", 24. August 2020, abrufbar unter: https://sh-nordwest.dgb.de, sowie dessen Stellungnahmen im Sozialausschuss des Schleswig-Holsteinischen Landtages vom 19. Oktober 2016 („Lohndumping in Schlachthöfen verhindern") und vom 29. Januar 2020 („Kapazitäten und Arbeitsbedingungen auf Schlachthöfen und in der Fleischverarbeitung in Schleswig-Holstein").

161 Zu *sticks, carrots* und *sermons*, die jeweils mit unterschiedlichen Graden der Verbindlichkeit einhergehen, siehe: Bemelmans-Videc et al. 1998.

Nicht minder komplex stellt sich Umsetzung von (re-)distributiven Leistungsprogrammen dar, die mit hohem administrativem und finanziellem Aufwand einhergeht. Die betrifft etwa weite Bereiche der Sozialpolitik oder auch die Bildungspolitik, die wiederum größtenteils in den Händen der Landesregierungen liegt. Der vom UN-Behindertenrechtsausschuss eingeforderte Ausbau eines inklusiven Schulsystems benötigt beispielsweise nicht nur personelle, organisatorische und finanzielle Ressourcen. Er bedarf auch des effektiven Handelns der Landesregierung sowie der aktiven Mitwirkung aller Beteiligten, von den Schulaufsichtsbehörden über die Schulleiter:innen und Lehrkräfte bis hin zu den Eltern und den Kindern mit Behinderungen.

Die Politikevaluation
Eine Bewertung (Evaluation) von politischem Handeln ist fester Bestandteil von Politik. Sie erfolgt im Sinne einer *politischen Bewertung* allenthalben durch eine Vielzahl von Stakeholdern und durch die Medien – und ist als solche immer Teil der politischen, gesellschaftlichen und medialen Auseinandersetzung um eine „gute Politik". Davon zu unterscheiden ist eine *administrative Bewertung* staatlichen Handels, die etwa im Rahmen eines Controllings stattfindet. Verwaltungsextern nimmt diese die Steuerung, Kontrolle und Rechenschaftslegung von Verwaltungshandeln im Sinne der politischen Zielvorgaben in den Blick, verwaltungsintern etwa die Leistungsfähigkeit, Effizienz und Wirtschaftlichkeit im Sinne administrativer Zielvorgaben (Wollmann 2009). Hinzu kommt ggf. eine *gerichtliche* Bewertung staatlichen Handelns im Bereich der Grund- und Menschenrechte durch das BVerfG und den EGMR oder eine *völkerrechtliche* Bewertung durch UN-Menschenrechtskontrollorgane.

Von der laufenden politischen, der routinemäßigen administrativen, der fallweisen gerichtlichen und der völkerrechtlichen Bewertung abzugrenzen ist eine (punktuelle) *wissenschaftliche* Politikevaluation im engeren Sinne. Sie bezeichnet „die wissenschaftlich und empirisch gestützte Beurteilung der Konzeption, des Vollzugs und der Wirksamkeit öffentlicher Politik, seien dies Maßnahmen, Programme oder Projekte".[162] Im Fokus steht meist eine Wirkungsanalyse bereits durchgeführter öffentlicher Politiken. Dann wird beispielsweise geprüft, inwieweit die zuvor formulierten politischen Programme und Maßnahmen umgesetzt und welche Politikergebnisse erzielt wurden (*output*) und wie sich die Output-Performanz auf die Zielgruppe(n) (*outcome*) und, darüber vermittelt, auch auf die

162 Sager et al. 2021: 2, anknüpfend an Bussmann et al. 1997: 37 und Widmer/De Rocchi 2012: 11.

gesellschaftlichen Verhältnisse (*impact*) ausgewirkt hat, welche die Politik adressiert. Da es sich oft um vielschichtige Wirkungszusammenhänge handelt, ist es jedoch sinnvoll, nicht nur, wie dies oft geschieht, lineare Wirkungsketten zu betrachten, bei denen einzelne Variablen isoliert untersucht werden, sondern auch in Wirkungskomplexen zu denken und kontextsensibel vielfältige Bestimmungsfaktoren in den Blick zu nehmen und gegeneinander zu gewichten.[163]

Wissenschaftliche Evaluationen sind anwendungsorientiert und enthalten für gewöhnlich Politikempfehlungen. Sofern sie von politischen Entscheidungsträger:innen konstruktiv aufgegriffen (und nicht nur zur Legitimation des eigenen politischen Handelns verwendet) werden, bieten sie im Idealfall die Grundlage für eine evidenzbasierte Bewertung und ggf. Neuausrichtung der Politik. Nachvollziehbare Problemdefinitionen sowie präzise, umsetzbare und innovative Handlungsempfehlungen, verbunden mit einer klaren Zielgruppenansprache, werden für die Akzeptanz und Umsetzung von Empfehlungen als dienlich erachtet (Sager et al. 2021: 264 f.). Die eigentliche Politikevaluierung findet im Sinne des Policy-Zyklus dabei *ex post* statt. Politikfolgenabschätzungen im Vorfeld und Zwischenbilanzen während der Umsetzung von politischen Programmen und Maßnahmen (Ex-ante- und Midterm-Evaluationen) beziehen sich in der Logik des Policy-Zyklus auf die Politikformulierung bzw. die Politikimplementation.

In westlichen Demokratien haben wissenschaftliche Politikevaluationen inzwischen ihren festen Platz. Allerdings lassen sich im Ländervergleich beachtliche Unterschiede hinsichtlich derer institutioneller Einbettung erkennen (Stockmann et al. 2020). Auch ist eine solche Institutionalisierung kein Garant für das Entstehen einer „Evaluationskultur", die über Kontrolle, Rechenschaftslegung und Selbstlegitimation hinaus auch politisches Lernen befördert. Aber immerhin: In etlichen europäischen Ländern ist eine wachsende Zahl an Gesetzen mit Evaluationsklauseln versehen. Dies ist wichtig: „Ein verantwortungsbewusster Gesetzgeber hat die Folgen seines Handelns sowohl vorab einzuschätzen und zu bedenken als auch nachträglich zu analysieren, zu bewerten und – wenn nötig – Konsequenzen zu ziehen" (Weingärtner 2021: 10).

---

163 Die Evaluationsforschung bietet hier eine Reihe unterschiedlicher methodischer Evaluierungsansätze und kausaler Wirkungsmodelle an, die an dieser Stelle nicht im Einzelnen angeführt werden müssen. Eine hilfreiche Einführung, wie sich Politikevaluationen konzipieren und anwenden lassen, findet sich in Sager et al. 2021. Zur Entwicklung und Institutionalisierung der wissenschaftlichen Evaluationsforschung in Deutschland und Europa siehe Stockmann/Meyer 2010, Stockmann et al. 2020.

Aus menschenrechtlicher Sicht ist dabei zum einen bedeutsam, welche Auswirkungen Gesetze unterschiedlicher Politikfelder auf die Menschenrechte haben. Dies kann, wie gesagt, im Vorfeld der Maßnahmen – etwa mittels einer menschenrechtlichen Risikoabschätzung bzw. eines *Human Rights Impact Assessment* – bereits bei der Politikformulierung geprüft werden. Dies kann aber auch prozessbegleitend im Rahmen der Politikumsetzung oder retrospektiv im Rahmen einer Ex-post-Evaluierung erfolgen. Zum anderen lassen sich ausgewiesene *menschenrechtspolitische* Maßnahmen, die *expressiv verbis* dem Menschenrechtsschutz zugutekommen sollen, auf ihre Auswirkungen hin untersuchen. Zwei Beispiele mögen dies verdeutlichen.

Die Sicherheitspolitik bietet hinreichend Anschauungsmaterial für Gesetze, die menschenrechtliche Auswirkungen zeitigen.[164] Zum einen ist der Schutz der Bevölkerung menschenrechtlich geboten, zum anderen gehen mit Sicherheitsgesetzen oft Eingriffe in die Grund- und Menschenrechte der Bevölkerung einher. Infolge der Anschläge vom 11. September 2001 in den USA und einer sich geänderten Sicherheitslage auch in Europa verabschiedete der Bundestag noch 2001 ein erstes „Anti-Terrorpaket", das die Verschärfung des Vereinsrechts und die Einführung eines Terrorismusparagraphen in das Strafgesetzbuch vorsah. Nur wenig später folgte ein zweites, umfangreicheres Anti-Terrorpaket; es enthielt das Terrorismusbekämpfungsgesetz (2002), das fortan verschiedene Verlängerungen und Ergänzungen (2007, 2011, 2015) erfuhr. Diese waren zeitlich befristet, mit einem gesetzlichen Evaluierungsauftrag verbunden und wurden insgesamt vier Evaluationen unterzogen, bevor das Gesetz 2020 dann entfristet und die Evaluierungsverpflichtung aufgehoben wurde. Die den Sicherheitsbehörden im Jahr 2002 zur Terrorismusbekämpfung verliehenen Eingriffsbefugnisse wurden somit auf Grundlage eines gesetzlichen Auftrags stetig evaluiert, und der Gesetzgeber nutzte die Ergebnisse der Evaluationen, um Änderungen vorzunehmen und nicht genutzte gesetzliche Ermächtigungen zu streichen (ebd.: 16).

Für unser Thema ist nun wichtig, dass solche Evaluierungen nicht nur die Kosten, den Erfüllungsaufwand und die Zielumsetzung in den Blick nehmen, sondern auch angemessen prüfen, ob die gesetzlich ermöglichten Eingriffe in

164 Siehe auch Weinzierl 2006, Albers/Weinzierl 2010, Gusy 2015, Ziekow et al. 2016. Allgemein zur menschenrechtlichen Debatte Freiheit vs. Sicherheit siehe statt vieler: Bielefeldt 2004, 2008a, Holzleithner 2017, Binder 2019. Konkret zu Terrorismusbekämpfung und Menschenrechte siehe u.a. Heinz/Schlitt/Würth 2004, Heinz/Arend 2005, Heinz 2007, Töpfer/Rudolf 2019.

Grund- und Menschenrechte in einem angemessenen Verhältnis zu den tatsächlich erzielten Wirkungen (hier) auf die innere Sicherheit standen. Die beiden jüngsten, vom BMI in Auftrag gegebenen Studien des Instituts für Gesetzesfolgenabschätzung und Evaluation (InGFA), die als Bundestagsdrucksache vorliegen,[165] hatten den gesetzlichen Auftrag, „… die Häufigkeit und die Auswirkungen der mit den Eingriffsbefugnissen verbundenen Grundrechtseingriffe einzubeziehen und in Beziehung zu setzen zu der anhand von Tatsachen darzustellenden Wirksamkeit zum Zweck der Terrorismusbekämpfung." Bei der Untersuchung der jeweiligen Einzelregelungen kamen die Autor:innen der Studie zu dem (diskutierbaren) Ergebnis, dass in rechtlicher Hinsicht die Maßnahmen verhältnismäßig waren und dass sich empirisch deren Anwendung innerhalb der durch die Anforderungen der Angemessenheit gezogenen Grenzen bewegte.

Eine methodisch zugegeben schwierige „Überwachungs-Gesamtrechnung", die alle Sicherheitsgesetze und ihre Nutzung durch die zuständigen Behörden zusammenstellt, besteht jedoch bislang nicht (Weingärtner 2021: 20) – wurde aber im Koalitionsvertrag 2021 angekündigt: „Die Eingriffe des Staates in die bürgerlichen Freiheitsrechte müssen stets gut begründet und in ihrer Gesamtwirkung betrachtet werden. Die Sicherheitsgesetze wollen wir auf ihre tatsächlichen und rechtlichen Auswirkungen sowie auf ihre Effektivität hin evaluieren. Deshalb erstellen wir eine Überwachungsgesamtrechnung und bis spätestens Ende 2023 eine unabhängige wissenschaftliche Evaluation der Sicherheitsgesetze und ihrer Auswirkungen auf Freiheit und Demokratie im Lichte technischer Entwicklungen. Jede zukünftige Gesetzgebung muss diesen Grundsätzen genügen. Dafür schaffen wir ein unabhängiges Expertengremium (Freiheitskommission), das bei zukünftigen Sicherheitsgesetzgebungsvorhaben berät und Freiheitseinschränkungen evaluiert" (Koalitionsvertrag 2021: 108 f.).

Ein jüngeres Beispiel für eine Evaluierung ausdrücklich *menschenrechtspolitischer* Maßnahmen (allerdings in diesem Falle nicht in Form von Gesetzen) findet sich im Bereich der Entwicklungszusammenarbeit. Das Deutsche Evaluierungsinstitut der Entwicklungszusammenarbeit (DEval) führte eine Strategieevaluierung des deutschen „menschenrechtsbasierten Ansatzes" (MRBA) durch, der 2011 verabschiedet worden war. Ausgangspunkt war das verbindliche Menschenrechtskonzept des BMZ von 2011, welches das übergeordnete Ziel verfolgte, in der deutschen Entwicklungszusammenarbeit die Partnerländer bei der Verwirklichung von Menschenrechten zu unterstützen. Die Evaluierung war darauf ausgerichtet, die intendierte Strategie mit der realisierten Strategie, also der

165 BT Drs. 18/5935, BT Drs. 19/23350.

Durchsetzung der Handlungsabsichten, zu vergleichen. Die Evaluierung kam zu dem Ergebnis, „... dass das Menschenrechtskonzept des BMZ sich zwar im internationalen Vergleich durch eine beachtliche Detailtiefe und zugleich auch einen hohen Grad an Verbindlichkeit positiv auszeichnet, jedoch in der Praxis nur in Teilen umgesetzt wird" (Polack et al. 2021a: 58). Wichtige Empfehlungen waren eine stärkere Einbindung von Menschenrechtsthemen in den Politikdialog mit Partnerländern, eine verstärkte Umsetzung spezifischer Menschenrechtsvorhaben, ein systematisches Monitoring der Umsetzung des MRBA sowie eine Weiterentwicklung der Beschwerdemechanismen und der menschenrechtsbezogenen Fortbildung im BMZ und den Durchführungsorganisationen der deutschen Entwicklungszusammenarbeit (Polack et al. 2021a, 2021b).

Abschließend ist nochmals zu erwähnen, dass sich eine Politikbewertung im Rahmen des Politikzyklus nicht nur auf wissenschaftliche Evaluierungen im engeren Sinne beschränkt und nicht nur Evaluationen im Auftrag der Exekutive umfasst. Es geht im Sinne von Feedback-Schleifen gerade auch darum, wie Stakeholders die ergriffenen und durchgeführten Programme und Maßnahmen bewerten, welche Probleme sie ausmachen und welche Korrekturen sie empfehlen. Hier lassen sich unzählige Beispiele dafür finden, wie gerade Menschenrechtsorganisationen einzelne Politikmaßnahmen kritisch bewerten und Politikänderungen einfordern.

Der Parteiendifferenzansatz

Macht es in Bezug auf die Menschenrechtspolitik eigentlich einen Unterschied, welche Partei(en) an der Regierung sind? Vertreter:innen der Parteiendifferenztheorie „... formulieren als wissenschaftliche Hypothesen, was in einer populären Fassung in aller Munde ist und bisweilen bejaht, bisweilen vehement bestritten wird: Die parteipolitische Färbung von Legislative und Exekutive macht einen Unterschied in der Politik, und zwar in der Politikproduktion (*„policy output"*) ebenso wie bei den letztendlichen Resultaten der Staatstätigkeit (*„policy outcome"*). Aus der Sicht der Parteiendifferenztheorie wird also die Staatstätigkeit vor allem von der parteipolitischen Zusammensetzung der Regierung bestimmt" (Schmidt et al. 2007: 51). Parteiendifferenztheorien heben somit die Bedeutung der politisch-ideologischen „Familienzugehörigkeit" der Regierungsparteien zunächst für die programmatische Ausgestaltung der Regierungspolitik hervor, also für die Frage, welche Politik die Regierungsparteien verwirklichen wollen. Weiterführend wird untersucht, inwieweit die Regierungen eine solche Politik tatsächlich verwirklichen (können). Zu diesem Zweck werden auch die Rahmenbedingungen des Regierungshandelns in den Blick genommen,

„wie die Machtressourcen der Regierungspartei(en) innerhalb und außerhalb des Parlaments, institutionelle Rahmenbedingungen und die Existenz von Mitregenten oder Gegenspielern zur Regierung " (ebd.).

Auch mit Blick auf die Menschenrechtspolitik ist zu erwarten, dass die parteipolitische Zusammensetzung der Regierung einen Unterschied macht. Das zeigt bereits der Blick in die Partei- bzw. Wahlprogramme und in die Koalitionsverträge, deren menschenrechtspolitisches Profil sich durchaus unterscheidet. Deutlich lassen sich – trotz aller Kontinuitäten – auch Unterschiede in den menschenrechtlichen Schwerpunkten, Programmen und Maßnahmen der Regierungspolitik erkennen, obwohl diese, zumal im Rahmen von Regierungskoalitionen, vielfältigen Handlungsbeschränkungen unterliegen. Aufgrund seiner leichten empirischen Überprüfbarkeit ist der Parteiendifferenzansatz besonders gut geeignet für Studien zur Menschenrechtspolitik, sowohl im zeitversetzten (diachronen) als auch im zeitgleichen (synchronen) Vergleich von ähnlich oder unterschiedlich parteipolitisch gefärbten Regierung(skoalition)en.

Ein Beispiel zum Recht auf Gesundheit: Unter dem Titel „Ein starker Fall für die Parteiendifferenztheorie: Die Einführung der Gesundheitskarte für Asylsuchende in den Bundesländern" untersuchte das Autor:innentrio Günther, Kurrek und Töller (2019), wie die – ohnehin nur eingeschränkte[166] – Gesundheitsversorgung für Asylsuchende nach dem Asylbewerberleistungsgesetz (AsylBLG) in den jeweiligen Bundesländern seinerzeit organisatorisch geregelt war. Konkret ging es darum, welche Länder die Krankenkassen mit der Gesundheitsversorgung beauftragten und den Asylsuchenden so ermöglichten, mit einer Gesundheitskarte direkt einen Arzt zu konsultieren (Stichwort: Bremer Modell) – und welche Länder an der bürokratischen und stigmatisierenden Vergabe von Behandlungsscheinen durch kommunale Sozialämter als Voraussetzung für den Arztbesuch festhielten (siehe auch: Wächter-Raquet 2016). Das Ergebnis war eindeutig: In allen Fällen, in denen es auf Landesebene zum Abschluss einer Rahmenvereinbarung mit Krankenkassen gekommen war, war eine linke Landesregierung im Amt (Günther et al. 2019: 388). Dies waren in den meisten Fällen rot-grüne, rot-rot-grüne oder rot-rote Regierungen sowie in Berlin eine „große Koalition", die, weil von der SPD geführt, von den Autor:innen unter linken Regierungen subsummiert wurde. Da aber nicht alle linken Regierungen diese Maßnahme durchgeführt hatten, erwies sich die Parteiendifferenz zwar als

166 Vgl. Eichenhofer 2013, Kaltenborn 2015, Lindner 2015, Misbach 2015, Krennerich 2016, Kanalan/Krajewski 2017, SVR 2022: 120 ff.

eine notwendige, aber nicht als eine hinreichende Bedingung. Es bedurfte als weiterer Bedingung auch einer vollen Kostenübernahme durch das Land (ebd.).

Advocacy-Koalitionen

Auf die Bedeutung sogenannter Advocacy-Koalitionen wurde bereits hingewiesen. Der *Advocy Coalition*-Ansatz, so wie er im Rahmen der Policy-Forschung von Paul Sabatier in Zusammenarbeit mit Kolleg:innen ursprünglich entwickelt wurde (Sabatier 1988, 1993, Sabatier/Jenkins-Smith 1993), bemüht sich langfristigen Policy-Wandel zu erklären. Der Ansatz geht davon aus, dass sich in Policy-Subsystemen – über verschiedene institutionelle und organisatorische Anbindungen hinweg – Akteure zusammenfinden, die über ein gemeinsames Set an politischen Wertvorstellungen, Problemwahrnehmungen und Kausalannahmen (*belief systems*) verfügen und über einen längeren Zeitraum hinweg ihr Handeln auf gemeinsame Ziele hin zumindest schwach koordinieren.[167] Hierbei kann es sich beispielsweise um Akteure aus Politik, Wissenschaft, Medien, Gesellschaft und Verwaltung handeln. Der Ansatz geht weiterhin davon aus, dass innerhalb eines Policy-Subsystems eine oder einige wenige Policy-Advocacy-Koalitionen bestehen, deren Mitglieder sich politisch engagieren, um ihre grundlegenden Positionen und Sichtweisen (*policy core beliefs*) in dem jeweiligen Politik(teil)feld in öffentliche Politiken zu übertragen. Gestaltung und Wandel der (Sub-)Policies werden dabei maßgeblich durch das Wirken und die Auseinandersetzung zwischen den jeweils konkurrierenden *Policy Advocacy*-Koalitionen bestimmt. (Im Falle einer einzigen Koalition handelt es sich um ein wenig konfliktives Subsystem).

Bei relativen stabilen Parametern des Policy-Subsystems (Eigenschaften des Politikfeldes, der Verfassung etc.), so die Annahme Sabatiers, kann sich Politikwandel zum einen dadurch ergeben, dass sich durch externe Ereignisse und Veränderungen (z.B. in der öffentlichen Meinung, infolge eines Regierungswechsels, durch Auswirkungen aus anderen Politikfeldern etc.) die Handlungsrestriktionen und -möglichkeiten der Subsystem-Akteure ändern. Zum anderen kann Politikwandel aber auch auf Veränderungen in den *belief systems* und damit den Handlungsorientierungen der Subsystem-Akteure beruhen. Hier kommt dann policy-orientiertes Lernen zum Tragen, das zunächst innerhalb der Advocacy-Koalitionen, aber unter bestimmten Bedingungen (z.B. gemeinsamen Foren und übergeordneten politischen Zielen) auch über Koalitionsgrenzen hinweg stattfinden kann. Allerdings bleibt Sabatier skeptisch hinsichtlich der Wirkung po-

167 Sabatier (1988: 139) spricht hier von „non-trivial degree of coordinated activity over time".

litikfeldinterner Lernprozesse, die oft nur sekundäre Aspekte beträfen; grundlegender Policy-Wandel wäre vornehmlich auf externe Faktoren zurückzuführen, da sich dadurch die Ausgangsbedingungen politischen Handelns veränderten.

Obwohl der *Advocacy-Coalition*-Ansatz in seiner ursprünglichen und weiterentwickelten[168] Form bislang kaum bei der Analyse von Menschenrechtspolitiken angewandt wurde, ist die Vorstellung von konkurrierenden Advocacy-Koalitionen auch im Bereich der Menschenrechtspolitik nützlich. In diesem Sinne lassen sich auch in menschenrechtlichen Sub-Policies entsprechende Advocacy-Koalitionen identifizieren, die miteinander im Widerstreit liegen. Dies trifft beispielsweise für das Themenfeld „Menschenrecht und Wirtschaft" zu, konkret etwa für die langjährige politische Auseinandersetzung um die Ausgestaltung des „Nationalen Aktionsplans Menschenrechte und Wirtschaft" (2016) sowie um eine gesetzliche Regelung für transnational agierende Unternehmen, die 2021 schließlich in das Lieferkettensorgfaltspflichtengesetz mündete. Ein weiteres (von vielen) Beispiel(en) wäre das Thema Rassismus in der Polizei: An der Frage, ob Rassismus in der Polizei eher ein strukturelles Problem darstellt oder ob es sich um Ausnahmefälle handelt – und wie damit umzugehen sei – haben sich unterschiedliche Advocacy-Koalitionen herausgebildet. Deutlich sichtbar wurde dies nicht zuletzt an den öffentlichen und parlamentarischen Diskussionen um eine Studie zu Rassismus in den Polizeikräften oder anhand der Forderung nach einem unabhängigen Rassismusbeauftragten bei der Polizei.

Auch bei der langjährigen Debatte in Deutschland um die Ausarbeitung und Verabschiedung eines Fakultativprotokolls zum UN-Sozialpakt, das ein Beschwerdeverfahren vorsieht, hat Natalie Ferber (2011) – nach Interviews mit involvierten Akteur:innen – zwei Advocacy-Koalitionen identifiziert und deren Framing untersucht.[169] Dies half ihr zu erklären, warum die Bundesregierung trotz langjähriger Bedenken sich in der Endphase der Ausarbeitung des Fakultativprotokolls auf UN-Ebene für dessen Verabschiedung im Jahre 2008 aussprach (ohne freilich das Protokoll dann bei der feierlichen Zeremonie zu zeichnen). Besonderes Augenmerk richtete Ferber hierbei auf die Frage, welchen Einfluss

168 Später wurde der Ansatz beispielsweise noch um zwei weitere Bestimmungsgründe für politische Veränderungen ergänzt: interne Schocks und durch *brokers* ausgehandelte Kompromisse; vgl. Sabatier/Weible 2007, Weible et al. 2011; zusammenfassend: Bandelow 2014: 360 f.

169 Zu den Befürwortern zählte sie seinerzeit das DIMR, das Forum Menschenrechte und etliche seiner Mitgliedsorganisationen sowie das AA, das BMZ und das damalige BMELV. Skeptiker und Gegner fanden sich hingegen im BMAS, dem die Federführung für den UN-Sozialpakt und dessen Umsetzung in Deutschland obliegt, dem BMI und dem BMSFJ.

NGOs auf die politischen Entscheidungsprozesse nahmen. Dabei kam sie zu dem (m. E. nicht zutreffenden) Schluss, dass die Bemühungen der Menschenrechts-NGOs nicht die entscheidende Variable für die veränderte Position Deutschlands gewesen seien. Obsolet seien sie allerdings nicht gewesen, da NGOs zum einen die befürworteten Ressorts unterstützten und zum anderen die Geschehnisse auf internationaler Eben argumentativ betonten (Ferber 2011: 132).

Die Studie ließe sich fortschreiben,[170] da die Bundesregierungen gleich welcher Couleur das Zusatzprotokoll auch nach dessen Verabschiedung (2008) und Inkrafttreten (2013) bis einschließlich der 19. Wahlperiode nicht ratifiziert hatten – und zwar allen Ankündigungen zum Trotz, eine Ratifizierung (intensiv) zu prüfen.[171] Auch hier lassen sich Advocacy-Koalitionen von Befürworter:innen und Gegner:innen ausmachen. Vor allem in jenen Ministerien (und Abteilungen), die für die innenpolitische Umsetzung des Sozialpaktes zuständig waren, fanden sich ungeachtet aller vorgebrachten Argumente immer wieder Bedenkenträger:innen, die aufgrund der diffusen Sorge vor Beschwerden etwaige Ratifizierungsinitiativen zeitweise (so etwa im BMAS) oder dauerhaft (so im BMI) blockierten. Selbst in der 19. Wahlperiode, als die Ratifizierung eigentlich schon ausgemacht schien,[172] kam es letztlich nicht zur Ratifikation. Hier lässt sich die Analyse von Advocacy-Koalitionen gut mit politikwissenschaftlichen Ansätzen zu *Vetospielern* und *Vetopunkten* verknüpfen. Im Koalitionsvertrag 2021 wurde schließlich die Ratifikation des Zusatzprotokolls vereinbart und im November 2022 dann ein entsprechender Gesetzesentwurf im Bundestag verabschiedet.

Politisches Lernen, *Lesson Drawing* und *Policy Transfer*

„Der Advocacy-Koalitionsansatz ist inzwischen der in der Politikfeldanalyse einflussreichste lerntheoretische Ansatz", schrieb Bandelow (2014: 359) vor einigen Jahren, wies aber sogleich darauf hin, dass die Einordnung des Ansatzes als „lerntheoretisch" vor allem dem Buchtitel „*Policy Change and Learning*" (Sabatier/Jenkins-Smith 1993) geschuldet sei, der dem Ansatz nicht unbedingt entspräche. Tatsächlich räumen Sabatier und Kolleg:innen, wie bereits erwähnt

170 Methodisch sind für entsprechende Studien umfassende Dokumenten- und Literaturanalysen sowie leitfragen-gestützte Expert:innen-Interviews mit Beteiligten notwendig.

171 Mahler 2011, 2015, Krennerich 2014, 2017a, 2017b.

172 Der Autor, der ab den 2000er Jahren zunächst die Verabschiedung, dann die Ratifikation des Zusatzprotokolls lobbyierte, beruft sich hierbei auf Gespräche und Briefwechsel mit Politiker:innen und Ministerialbeamt:innen, die er im Rahmen des Forum Menschenrechte führte.

wurde, policy-orientiertem Lernen nur eine nachgeordnete Bedeutung für politischen Wandel ein. Lernprozesse innerhalb und zwischen Advocacy-Koalitionen beträfen meist nur sekundäre Aspekte der *belief systems*.

Unter solche sekundäre Aspekte fallen in den hierarchischen Stufen der *belief systems*, die Sabatier und Kolleg:innen idealtypisch voneinander abgrenzen, lediglich Teilaspekte des jeweiligen Policy-Subsystems, etwa die Einschätzung eines bestimmten Sachverhalts oder einzelner strategischer Entscheidungen. Davon abzugrenzen sei die erste Stufe der *deep cores*, womit grundsätzliche Wertvorstellungen der Akteure bezeichnet werden, die politikfeldübergreifend von Bedeutung sind[173], sowie die darunterliegende zweite Stufe der *policy core beliefs*, die wesentliche Policy-Positionen, Sichtweisen und Strategien in dem jeweiligen Policy-Subsystem beinhalten. Inwieweit und unter welchen Bedingungen auch auf dieser Ebene Lernprozesse stattfinden können, wird nicht ganz klar.

Auch die in der Policy-Forschung verwendeten Lerntypen (Bandelow 2014: 345 ff.) beinhalten ähnliche Abstufungen, etwa zwischen einfachen und komplexen Formen des Lernens. Beim einfachen Lernen geht es vor allem um Veränderungen von Strategien zur besseren Erreichung bestehender Ziele. Es handelt sich also oft um ein „instrumentelles Lernen“ bzw. ein „Verbesserungslernen“, das etwa darauf ausgerichtet ist, politische Programme effektiver, effizienter, transparenter, partizipativer etc. auszugestalten und umzusetzen. Komplexes Lernen stellt hingegen grundlegende Überzeugungen, Ziele und handlungsleitende Annahmen in Frage und verändert diese. Hier lösen Lernprozesse ggf. echte Paradigmen-Wechsel aus. Hinzu kommt noch das reflexive Lernen, das die Lernfähigkeit (lernen zu lernen) von politischen Organisationen und Institutionen betrifft.

Dem instrumentellen „Verbesserungslernen“ verbunden ist der Lesson-Drawing-Ansatz des britischen Politologen Richard Rose. Zentral ist hier sein Buch *„Lesson-Drawing in Public Policy. A Guide to Learning across Time and Space“* von 1993. Sein Konzept weist einen engen Bezug zur politischen Praxis auf. Bei akut anstehenden Aufgaben und drängenden Problemen, die aus Sicht der Regierung oder der Öffentlichkeit mit den bisherigen Politiken nicht mehr zufriedenstellend bewältigt werden,[174] sehen sich politische Entscheidungsträger:innen oft nach Lehren, Erfahrungen und gewonnenen Erkenntnissen aus anderen räum-

---

173 Hier ließe sich etwa die relative Bedeutung individueller Freiheit vs. sozialer Gleichheit oder individueller Freiheit vs. kollektiver Sicherheit nennen.

174 An dieser Stelle sei daran erinnert, dass Politik nicht nur auf Problemlösungen abzielt, sondern etwa auch auf den Gewinn von Wahlstimmen. So manche:r Politiker:in mag sich

lichen Einheiten (z.B. Kommunen, Bundesländer, Staaten) und zeitlichen Phasen (z.B. in der eigenen Geschichte) um, um die Aufgaben und Probleme im Sinne der eigenen Ziele erfolgversprechend anzugehen. Solche *lessons* betrachtet Rose als *tools* für politisches Handeln, und das Lesson-Drawing versteht er als den bewussten und systematischen Prozess der Identifizierung, Bewertung und Übernahme solcher praktischen Erfahrungen und Lehren.

Im Bereich der *policies*, auf welchen das Buch schon dem Titel nach den Schwerpunkt legt, geht es also um die Übernahme von politischen Programmen, die andernorts oder zu früheren Zeiten bereits angewandt wurden (Rose 1993: 21). Dabei muss es sich nicht um eine 1:1-Übernahme (*copying*) handeln. Wie Rose anhand von Policy-Programmen verdeutlicht, sind auch andere Formen des Lesson-Drawing möglich: etwa eine an die Bedingungen vor Ort angepasste, modifizierte Übernahme von Programmen (*adaption*); oder eine Kombination von Elementen unterschiedlicher Programme, die an verschiedenen Orten angewandt wurden (*making a hybrid*); oder eine Kombination eigener oder fremder Programmkomponenten (*synthesis*). Möglicherweise dienen die Erfahrungen andernorts auch nur als Inspiration für die Entwicklung eines eigenen, neuen Programms (*inspiration*) (ebd.: 30). Obwohl Rose hier Policy-Programme in den Blick nimmt, lässt sich diese Unterscheidung auch auf die Übernahme von institutionellen Arrangements anwenden. Bezeichnenderweise führt Rose, der eben auch Wahlforscher war, selbst immer wieder Beispiele von Wahlgesetzreformen an.

David Dolowitz und David Marsh knüpfen an Rose an und erachten Lesson-Drawing als einen freiwilligen *policy transfer*. Neben solchen *voluntary transfers* schlössen Policy Transfers aber auch direkte und indirekte *coercive transfers* ein (Dolowitz/Marsh 1996: 344, 346 ff.). Als Beispiel für solche per Druck oder Zwang erwirkte Übernahmen von politischen Programmen führen sie u. a. IWF-Auflagen bei der internationalen Kreditvergabe an „Entwicklungsländer" an. Indirekt ergäben sich von außen erwirkte Übernahmen etwa durch gegenseitige oder einseitige Abhängigkeiten und damit verbunden Konvergenzen bei der Ausgestaltung von Politiken. Zugleich weisen sie in ihrem Literaturbericht von 1996 darauf hin, dass sich die Analyse von Policy Transfers nicht nur auf politikfeldbezogene Ziele, Inhalte und Instrumente bezieht, und identifizieren folgende Bereiche von Transfers: Policy-Ziele, Policy-Strukturen und Policy-Inhalte; Policy-Instrumente und administrative Techniken; Institutionen; Ideologien

auch mit dem Vorschlag der Übernahme eines anderswo bewährten Modells schmücken, ohne dass ein entsprechender Problemlösungsbedarf besteht.

(und ideologische Rhetorik); Ideen, Einstellungen und Konzepte; negative Lehren (*negative lessons*) (ebd.: 349 f.).

Die Policy-Forschung hat Fragen des politischen Lernens bislang nicht systematisch auf die Menschenrechtspolitik angewandt. Doch lassen sich zahlreiche Beispiele aus dem Bereich der Menschenrechtspolitik finden und darauf hin untersuchen, inwieweit die Bedingungen, die Rose und Dolowitz/March für die Übertragbarkeit von Programmen identifizierten (und die hier aus Platzgründen nicht ausgeführt werden), auch auf die Übertragung menschenrechtspolitischer *best practices* oder *relevant practices* zutreffen.[175]

Beispiele lassen sich bereits auf kommunaler Ebene finden. Auf die Zusammenstellung von kommunalen Erfahrungen und Gute-Praxis-Beispielen im Bereich der Integration von Geflüchteten haben wir bereits hingewiesen. Um einen ganz praktischen Erfahrungsaustausch geht es beim kommunalen Qualitätszirkel zur Integrationspolitik. Es handelt sich um einen Zusammenschluss von Integrationsbeauftragten aus Kommunen und Landkreisen sowie von Expert:innen von Landes- und Bundesbehörden, wissenschaftlichen Forschungsinstituten und Stiftungen, um den Informations- und Erfahrungsaustausch über innovative Maßnahmen und Initiativen zur lokalen Integrationspolitik zu fördern und damit zur Weiterentwicklung der kommunalen Integrationsarbeit beizutragen.[176] Auch auf europäischer Ebene findet eine Vernetzung und ein reger Erfahrungsaustausch statt, in welche Kommunen eingebunden sind. Dies betrifft sowohl die *human rights cities* als auch andere Kommunen, die sich etwa über die Integration von Geflüchteten austauschen (vgl. Stürner et al. 2020, Schammann 2020). Auch unterhält die Europäische Kommission eigens eine Website, auf der Best-Practice-Beispiele und Modelle für Migration und Integration zu finden sind.[177]

Zweifelsohne lohnt es sich, lokale, nationale und internationale Prozesse des Lesson-Drawing und des Policy-Transfer im Bereich der Menschenrechtspolitik näher zu untersuchen.[178] Dies ist bereits auf der Ebene von Abschlussarbeiten von Studierenden möglich. Um nur zwei Beispiele zu nennen: Mit Blick auf

175 Zu *relevant practices* in Abgrenzung zu *best practices* bei internationalen Lernprozessen zwischen Städten, siehe: Hambleton 2020.

176 https://www.stuttgart.de/buergerinnen-und-buerger/migranten/integration/bundesweiter-arbeitskreis-qualitaetszirkel-zur-integrationspolitik.php; siehe auch: Pavkovic/Özbabacan 2018.

177 https://ec.europa.eu/migrant-integration/library-document/collection-best-practices-and-models-immigration-and-integration-policies_en

178 Siehe auch: Dolowitz/Marsh 2000, Dunlop/Radaelli 2013.

das Menschenrecht auf Wohnen kann etwa danach gefragt werden, inwieweit und unter welchen Bedingungen das finnische „*Housing first*"-Modell als Maßnahme gegen Obdachlosigkeit auch auf Deutschland übertragbar ist. Oder es kann untersucht werden, welche Aspekte der als nachahmenswert empfohlenen, mieterfreundlichen Wohnungspolitik Wiens[179] für Deutschland relevant sein können oder eben nicht übertragbar sind. Dabei sind neben den konkreten Bedingungen vor Ort immer auch *Pfadabhängigkeiten* zu beachten.[180]

179 Exemplarisch: „OB Reiter preist Wien als Vorbild", *Süddeutsche Zeitung*, 22. November 2018; „Wien als Vorbild: Ein Paradies für Mieter", *Tagesspiegel*, 11. März 2019.

180 Das Konzept der Pfadabhängigkeit hebt in der Policy-Forschung insbesondere darauf ab, dass einmal eingeschlagene Entwicklungsrichtungen fortgeführt werden und ab einem gewissen Punkt schwierig zu ändern sind, weil z.B. die Kosten dafür zu hoch wären.

8. Die staatliche Menschenrechtsaußenpolitik Deutschlands

Im Folgenden wird die Menschenrechtsaußenpolitik nochmals gesondert betrachtet, da sich die entsprechenden Politikprozesse in verschiedenen Hinsichten anders darstellen als die Umsetzung menschenrechtlicher Pflichten im eigenen Lande. Menschenrechtsaußenpolitik zielt auf die internationale Förderung der Menschenrechte weltweit ab und muss sich gerade auch gegenüber jenen Staaten beweisen, welche die Menschenrechte verletzen. Dabei ist bereits auf den ersten Blick erkennbar, dass sich die Menschenrechtsaußenpolitik selbst liberal-demokratischer Staaten hinsichtlich ihrer Motivation, Adressaten, Ziele, Maßnahmen und Wirkkraft ganz erheblich unterscheidet. Zugleich weist sie oft Ambivalenzen auf. Dies gilt gerade auch für die USA, die einerseits seit Mitte des 20. Jahrhunderts eine *driving force* der internationalen Menschenrechte waren, andererseits aber immer wieder menschenrechtsverletzende Regime wirtschaftlich wie militärisch unterstützten – von Pinochet in Chile und den Somozas in Nicaragua über Marcos auf den Philippinen und Suharto in Indonesien bis hin zu, gerade unter US-Präsident Trump, Saudi-Arabien. Hinzu kommt, dass die USA z.B. im Rahmen der internationalen Terrorismusbekämpfung selbst Menschenrechtsverbrechen im Ausland begangen haben. Vor allem die vielschichtige und ambivalente US-Menschenrechtspolitik der USA bietet Forschenden ein weites Betätigungsfeld und brachte zahlreiche Studien hervor.[181] Nicht annähernd so große politische wie akademische Aufmerksamkeit erlangte die weit weniger einflussreiche Menschenrechtsaußenpolitik der Bundesrepublik Deutschland, auf die sich die folgenden Ausführungen beschränken.[182]

Grundlagen deutscher Menschenrechtsaußenpolitik

In zahlreichen offiziellen Dokumenten und Stellungnahmen haben die Bundesregierungen die Menschenrechte als den „Kern einer werteorientierten und in-

181 Unter den zahlreichen Studien zur US-Menschenrechtspolitik siehe etwa: Kommers 1979, Pastor 1987, Vanderlaan 1987, Forsythe 1990, 1995, 2000, Sikkink 2004, Apodaca 2006, Hancock 2007, Laurienti 2007, Mertus 2008, Schulz 2008, Liang-Fenton 2014, Eckel 2015a, 2015b, Eckel/Moyn 2012, Renouard 2016. Zum *„exceptionalism"* der US-Menschenrechtspolitik siehe Ignatieff 2005.

182 Zur kaum beachteten Menschenrechtspolitik des Nachbarlands Österreich siehe Rosenberger 2023.

teressengeleiteten Außenpolitik"[183] oder, noch akzentuierter, als Kern einer „wertegeleiteten, menschenrechtsorientierten Außen- und Entwicklungspolitik" (Auswärtiges Amt 2022: 144) ausgewiesen. Der Auftrag zur Achtung und Umsetzung der Menschenrechte wird aus dem Grundgesetz abgeleitet, namentlich aus Artikel Abs. 1 GG: „Die Würde des Menschen ist unantastbar. Sie zu achten und zu schützen ist Verpflichtung aller staatlichen Gewalt". Artikel 1 Abs. 2 GG stellt diese Verpflichtung in einen internationalen Kontext: „Das Deutsche Volk bekennt sich darum zu unverletzlichen und unveräußerlichen Menschenrechten als Grundlage jeder menschlichen Gemeinschaft, des Friedens und der Gerechtigkeit in der Welt."

Der Auftrag gründet sich weiterhin auf der Mitgliedschaft in internationalen Organisationen (Vereinte Nationen, Europarat etc.) und fußt auf zahlreichen internationalen und regionalen Menschenrechtsabkommen, die Deutschland ratifiziert hat. Sie betonen die internationale menschenrechtspolitische Verantwortung der Staaten und beinhalten „extraterritorale Staatenpflichten" (ETOs)[184], die im Idealfall zur Geltung gebracht werden. Auch wenn sich die bisherigen Bundesregierungen mit der Anerkennung solcher ETOs schwertaten, bekannten sie sich stets zu ihrer internationalen menschenrechtlichen Verantwortung und betrieben den Eigendarstellungen zufolge bislang in unterschiedlichen Themenbereichen eine aktive bilaterale und multilaterale Menschenrechtsaußenpolitik, eingebettet in die Gemeinsame Europäische Außen- und Sicherheitspolitik (GASP) und in die Institutionen des regionalen und globalen Menschenrechtsschutzes.

Skizze der Akteurslandschaft

Traditionell ist die Außenpolitik eine Domäne der Exekutive. Dies gilt auch für den Bereich der Menschenrechte. Bundeskanzler:in und Außenminister:in prägen am stärksten das menschenrechtliche Profil Deutschlands in der Öffentlichkeit. Die Frage, wen die jeweiligen Amtsinhaber:innen treffen und inwieweit sie zu menschenrechtspolitischen Themen Stellung beziehen, sorgte in den vergangenen Jahren immer wieder für öffentliche Debatten über die Bedeutung der Menschenrechte in den auswärtigen Beziehungen. Allerdings beschränkt sich die Menschenrechtspolitik nicht nur auf die Auftritte hochrangiger Regierungsmitglieder. Das Auswärtige Amt und seine Auslandsvertretungen beobachten

---

183 So noch im 14. Menschenrechtsbericht der Bundesregierung; BT-Drs. 19/25000, S. 65.
184 Statt vieler: Gibney et al. 2022.

und bewerten kontinuierlich die Menschenrechtslage in anderen Staaten und haben die Menschenrechtspolitik in alltäglicher Kleinarbeit umzusetzen.

Grundsätzlich obliegt es dabei dem Auswärtigen Amt die außenpolitischen Aktivitäten im Bereich der Menschenrechte zu bündeln und zu koordinieren. Es ist das federführende Ressort bilateraler und multilateraler Menschenrechtspolitik, sowohl im Rahmen der GASP der Europäischen Union als auch in den entsprechenden Gremien der Vereinten Nationen, der OSZE und des Europarates. Das Auswärtige Amt verfügt über ein eigenes (kleines) Menschenrechtsreferat, und verschiedene andere Referate, einschließlich der Länder- und Regionalreferate, beschäftigen sich mit Menschenrechten. Zudem ist die Beauftragte der Bundesregierung für Menschenrechte und Humanitäre Hilfe im Auswärtigen Amt angesiedelt. Abzustimmen sind wichtige außenpolitische Entscheidungen aber gerade auch mit dem Bundeskanzleramt, zumal dann, wenn der oder die Bundeskanzler:in (menschenrechts-)außenpolitisch stark aktiv ist.

Keine unwichtige Rolle spielen zudem das Bundesministerium der Justiz (BMJ), das ebenfalls über eine Menschenrechtsbeauftragte verfügt, sowie das Bundeministerium für wirtschaftliche Zusammenarbeit und Entwicklung (BMZ), das im eigenen Selbstverständnis einen menschenrechtsbasierten Ansatz verfolgt. Andere Ministerien treten außenpolitisch sporadisch in Erscheinung, wenn sie im Rahmen ihrer Zuständigkeit an Entscheidungen der Bundesregierung oder internationaler Organisationen beteiligt sind, die direkt oder indirekt die Menschenrechte betreffen. Dazu zählen das Verteidigungsministerium (BMVg) etwa bei Auslandseinsätzen der Bundeswehr oder das Ministerium des Inneren und für Heimat (BMI) in Bezug auf die Bekämpfung des internationalen Terrorismus und hinsichtlich der Migrations- und Flüchtlingspolitik.

Eine Vielfalt an Themen

Die bereits genannten 15 Menschenrechtsberichte an den Bundestag, welche die Regierung seit 1990 erstellt hat, decken ein breites thematisches Spektrum deutscher Menschenrechtsaußenpolitik ab, die bilateral und multilateral betrieben wurde. Regelmäßig zur Sprache kommt hierbei die Stärkung des institutionellen Menschenrechtsschutzes (Internationaler Strafgerichtshof, UN-Menschenrechtsrat, Afrikanischer Gerichtshof etc.). Auch durchziehen von Beginn an bestimmte menschenrechtliche Anliegen wie etwa die weltweite Abschaffung der Todesstrafe und von Folter, Religionsfreiheit, Antirassismus oder auch verschiedene Aspekte von Kinder- und Frauenrechten die Berichte. Mit der Zeit kamen u.a. die Förderung wirtschaftlicher, sozialer und kultureller Menschenrechte

(Wohnen, Wasser, Nahrung etc.), indigene Rechte und die Themenbereiche Menschenrechte und Wirtschaft sowie Menschenrechte und Entwicklungszusammenarbeit hinzu. Zusehends an Bedeutung gewannen auch die internationale Förderung der Rechte von Menschen mit Behinderung und von LSBTIQ+-Rechten. Darüber hinaus greifen die Berichte teils nochmals gesondert Schwerpunktthemen auf, wie etwa Indigene Völker (2010), Kinder in bewaffneten Konflikten (2012), weibliche Genitalverstümmelung (2014), Einschränkungen des Handlungsspielraums für die Zivilgesellschaft (2016), illegalen Organhandel (2019) und konfliktbezogene sexuelle Gewalt (2020). Der 2022er Bericht enthält neben dem üblichen Berichtsinhalt zusätzliche „Schlaglichter" zu Menschenhandel, Kindesmissbrauch, Frauen und Kindern in Konflikten, Klimawandel sowie Digitalisierung – und bekennt sich ausdrücklich zu einer feministischen Außen- und Entwicklungspolitik (Auswärtiges Amt 2022).

In vielen Fällen lassen sich die Themen rückbinden an institutionelle Entwicklungen des internationalen Menschenrechtsschutzes, an weltpolitische Ereignisse mit menschenrechtlichen Folgen sowie an ein sich veränderndes globales Bewusstsein für bestimmte Themen und „vulnerable Gruppen". Auch gehen die Berichte auf einzelne Ländersituationen ein. Eine kritische Auseinandersetzung mit der Menschenrechtslage und mit der Politik der Demokratien des „globalen Nordens" findet allerdings kaum statt. Entgegen wiederholter Forderungen von Sachverständigen lässt der Länderteil der Berichte diese Staaten außen vor. Allenfalls im Textteil finden sich, beispielsweise mit Blick auf die nach wie vor bestehende Todesstrafe in Japan und den USA, punktuelle Bezüge.

Es lohnt sich dennoch die umfassenden Menschenrechtsberichte zu studieren. Sie sind hinsichtlich der Achtung und Förderung der Menschenrechte in den auswärtigen Beziehungen eine wichtige Informationsquelle. Allerdings ist kritisch zu prüfen, ob in den Berichten dringliche Themen ausgelassen oder behandelte Themen beschönigt werden. Hier lassen sich beispielsweise die (eingangs des Teils III des Buches genannten) mündlichen und schriftlichen Stellungnahmen von Sachverständigen bei öffentlichen Anhörungen zu den Berichten im Menschenrechtsausschuss des Bundestages heranziehen, die auf der Ausschuss-Website archiviert sind. Aufschlussreich sind weiterhin kleine oder große Anfragen der Oppositionsparteien im Bundestag sowie kritische Stimmen von nichtstaatlichen oder kirchlichen Menschenrechts-, Entwicklungs- oder auch Friedensorganisationen zu einzelnen der in den Berichten angesprochenen Themenfeldern.

Auch nutzen inzwischen etliche NGOs das Allgemeine Überprüfungsverfahren des UN-Menschenrechtsrats und die Staatenberichtsverfahren zu UN-

Menschenrechtsverträgen (auf die wir noch eingehen werden), um die Bundesregierung nicht nur innenpolitisch, sondern auch außenpolitisch stärker in die Pflicht zu nehmen und die Achtung extraterritorialer Staatenpflichten einzufordern. Die Eingaben von NGOs (als *stakeholders*) zum dritten Zyklus der Allgemeinen Überprüfung Deutschlands enthielten – neben der innenpolitischen Umsetzung der Menschenrechte – beispielsweise einige außen(wirtschafts)politische Themen, wie etwa die Forderung an die Bundesregierung, die Errichtung eines *United Nations Special Representative for the Safety of Journalists* zu unterstützen, oder etwa auch die Kritik an der Ausfuhr von Überwachungstechnologien.[185]

In Bezug auf die UN-Menschenrechtsvertragsorgane seien exemplarisch die Abschließenden Bemerkungen des UN-Ausschusses für wirtschaftliche, soziale und kulturelle Rechte von 2018 zum deutschen Staatenbericht erwähnt. Sie griffen etliche zivilgesellschaftliche Kritikpunkte bei der internationalen Umsetzung des UN-Sozialpaktes durch Deutschland auf. Kritisiert wurde beispielsweise ein unzureichendes Monitoring des Nationalen Aktionsplans Menschenrechte und Wirtschaft (2016), der unzureichende Rechtsschutz in Deutschland von Personen, die im Ausland durch deutsche Unternehmen in ihren Menschenrechten verletzt werden, sowie fehlende menschenrechtliche Folgenabschätzungen für landwirtschaftliche Exporte in Entwicklungsländer. Beanstandet wurde weiterhin, dass Deutschland nicht genug zur Bekämpfung des Klimawandels unternehme oder als Mitglied internationaler Finanzinstitutionen seinen Einfluss nicht geltend mache, um negative Folgen von Austeritätsmaßnahmen in Griechenland zu verhindern.[186]

Instrumente der Menschenrechtsaußenpolitik

Der Bundesregierung nutzt im Rahmen ihrer bilateralen Politik verschiedene Instrumente und Formate, um ihre menschenrechtspolitischen Anliegen gegenüber anderen Ländern vorzubringen.[187] Zunächst sind hier unterschiedliche Formen von *Menschenrechtsdialogen* zu nennen, die sie eigenständig oder als Bestandteil allgemeiner politischer Dialoge, bilateral oder durch die EU, mit den Regierungen anderer Länder führt. Hier können (bei vorab vereinbarter Tages-

---

185 A/HRC/WG.6/30/DEU/3, 9. März 2018.
186 E/C.12/DEU/CO/6, 12. Oktober 2018.
187 Vgl. etwa den 14. Menschenrechtsbericht der Bundesregierung: BT-Drs. 19/2500, 4. Dezember 2020, S. 66.

ordnung) allgemeine menschenrechtliche Fragen angesprochen, Einzelfälle erörtert und ggf. Kooperationsabsprachen getroffen werden.

Solche *Kooperationen* können dazu dienen, im Sinne eines *capacity building* die Fähigkeit anderer Staaten zu befördern, die Menschenrechte zu achten, zu schützen und umzusetzen. Dies kann über die Stärkung nationaler Menschenrechtsinstitutionen geschehen oder beispielsweise über Demokratisierungshilfe, Wahlbeobachtung oder die Unterstützung von Verwaltungsreformen erfolgen. Mitunter wird mittels einer menschenrechtskonformen „Ertüchtigung“ von Streit- und Sicherheitskräften auch versucht, Stabilität zu gewährleisten und Repressionen seitens Polizei und Militär vorzubeugen. Hinzu kommen ggf. Maßnahmen der Krisenprävention. Die Entwicklungszusammenarbeit, die oft in Zusammenarbeit mit zivilgesellschaftlichen Organisationen betrieben wird, dient im Idealfall der Förderung nicht nur, aber vor allem auch der wirtschaftlichen, sozialen und kulturellen Menschenrechte. Zugleich kann sie – ebenso wie die Außenwirtschaftspolitik – zusätzliche Anreize für menschenrechtskonformes Verhalten setzen. Die Rücknahme oder das „Einfrieren“ von Kooperationen können wiederum als menschenrechtspolitisches Druckmittel genutzt werden.

Menschenrechtliche Kritik gegenüber anderen Staaten erfolgt entweder vertraulich in Rahmen „stiller Diplomatie“ oder öffentlich durch entsprechende Erkärungen und Proteste seitens der Bundesregierung oder der EU. Ebenso kann Menschenrechtskritik im Rahmen multilateraler Foren wie beispielsweise dem UN-Menschenrechtsrat und dem Dritten Ausschuss der UN-Vollversammlung vor- oder mitgetragen werden. Dabei geht es darum, etablierte Menschenrechtsstandards hochzuhalten und menschenrechtliche Verhaltenserwartungen zu formulieren, die im Idealfall bewusste oder unbewusste Verhaltensanpassungen menschenrechtsverletzender Regierungen bewirken. Auch kann die Einsetzung internationaler Untersuchungskommissionen unterstützt werden, die etwaigen Anschuldigungen über schwerwiegende Menschenrechtsverletzungen nachgehen. Zugleich bekundet menschenrechtliche Kritik auch Solidarität mit Betroffenen von Menschenrechtsverletzungen.

Eng damit verbunden sind Bemühungen zum *Schutz bedohter Menschenrechtsverteidiger:innen* (MRV). Dies kann bilateral geschehen, durch deutsche Botschaften oder im Rahmen der EU und ihrer Auslandsvertretungen. Zum besseren Schutz von MRV regte das Forum Menschenrechte auf operativer Ebene immer wieder den Ausbau der personellen, finanziellen und fachlichen Kapazitäten für die Menschenrechtsarbeit in den deutschen Botschaften an.[188] Der Koalitionsvertrag (2021: 146) kündigte numehr an, „(a)n geeigneten Auslandsvertretungen weitere Stellen für Menschenrechtsarbeit zu schaffen". Auch beinhalten die EU-Leitlinien zu Menschenrechtsverteidiger:innen praktische Anregungen, was die EU und ihre Mitgliedstaaten gemeinsam vor Ort tun können. Dazu zählen etwa: die kontinuierliche Beobachtung und Beurteilung der Menschenrechtslage; die Ausarbeitung lokaler Strategien zum Schutz von MRV; der regelmäßige Kontakt und Austausch mit MRV; die sichtbare Anerkennung ihrer Arbeit in den Medien und der Öffentlichkeit; falls nötig und möglich, Gerichts- und Haftbesuche; Sofortmaßnahmen für akut bedrohte Personen und dergleichen mehr. Mit der Elisabeth-Selbert-Initative hat das Außenministerium 2020 ein – durch das Institut für Auslandsbeziehungen (IfA) koordiniertes – Schutzprogramm für Menschenrechtsverteidiger:innen ins Leben gerufen.[189]

Die schärfsten Maßnahmen stellen schließlich diplomatische und vor allem wirtschaftliche *Sanktionen* dar, welche die Bundesrepublik Deutschland im Rahmen der EU oder der UN durchführt. Auf internationale Sanktionen gehen wir später nochmals kurz ein.

Dem Multilaterismus verpflichtet, setzt sich Deutschland im Rahmen seiner Menschenrechtspolitik und der Gemeinsamen Außen- und Sicherheitspolitik der EU zudem für die Nutzung und Weiterentwicklung des multilateralen Menschenrechtsschutzes im Rahmen regionaler und globaler Menschenrechtsinstitutionen ein.

Werte versus Interessen?

Traditionell spielt in der Diskussion über die bilaterale deutsche Menschenrechtsaußenpolitik die Debatte um „Werte versus Interessen" und den Umgang mit menschenrechtsverletzenden Regimen eine zentrale Rolle. Nicht selten wird dabei die Weber'sche Unterscheidung von Gesinnungs- und Verantwortungsethik bemüht oder ein Unterschied zwischen Gesinnungs- und Realpolitik gemacht.

Dezidiert wurde die Debatte beispielsweise im Jahre 2013 in der Wochenzeitschrift *„Die Zeit"* geführt.[190] Jörg Lau (2013) kritisierte seinerzeit etwa die

---

188 Der Autor beruft sich hier auf Gespräche des Forums im Auswärtigen Amt, an denen er teilnahm.

189 https://www.ifa.de/foerderungen/elisabeth-selbert-initiative/

190 So etwa: Lau 2013, Sandschneider 2013, Bittner et al. 2013, Deile 2013, Winkler 2013. Auch danach wurde die Debatte dort sporadisch weitergeführt; siehe etwa Joffe 2015.

Nähe deutscher Politiker zu Klepto-, Theo- und Autokraten sowie die Neigung, sich Despoten schön zu reden, wobei er schon damals „Russland-Knutscher" (ebd.) kritisierte. Auch Volkmar Deile (2013), von 1990 bis 1999 Generalsekretär der deutschen Sektion von Amnesty International, forderte die Bundesregierung auf, deutliche Menschenrechtskritik zu üben: „Lasst die diplomatischen Floskeln". Eberhard Sandschneider (2013), seinerzeit Vorsitzender der Deutschen Gesellschaft für Auswärtige Politik (DGAP), empfahl hingegen, die Bundesregierung solle sich mit Menschenrechtskritik zurückhalten („Raus aus der Moralecke") und eine pragmatische Realpolitik mit Autokraten pflegen, auch um Einflussmöglichkeiten zu wahren. Konkret war hier auch die Zusammenarbeit mit Russland und China gemeint.

Bei dieser und bei ähnlichen Debatten geht es um die Einschätzung, inwieweit eine entschiedene Menschenrechtsaußenpolitik im deutschen Interesse liegt und ob sie anderweitige, etwa sicherheits- oder wirtschaftspolitische Interessen Deutschlands beschädigt. Damit verbunden wird oft die Frage, ob im Zweifelsfall „Werte" oder „Interessen" zurückstehen sollen. Oder, wenn man davon ausgeht, dass auch Menschenrechtspolitik im außenpolitischen Interesse Deutschland liegt: inwieweit ein Interessenkonflikt zwischen menschenrechtspolitischen und anderen außenpolitischen Interessen besteht. Darüber hinaus geht es um strategische Fragen, wie sich Menschenrechte am besten gegenüber Autokratien durchsetzen lassen. Die Herausforderung besteht darin, bezogen auf die jeweiligen Staaten das menschenrechtspolitische Machbare auszuloten und auszuschöpfen – und strategisch klug zu agieren.

Spannungfelder einer „werteorientierten und interessengeleiteten" Außenpolitik

Mit dem russischen Angriffskrieg gegen die Ukraine im Jahre 2022 und den dortigen Kriegsverbrechen gewann der Schutz der Menschenrechte und des humanitären Völkerrechts erheblich an öffentlicher Aufmerksamkeit und fügte sich auch aus realpolitischer Sicht vorderhand in die sich verändernden deutschen und europäischen Sicherheitsinteressen ein. Die neue Bundesregierung sah sich nunmehr vor der Herausforderung, sich gemeinsam mit verbündeten NATO-Staaten der russischen Aggression entgegenzustellen und ihre Werte mit harten Sanktionen und notfalls mit militärischen Mitteln zu verteidigen. Unter dem Verweis auf die „Verteidigung europäischer Werte" wurden massive wirtschaftliche EU-Sanktionen gegen Russland umgesetzt, Waffen an die Ukraine geliefert und eine Aufrüstung der Bundeswehr eingeleitet (Stichwort „Sondervermögen Bundeswehr"). Den energie-, wirtschafts- und finanzpolitischen Interessen Deutschlands liefen die Sanktionen jedoch – zumindest kurz- und mittelfristig

– entgegen, wobei freilich die deutsche Rüstungsindustrie und die Bundeswehr von der sicherheitspolitischen „Zeitenwende“ profitierten. Auch sah sich die Regierung energiepolitisch gezwungen, mit anderen Autokraten (z.B. Kasachstan, Katar, Vereinigte Arabische Emirate) verstärkt zusammenzuarbeiten und vermehrt Rohstoffe auch aus Ländern zu importieren, in denen der Rohstoffabbau mit Menschenrechtsverletzungen einhergeht (z.B. Paasch 2022). Das Spannungsverhältnis zwischen einer „werteorientierten“ und einer „interessengeleiteten“ Außenpolitik wurde somit nicht aufgelöst. Der Krieg in der Ukraine verdeutlichte aber, wie eng sicherheits- und menschenrechtspolitische Interessen zusammenhängen können.

Angesichts auch vieler anderer gewaltsamer Konflikte weltweit[191], die mit schweren Menschenrechtsverletzungen einhergehen, waren und sind Krisenprävention und Konfliktmanagement, die schon lange einen Schwerpunkt deutscher Außenpolitik darstellen, menschenrechtlich von großer Bedeutung. Zugleich ist das Eintreten für Menschenrechte ein wichtiger Teil der Vorbeugung von Krisen und Konflikten. Diese Einsicht liegt grundsätzlich auch im Auswärtigen Amt vor. „Wo Menschenrechte systematisch in Frage gestellt sind, bahnen sich soziale und politische Krisen an, ist Unfrieden praktisch vorprogrammiert“, erklärte beispielsweise der damalige Außenminister Frank-Walter Steinmeier in einer Rede vor dem UN-Menschenrechtsrat am 3. März 2015.[192] Zugleich fürchte(te)n die Bundesregierungen unterschiedlicher parteipolitischer Prägung jedoch eine weitere Destabilisierung von Konfliktregionen, gerade in Afrika und im Nahen Osten. Somalia, Libyen, Sudan, Syrien, der Jemen und inzwischen auch Mali waren und sind Warnung genug. Dies führte dazu, dass in der deutschen Außenpolitik menschenrechtspolitische Bedenken mitunter auch gegenüber solchen Staaten hintangestellt wurden, deren Kooperation als notwendig erachtet wurde, um in Krisenregionen (vordergründige) politische Stabilität zu gewährleisten. In diesem Sinne überlager(te)n Stabilitätserwägungen (und inzwischen auch energie- und klimapolitische Ziele[193]) beispielsweise die Zu-

191 Zur globalen Entwicklung von Gewaltkonflikten siehe u.a. BICC et al. 2022: 47 ff.

192 http://www.auswaertiges-amt.de/DE/Infoservice/Presse/Reden/2015/150303-BM_VN_MRR.html

193 „Geht gerade nicht anders. Krieg und Energiekrise: Warum Berlin mit Ägyptens Alleinherrscher al Sisi verhandelt – trotz des dortigen Unterdrückungsapparates“ titelte lakonisch die *Süddeutsche Zeitung* am 18. Juli 2022 anlässlich des Petersburger Klimadialogs (Szymanksi 2022). Siehe auch die Kampagne „No climate justice without open civic space“ von The Egyptian Human Rights Coalition on COP 27: https://copcivicspace.net/ (Zugriff: 26. Oktober 2022).

sammenarbeit mit dem Al-Sisi-Regime in Ägypten[194], das für schwere Menschenrechtsverletzungen verantwortlich ist. Dies schließt zwar nicht aus, dass von offizieller Seite Menschenrechtskritik an Ägypten geäußert wird, doch gegenwärtig besteht offenbar zu Ägypten keine ausgearbeitete Menschenrechtsstrategie im Auswärtigen Amt.[195]

Bei auf Stabilität abzielenden Kooperationen gilt es jedoch stets kritisch zu hinterfragen, um wessen Stabilität es auf wessen Kosten geht. Für die mittel- und langfristige Stabilität eines Landes kann es geradezu kontraproduktiv sein, wenn die Pluralität der Gesellschaft negiert und Kritik unterdrückt wird. Oder in den Worten des damaligen Außenministers Steinmeier vor dem UN-Menschenrechtsrat: Es könne eine „trügerische Rechnung“ sein, wenn autoritäre Regime durch Zwang und auf Kosten der Menschenrechte Stabilität zu erzielen versuchten.[196] Auch die derzeitige Außenministerin Annalena Baerbock erklärte bei ihrem Besuch in Kairo im März 2022 gegenüber der ägyptischen Regierung, dass es Sicherheit und Stabilität auf Dauer nur geben könne, „wo alle Menschen Perspektiven haben und die Chance, sich friedlich in Politik und Gesellschaft einzubringen.“[197] Dementsprechend fordert beispielsweise auch das Forum Menschenrechte (2021: 18) eine sichtbare Vernetzung von Menschenrechtsschutz mit Krisenprävention, Konfliktbewältigung und Friedensförderung. Dabei geht es allerdings nicht nur um bürgerliche und politische Menschenrechte, sondern auch um wirtschaftliche, soziale und kulturelle.[198] So wichtig zudem staatliches *capacity-building* in „schwachen Staaten“ sein mag: Die bilaterale und/oder multilaterale Unterstützung polizeilicher, grenzpolizeilicher oder gar militärischer Strukturen zum Zwecke der regionalen Sicherheit und Stabilität, wie dies beispielsweise in einigen afrikanischen Ländern (z.B. Burkina Faso,

194 Hier sei an den umstrittenen Staatsbesuch des ägyptischen Präsidenten Abd al Fattah al Sisi im Mai 2016 erinnert sowie an das bilaterale Abkommen über die Zusammenarbeit im Sicherheitsbereich des gleichen Jahres, mit dem Ziel, die Wirksamkeit der deutsch-ägyptischen Zusammenarbeit bei der Bekämpfung der organisierten Kriminalität, des Terrorismus und von schweren Straftaten zu steigern und die innere Sicherheit in beiden Staaten zu erhöhen.

195 Der Autor bezieht sich hier auf interne Gespräche im AA.

196 http://www.auswaertiges-amt.de/DE/Infoservice/Presse/Reden/2015/150303-BM_VN_MRR.html

197 https://www.tagesschau.de/ausland/afrika/baerbock-kairo-103.html

198 Zum Zusammenhang zwischen wirtschaftlichen und sozialen Rechten und Frieden siehe etwa: Breen 2017.

Mali, Niger, Nigeria) erfolgt(e), ist in Staaten mit einem schlechten Menschenrechtsprofil ein höchst risikoreiches Unterfangen.

Ähnliches gilt für den Bereich des „Migrationsmanagements". Die von Deutschland mitgetragene, zunehmende Externalisierung der EU-Migrationspolitik, verbunden mit einem starken Fokus auf der Reduzierung irregulärer Migration (SVR 2020: 94), muss immer wieder auf den menschenrechtlichen Prüfstand. Die migrationspolitischen Interessen der EU und ihrer Mitgliedstaaten konfligieren hier teilweise mit den menschenrechtlichen Ansprüchen von Geflüchteten. Deutlich wird dies besonders an den EU-Außengrenzen. Dort kommt es bei der Umsetzung der Gemeinsamen Europäischen Asylpolitik (GEAS) durch die EU-Mitgliedstaaten teils zum offenen Bruch mit dem Völkerrecht, einschließlich der Genfer Flüchtlingskonvention, und dem EU-Recht. Angesichts einer unzureichenden staatlichen und einer staatlich behinderten (statt unterstützten) privaten Seenotrettung sowie von Push- und Pullbacks an den Grenzen der EU steht hier auch Deutschland in der Verantwortung dazu beizutragen, die GEAS menschenrechtskonform auszugestalten.

Ein geradezu „klassisches" Spannungsverhältnis besteht ferner zwischen Rüstungsexport- und Menschenrechtspolitik.[199] Dabei geht es neben offenkundigen wirtschaftlichen auch um sicherheitspolitische Interessen, denn der Erhalt einer eigenen nationalen Wehrindustrie zur Sicherung der nationalen Verteidigung lässt sich, so das Argument, nicht allein durch den inländischen Bedarf abdecken, sondern ist, wenn die Kosten nicht ausufern sollen, auch auf Rüstungsexporte angewiesen.[200] Selbst wenn man der Argumentation folgt, stellt sich allerdings aus menschenrechtlicher Sicht die Frage, an wen Rüstungsgüter geliefert werden. Dem eigenen Bekunden nach betrieben zwar die Bundesregierungen gleich welcher Couleur in den vergangenen Jahrzehnten eine „restriktive und verantwortungsvolle" Rüstungsexportpolitik.[201] Doch trotz rechtlicher Be-

---

199 Zur deutschen Rüstungs(export)politik siehe, unterschiedlich kritisch, etwa Heidenkamp 2015, Moltmann 2015, Krause 2018, Mutschler 2019, Hüllinghorst/Roll 2020, Wisotzki 2021, GKKE-Fachgruppe Rüstungsexporte 2022 sowie https://www.ruestungsexport.info/de. Gezielt zur „Rüstungsdiplomatie": Rüchardt/Weiss 2018.

200 Dieser politisch-ökonomische Druck ließe sich der GKKE-Fachgruppe Rüstungsexporte (2022) zufolge perspektivisch „durch eine konsequente Europäisierung der Rüstungsentwicklung, -produktion und -beschaffung signifikant verringern oder sogar abbauen, vorausgesetzt die EU-Länder verständigen sich darauf, ihre Rüstungsproduktion nicht auf dem Weltmarkt anzubieten." (ebd.: 28).

201 Vgl. die seit 1999 regelmäßig erscheinenden Rüstungsexportberichte der Bundesregierung; exemplarisch: BMWi 2022.

schränkungen und politischer Selbstverpflichtungen[202] vermitteln die Rüstungsexportberichte der Bundesregierungen nicht den Eindruck, dass – zumindest gemessen an dem Genehmigungsumfang und den Angaben zu den Endverwendern[203] – eine restriktive Rüstungsexportpolitik betrieben wurde, die den Menschenrechten Vorrang einräumt.[204]

So erklärt das oben genannte Interesse an regionaler Stabilität und an Migrationskontrolle etwa die umfassenden, medial kaum beachteten[205] Rüstungsexporte an Algerien noch zur Amtszeit des Autokraten Abd al-Aziz Bouteflika. Gegenüber dem hochrepressiven Regime in Saudi-Arabien, als regionalem Hegemon, kam es lediglich aufgrund medialer Empörung zur Einstellung von Panzerlieferungen, und erst nach der skandalösen Ermordung des Journalisten Jamal Khashoggi wurden Rüstungsexporte aus Deutschland ausgesetzt, mit Ausnahme jedoch europäischer Gemeinschaftsprojekte. So nahm selbst die aktuelle Bundesregierung Exportgenehmigungen an Saudi-Arabien für Ausrüstung und Munition im Rahmen eines europäischen Gemeinschaftsprojekts im Jahr 2022 nicht zurück.

Auch zivile Aspekte der Außenwirtschaftspolitik führen in einem Exportland wie Deutschland, das auch von Autokratien, allen voran von China, wirtschaftlich abhängig ist, regelmäßig zu Zielkonflikten und bieten Anlass für Menschenrechtskritik. Aus Sicht der Menschenrechte geht es dabei zunächst um die Frage, mit wem Deutschland wirtschaftlich kooperiert und wie deutlich und mit welchen Folgen Menschenrechtskritik auch gegenüber Wirtschaftspartnern formuliert wird. Trotz vereinzelter Kritik – im Falle Chinas u.a. an der Unterdrückung von Minderheiten (Tibet, Xinjiang) – hielten sich die Bundesregierungen in der Vergangenheit vielfach zurück, um Wirtschaftsbeziehungen, schon gar mit Schwergewichten wie China oder auch Indien, nicht dauerhaft zu belasten (Kinzelbach 2014, Kinzelbach/Mohan 2016). Inzwischen wird China

202 Dazu gehören das Kriegswaffenkontrollgesetz (KrWaffKontrG), das Außenwirtschaftsgesetz (AWG), die Außenwirtschaftsverordnung, die „Politischen Grundsätze der Bundesregierung für den Export von Kriegswaffen und sonstigen Rüstungsgüter" (2000, i.d.F. von 2019), der „Gemeinsame Standpunkt des Rates der EU betreffend gemeinsame Regeln für die Kontrolle der Ausfuhr von Militärtechnologie und Militärgütern" (2008) sowie der Vertrag über den Waffenhandel (Arms Trade Treaty, ATT) (2014).

203 Im Hinblick auf die Art der exportierten Rüstungsgüter und auf die Endverbleibskontrolle sind bereits während der vier Amtszeiten Merkels einige positive Entwicklungen erkennbar.

204 Siehe die kritischen Rüstungsexportberichte der GKKE-Fachgruppe Rüstungsexporte (zuletzt: 2022).

205 Zu den Ausnahmen gehört Friederichs 2013.

jedoch nicht mehr nur als Partner und Wettbewerber, sondern auch als „systemischer Rivale" erachtet[206] und werden „aggressiver Nationalismus, Großmachtarroganz und Hegemonialbestrebungen" (Bütikhofer 2020) des chinesischen Einparteistaates kritisiert. Eine neue China-Strategie wird im Auswärtigen Amt ausgearbeitet und ist für 2023 angekündigt. Bei der China-Reise von Bundeskanzler Scholz im November 2022 war indes noch kein grundlegender Kurswechsel zu erkennen.[207] Im Falle Russlands wiederum hielten die Bundesregierungen – trotz Menschenrechtsverletzungen und der Annexion der Krim (2014) – vor dem Angriff Russlands auf die Ukraine (Februar 2022) an der wirtschaftlichen Zusammenarbeit mit dem „schwierigen Partner" fest.

Aus menschenrechtlicher Sicht ist weiterhin sicherzustellen, dass wirtschaftliche und entwicklungspolitische Kooperationen sowohl mit „schwierigen" als auch mit anderen Partnern nicht selbst menschenrechtliche Probleme hervorrufen (*Do no harm!)*, sondern im Idealfall dazu genutzt werden, um Menschenrechte zu schützen und zu fördern. Forderungen nach einer konsequenten Umsetzung eines menschenrechtsbasierten Ansatzes in der Entwicklungszusammenarbeit (z.B. Kämpf 2016) oder Debatten zum Lieferkettensorgfaltspflichtengesetz (z.B. Paasch 2021) verdeutlichen exemplarisch, dass hier über das programmatische Bekenntnis zu Menschenrechten hinaus Zielkonflikte bestehen und Achtung, Schutz und Förderung der Menschenrechte auf eine Vielzahl praktischer Probleme stoßen. Gespannt darf man auch auf die Konkretisierung und Umsetzung einer feministischen Außenpolitik sein, die auf der Überzeugung beruht, dass Geschlechtergerechtigkeit und gleichberechtigte Teilhabe Voraussetzung für nachhaltigen Frieden und Sicherheit in der Welt sind.

Strategien gegenüber Autokraten

Wie ist nun aber mit Autokraten umzugehen? Wie lässt sich „von außen" auf den Abbau staatlicher Repressionsapparate hinwirken und zugleich der Ausbau staatlicher und nichtstaatlicher Kapazitäten des Menschenrechtsschutzes in dem jeweiligen Land fördern? Dies hängt nicht nur von dem angewandten Instru-

---

206 Als Partner, Wettbewerber und systemischen Rivalen definiert sowohl die EU (seit 2019) China als auch die aktuelle Bundesregierung; vgl. die Antwort der Bundesregierung auf die Kleine Anfrage der Fraktion der CDU/CSU zum Stand der China-Strategie der Bundesregierung, BT-Drs. 20/4441, 11. November 2022. Siehe auch die Aktuelle Stunde zu „Deutschlands strategische Souveränität – neue Chinastrategie" in der 66. Plenarsitzung des Bundestages am 10. November 2022.

207 Siehe etwa den SZ-Beitrag „Harmonie mit Xi" vom 4. November 2022 sowie die weitere Presseberichterstattung rund um die Reise.

mentarium ab, sondern u.a. auch von der moralischen, politischen, wirtschaftlichen, geostrategischen und militärischen „Verwundbarkeit" der jeweiligen Regime. Vor allem aber sind Anknüpfungspunkte an menschenrechtliche Institutionen und Akteure vor Ort nötig. Gerade die Stärke und die menschenrechtliche Ausrichtung der Zivilgesellschaft sind dabei von großer Bedeutung.

Nun kann in Bezug auf das außenpolitische Verhalten gegenüber Autokraten an dieser Stelle keine vergleichende Analyse der deutschen Außenpolitik der jeweiligen Bundesregierungen geleistet werden. Unschwer zu erkennen ist aber, dass die Regierungen der Bundesrepublik Deutschland im Sinne einer „Zivilmacht" traditionell der Diplomatie große Bedeutung beigemessen haben. Meist waren sie bestrebt, auch gegenüber „schwierigen Partnern" nicht den Gesprächsfaden abbrechen zu lassen und – wenngleich punktuell auch deutliche Kritik geübt wurde – im Dialog das Thema der Menschenrechte anzusprechen. Gepaart war und ist dies nicht zuletzt mit wirtschaftlichen Anreizen und Kooperationen. Gerade gegenüber China setzte man lange Zeit auf „Wandel durch Handel", verbunden mit der – in diesem Fall trügerischen – modernisierungstheoretischen Annahme, dass mit steigendem Wohlstand und einem Anwachsen der politischen Mittelschicht in China sich auch Forderungen nach politischen Freiheiten einstellen und durchsetzen würden.

Kritisch lässt sich nun nachfragen, ob in der Menschenrechtsaußenpolitik immer das menschenrechtlich Machbare ausgelotet wurde, gerade auch gegenüber jenen Autokratien, mit denen Deutschland kooperiert(e). Gewiss, gegenüber mächtigen, renitenten Staaten wie China sind die menschenrechtspolitischen Einflussmöglichkeiten gering, und selbst der deutschen Seite war bewusst, dass die zeitweise fast schon rituell durchgeführten Menschenrechts- oder Rechtsstaatsdialoge mit China von der Gegenseite nicht ernst genommen wurden (Kinzelbach 2014). Aber auch in solchen Fällen gebietet eine menschenrechtsorientierte Außenpolitik, sich beharrlich für Menschenrechte einzusetzen – und zwar selbst dann, wenn die Wirkung klein bleibt. Menschenrechtspolitisch geht es stets auch darum, den Wert der Menschenrechte immer wieder affirmativ zu bestätigen und den Menschen vor Ort, die sich für Menschenrechte einsetzen, Unterstützung zu signalisieren. Dies gilt schon gar angesichts des Wandel Chinas unter Xi Jingping.

Außerdem ist der mächtige, selbstbewusste und wenig vulnerable Einparteistaat China kein paradigmatischer Fall für andere Länder. Wie sah und sieht es also mit weniger mächtigen Staaten aus, mit denen die Bundesrepublik Deutschland freundschaftliche politische und enge wirtschaftliche Beziehungen unterhält, so etwa mit einigen Staaten des Nahen Ostens? Oder gegenüber Kasachstan, einem Partner im Rohstoffbereich? Und wie steht es um die Partnerländer der bilateralen staatlichen Entwicklungszusammenarbeit? Unter den 65 Partnerländern (2022) finden sich zahlreiche Autokratien.[208] Wer mit menschenrechtsfeindlichen Staaten sicherheits-, wirtschafts-, entwicklungs- oder auch migrationspolitisch kooperiert, darf die Menschenrechte nicht nur als lästiges Pflichtthema erachten, wie dies gelegentlich den Anschein hat. Vielmehr sind Aufmerksamkeit, Beharrlichkeit, Kreativität sowie kritische Selbstreflektion über das eigene Handeln gefragt, um die Menschenrechte unter den oft schwierigen Bedingungen vor Ort jeweils bestmöglich zu fördern – und sich nicht zum stillschweigenden Helfershelfer von Autokraten zu machen.[209]

Einen Master-Plan kann es dabei nicht geben. Kluge Menschenrechtspolitik bedient sich je nach Land und Situation der geeigneten Maßnahmen aus der großen Toolbox der bilateralen und multilateralen Menschenrechtspolitik. Entsprechende Analysen und strategische Planungen sind nötig, um die besten Mittel und Wege zu identifizieren, die Menschenrechte in den jeweiligen Ländern zu schützen und zu fördern. Praktische Erfahrungen zeigen allerdings, dass sich die Aufmerksamkeit, die den Menschenrechten entgegengebracht wird, je nach Land, Regierung und Botschaftspersonal erheblich unterscheidet. Während sich die Bundesregierung und ihre Auslandsvertretungen mancherorts menschenrechtlich stark engagier(t)en, waren und sind Menschenrechte andernorts kein großes Thema.[210] Auch ist die Entwicklungspolitik menschenrechtlich gefordert, wenn in Partnerländern die Demokratien ins Straucheln geraten, die Autokratisierung voranschreitet und Menschenrechtsverletzungen zunehmen. Hier gilt es zu prüfen, inwieweit „Umgehungsstrategien“ greifen können, welche an der nationalen Regierung vorbei lokale Menschenrechtsinstitutionen oder zivilgesellschaftliche Organisationen, soweit noch vorhanden und handlungsfähig, unterstützen, ohne dass die Ressourcen von autokratischen Kräften „gekapert“ werden (Burni/Keijzer 2022: 9). Auch kann eine verstärkte regionale Zusammenarbeit eine Möglichkeit sein.

---

208 Siehe https://www.bmz.de/de/laender (Zugriff: 15. August 2022).

209 Zur Frage der Mittäterschaft bei einer Zusammenarbeit mit Autokraten siehe, bezogen auf konkrete Kooperationen in Afrika, Rühl 2016 oder grundsätzlich Beestermöller 2016.

210 Der Autor bezieht sich hier auf vertrauliche Informationen und Studien von Mitgliedsorganisationen des Forum Menschenrechte zur Zusammenarbeit mit deutschen Auslandsvertretungen beim Schutz von Menschenrechten und zivilgesellschaftlichen Freiräumen.

9. Anknüpfungspunkte an die Außenpolitikanalyse

Politikwissenschaftlich lässt sich die Menschenrechtsaußenpolitik einzelner Staaten als ein Politikfeld betrachten, das maßgeblich durch innerstaatliche Institutionen, Prozesse und Akteure geprägt wird. In diesem Sinne können auch Überlegungen aus der Policy-Forschung in Anschlag gebracht werden, obschon, wie gesagt, Außenpolitik weitgehend eine Domäne der Exekutive ist und der parlamentarische Gesetzgeber weit weniger gefragt ist als etwa in innen- und sozialpolitischen Bereichen. Aber auch hier kommt es zu einem Agenda-Setting sowie zur Formulierung, Umsetzung und Bewertung politischer Programme und Maßnahmen, die sich in abgewandelter Form im Sinne des Policy-Zyklus beschreiben lassen. Eher getrennt von der Policy-Forschung nimmt sich jedoch vor allem die Außenpolitikanalyse (*Foreign Policy Analysis*) der innenpolitischen Bestimmungsgründe außenpolitischer Entscheidungen an.

Zugleich werden Entscheidungen in der Menschenrechtsaußenpolitik auch maßgeblich vom internationalen Umfeld beeinflusst, das nicht nur Anlässe für menschenrechtspolitisches Handeln birgt, sondern auch den Möglichkeitsraum für den Schutz und die Förderung von Menschenrechten in den auswärtigen Beziehungen absteckt. Für die Beschreibung und Erklärung der Menschenrechtsaußenpolitik sind daher grundsätzlich auch Studien aus dem Bereich der „Internationalen Beziehungen" (*International Relations*) von Bedeutung. Im Unterschied zu *Foreign Policy*-Analysen setzen diese bei Staaten als den maßgeblichen Akteuren an[211] und untersuchen das Verhalten der Staaten untereinander vor dem Hintergrund der Strukturen des internationalen Systems. Die vielfältigen individuellen und innerstaatlichen Bestimmungsfaktoren außenpolitischer Entscheidungen werden dabei tendenziell eher ausgeblendet.

Zur Akzentuierung der – im anglo-amerikanischen Raum heftig diskutierten – Unterschiede zwischen *Foreign Policy Analysis* und *International Relations* seien drei Analyse-Ebenen benannt, die eigentlich auf Kenneth Waltz (1959) zurückgehen: *„first image"* (individuelle Entscheidungsträger), *„second image"* (innerstaatliche Prozesse und Akteure) und *„third image"* (Struktur des internationalen Systems). Kurzgefasst, nimmt die *Foreign Policy*-Analyse vornehmlich die

211 Kritisch hierzu z.B. Hudson/Day (2020: 6): „States are not agents because states are abstractions and thus have no agency. Only human beings can be true agents".

erste und die zweite Ebene in den Blick, die IB-Forschung hingegen vor allem die dritte – so auch später Kenneth Waltz (1979, 1996), der als überzeugter Vertreter der neo-realistischen Schule auf einer strikten Trennung von *Foreign Policy Analysis* und dem Studium der *International Relations* beharrte. Zweifelsohne ist es aber sinnvoll, die unterschiedlichen Ansätze und Analyse-Ebenen zu integrieren. An dieser Stelle geht es freilich nur um Ansätze der Außenpolitik-Analyse. Anknüpfungspunkte an IB-Ansätze werden erst nach Darstellung der internationalen Menschenrechtspolitik benannt.

Mit Blick auf die *Außenpolitik-Analyse* ist im deutschsprachigen Raum das Lehrbuch von Klaus Brummer und Kai Oppermann (2019) hilfreich, das die umfassende englischsprachige Literatur und Diskussion zur *Foreign Policy Analysis*[212] auch einem akademischen Publikum hierzulande nahe bringen möchte.[213] Entsprechende Studien betreffen vor allem die US-Außenpolitik, und zwar oft mit Bezug zu außenpolitischen Entscheidungen in internationalen Konfliktsituationen. Da auch Analysen zu anderen Ländern von einer theoriegeleiteten Außenpolitikanalyse profitieren können, haben Rabini et al. (2020) die Kodierungsschemata zweier etablierter *At a distance*-Methoden zur Untersuchung der Führungseigenschaften und politischen Überzeugungen von außenpolitischen Entscheidungsträger:innen – namentlich den *Leadership Trait*-Ansatz und den *Operational Code*-Ansatz, auf die wir gleich eingehen werden – ins Deutsche übertragen. Die Menschenrechtspolitik im engeren Sinne wurde zwar auch in dieser Studie nicht gezielt in den Blick genommen,[214] doch ist eine solche Untersuchung mit diesen und weiteren Ansätzen grundsätzlich möglich. Trotz des Mangels an entsprechenden empirischen Studien seien daher einige Ansätze wenigstens kurz benannt, die Perspektiven für theoriegeleitete Außenpolitik-Analysen im Bereich der Menschenrechte bieten.

Kognitive und psychologische Ansätze

Auf der Ebene der für die Außenpolitik verantwortlichen Personen (*first image*) richtet sich das Augenmerk der Außenpolitikanalyse auf Persönlichkeitsmerkmale, psychische Veranlagungen und kognitive Prozesse der maßgeblichen au-

---

212 Vgl. etwa Breuning 2007, Beach 2012, Alden/Aron 2017, Morin/Paquin 2018, Thies 2018, Hudson/Day 2020 sowie die Beiträge in der Fachzeitschrift „*Foreign Policy Analysis Studies*".

213 An dem Lehrbuch orientieren sich viele der nachfolgenden Ausführungen.

214 Im Hinblick auf politische Überzeugungen wurden Sprechakte zu „Außenpolitik", „Europapolitik" und „Sicherheitspolitik" (und hier insbesondere mit Fokus auf Militäreinsätze) untersucht.

ßenpolitischen Entscheidungsträger:innen. Hier setzen auch die bereits erwähnten *At a distance*-Erhebungen von Rabini et al. (2020) an. „*At a distance*“ bezeichnet dabei ein Vorgehen, das nicht auf einer intimen Kenntnis der jeweiligen Führungspersonen beruht, wie sie (im Idealfall) politischen Biographien oder Insider-Berichten zugrunde liegt. Es handelt sich vielmehr um ein „Profiling“ aus der Distanz, mittels dessen auch ohne direkten Zugang zu den untersuchten Personen deren Führungseigenschaften und politische Überzeugungen erfasst werden sollen. Zu diesem Zweck werden auf Grundlage entsprechender Kodierungsschemata Sprechakte quantitativ erhoben und ausgewertet.

Der *Leadership Trait*-Ansatz nimmt gezielt die Führungseigenschaften von außenpolitischen Entscheidungsträger:innen in den Blick. Den Kern des von Margaret Hermann (2005) entwickelten Ansatzes bilden sieben Führungseigenschaften, namentlich: a) der Glauben an die eigene Fähigkeit, Ereignisse zu kontrollieren; b) das eigene Machtbedürfnis; c) das Vermögen, Sachverhalte und Personen differenziert wahrzunehmen; d) Selbstvertrauen; e) die Orientierung entweder an der Lösung von Problemen oder an der Pflege von Beziehungen; f) das Misstrauen gegenüber anderen; g) die Favorisierung der eigenen „Wir-Gruppe“. Die Führungseigenschaften werden mit Verhaltenserwartungen verknüpft (Rabini et al. 2020: 29 f.) und zu drei (Führungs-)Dimensionen zusammengeführt: dem Umgang mit Handlungsrestriktionen; der Offenheit gegenüber Informationen und Ansichten von anderen; sowie einer eher problem- oder einer eher beziehungsorientierten Motivation der Entscheidungsträger:innen. Aus den drei Dimensionen und ihren jeweiligen Ausprägungen ergeben sich wiederum acht Führungsstile, deren Erhebung freilich nicht immer eindeutig und deren Bezeichnung nicht immer selbsterklärend ist.[215] Methodisch werden die Führungseigenschaften über quantitative Erhebungen und Auswertungen von (spontanen) Sprechakten auf Grundlage einer entsprechenden Textsammlung und eines Kodierungsschemas ermittelt.

An der kodierten, quantitativen Erhebung und Auswertung von Sprechakten (Reden, Interviews etc.) setzt auch der *Operational Code*-Ansatz an. Dieser nimmt nicht Führungsstile, sondern *politische Überzeugungen* in den Blick. Verstanden werden diese als „Heuristiken“ bzw. „mentale Schablonen“, mittels derer die jeweiligen Führungspersonen ihre Umwelt wahrnehmen und Schlüsse für praktisches Handeln ziehen (ebd.: 73). Dabei werden zum einen *philosophical beliefs* über das Wesen der Politik, die Umsetzbarkeit grundlegender politischer

215 Die Führungsstile werden unterschieden in: expansionistisch, evangelistisch, aktiv-unabhängig, direktiv, inkrementell, einflussreich, opportunistisch, kollegial.

Werte, die Vorhersehbarkeit der politischen Zukunft, die Kontrolle über die geschichtliche Entwicklung und die Rolle des Zufalls erfasst. Zum anderen werden *instrumental beliefs* untersucht, welche die Auswahl und die effektive Verfolgung politischer Handlungsziele und das Timing und die Mittel bei deren Umsetzung betreffen (ebd.: 73 ff.). Auch hier werden politische Überzeugungen mit Verhaltenserwartungen verbunden (ebd.: 76 f.), die als Grundlage dienen können, um sowohl in der Vergangenheit getroffene außenpolitische Entscheidungen zu erklären als auch künftige Entscheidungen prognostizieren zu können (Brummer/Oppermann 2019: 196).

Dem Band von Rabini et al. (2020) kommt das Verdienst zu, dass die Autor:innen sowohl das Kodierungsschema des *Leadership Trait*-Ansatzes zur Erhebung von Führungseigenschaften als auch den *Operational Code* zur Bestimmung der politischen Überzeugungen in die deutsche Sprache übertragen und damit für die Analyse außenpolitischer Entscheidungsträger:innen in Deutschland (leichter) anwendbar gemacht haben. Selbst, wenn man kein Freund solcher quantitativer *At a distance*-Analysen ist, heben diese die Bedeutung einzelner Führungspersonen für die Ausgestaltung der Außenpolitik hervor, die eben nicht nur strukturellen Zwängen und Vorgaben unterliegen, sondern als Persönlichkeiten auch Politik prägen. Dem *Leadership Trait*- und dem *Operational Code*-Ansatz liegt letztlich die plausible Annahme zugrunde, dass sich Führungseigenschaften und politische Überzeugungen außenpolitischer Leader auf die Entscheidungen und Inhalte der Außenpolitik auswirken und somit auch das außenpolitische Verhalten von Staaten beeinflussen. Losgelöst von subjektiven Einordnungen werden zu diesem Zweck mit großem technischem Aufwand systematisch und replizierbar Führungseigenschaften und politische Überzeugungen der untersuchten Personen erhoben. Diese ergänzen oder bekräftigen ggf. qualitative Einschätzungen, die damit beileibe nicht obsolet werden. Eine profunde Kenntnis der außenpolitischen Entscheidungsträger:innen und der außenpolitischen Entscheidungsprozesse trägt nach wie vor viel (und möglicherweise mehr) zur Beantwortung der Frage bei, inwieweit sich Führungseigenschaften und politische Überzeugungen der Führungspersonen tatsächlich auf einzelne außenpolitische Entscheidungen auswirk(t)en. Dies gilt mutmaßlich auch für die Menschenrechtsaußenpolitik.

Fundierte Kenntnisse von außenpolitischen Entscheidungssituationen sind zudem bei den meist qualitativen Studien wichtig, die sogenannte *Prospect Theory*-Ansätze nutzen (Brummer/Oppermann 2019: 175 ff.). Diese „Neue Erwartungstheorie" nimmt stärker den *Entscheidungskontext* in den Blick und versucht Entscheidungen unter *Risiko* zu erklären, bei denen die jeweiligen

Entscheidungsträger:innen die identifizierten Optionen und die zu erwartenden Ergebnisse als Gewinne oder Verluste gegenüber einem Referenzpunkt (Status Quo, bestimmte Zielpunkte) bewerten, und zwar nicht zuletzt auf Grundlage subjektiver Wahrnehmungen und eines entsprechenden Framings. Verluste und Gewinne werden dabei, so die Annahme, unterschiedlich gewichtet (Stichwort: Verlust-Aversion), und die unterschiedliche Bewertung durch die Entscheidungsträger:innen wirkt sich auf deren Risikoneigung aus. Entsprechende empirische Studien versuchten mit dem Ansatz u.a. außenpolitische Entscheidungen der damaligen US-Präsidenten Jimmy Carter gegenüber dem Iran und von George H.W. Bush gegenüber dem Irak oder allgemeiner die Politik der USA und verbündeter Staaten gegenüber Nordkorea zu erklären.[216] Bezogen auf Deutschland wurde aus der Perspektive der *Prospect Theory* der Einfluss des damaligen Bundeskanzlers Gerhard Schröder auf die Entscheidung zur Teilnahme an der NATO-Intervention im Kosovo untersucht (Brummer 2012).

Innenpolitische, regierungszentrierte Ansätze

Außenpolitische Analysen auf der zweiten Ebene (*second image*) nehmen die den außenpolitischen Entscheidungen zugrundeliegenden innenpolitischen Prozesse in den Blick. Hier lassen sich – wohlgemerkt aus *regierungszentrierter* Sicht – beispielsweise folgende Fragen formulieren: Inwieweit werden menschenrechtsaußenpolitische Entscheidungen geprägt: durch die Rolle der Regierung als *gatekeeper* zwischen internationaler und innerstaatlicher Ebene (Zwei-Ebenen-Ansatz); durch organisatorische Routinen innerhalb der Exekutive (organisatorischer Ansatz); oder durch Verhandlungen zwischen den verschiedenen Bürokratien innerhalb einer Regierung (bürokratietheoretischer Ansatz)? Auf Grundlage ihrer praktischen Erfahrungen sind Menschenrechtler:innen einige der damit verbundenen Überlegungen nicht völlig fremd.

Der eng mit dem Namen Robert Putnam (1988) verbundene *Zwei-Ebenen-Ansatz* erklärt außenpolitische Entscheidungen aus dem Wechselspiel zweier sich gegenseitig bedingenden Verhandlungsebenen, deren Klaviaturen die nationalen Regierungen als die zentralen strategischen Akteure der Außenpolitik bespielen. Auf der internationalen Ebene vertreten die Regierungen mit einer gewissen Handlungsautonomie den Staat bei Verhandlungen mit anderen Staaten, etwa auf der Ebene der Vereinten Nationen oder (ggf. sogar als Drei-Ebenen-„Spiel“) im Rahmen der Europäischen Union. Auf der innerstaatlichen Ebene wiederum müssen die international getroffenen Entscheidungen und

216 Siehe ebd. die dort angegebenen Beispiele und Literaturangaben.

Verhandlungsergebnisse angenommen werden, damit sie wirkkräftig werden. Besonders deutlich wird dies, um den Bezug zu unserem Thema herzustellen, bei Ratifikationen[217] von Menschenrechtsabkommen. Es lassen sich aber auch anderweitige außenpolitische Vereinbarungen nennen, die in internationalen Menschenrechtsforen und -institutionen getroffen wurden, und innenpolitisch angenommen werden müssen (und nicht durch etwaige Vetospieler blockiert werden dürfen). Die Gesamtheit der innenpolitisch „ratifizierbaren" internationalen Verhandlungsergebnisse wird mit dem Konzept der „*win-sets*" erfasst.

Hier kommt es nun auf das Vermögen der Regierung an, die Imperative beider Verhandlungsebenen zum Ausgleich zu bringen oder gar im Sinne der eigenen außenpolitischen Präferenzen strategisch geschickt zu nutzen. Je nachdem, ob die eigenen Präferenzen eher den zentralen innenpolitischen Akteuren oder eher den internationalen Verhandlungspartnern entsprechen, können unterschiedliche Strategien zur Anwendung kommen. Eine harte Verhandlungslinie in internationalen Verhandlungen kann ggf. mit der fehlenden innenpolitischen Unterstützung für abweichende Verhandlungsergebnisse begründet werden, so dass kontra-intuitiv mit geringen *win-sets* die Verhandlungsmacht auf internationaler Ebene steigen kann. Umgekehrt können die zur innenpolitischen Annahme vorgelegten Verhandlungsergebnisse als internationale Sachzwänge ausgelegt werden, so dass die eigene außenpolitische Handlungsautonomie „heruntergespielt" wird und die (innenpolitischen) *win-sets* ggf. vergrößert werden können. In beiden Fällen kann die Regierung als *gate-keeper* zwischen beiden Ebenen mitunter ihren Informationsvorsprung nutzen.

Die Metapher und das Instrumentarium des *Two-Level-Games* wurden beispielsweise von Hanns W. Maull (2012) genutzt, um zwei „außenpolitische Entscheidungen in Krisenzeiten" zu analysieren: erstens, die Stimmenthaltung Deutschlands bei der Resolution 1973 (2011) im UN-Sicherheitsrat, die militärische Maßnahmen zum Schutze der libyschen Zivilbevölkerung vor dem Regime von Muammar Gaddafi autorisierte; zweitens, die anfängliche Weigerung der Bundesregierung die Ende 2009 ausgebrochene Verschuldungskrise in Griechenland als Problem europäischer Solidarität zu betrachten. Diese sicherheits- bzw. finanzpolitischen Entscheidungen waren auch aus Sicht der Menschenrechte bedeutsam. Niemann/Lauter (2011) wiederum wandten den Zwei-Ebe-

217 Bei dem Zwei-Ebenen-Ansatz wird der Begriff „Ratifikation" nicht nur im völkerrechtlichen Sinne als Ratifikation von internationalen Abkommen genutzt, sondern darüber hinaus auch als die formale oder sogar informelle innenpolitische Annahme entsprechender internationaler Vereinbarungen; vgl. Putnam 1988: 436.

nen-Ansatz auf die Kontrolle der Asylpolitik an. Eine mögliche Anwendung des Zwei- oder Mehrebenen-Modells auf solche oder andere Entscheidungen, welche die Menschenrechte betreffen, setzt allerdings eine fundierte Kenntnis sowohl der Verhandlungsführung auf internationaler Ebene als auch des Prozesses der innerstaatlichen Annahme der Verhandlungsergebnisse voraus.

Insider-Wissen ist ebenfalls gefragt, wenn untersucht werden soll, inwieweit in den jeweiligen Ministerialbürokratien außenpolitische Entscheidungen vorbereitet, umgesetzt oder auch blockiert werden. Hier spielen organisatorische Routinen, verregelte Arbeitsabläufe, Arbeitsteilungen, Koordinationen sowie hierarchische Steuerungen und Kontrollen eine wichtige Rolle. Nicht immer geht es zudem in den Bürokratien darum, die in der Sache beste Handlungsoption zu identifizieren. Oft reicht es (und ist weniger aufwendig), lediglich zufriedenstellende Optionen zu finden. Dabei orientieren sich die von der jeweiligen Organisationskultur geprägten Mitarbeitenden in Bürokratien oft an früheren Entscheidungssituationen. Zu internen – oder von außen angestoßenen – Lernprozessen kann es allerdings dann kommen, wenn die Ergebnisse früherer Entscheidungen unter dem anvisierten Anspruch liegen. Erfahrungsgemäß handelt es sich hierbei um inkrementelles Lernen, es sei denn, der Lerndruck ist aufgrund ungewöhnlicher Ereignisse (oder auch eines grundlegenden Wandels an der Spitze des Ministeriums) besonders hoch (vgl. auch Brummer/Oppermann 2019: 127).

Mit solchen und anderen Fragen beschäftigen sich *organisationstheoretische Ansätze* in der Außenpolitikanalyse, welche in den organisatorischen Abläufen und Routinen eine Erklärungsvariable für die Vorbereitung und Implementierung außenpolitischer Entscheidungen sehen.[218] Während organisationstheoretische Ansätze den Entscheidungsprozess *innerhalb* einer Organisation bzw. eines Ministeriums in den Blick nehmen, untersuchen *bürokratietheoretische* Ansätze den außenpolitischen Aushandlungsprozess *zwischen* Akteuren unterschiedlicher Organisationen, also etwa zwischen unterschiedlichen Ministerien und Ministerialbürokratien. Ähnlich wie für den organisationstheoretischen Ansatz ergeben sich – hier nur aber Ministerien übergreifend – drei grundlegende analytische Fragen: Wer sind die involvierten außenpolitischen Akteure? Welche außenpolitischen Standpunkte vertreten sie? Wie stark ist ihr Einfluss auf die jeweils untersuchte außenpolitische Entscheidung? (Brummer/Oppermann 2019: 147)

---

218 Hilfreich auch hier die Ausführungen und Literaturhinweise von Brummer/Oppermann (2019: 119-141).

In Bezug auf die Menschenrechtsaußenpolitik der Bundesregierung liegen noch keine eigenständigen organisations- oder bürokratietheoretischen Studien vor. Jedoch gibt es viele praktische Erfahrungen unter Menschenrechts-NGOs, die bei ihrer Lobbyarbeit darauf angewiesen sind, die Zuständigkeiten und Abläufe innerhalb der und zwischen den relevanten Ministerien zu kennen. Dementsprechend trifft sich beispielsweise das Forum Menschenrechte nicht nur jährlich mit dem oder der Außenminister:in, sondern pflegt auch auf der Arbeitsebene gute Kontakte mit der Menschenrechtsbeauftragten und dem Menschenrechtsreferat im Auswärtigen Amt, mit dortigen Länder- und Regionalreferaten oder auch mit Auslandsvertretungen, die, oft arbeitsteilig, in die Vorbereitung oder Umsetzung menschenrechtspolitischer Entscheidungen involviert sind. Auch mit anderen relevanten Ministerien werden entsprechende Kontakte gepflegt.

Über die bisher dargestellten regierungszentrierten Ansätze hinaus kann der Blick zudem auf weitere innenpolitische Bestimmungsfaktoren der staatlichen Menschenrechtsaußenpolitik geweitet werden. So lässt sich auch untersuchen, inwieweit etwa Parlamente, politische Parteien, zivilgesellschaftliche Organisationen, Diaspora-Gruppen oder auch die Medien außenpolitische Entscheidungen im Bereich der Menschenrechte beeinflussen. Hier können dann die bereits genannten Ansätze der Policy-Forschung nützlich sein.

Teil IV

Regionale und globale Menschenrechtspolitik

10. Grundrechtsschutz und Menschenrechtspolitik der EU

Kein Zweifel: Aus menschenrechtlicher Sicht fängt der Vertrag von Lissabon, der am 1. Dezember 2009 in Kraft trat, vielversprechend an: „Die Werte, auf die sich die Union gründet, sind die Achtung der Menschenwürde, Freiheit, Demokratie, Gleichheit, Rechtsstaatlichkeit und die Wahrung der Menschenrechte einschließlich der Rechte der Personen, die Minderheiten angehören" (Art. 2, Satz 1 EUV). Zugleich sind der Schutz und die Förderung der Menschenrechte fester Bestandteil des Zielkatalogs der Europäischen Union (Art. 3 EUV). Die Frage drängt sich daher auf, was die Europäische Union unternimmt, um die Menschenrechte sowohl innerhalb der EU als auch im Auswärtigen Handeln der EU zu schützen und zu fördern.

Grundrechtsschutz innerhalb der EU

Werden menschenrechtliche Probleme im Innern der EU angesprochen, dann geht es im EU-Sprachgebrauch meist um Grundrechte (*fundamental rights*), die im Primär- und Sekundärrecht der EU verankert sind. Bezeichnenderweise gab sich die Europäische Union eine „Charta der Grundrechte", die Teil des Primärrechts der Union ist. Die Charta findet auf alle Maßnahmen von EU-Organen Anwendung und ist für die Mitgliedstaaten bei der Durchführung von Unionsrecht maßgeblich.[219] Über deren Einhaltung legt die EU-Kommission als die „Hüterin der Verträge" seit 2010 – mit Ausnahme des Jahres 2019 – alljährlich einen „Bericht über die Anwendung der Charta der Grundrechte der Europäischen Union" vor.[220] Die Berichte beschäftigten sich zum einen mit der Frage, wie die Charta besser bekannt und umfassender genutzt werden kann; die Europäische Kommission hat 2020 zu diesem Zweck eigens eine neue „Strategie für eine verstärkte Anwendung der Grundrechtecharta in der EU" vorgestellt. Zum anderen werden aber auch Probleme angesprochen, wie etwa Desinformation und Hassreden, Rassismus und Diskriminierung oder auch Verstöße gegen

---

219 Etwa, wenn nationale Rechtsvorschriften EU-Richtlinien umsetzen, Behörden das Unionsrecht anwenden oder nationale Gerichte das Unionsrecht anwenden oder auslegen.

220 Abrufbar unter: https://ec.europa.eu/info/aid-development-cooperation-fundamental-rights/your-rights-eu/eu-charter-fundamental-rights/application-charter/annual-reports-application-charter_de

rechtsstaatliche Grundsätze und EU-Asylvorschriften in den Mitgliedstaaten. Der 2021er Bericht legte den Schwerpunkt auf den Schutz der Grundfreiheiten im digitalen Zeitalter.

Weiterhin zeigen die „Berichte über die Rechtsstaatlichkeit", welche die Europäische Kommission bislang für die Jahre 2020 und 2021 erstellt hat, in 27 Länderkapiteln neben positiven auch negative Entwicklungen in den Bereichen Justizsystem, Korruptionsbekämpfung, Medienpluralismus und in Bezug auf die Gewaltenteilung.[221] Tatsächlich ist innerhalb der EU der „Rechtsstaat unter Druck" geraten (Kovács/Scheppele 2021). Besonders besorgniserregend ist die Lage in Ungarn. Dort kontrolliert die gewählte Fidesz-Regierung von Victor Orbán nicht nur die politischen Institutionen, sondern inzwischen auch die Justiz und die Medien und schränkt mittels ihrer NGO-Gesetzgebung den Handlungsspielraum der Zivilgesellschaft ein. „Die Autokratisierung Ungarns verfestigt sich immer mehr", heißt es zutreffend im Länderbericht des Bertelsmann Transformation-Indexes von 2022.[222] Zugleich hat sich der Zustand der polnischen Demokratie verschlechtert, ist auch dort die Unabhängigkeit der Justiz beschnitten worden und es wurden weitere Beschränkungen für die Medien und die Zivilgesellschaft eingeführt.[223]

Innerhalb der EU setzt die Europäische Kommission als „Hüterin der Verträge" vornehmlich auf Dialog mit den Regierungen, doch verfügt sie auch über rechtliche Hebel, um auf Verletzungen der Grundwerte der EU reagieren zu können. Rechtliche Schritte wurden gerade gegen Ungarn und Polen ergriffen. Gegen beide Staaten leitete die Europäische Kommission verschiedlich *Vertragsverletzungsverfahren* (nach Art. 258 des Vertrags über die Arbeitsweise der Europäischen Union) ein, die u.a. Einschränkungen der Unabhängigkeit der Justiz, Verletzungen der Grundrechte von LGBTIQ+ oder auch die Kriminalisierung von Flüchtlingshelfer:innen betrafen. Mitunter mündeten die Verfahren in Urteile des Europäischen Gerichtshofes (EuGH).[224]

Symbolträchtig, aber nur in Ausnahmefällen vorgesehen ist das *Verfahren nach Art. 7* des Vertrags über die Europäische Union (EUV) zum Schutz der

---

221 Vgl. etwa den Bericht für 2021: https://ec.europa.eu/info/policies/justice-and-fundamental-rights/upholding-rule-law/rule-law/rule-law-mechanism/2021-rule-law-report_de

222 https://bti-project.org/de/reports/country-dashboard/HUN (Zugriff: 19. September 2022).

223 https://bti-project.org/de/reports/country-dashboard/POL (Zugriff: 19. September 2022).

224 In den allermeisten Vertragsverletzungsverfahren kommen die Mitgliedstaaten ihren Verpflichtungen aus dem EU-Recht nach, bevor der EuGH damit befasst wird. Werden die bindenden Urteile des EuGH nicht umgesetzt, kann dieser auf Ersuchen der Kommission eine Geldstrafe verhängen.

Werte der EU, das als schwerste Sanktion eine Aussetzung der Stimmrechte des Mitgliedstaates vorsieht. Die Europäische Kommission leitete im Dezember 2017 erstmals ein solches Verfahren gegen Polen ein[225], dem das Europäische Parlament im März 2018 zustimmte.[226] Gegen Ungarn ging die Initiative im September 2018 vom Parlament selbst aus.[227] In beiden Fällen wurde der Rat aufgefordert, die eindeutige Gefahr einer schwerwiegenden Verletzung der in Art. 2 EUV genannten Werte festzustellen.[228] Trotz der sich verschlechternden Lage in beiden Ländern haben es die Mitgliedstaaten bislang jedoch vermieden, im Rat darüber abzustimmen, ob eine solche Gefahr besteht. Eine darüber hinaus gehende Aussetzung der Stimmrechte kann der Rat ohnehin erst mit qualifizierter Mehrheit beschließen, wenn er – auf Vorschlag eines Drittels der Mitgliedstaaten oder der Europäischen Kommission und nach Zustimmung des Europäischen Parlaments – zuvor *einstimmig* festgestellt hat, dass eine schwerwiegende und anhaltende Verletzung (und nicht nur eine entsprechende Gefahr) vorliegt (Art. 7 Abs. 2 und 3). Bereits aufgrund der Veto-Möglichkeiten von Polen und Ungarn ist dies sehr unwahrscheinlich, da die beiden Staaten sich gegenseitige Unterstützung versichert haben.

Mit dem 2021 in Kraft getretenen neuen *Rechtsstaatsmechanismus* (Konditionalitätsverordnung)[229] verfügt die EU nunmehr allerdings über die Möglichkeit, Mitgliedstaaten Mittel aus dem EU-Haushalt zu kürzen, wenn sie bei deren Verwendung von den Prinzipien der Rechtsstaatlichkeit abweichen. Nachdem der EuGH im Februar 2022 Klagen von Polen und Ungarn gegen den Mechanismus zurückgewiesen hatte, aktivierte die Europäische Kommission im April 2022 den neuen Rechtsstaatsmechanismus erstmals gegen Ungarn. Dabei obliegt es dem Rat, mit qualifizierter Mehrheit und der Zustimmung des Europäischen Parlaments zu entscheiden, ob und, wenn ja, wie viele Haushaltsmittel gekürzt oder zurückgehalten werden sollen.

---

225 COM(2017) 835 final, 20. Dezember 2017.

226 European Parliament: 2018/2541(RSP).

227 Europäisches Parlament: PA_TA(2018)0340.

228 Auf begründeten Vorschlag eines Drittels der Mitgliedstaaten, des Europäischen Parlaments oder der Europäischen Kommission kann der Rat mit der Mehrheit von vier Fünfteln seiner Mitglieder nach Zustimmung des Europäischen Parlaments feststellen, dass eine solche Gefahr besteht. Zuvor hört der Rat den betroffenen Mitgliedstaat an; vgl. Art. 7 Abs. 1 EUV.

229 Verordnung (EU, Euratom) 2020/2092 des Europäischen Parlaments und des Rates vom 16. Dezember 2020 über eine allgemeine Konditionalitätsregelung zum Schutz des Haushalts der Union.

Bezüglich der Bestandsaufnahme von Diskriminierung, Rassismus und Hasskriminalität innerhalb der Europäischen Union sind vor allem die Jahresberichte und die weiteren Publikationen der Agentur der Europäischen Union für Grundrechte (*European Union Agency for Fundamental Rights*, FRA) aufschlussreich. Die 2007 gegründete, unabhängige Grundrechteagentur mit Sitz in Wien soll die Union und ihre Mitgliedstaaten bei der Durchführung des Unionsrechts in Grundrechtsfragen fachlich beraten und die Politik und die Öffentlichkeit gerade für die o.g. Probleme sensiblisieren. Der *Fundamental Rights Report 2022* der Grundrechteagentur behandelt darüber hinaus auch die Auswirkungen der Covid-19-Pandemie auf soziale Rechte, den Schutz von Kindern, Probleme der Asylpolitik, das Thema der Informationsfreiheit und Datensicherheit sowie die Umsetzung der UN-Behindertenrechtskonvention in den EU-Mitgliedstaaten.[230] Zu all den thematisierten Problemen formuliert die Grundrechteagentur in Form von „*FRA Opinions*" Empfehlungen.

Menschenrechte im auswärtigen Handeln der EU

Der rechtliche und programmatische Rahmen

Die „eigentliche", als solche ausgewiesene Menschenrechtspolitik betrifft im EU-Sprachgebrauch die Politik der EU gegenüber „Drittstaaten" und internationalen Organisationen wie den Vereinten Nationen. Dabei ist die menschenrechtliche Bindung der EU in ihrem auswärtigen Handeln fester Bestandteil des Vertrags der Europäischen Union:

> „Die Union lässt sich bei ihrem Handeln auf internationaler Ebene von den Grundsätzen leiten, die für ihre eigene Entstehung, Entwicklung und Erweiterung maßgebend waren und denen sie auch weltweit zu stärkerer Geltung verhelfen will: Demokratie, Rechtsstaatlichkeit, die universelle Geltung der Menschenrechte und Grundfreiheiten, die Achtung der Menschenwürde, der Grundsatz der Gleichheit und der Solidarität sowie die Grundsätze der Charta der Vereinten Nationen und des Völkerrechts" (Art. 21 Abs. 1, Satz 1 EUV).

Mit der erstmaligen Verabschiedung einer expliziten EU-Menschenrechtsstrategie (2012) und den darauf aufbauenden Aktionsplänen Menschenrechte und Demokratie (2012-2014, 2015-2019, 2020-2024), die vom Rat verabschie-

---

230 https://fra.europa.eu/sites/default/files/fra_uploads/fra-2022-fundamental-rights-report-2022_en.pdf

det wurden,[231] erhielten die Menschenrechte in den EU-Außenbeziehungen einen strategisch-operativen Rahmen. Mit der Errichtung des Amtes eines „Sonderbeauftragten der Europäischen Union für Menschenrechte“ (2012), der dem Europäischen Auswärtigen Dienst (EAD) angegliedert wurde, bekamen sie auch ein institutionelles Gesicht.[232]

In dem *Strategischen Rahmen für Menschenrechte und Demokratie* von 2012 bekennt sich die EU zum Schutz und zur Förderung der bürgerlichen, politischen, wirtschaftlichen, sozialen und kulturellen Menschenrechte und weist die Menschenrechtsförderung als übergreifende Querschnittspolitik aus, die das gesamte auswärtige Handeln der EU betrifft: „The EU will promote human rights in all areas of its external action without exception“, heißt es dort. So soll die Förderung der Menschenrechte auch in die Bereiche Handel, Investitionen, Technologie, Telekommunikation, Internet, Energie, Umwelt, Unternehmensverantwortung und Entwicklungspolitik integriert werden. Dasselbe gilt für die Gemeinsame Verteidigungs- und Sicherheitspolitik, für auswärtige Dimensionen sowohl von Beschäftigung und Sozialpolitik als auch für den Bereich der „Freiheit, der Sicherheit und des Rechtes“, einschließlich der Terrorismusbekämpfung. In der Entwicklungszusammenarbeit verpflichtet sich die EU ausdrücklich einem menschenrechtsbasierten Ansatz. Der auf dem Strategischen Rahmen aufbauende, erste Aktionsplan Menschenrechte und Demokratie (2012-2014) beinhaltete eine Vielzahl konkret benannter Aktionen des Rates der Europäischen Union und des ihm angegliederten EAD, der Europäischen Kommission sowie der EU-Mitgliedstaaten.

Der zweite, ebenfalls anspruchsvolle Aktionsplan (2015-2019) umfasste 34 Aktionen und damit verbundene Maßnahmen. Diese beinhalteten u.a. die Unterstützung lokaler Institutionen (z.B. von nationalen Menschenrechtsinstituten, Wahlbehörden, Parlamenten, Justizorganen und Anti-Korruptionsbehörden) sowie die Stärkung und den Schutz zivilgesellschaftlicher Organisationen und von Menschenrechtsverteidiger:innen. Vorgesehen war auch die Förderung einzelner menschenrechtlicher Normen und Prinzipien (wie etwa Meinungsfreiheit, Schutz der Privatsphäre, Diskriminierungsfreiheit etc.) sowie die men-

231 Schlussfolgerungen des Rates zum Aktionsplan für Menschenrechte und Demokratie (2020-2024), Dok. 12848/20, 18. November 2020. Von menschenrechtlicher Bedeutung sind weiterhin u.a. die EU-Kinderrechtsstrategie (2021-2024) sowie die EU-Aktionspläne gegen Rassismus (2020-2025) und zur Gleichstellung der Geschlechter und zur Stärkung der Rolle der Frau im auswärtigen Handeln (2021-2025).

232 Zu den Aktivitäten des EU-Sonderbeauftragten für Menschenrechte beispielsweise im Jahr 2020 siehe: Rat der Europäischen Union 2021: 4-8.

schenrechtliche Einbindung der Wirtschaft. Auch sollte ein umfassender Menschenrechtsansatz in Konflikt- und Krisensituationen Anwendung finden. Hinzu kamen Maßnahmen, um menschenrechtspolitische Kohärenz und Konsistenz zu fördern, und zwar in den Bereichen Migration, Menschenhandel und Asylpolitik, Handels- und Investitionspolitik, Terrorismusbekämpfung, Entwicklungszusammenarbeit sowie bei Folgenabschätzungen der Europäischen Kommission zu Vorschlägen in den auswärtigen Beziehungen. Weiterhin genannt wurden Maßnahmen, um die Wirksamkeit und Ergebnisorientierung zu stärken, etwa bei Menschenrechtsdialogen, bei länderspezifischen Menschenrechtsstrategien, der Umsetzung von EU-Menschenrechtsleitlinien, der Wahlbeobachtung sowie mit Blick auf die Verzahnung von Strategien, Instrumenten und Finanzierung der EU (ebd.: 8-27).

Der dritte, systematisch etwas anders gegliederte Aktionsplan enthält übergeordnete Prioritäten und Ziele der EU-Menschenrechtspolitik für die Jahre 2020 bis 2024, die auf nationaler, regionaler und multilateraler Ebene übernommen werden sollen, und benennt fünf Arbeitsschwerpunkte, die es in operativer Hinsicht vor Ort in den Partnerländern umzusetzen gelte: 1) Schutz des Individuums und Befähigung der Menschen zur Selbstbestimmung; 2) Aufbau resilienter, inklusiver und demokratischer Gesellschaften; 3) Förderung eines globalen Systems für Menschenrechte und Demokratie; 4) Nutzung der Chancen und Bewältigung der Herausforderungen von neuen Technologien; 5) Ergebnisse durch Zusammenarbeit. Die Schwerpunkte wurden mit zahlreichen Unterzielen unterlegt und umfassen wiederum ein breites Bündel an Maßnahmen, welche die Grundlage bilden für eine programmatisch ambitionierte EU-Menschenrechtsaußenpolitik. Neu aufgegriffen wurden u.a. die Förderung von Maßnahmen zur Bekämpfung von Auswirkungen des Klimawandels und des Verlusts an biologischer Vielfalt sowie ein eigener Schwerpunkt zum menschenrechtlichen Umgang mit neuen Technologien, einem der „wichtigsten Handlungsbereiche des neuen Aktionsplans“ (Rat der Europäischen Union 2021: 4).

Das Instrumenten-Tool der EU-Menschenrechtspolitik

Der Strategische Rahmen und die Aktionspläne Menschenrechte und Demokratie zeigen ebenso wie die jährlichen Menschenrechtsberichte des Rates und des Europäischen Parlamentes ein breites Spektrum an Strategien, Instrumenten und Maßnahmen auf, das der EU zur Verfügung steht, um Menschenrechte zu fördern und zu verteidigen.

Schaubild 9: Instrumente der EU in der Menschenrechtsaußenpolitik

Instrumente	
Menschenrechtsleitlinien	Festlegung von Kernbereichen des auswärtigen Handelns der EU und der EU-Mitgliedstaaten; Leitfäden für die Umsetzung der EU-Menschenrechtsprioritäten vor Ort.
Länderstrategien für Menschenrechte und Demokratie	Sicherstellung kohärenten strategischen Handelns der EU und der EU-Mitgliedstaaten; erstellt von EU-Delegationen, unter Mitwirkung der Botschaften von EU-Mitgliedstaaten, auf Grundlage der Analyse der Menschenrechtslage in den jeweiligen Ländern.
Dialoge	Thematisierung von Menschenrechten in allgemeinen politischen Dialogen sowie in Menschenrechtsdialogen und -konsultationen mit Partnerländern und regionalen Organisationen.
Demarchen	Formelles, diplomatisches Herantreten an Vertreter:innen von Drittstaaten, um menschenrechtliche Informationen und Sichtweisen auszutauschen.
Öffentliche Erklärungen	Öffentliche Positionierung und Kritik in menschenrechtlichen Fragen („speaking up for human rights and democracy").
Projektförderung	Europäisches Instrument für Demokratie und Menschenrechte (EIDHR); umfassendes Finanzierungsinstrument zur Unterstützung von NGOs, Gruppen und Einzelpersonen, die sich für Demokratie und Menschenrechte einsetzen.
Handel und Präferenzsystem	Menschenrechtsklauseln in Handels- und Kooperationsabkommen mit EU-Drittstaaten; Dialog- und Überwachungsmissionen zur Umsetzung des Allgemeinen Präferenzsystems (APS+) der EU.
EU-Mitwirkung in regionalen und multilateralen Menschenrechtsforen	Mitwirkung in bzw. Unterstützung von: UN-Generalversammlung (Dritter Ausschuss), Menschenrechtsrat, Sonderberichterstattung zu Menschenrechten, Hochkommissariat für Menschenrechte etc.; Teilnahme an interaktiven Dialogen, öffentlichen Debatten und Briefings sowie Veranstaltungen zur Förderung der Menschenrechte.
Sanktionen	Diplomatische, politische, gesellschaftliche und wirtschaftliche Sanktionen sowie gezielte Sanktionen gegen Personen und Einrichtungen (Einreiseverbote, Einfrieren von Vermögenswerten).

Quelle: eigene Zusammenstellung

Die seit den 2000er Jahren sukzessive verabschiedeten (und inzwischen teils überarbeiteten) *menschenrechtlichen Leitlinien* legen die Schwerpunkte der EU und der EU-Mitgliedstaaten bei der Förderung und dem Schutz von Menschenrechten in Drittstaaten fest. Sie dienen als Leitfaden für die Umsetzung der Menschenrechtsaußenpolitik vor Ort. Bislang liegen 13 Leitlinien zu folgenden Themen vor (wobei in Klammern der jeweils letzte Aktualisierungsstand angegeben wird): Bekämpfung von Gewalt gegen und aller Formen der Diskriminierung von Frauen und Mädchen (2008); Schutz von Menschenrechtsverteidiger:innen (2008); Kinder und bewaffnete Konflikte (2008); Menschenrechtsdialoge mit Drittländern (2008); Einhaltung des humanitären Völkerrechts (2009); Todesstrafe (2013); Förderung und Schutz der Ausübung aller Menschenrechte durch lesbische, schwule, bi-, trans- und intersexuelle Personen (LGBTI) (2013); Religions- und Weltanschauungsfreiheit (2013); Meinungsfreiheit – online und offline (2014); Rechte von Kindern (2017); Folter und andere grausame, unmenschliche oder erniedrigende Behandlung oder Strafe (2019); einwandfreies Trinkwasser und Sanitärversorgung (2019); Nichtdiskriminierung im auswärtigen Handeln (2019) (Rat der Europäischen Union 2020: 126 f.).

Hinzu kommen *Länderstrategien* zu Menschenrechten und Demokratie, welche die EU-Delegationen und (teilweise) die Botschaften der EU-Mitgliedstaaten vor Ort ggf. ausarbeiten. Die Länderstrategien legen die strategischen Prioritäten für das Vorgehen der EU in Bezug auf Menschenrechte und Demokratie fest, definieren kurz- und mittelfristige Ziele der Politik gegenüber den jeweiligen Drittstaaten und benennen konkrete Maßnahmen, um diese umzusetzen. Für den Zeitraum 2016 bis 2020 bestanden insgesamt 128 Länderstrategien. Sie sollten ein kohärentes, strategisches Handeln der EU und der EU-Mitgliedstaaten gewährleisten und dienten der Vorbereitung gerade auch von hohen Staatsbesuchen und politischen Dialogen.

Menschenrechtsdialoge sind ein häufig genutztes und zentrales Instrument der EU-Menschenrechtsaußenpolitik. In den Jahren 2017, 2018 und 2019 beispielsweise führte die EU mit 34, 46 bzw. 39 Partnerländern und Regionalgruppen (z.B. ASEAN, Afrikanische Union) Menschenrechtsdialoge und -konsultationen durch.[233] Diese dienten dem Informations- und Meinungsaustausch zu menschenrechtlichen Themen und zielten auf die Förderung und den verbesserten Schutz der Menschenrechte in den jeweiligen Ländern und Regionen ab. Mitunter wurden sie auch genutzt, um das Verhalten in UN-Menschenrechts-

233 Rat der Europäischen Union 2018, 2019, 2020.

gremien abzustimmen. Vor und nach den Menschenrechtsdialogen werden im Idealfall auch Konsultationen mit zivilgesellschaftlichen Gruppen in Brüssel oder in dem jeweiligen Land durchgeführt. Auch darüber hinaus ist der regelmäßige *Austausch* mit zivilgesellschaftlichen Organisationen und Menschenrechtsverteidiger:innen ein wichtiger Aspekt der europäischen Menschenrechtspolitik.

Mit dem *Europäischen Instrument für Demokratie und Menschenrechte* steht ein weltweit anwendbares Finanzierungsinstrument zur Verfügung, das für den Zeitraum von 2014 bis 2020 über einen Haushalt von 1,3 Mrd. Euro verfügte. Mit den EIDHR-Mitteln werden besonders gefährdete Menschenrechtsverteidiger:innen, ausgesuchte Menschenrechts- und Demokratieprojekte sowie multilaterale Institutionen der Menschenrechtsarchitektur unterstützt. Das Besondere ist, dass die Förderung direkt an die jeweiligen zivilgesellschaftlichen Akteure fließen kann, ohne dass hierfür Kooperationsabsprachen mit der Regierung nötig sind. Im Jahr 2019 wurde erstmals das Ziel erreicht, 25 % der Mittel allein zur Unterstützung von Menschenrechten und besonders gefährdete Menschenrechtsverteidiger:innen bereitzustellen. Zu diesem Zweck wurde u.a. ein EU-Notfonds und der Mechanismus „Protect Defenders" zunächst bis 2022 verlängert.[234]

Im Hinblick auf die *Mitwirkung in den UN-Menschenrechtsgremien* obliegt die Festlegung der Handlungsschwerpunkte der EU dem Rat. Zu diesem Zweck nimmt er jährlich Schlussfolgerungen an, welche die Prioritäten der Arbeit in den UN-Gremien festlegen. Sie sollen ermöglichen, dass die EU und die EU-Mitgliedstaaten dort gemeinsame Anliegen vorantreiben oder auch arbeitsteilig aktiv werden.

Das schärfste Instrument der EU sind *Sanktionen*, auf die wir später nochmals gesondert eingehen.

Umsetzung der EU-Menschenrechtspolitik

Inwieweit der strategische Rahmenplan eingehalten und die Aktionspläne effektiv umgesetzt wurden und werden, ist jeweils zu prüfen. Die Eigenwahrnehmung ist überaus positiv: Offiziellen Verlautbarungen zufolge bewirkte der erste Aktionsplan (2012-2014) eine „stärkere durchgängige Berücksichtigung von Menschenrechtsfragen bei allen EU-Strategien im Bereich der Außenbeziehungen und bei den entsprechenden Umsetzungsmaßnahmen."[235] Dies habe auch zu

---

234 Rat der Europäischen Union 2020: 132.

235 Europäische Kommission. Hohe Vertreterin der Union für Außen- und Sicherheitspolitik:

konkreten Veränderungen geführt, so etwa zur Einbeziehung von Menschenrechtsfragen in die Folgenabschätzungen für legislative und nichtlegislative Vorschläge sowie bei der Bereitstellung von EU-Hilfen. Der Aktionsplan habe zudem die Entwicklung von Instrumenten und Ressourcen für die Formulierung und Umsetzung einer kohärenteren Politik erleichtert, namentlich: die Errichtung einer Ratsarbeitsgruppe für Menschenrechte (COHOM); die Annahme detaillierter EU-Leitlinien zu zentralen Menschenrechtsfragen; die Schaffung eines Instrumentariums für einen rechtebasierten Ansatz in der Entwicklungspolitik; die Annahme lokaler Menschenrechtsstrategien in Zusammenarbeit mit den EU-Delegationen und Botschaften der EU-Mitgliedstaaten vor Ort; die Errichtung von Anlaufstellen für Menschenrechtsfragen in EU-Delegationen; sowie ein optimiertes Schulungsprogramm für EU-Diplomaten der EU-Mitgliedstaaten. Wichtig seien im Sinne eines wirksamen Multilateralismus auch die jährlichen Planungen der EU-Strategien in den UN-Menschenrechtsgremien, allen voran im UN-Menschenrechtsrat, sowie eine verstärkte Zusammenarbeit mit der Zivilgesellschaft. Die Konsultation zivilgesellschaftlicher Organisationen, etwa im Vorfeld von Menschenrechtsdialogen, sei durch den Aktionsplan zur gängigen Praxis geworden (ebd.: 3 f.). Kurzum: Es bestünde inzwischen „eine solide Grundlage für die kontinuierlichen Bemühungen der EU, der Achtung der Menschenrechte und der Unterstützung demokratischer Übergangsprozesse weltweit auf bilateraler Ebene, in Zusammenarbeit mit anderen regionalen Organisationen und multilateraler Ebene, insbesondere im Rahmen der Vereinten Nationen, mehr Nachdruck zu verleihen“ (ebd.: 4).

Stellte bereits der im Jahr 2017 veröffentlichte Zwischenbericht (*Mid-Term-Review*) der Umsetzung des zweiten Aktionsplans insgesamt ein positives Zeugnis aus[236], hoben die Europäische Kommission und der Hohe Vertreter der Union für Außen- und Sicherheitspolitik auch bei der Vorstellung des Aktionsplans 2020-2024 hervor, dass inzwischen viel erreicht worden sei. Der strategische Rahmen, die Aktionspläne, die Ernennung eines Sonderbeauftragten für Menschenrechte sowie die Schlussfolgerungen des Rates aus dem Jahr 2019 hätten die EU in die Lage versetzt, ihr Engagement in und gegenüber Drittländern besser zu koordinieren, aktiver, sichtbarer und wirksamer zu gestalten und ihr

Gemeinsame Mitteilung an das Europäische Parlament und den Rat. Aktionsplan für Menschenrechte und Demokratie (2015-2019). „Bekräftigung der Menschenrechte als Kernstück der EU-Agenda“, Brüssel, 28. April 2015. JOIN(2015) 16 final, S. 3 f.

236 EU Action Plan on Human Rights and Democracy (2015-2019): Mid-Term Review, 11138/17, 7 July 2017.

Engagement auf multilateraler Ebene zu verstärken. Reklamiert wird gar eine „weltweite Führungsrolle“ bei der Förderung von Demokratie und Menschenrechten, die es zu stärken gelte, „um den Menschen in der ganzen Welt spürbare Vorteile zu bringen“. In einer sich wandelnden geopolitischen Landschaft stehe die EU bei der Verteidigung der Menschenrechte und der Demokratie auch weiterhin unerschütterlich an vorderster Front. Im Rahmen einer erneuerten strategischen Agenda solle der neue Aktionsplan 2020-2024 nicht nur dazu beitragen, ein stärkeres Europa in der Welt zu verwirklichen. Er stelle auch das einzige Instrument seiner Art dar, mit dem eine wertebasierte Agenda auf der Weltbühne gefördert werde.[237]

Rechenschaft über die Umsetzung der Aktionspläne legen weiterhin die jährlichen, vom Rat veröffentlichten EU-Jahresberichte über Menschenrechte und Demokratie ab, allerdings nur insofern, als sie ausgiebig über die erzielten Fortschritte Bericht erstatten.[238] So eindrucksvoll sich in den Ratsberichten das Konglomerat an ergriffenen Maßnahmen darstellt – Kritisches kommt dort nicht zur Sprache. Dies ist eher schon den fast gleichnamigen[239] Jahresberichten des Europäischen Parlaments (EP) zu entnehmen.

In dem entsprechenden Bericht für 2021 fordert das Europäische Parlament die EU und ihre Mitgliedstaaten beispielsweise auf, sich in etlichen Bereichen – etwa beim Schutz von Menschenrechtsverteidiger:innen, um nur ein Beispiel zu nennen – stärker zu engagieren, die anspruchsvollen Verlautbarungen konsequent umzusetzen und als gutes Beispiel voranzugehen. Zu den prozessualen Forderungen gehören u.a. eine ergebnisorientierte Ausrichtung und Bewertung von Menschenrechtsdialogen und eine stärkere Einbindung und Konsultation der Zivilgesellschaft. Auch verlangt das EP mehr Kontrollmöglichkeiten über die Maßnahmen der EU-Delegationen bei Menschenrechtsverletzungen in Drittländern und plädiert für die Einführung einer qualifizierten Mehrheit (anstatt Einstimmigkeit) bei der Annahme von Sanktionen in Menschenrechtsfragen. Teils werden auch institutionelle Reformen eingefordert, wie etwa die öffentliche Aufwertung und bessere Ausstattung des bzw. der EU-Sonderbeauftragten für Menschenrechte oder auch die Errichtung eines Beschwerde-

---

237 Europäische Kommission/Hoher Vertreter der Union für Außen- und Sicherheitspolitik: Gemeinsame Mitteilung an das Europäische Parlament und den Rat. EU-Aktionsplan für Menschenrechte und Demokratie 2020-2024. Brüssel, 25.3.2020, JOIN(2020)5 final.

238 Siehe stellvertretend: Rat der Europäischen Union 2021: Abs. 37.

239 Der Bericht des Rates lautet: „Jahresbericht über Menschenrechte und Demokratie in der Welt“, jener des EP „Menschenrechte und Demokratie in der Welt und die Politik der Europäischen Union in diesem Bereich – Jahresbericht“.

mechanismus für Menschen, deren Rechte durch EU-Aktivitäten verletzt werden. Mit Blick auf die Corona-Pandemie fordert das EP u.a., „dass die EU dringend ihre Anstrengungen verstärkt, um das alarmierende Ungleichgewicht bei der weltweiten Verteilung von Impfstoffen zu beseitigen, und dabei ihre frühere Zusage einhält, den COVID-19-Impfstoff als globales öffentliches Gut zu unterstützen“ (Europäisches Parlament 2022: Abs. 37) .

Deutlich wird die Diskrepanz zwischen den vom Rat und vom Europäischen Parlament veröffentlichten Menschenrechtsberichten gerade im Bereich der Asyl- und Migrationspolitik. Während der Rat betont, dass der Schutz und die Wahrung der Grund- und Menschenrechte den Kern der Asyl- und Migrationspolitik der EU darstellen würden, und außenpolitisch den Vorschlag der Kommission aufgreift, die Zusammenarbeit mit Drittländern auf Grundlage maßgeschneiderter Partnerschaften mit Herkunfts- und Transitländern zu festigen, fordert das Europäische Parlament die Kommission auf, die Auswirkungen der Zusammenarbeit mit Drittländern im Bereich der Migration auf die Menschenrechte hin zu überprüfen. Dazu gehörten u.a. transparente Ex-ante-Risikobewertungen zu den Auswirkungen jeder formellen, informellen und finanziellen Zusammenarbeit der EU mit Drittländern auf die Rechte von Migrant:innen, Flüchtlingen und Vertriebenen. Die EU müsse dafür sorgen, dass alle Übereinkommen über Migrationszusammenarbeit und Rückübernahme mit Drittländern in striktem Einklang mit internationalen Menschenrechtsnormen, dem Flüchtlings- und Seerecht und insbesondere mit dem Abkommen über die Rechtsstellung der Flüchtlinge (GFK) stehen. Zugleich besteht das EP darauf, dass die Menschenrechte in allen von Frontex und dem Europäischen Unterstützungsbüro für Asylfragen durchgeführten Aktivitäten durchgängig berücksichtigt und überwacht werden (Euorpäisches Parlament 2022: Abs. 85 ff.).

Kohärenz im Grund- und Menschenrechtschutz der EU?

Eine besonders große Herausforderung besteht letztlich in der Herstellung einer kohärenten Menschenrechtspolitik der EU. Die Köherenzproblematik umfasst gleich mehrere Dimensionen. Betroffen ist, erstens, die Frage, wie sich die aktive Einforderung und Förderung der Menschenrechte im auswärtigen Handeln der EU zu den Menschenrechtsverletzungen an den Grenzen und innerhalb der EU verhalten (*internal-external consistency*). Die anhaltende menschenrechtliche Tragödie Abertausender ertrunkener Geflüchteter im Mittelmeer, die Behinderung der Seenotrettung, rechtswidrige Pushbacks an den EU-Außengrenzen sowie die teils menschenunwürdigen Aufnahmebedingungen für Asylbewerber:innen in Staaten wie Griechenland, Italien und Malta konterkarier(t)en den menschenrechtlichen Anspruch der EU in ihrem auswärtigen Handeln und gehen auf Kosten der Glaubwürdigkeit der EU-Menschenrechtspolitik. Auch die EU-Türkei-Erklärung war der Glaubwürdigkeit nicht zuträglich.[240] Ähnliches gilt für die Diskriminierung von Minderheiten in Europa, für rassistische und fremdenfeindliche Gewalt oder auch für den unzureichenden Schutz der wsk-Rechte in Zeiten ökonomischer Krisen, um nur einige Beispiele zu nennen. Ebenso trüben die bereits genannten autoritären Tendenzen und rechtsstaatlichen Defizite, wie sie vor allem in Ungarn und Polen erkennbar sind, das Bild einer demokratischen Wertegemeinschaft, die sich für die Menschenrechte einsetzt.

Zweitens betrifft die Kohärenzproblematik die Frage, inwieweit sich die Menschenrechtspolitik im Auswärtigen Handeln als kohärent darstellt (*external-external consistency*). Hier lassen sich verschiedene Unterfragen formulieren: a) Behandelt die EU Menschenrechtsverletzungen gleich? Oder werden menschenrechtliche Probleme je nach Staat, ob verbündet oder nicht, unterschiedlich bewertet und kritisiert? b) Bilden die verschiedenen Politikfelder der EU im Hinblick auf die Menschenrechte eine kohärente Einheit? Oder konterkarieren die menschenrechtspolitischen Auswirkungen der EU-Politik in anderen Politikfeldern, beispielsweise in der Agrar-, Fischerei- und Handelspolitik, die Menschenrechtspolitik im engen Sinne. Schließlich stellt sich, drittens, die Frage, ob die verschiedenen EU-Organe und die einzelnen EU-Mitgliedstaaten sich widersprechen oder „an einem Strang ziehen“, wenn sie sich zu Menschenrechten und Menschenrechtsverletzungen in einem Staat äußern (*internal-internal consistency*).

240 Vgl. etwa Masouridou/Kyprioti 2018. Bei dem sogenannten „EU-Türkei-Deal“ handelte es sich übrigens nicht, wie in den Medien oft kolportiert wurde, um ein Abkommen.

11. Der Europarat – Hüter der Menschenrechte in Europa?

Der Europarat mit Sitz in Straßburg wurde 1949 als erste europäische Staatenorganisation nach dem Zweiten Weltkrieg von ursprünglich zehn Staaten gegründet. Nach dem Ausschluss Russlands im März 2022 gehören dem Europarat gegenwärtig 46 Mitgliedstaaten an, die – mit Ausnahme von Belarus und nunmehr Russland – alle Staaten Europas, einschließlich des Kaukasus umfassen. Zu den vornehmlichen Zielen des Europarats gehört der Schutz der Menschenrechte, der pluralistischen Demokratie und des Rechtsstaates. Die Länder, die dem Europarat beitreten, verpflichten sich, die Grundsätze der Rechtsstaatlichkeit und den Vorrang der Menschenrechte und Grundfreiheiten anzuerkennen.

Auf seiner Website beschreibt der Europarat sich selbst als „Europas führende Organisation für Menschenrechte". Diesem Selbstverständnis verleihen etliche völkerrechtliche Abkommen zum Schutz der Menschenrechte Ausdruck. Zuvorderst ist hier die von allen Staaten des Europarats ratifizierte Europäische Menschenrechtskonvention (EMRK von 1950, seit 1953 in Kraft) zu nennen, die bislang durch 16 in Kraft getretene Protokolle ergänzt wurde und vornehmlich bürgerlich-politische Menschenrechte umfasst. Dem Schutz und der Förderung der Menschenrechte verpflichtet sind aber auch etliche weitere Abkommen, die eine mehr oder minder große Zahl an Vertragsstaaten aufweisen: die Europäische Sozialcharta in ihrer ursprünglichen (1961/1965) und in ihrer revidierten Fassung (1996/1999), das Europäische Übereinkommen zur Verhütung von Folter und unmenschlicher oder erniedrigender Behandlung oder Strafe (1987/1989), die Konvention zur Bekämpfung des Menschenhandels (2005/2008), das Übereinkommen zum Schutz von Kindern vor sexueller Ausbeutung und sexuellem Missbrauch (2007/2010) sowie das Übereinkommen zur Verhütung und Bekämpfung von Gewalt gegen Frauen und häuslicher Gewalt (2011/2014). Letzteres ist als „Istanbul-Konvention" bekannt geworden und erlangte 2021 besondere mediale Aufmerksamkeit, als die Türkei aus der Konvention austrat. Hinzu kommen noch Abkommen zum nationalen Minderheitenschutz.

Gerichtlicher Menschenrechtsschutz[241]

Die EMRK ist das Herzstück des europäischen Menschenrechtsschutzes, und der Europäische Gerichtshof für Menschenrechte (EGMR) das zentrale Organ zum Schutz der darin verbrieften Rechte. Vertragsstaaten können sich in Form von Staatenbeschwerden wegen jeder behaupteten Verletzung der EMRK an den Gerichtshof wenden, was allerdings selten geschieht.[242] Weit wichtiger ist der gerichtliche Individualrechtschutz: Jede Person, die der Hoheitsgewalt eines Vertragsstaates unterliegt und von einer Verletzung der in der EMRK niedergelegten Rechte betroffen ist (oder zu sein glaubt), kann, wenn der nationale Rechtsweg ausgeschöpft (oder verstellt) ist, beim EGMR eine Beschwerde gegen den betreffenden Staat einreichen. Der EGMR prüft, ob das Verhalten des beklagten Staates mit der EMRK vereinbar war, stellt ggf. eine Verletzung der dort garantierten Rechte fest und kann dem oder der Beschwerdeführer:in Schadensersatz zusprechen.

Die Urteile des EGMR sind verbindlich und müssen von den betreffenden Staaten umgesetzt werden. Allerdings kann der EGMR keine in den Mitgliedstaaten ergangenen Urteile oder Gesetze aufheben oder abändern. Es obliegt dem jeweiligen Staat – über die Zahlung etwaiger Entschädigungen hinaus – Maßnahmen zu ergreifen, um die Konventionsverletzung zu beenden und gleichartige Verletzungen künftig zu vermeiden. Das Ministerkomitee des Europarats (s.u.) überwacht die Urteilsumsetzung und entscheidet (auf Verteter:innen-Ebene) bei regelmäßigen Menschenrechtstreffen (*Human Rights Meetings*), ob die ergriffenen Maßnahmen als Umsetzung des Urteils ausreichen oder Nachbesserungen erforderlich sind.

Die Anzahl der Beschwerden ist sehr groß. Auf dem Höhepunkt im Jahr 2011 waren 151.600 Beschwerden beim EGMR anhängig. Nach dem – von Russland lange Zeit blockierten – Inkrafttreten des Protokolls Nr. 14 zur EMRK, das eine effizientere Abwicklung der Fälle ermöglicht, sank zwar die Zahl unerledigter Beschwerden, lag aber am 31. Dezember 2021 immerhin noch bei 70.150 Fällen; die meisten betrafen die (inzwischen ausgeschiedene) Russische Föderation, die Türkei, die Ukraine und Rumänien. Zwar profitiert der EGMR davon, dass er inzwischen ähnlich gelagerte Fälle zusammenlegt und seit 2004 „Pilotverfahren" durchführt.[243] Doch allein 2021 wurden 44.250 neue Beschwerden

241 Das Kapitel übernimmt längere Passagen aus Krennerich 2021d.

242 Entsprechende Staatenbeschwerden reichten etwa Zypern gegen die Türkei sowie Georgien und die Ukraine gegen Russland ein.

243 https://www.echr.coe.int/Documents/FS_Pilot_judgments_ENG.pdf

eingelegt, während im selben Zeitraum „nur“ 36.092 Beschwerden behandelt wurden: Davon wurden 32.961 als unzulässig abgewiesen oder aus der Liste gestrichen[244], 10.630 Verfahren befanden sich noch im Kommunikationsprozess mit den betroffenen Staaten und 3.191 Beschwerden wurden durch Urteile des Gerichtshofes entschieden.[245] Die in den Urteilen des Jahres 2021 am häufigsten behandelten Rechte waren das Recht auf Freiheit und Sicherheit, das Verbot unmenschlicher und erniedrigender Strafe oder Behandlung sowie das Recht auf ein faires Gerichtsverfahren. Die meisten Urteile betrafen 2021 Russland, die Ukraine und die Türkei.[246]

Und wie steht es um Deutschland? Die bis 2021 insgesamt 201 Verfahren gegen die Bundesrepublik Deutschland, bei denen eine Rechtsverletzung festgestellt wurde, betrafen mehrheitlich überlange Gerichtsverfahren und weitere Aspekte des Rechts auf ein faires Verfahren.[247] Von den elf abgeschlossenen Verfahren des Jahres 2021 wurden in zwei Fällen Konventionsverletzungen festgestellt oder von Deutschland einseitig eingeräumt; auch diese betrafen das Recht auf faires Verfahren (Unparteilichkeit des Richters bzw. überlanges Verfahren).[248]

Trotz chronischer Überbelastung hat der EGMR eine große Bedeutung für den gerichtlichen Menschenrechtsschutz auf regionaler Ebene. Der EGMR hat erheblich dazu beigetragen, dass sich das Verständnis der zumindest bürgerlichen und politischen Menschenrechte innerhalb der Länder des Europarates „verdichtet“ hat. Mithilfe der Doktrin der „*margin of appreciation*“ hat er dabei einen Weg gefunden, die Menschenrechtsstandards zu harmonisieren und zugleich den Besonderheiten der nationalen Rechtsordnungen Rechnung zu tragen, indem den Staaten ein gewisser, aber auch nicht unbegrenzter Ermessensspielraum bei der Rechtsauslegung eingeräumt wird (Sicilianos 2021). Über die behandelten Einzelfälle hinaus haben die EGMR-Urteile teils auch zu weitreichenden Änderungen von Gesetzen, Vorschriften und Verfahren in den Mitgliedstaaten geführt. Ein bereits genanntes Beispiel unter vielen ist die Reform der nachträglichen Sicherungsverwahrung in Deutschland infolge einer Grundsatzentscheidung des EGMR von 2009.[249]

---

244 Verfahren können durch einseitige Erklärungen oder gütliche Einigungen beendet werden.

245 https://www.echr.coe.int/Documents/Stats_analysis_2021_ENG.pdf

246 https://www.echr.coe.int/Documents/Stats_violation_2021_ENG.pdf

247 https://www.echr.coe.int/Documents/Stats_violation_1959_2021_ENG.pdf

248 Siehe den „Bericht über die Rechtsprechung des Europäischen Gerichtshofs für Menschenrechte und die Umsetzung seiner Urteile in Verfahren gegen die Bundesrepublik Deutschland im Jahr 2021“ des BMJ.

249 *EGMR, M. v. Germany*, Urteil vom 17. Dezember 2009, Nr. 19359/04.

Auch passte der EGMR seine Auslegung der inzwischen über 70 Jahre alten EMRK an sich ändernde gesellschaftliche Bedingungen an. Dabei tarierte der Gerichtshof nicht nur die Grenzen staatlicher Eingriffe in die Menschenrechte stets aufs Neue aus. Er bestimmte auch die aktiven Maßnahmen immer wieder neu, welche die Staaten zum Schutz der in der EMRK verankerten Rechte zu ergreifen haben. Mithilfe einer lebendigen Interpretation der Konvention werden dabei auch aktuelle Probleme aufgegriffen, etwa in Bezug auf neue Informations- und Kommunikationstechnologien oder Umweltfragen.[250] Deutlich wurde dies 2020, als der EGMR eine Klimaklage portugiesischer Kinder und Jugendlicher gegen 33 Länder, inklusive Deutschland, zuließ.[251] Auch die Covid-19-Pandemie beschäftigte bereits den EGMR.[252] Da die EMRK und ihre Protokolle mit Ausnahme der Rechte auf Eigentum und Bildung keine wirtschaftlichen und sozialen Menschenrechte enthalten, können diese Rechte jedoch für gewöhnlich nicht direkt vor den EGMR gebracht werden, sondern meist nur mittelbar[253] etwa über die Rechte auf Leben und den Schutz des Privat- und Familienlebens (wie etwa in Bezug auf Gesundheit)[254] oder auch über das Recht auf ein faires Gerichtsverfahren und das Diskriminierungsverbot.

Trotz einer hohen Umsetzung der EGMR-Urteile stößt der gerichtliche Individualrechtsschutz zudem politisch an seine Grenzen. So wichtig es ist, dass der EGMR gerade auch von Menschen aus solchen Ländern angerufen wird, in denen sie keinen angemessenen Menschenrechtsschutz erfahren, kann der – zumal langwierige – gerichtliche Individualrechtsschutz nur bedingt die Menschenrechtslage in Ländern verbessern, in denen die Menschenrechte systematisch verletzt werden. Dies gilt umso mehr, als nicht ausgemacht ist, dass selbst Urteile zu „*leading cases*" schnell und wirksam umgesetzt werden, obwohl diese einer verstärkten Überwachung unterliegen. Entsprechende Probleme betreffen etwa unzureichende Untersuchungen von Misshandlungen oder Tötungen durch Sicherheitskräfte, prekäre Haftbedingungen, unzulässige Eingriffe in die Meinungs- und Versammlungsfreiheit sowie die fehlende Unabhängigkeit der Justiz

---

250 Besonders interessant sind hier – mangels einer Rechts auf Gesundheit in der EMRK – die positiven Maßnahmen zum Schutz des Rechts auf Leben, etwa bei gefährlichen Industrieaktivitäten, Giftmüllentsorgungen, Schadstoffemissionen oder Naturkatastrophen; siehe ECHR Press Unit, Factsheet – Environment and the ECHR, Straßburg 2021.

251 EGMR, *Duarte Agostinho and Others v. Portugal and 32 Other States*, Nr. 39371/20.

252 https://www.echr.coe.int/Documents/FS_Covid_ENG.pdf

253 Siehe aber auch Binder et al. 2016, Leijten 2018.

254 https://www.echr.coe.int/Documents/FS_Health_ENG.pdf

in einigen Mitgliedstaaten des Europarates.[255] Vor allem eine Vielzahl an einstweiligen Verfügungen und Urteilen des EGMR, welche erfolglos die Freilassung von Oppositionellen oder Medienschaffenden etwa in Aserbaidschan, der Türkei und (vor 2022) Russland einforderten, zeigen, dass der EGMR nur bedingt autoritären Herrschaftspraktiken in seinen Mitgliedstaaten etwas entgegensetzen kann.

Außergerichtlicher Menschenrechtsschutz

Während Verletzungen der EMRK vor den EGMR gebracht werden können, gilt dies nicht für die anderen o.g. Menschenrechtsabkommen des Europarates. Zwar sind auch diese Abkommen für die jeweiligen Vertragsstaaten völkerrechtlich verbindlich, doch wird deren Umsetzung „lediglich" von Sachverständigenausschüssen, etwa im Rahmen von Staatenberichtsverfahren (oder im Falle der Revidierten Europäischen Sozialcharta, soweit von den Staaten akzeptiert, auch im Rahmen von Kollektivbeschwerden) überwacht.[256] Die daraus entstehenden Berichte oder Empfehlungen zeigen zwar in vielerlei Hinsicht menschenrechtspolitischen Handlungsbedarf in den Vertragsstaaten auf, doch hängt es von dem politischen Willen der Regierungen ab, entsprechende Maßnahmen einzuleiten. Ähnliches gilt für weitere menschenrechtsspezifische Institutionen wie die 1993 gegründete Europäische Kommission gegen Rassismus und Intoleranz (ECRI), die Rassismus, Fremdenfeindlichkeit und Antisemitismus entgegenwirken soll, sowie das 1999 geschaffene Amt des Menschenrechtskommissars des Europarates, der vor allem sensibilisierend, aufklärend und beratend tätig ist.

Getragen wird der politische Menschenrechtsschutz aber vor allem von den allgemeinen Organen des Europarates, allen voran vom *Ministerkomitee*, das sich aus den Außenminister:innen der Mitgliedstaaten zusammensetzt, sowie deren Ständigen Vertreter:innen in Straßburg, die im Rahmen des Komitees der Ministerbeauftragten die laufenden Arbeiten des Ministerkomitees erledigen. Beratend stehen dem Ministerkomitee verschiedene Lenkungsausschüsse zur Seite, darunter auch einer zu Menschenrechten. Das Ministerkomitee trifft die endgültigen Beschlüsse über alle Vertragstexte, verabschiedet nichtbindende Empfehlungen und überwacht die Umsetzung der Urteile des EGMR. Außerhalb der Überwachungsmechanismen der Menschenrechtsverträge kontrolliert

---

255 Vgl. Council of Europe, Committee of Ministers: Supervision of the Execution of Judgements and Decisions of the European Court of Human Rights 2020, Straßburg 2021.

256 Im Oktober 2022 wurde beispielsweise der erste Evaluationsbericht über die Umsetzung der Istanbul-Konvention in Deutschland veröffentlicht (BMFSFJ 2022).

es zudem mittels länderspezifischer oder thematischer Monitoring-Verfahren ganz grundsätzlich die Einhaltung der Normen und Standards des Europarats, vor allem in den Bereichen Demokratie, Menschenrechte und Rechtsstaatlichkeit. Die Monitoring-Aktivitäten dienen dazu, Mängel bei der Um- und Durchsetzung der Normen und Standards des Europarates aufzudecken und im politischen Dialog auf die Beseitigung dieser Mängel unterstützend hinzuwirken. Ernsthafte Konsequenzen haben die Staaten bei Verstößen aber nicht zu befürchten, selbst, wenn als *ultima ratio* auch Sanktionen ausgesprochen werden können; diese reichen von der zeitweiligen Suspendierung des Vertretungsrechts eines Staates bis hin zu dessen Ausschluss aus dem Europarat, wie dies erstmals am 16. März 2022 im Falle Russlands infolge des Angriffskrieges gegen die Ukraine geschah.

Gemeinsam mit dem Ministerkomitee soll sich zudem die *Parlamentarische Versammlung*, bestehend aus Mitgliedern der nationalen Parlamente der Mitgliedsländer, als das „demokratische Gewissen Europas“ um den Schutz der Grundwerte des Europarates bemühen und die Einhaltung der von den Mitgliedstaaten eingegangenen Verpflichtungen überwachen. Die jährlich mehrfach tagende Parlamentarische Versammlung verabschiedet Entschließungen und richtet Empfehlungen an das Ministerkomitee und die Regierungen der Mitgliedstaaten zu einem breiten Spektrum an Themen, gerade auch im Bereich der Menschenrechte.[257] Die Selbsteinschätzung auf der eigenen Website ist dabei selbstbewusst: „In its 60-plus years of existence, PACE's role as a 'human rights watchdog', a motor of ideas and a forum for debate has triggered positive change, defused conflict, and helped to steer the continent towards an ever-evolving set of shared values.“[258]

Als Erfolge werden dort u.a. der Beitrag der Parlamentarischen Versammlung zur Abschaffung der Todesstrafe in Europa, Initiativen zur Verabschiedung von Europarats-Abkommen, und die Bedeutung als Diskussionsforum zu kontroversen politischen und sozialen Themen genannt sowie auch europaweite Kampagnen (gegen Inhaftierung von minderjährigen Migrant:innen, häusliche Gewalt, sexuellen Kindesmissbrauch) und einige „*hard hitting reports*“ (Geheimgefängnisse der CIA, Handel mit Menschenrechtsorganen etc.). Etliche menschenrechtsrelevante Berichte wurden und werden zur Zeit in den parlamenta-

257 Die Arbeit der Parlamentarischen Versammlung stützt sich dabei auf die Vorarbeiten ihrer Ausschüsse, wie etwa dem Ausschuss für Recht und Menschenrechte und seiner Unterausschüsse.

258 https://pace.coe.int/en/pages/achievements (Zugriff 18. Juni 2022).

rischen Ausschüssen erstellt[259] – auch von Mitgliedern der deutschen Delegation in der Parlamentarischen Versammlung des Europarates. So legte vor kurzem erst MdB Frank Schwabe einen Bericht zu Menschenrechten und Rechtsstaatlichkeit im Nordkaukasus vor.[260]

Anhand eines Berichts eines deutschen MdBs lässt sich aber auch beispielhaft zeigen, wie menschenrechtliche Kritik politisch unterlaufen werden kann. So lehnte die Parlamentarische Versammlung im Januar 2013 mehrheitlich eine Resolution ab, welche die Freilassung politischer Gefangener in Aserbaidschan verlangte. Dem Resolutionsentwurf lag ein Bericht zu dortigen politischen Gefangenen zugrunde, den der eigens dafür eingesetzte deutsche Berichterstatter, MdB Christoph Strässer, erstellt hatte. Hier wie auch zu anderen Gelegenheiten fruchteten die Bemühungen des Autokraten Ilham Alijew, mittels großzügiger Zuwendungen Menschenrechtskritik zu unterbinden und das Image des Regimes aufzupolieren. Die „Kaviar-Diplomatie" verfing auch in den Folgejahren bei etlichen (auch deutschen) Abgeordneten.[261]

Die Bundesregierung erachtet den Europarat als „unverzichtbare Institution zur Förderung von Menschenrechten, Rechtsstaatlichkeit und Demokratie in ganz Europa, sowie als Forum für die Schaffung eines einheitlichen europäischen Rechtsraums."[262] Dementsprechend ist Deutschland einer der Hauptbeitragszahler, unterstützt freiwillig Menschenrechtsprojekte und arbeitet auf allen Ebenen des Europarats mit. Nun gilt es darauf zu reagieren, dass die „unmenschliche und verbrecherische Politik Russlands" (Baerbock)[263] den Europarat in seinen Grundfesten erschüttert hat. Mittelpunkt der Gespräche während der 132. Ministerkonferenz des Europarats im Mai 2022 war demgemäß die Frage, was das Ausscheiden Russlands strategisch für die Arbeit des Europarats als zentrale Organisation zum Schutz der Menschenrechte bedeutet und wie dieser zukunftsfest gemacht werden kann.

---

259 Reports under preparation in the committees of the Parliamentary Assembly of the Council of Europe, AS/Inf(2022) 11, 29. Juli 2022.

260 Parliamentary Assembly, Doc. 15544, 3. Juni 2022.

261 CoE, Report of the Independent Investigation Body on the Allegations of Corruption within the Parliamentary Assembly, Strasburg, 15. April 2018. Siehe auch Taube 2021, Stöber/Becker 2021.

262 https://www.auswaertiges-amt.de/de/aussenpolitik/internationale-organisationen/europarat/er-text/205322

263 So die Außenministerin Baerbock anlässlich der 132. Ministerkonferenz des Europrates in Turin; https://www.auswaertiges-amt.de/de/aussenpolitik/internationale-organisationen/europarat/baerbock-turin-europarat/2532158

12. Die „Menschliche Dimension" der OSZE

Die Organisation für Sicherheit und Zusammenarbeit in Europa (OSZE) umfasst 57 Mitgliedstaaten, darunter alle Staaten Europas und der ehemaligen Sowjetunion sowie die USA und Kanada. Als jüngstes Mitglied trat 2012 die Mongolei der OSZE bei. Die OSZE ging am 1. Januar 1995 aus der Konferenz für Sicherheit und Zusammenarbeit in Europa (KSZE) hervor, die bereits 1975 auf Grundlage der Schlussakte von Helsinki ins Leben gerufen worden war. Mit der Schlussakte wurde inmitten des Kalten Krieges ein multilaterales Forum zwischen den damaligen Militärblöcken in Ost und West geschaffen. Darin verpflichteten sich ursprünglich 35 Staaten auf politische Grundsätze für den Umgang untereinander und mit ihren Bürger:innen und bekannten sich zu einem umfassenden Sicherheitsverständnis, das neben politisch-militärischen Aspekten auch die ökonomische und ökologische Zusammenarbeit sowie – im Gegenzug zur Anerkennung bestehender Grenzen und des Prinzips der Nichteinmischung in innere Angelegenheiten – auch Rechtsstaatlichkeit und Menschenrechte umfasste. In den kommunistischen Ländern entstanden daraufhin Bürgerrechtsbewegungen, die sich auf die Akte von Helsinki beriefen.

„Die Teilnehmerstaaten werden die Menschenrechte und Grundfreiheiten, einschließlich der Gedanken-, Gewissens-, Religions- oder Überzeugungsfreiheit für alle ohne Unterschied der Rasse, des Geschlechts, der Sprache oder der Religion achten. Sie werden die wirksame Ausübung der zivilen, politischen, wirtschaftlichen, sozialen, kulturellen sowie der anderen Rechte und Freiheiten, die sich alle aus der dem Menschen innewohnenden Würde ergeben und für seine freie und volle Entfaltung wesentlich sind, fördern und ermutigen" (Helsinki 1975).

Vor dem Hintergrund der Umwälzungen in Mittel- und Osteuropa ab Ende der 1980er Jahre gewann die Förderung von Demokratie und Menschenrechten erheblich an Bedeutung. Für die Menschenrechte bedeutsam war das Abschlussdokument (1989) der dritten Helsinki-Folgekonferenz in Wien, da es das Konzept der „Menschlichen Dimension" einführte. Es umfasst politische Verpflichtungen, welche die Menschenrechte, Rechte nationaler Minderheiten, Demokratie und Rechtsstaatlichkeit sowie humanitäre Angelegenheiten betreffen. Die Charta von Paris für ein neues Europa (1990) läutete dann eine „neue Ära von Demokratie, Frieden und Einheit" ein, in welcher der Schutz und die Förderung der Menschenrechte als die „vornehmste Pflicht" der Regierungen ausgewiesen und ein klares Bekenntnis zur Demokratie und zu Wahlen als Ausdruck des Volkswillens abgegeben wurde. Das Schlussdokument der Moskauer Konferenz (2001) erkannte die Menschliche Dimension ausdrücklich als internationales Anliegen an und gab diesbezüglich das Prinzip der Nichteinmischung auf: „Die Teilnehmerstaaten erklären mit großem Nachdruck und unwiderruflich, dass die im Bereich der Menschlichen Dimension der OSZE eingegangenen Verpflichtungen ein unmittelbares und berechtigtes Anliegen aller Teilnehmerstaaten und eine nicht ausschließlich innere Angelegenheit des betroffenen Staates darstellen" (Moskau 1991).

Im Rahmen der in den 1990er Jahren vorangeschrittenen Institutionalisierung der KSZE/OSZE wurden die *Human Dimensions Commitments* fortgeschrieben (OSCE/ODIHR 2012a, 2012b) und es erweiterten sich die Themenfelder und Arbeitsgebiete der Menschlichen Dimension. An deren wachsender Bedeutung entfachte sich aber auch Kritik, vor allem seitens der russischen Regierung. Deren Unterstützung der OSZE ließ im Laufe der 1990er Jahre merklich nach, als deutlich wurde, dass sich die OSZE nicht zu einem Gegengewicht zur NATO ausbauen ließ und gleichzeitig die Vormachtstellung und Interessen Russlands in Osteuropa und den Staaten der ehemaligen Sowjetunion durch den von der OSZE unterstützten politischen Wandel bedroht wurden. Gemeinsam mit anderen Nachfolgestaaten der Sowjetunion kritisierte Russland die Schwerpunktsetzung der Feldmissionen auf dem Balkan und auf dem Gebiet der früheren Sowjetunion und die starke Betonung der „Menschlichen Dimension". Gravierende Meinungsverschiedenheiten machten sich nicht zuletzt an der Beobachtung von Menschenrechts- und Wahlstandards fest, die – entgegen dem Geist der Moskauer Erklärung von 1991 – wieder als Einmischungen in innere Angelegenheiten angesehen wurden.

Auch auf dem bisher letzten Gipfeltreffen der Staats- und Regierungschefs in Astana (2010) wurden – trotz Bekräftigung der OSZE-Prinzipien im Abschlussdokument – die unterschiedlichen Auffassungen hinsichtlich der inhaltlichen und strategischen Ausrichtung der OSZE zwischen Ost und West deutlich. Nach der Annexion der Krim (2014) leitete dann der russische Angriffskrieg gegen die Ukraine (2022) die vielzitierte sicherheitspolitische Zeitenwende ein, auf die auch die OSZE reagieren muss. Dabei ist und bleibt die OSZE primär ein zwischenstaatliches Forum für einen *politischen Dialog* der mitwirkenden Staaten – im Ministerrat, dem Ständigen Rat und der Parlamentarischen Versammlung der OSZE.

Im Hinblick auf die Menschenrechte sind vor allem die Aktivitäten des 1991 gegründeten Büros für demokratische Institutionen und Menschenrechte (engl.: *Office for Democratic Institutions and Human Rights*, ODIHR) – als die federführende Institution für die Umsetzung der Menschlichen Dimension der OSZE – hervorzuheben. ODIHR soll die Mitgliedstaaten darin unterstützen, „die volle Achtung der Menschenrechte und Grundfreiheiten zu gewährleisten, sich an den Grundsatz der Rechtsstaatlichkeit zu halten, die Prinzipien der Demokratie zu fördern und in dieser Hinsicht demokratische Institutionen aufzubauen, zu stärken und zu schützen, und Toleranz in der gesamten Gesellschaft zu fördern“ (Helsinki 1992). Zu diesem Zweck beobachtet ODIHR – oft gemeinsam mit der Parlamentarischen Versammlung der OSZE – im großen Stil Wahlen; fördert, gerade auch beratend, demokratische Regierungsführung und Rechtsstaatlichkeit; führt Ausbildungsprogramme im Bereich der Menschenrechte durch; unterstützt Menschenrechtsverteidiger:innen; leistet Hilfestellung beim Kampf gegen Hassverbrechen; setzt sich für Religions- und Glaubensfreiheit ein und unterhält eine eigene Kontaktstelle für *Sinti:ze und Rom:nja.*

Weitere spezifische menschenrechtliche Institutionen sind: das Amt eines Hohen Kommissars für Nationale Minderheiten (seit 1992) und der bzw. die Beauftragte für die Freiheit der Medien (seit 1997). Hinzu kommen die Feldmissionen als ein Kernelement des Krisen- und Konfliktmanagements der OSZE, die im Idealfall einen praktischen Beitrag für den Menschenrechtsschutz in den Konflikt- und Transformationsgesellschaften der Region leisten. Obwohl die konkreten Mandate und Aufgaben sich unterschiedlich darstellen, zielen die Missionen letztlich darauf ab, die Menschen- und Minderheitenrechte sowie den Aufbau demokratischer und rechtsstaatlicher Strukturen zu fördern. Von besonderer Bedeutung sind die Expert:innen-Missionen, die eingesetzt wurden, um die menschenrechtlichen und humanitären Auswirkungen des russischen Angriffskrieges in der Ukraine zu untersuchen. Die Berichte dokumentierten schwere Menschenrechtsverletzungen und Kriegsverbrechen.[264]

---

264 ODIHR.GAL/36/22/Corr.1, 14. Juli 2022.

13. Regionaler Menschenrechtsschutz in anderen Weltregionen

Die vorliegende Einführung muss sich aus Platzgründen weitestgehend auf den für Deutschland besonders wichtigen europäischen und globalen Menschenrechtsschutz beschränken. Das bedeutet beileibe nicht, dass der regionale Menschenrechtsschutz in anderen Weltregionen von nachrangiger Bedeutung wäre. Ihm kommt gerade für die Konkretisierung der Menschenrechte in den jeweiligen regionalen Kontexten (die allerdings in sich wiederum durchaus heterogen sind) eine große Bedeutung zu.

Besonders gut ausgebaut ist das *Interamerikanische Menschenrechtssystem*[265] im Rahmen der Organisation Amerikanischer Staaten (OAS), der 35 Staaten Nord-, Mittel- und Südamerikas sowie der Karibik angehören.[266] Neben der Amerikanischen Erklärung der Rechte und Pflichten der Menschen (1948), an die alle OAS-Staaten gebunden sind, bestehen verschiedene Menschenrechtsabkommen, die für die – fast ausnahmslos lateinamerikanischen[267] – Vertragsstaaten verbindlich sind.[268] Zentral ist die Amerikanische Menschenrechtskonvention (AMRK, von 1965/seit 1969 in Kraft) mit ihren Zusatzprotokollen zu wsk-Rechten (1988/1999) und zur Abschaffung der Todesstrafe (1990/91). Hinzu kommen Interamerikanische Menschenrechtskonventionen zur Verhütung und Bestrafung von Folter (1985/1999), zur Bekämpfung von Gewalt gegen Frauen (1994/95), gegen das „Verschwindenlassen" von Menschen (1994/96), gegen die Diskriminierung von Menschen mit Behinderung (1999/2001) und zum Schutz der Menschenrechte älterer Personen (2015/2016).

Institutionell bedeutsam sind vor allem die Interamerikanische Menschenrechtskommission, der Beschwerde-, Berichts- und Untersuchungsverfahren zur

---

265 Zu den Abkommen und Institutionen des interamerikanischen Menschenrechtsschutzes siehe: Méndez/Cone 2013, Haeck et al. 2015, Krennerich 2015, Engstrom 2018.

266 Allerdings wurde Cuba per Resolution im Jahre 1962 von der Mitwirkung in der OAS ausgeschlossen. Gemäß einer Resolution von 2009 kann in einem von Cuba initiierten politischen Dialog die erneute Mitwirkung vereinbart werden.

267 Die USA und Kanada haben keine der Interamerikanischen Menschenrechtskonventionen ratifiziert. Dasselbe gilt – mit Ausnahme der Konvention zur Bekämpfung von Gewalt gegen Frauen – für viele karibische Kleinstaaten. Politisches Aufsehen erregte der Austritt Venezuelas aus der AMRK (2012).

268 Zu den Vertragstexten und Ratifikationsständen siehe die Website der OAS (www.oas.org).

Verfügung stehen, sowie der Interamerikanische Gerichtshof für Menschenrechte mit streitentscheidenden und gutachtlichen Kompetenzen, dem sich allerdings nicht alle Vertragsstaaten der AMRK unterworfen haben. Beide haben eine progressive Auslegung der Menschenrechte vorangetrieben, etwa in Bezug auf gewaltsames „Verschwindenlassen" (Ibáñez Rivas et al. 2020), auf indigene Rechte, auf sexuelle Selbstbestimmung, auf ein umfassendes Verständnis des Rechts auf Leben (*viva digna*) und, damit verbunden, soziale Menschenrechte (Ferrer Mac-Gregor et al. 2018, Morales Antoniazzi et al. 2019). Zwar können die Normen, Institutionen und Verfahren des Interamerikanischen Menschenrechtssystems die alltäglichen Menschenrechtsverletzungen in der Region nicht wirklich eindämmen (vgl. Krennerich 2019), doch als Bezugspunkte für das Wirken nationaler und transnationaler Menschenrechtsorganisationen, die sich gegen Unterdrückung und Not wehren, sind sie von großem Wert. So nutzen zivilgesellschaftliche Gruppen die inzwischen gut ausgebauten Institutionen und Verfahren des nationalen, regionalen und globalen Menschenrechtsschutzes, um die Achtung, den Schutz und die Gewährleistung der Menschenrechte einzufordern.

In *Afrika* ist die Menschenrechtsidee eng verbunden mit dem Kampf gegen Kolonialismus und Apartheid, erhielt jedoch im Rahmen der (Organisation der) Afrikanischen Union erst mit der Afrikanischen Charta für Menschenrechte und die Rechte der Völker (Banjul-Charta von 1981/1986) eine eigene völkerrechtliche Grundlage. Die Banjul-Charta und ihre Zusatzprotokolle – zur Anerkennung des Afrikanischen Gerichtshofs für Menschenrechte und Rechte der Völker (1998/2004) und zu Frauenrechten (Maputo-Protokoll, 2003/2005) – sowie die Afrikanische Kinderrechtscharta sind die zentralen regionalen Menschenrechtsabkommen. Die Afrikanische Kommission für Menschenrechte und Rechte der Völker, der Afrikanische Gerichtshof für Menschenrechte und Rechte der Völker sowie das *African Committee of Experts on the Rights and Welfare of the Child* wiederum bilden das institutionelle Gerüst des regionalen Menschenrechtsschutzes.[269]

Das wichtigste Verfahren sind hierbei Individualbeschwerden; diese werden von der Kommission behandelt und können – in Fällen systematischer und schwerer Menschenrechtsverletzungen oder der Nicht-Umsetzung von vorläufigen Maßnahmen oder Empfehlungen der Kommission – dem Gerichtshof zu-

269 Auch hier sei auf Literatur verwiesen: African Human Rights Yearbook (zuletzt 2021), African Human Rights Law Journal sowie etwa: Evans/Murray 2008, Bösl/Diescho 2009, Breutz 2015, Murray/Long 2015, Ssenyonjo 2015, Adjolohoun 2020.

geführt werden, sofern die Staaten sich dessen Gerichtsbarkeit unterworfen haben. Nur einige wenige Staaten erlauben Einzelpersonen und NGOs direkt beim Gerichtshof Beschwerde einzulegen. Die afrikanischen Menschenrechtsinstitutionen, die teils eine progressive Spruchpraxis an den Tag legen, werden jedoch wenig von afrikanischen Regierungen unterstützt. Deutlich sichtbar ist dies u.a. in der geringen Umsetzung von Empfehlungen der Kommission, der unzureichenden Anerkennung des Gerichtshofs oder auch Repressalien gegenüber Personen und NGOs, die mit den regionalen Menschenrechtsinstitutionen zusammenarbeiten. Hingegen besteht seitens zivilgesellschaftlicher Organisationen ein Interesse am regionalen Menschenrechtsschutz. Exemplarisch seien Frauenorganisationen genannt, die sich für das Maputo-Protokoll einsetzten, oder die vielen NGOs, die bei der Kommission Beobachterstatus haben. Zur Unterstützung des Gerichtshofes ist zudem eigens eine *African Court Coalition* aktiv.

Der regionale Menschenrechtsschutz in *Asien* ist normativ-institutionell nur rudimentär ausgebaut. Im arabischen Raum ist die in der Praxis wenig bedeutsame Arabische Menschenrechtscharta zu nennen, deren revidierte Fassung 2008 in Kraft trat. In Süd(ost)asien bestehen vereinzelte, subregionale Initiativen und Aktivitäten, insbesondere seitens der *Association of Southeast Asian Nations* (ASEAN).[270] Am bedeutsamsten sind die 2009 gegründete zwischenstaatliche Menschenrechtskommission der ASEAN – die freilich zumeist aus Regierungsvertreter:innen besteht, dem Prinzip der Nicht-Einmischung verbunden bleibt und zu schwersten Menschenrechtsverbrechen geschwiegen hat (Bui 2016, Hanung/Judhistari 2019) – sowie die ASEAN Menschenrechtserklärung von 2012 (Clarke 2012, Renshaw 2013). Während die interamerikanischen und afrikanischen Menschenrechtserklärungen und -abkommen trotz einiger kultureller Besonderheiten mit den internationalen UN-Menschenrechtsabkommen in Einklang stehen bzw. diese ergänzen, weisen die asiatischen Menschenrechtsdokumente einige problematische Bestimmungen auf.[271] Zugleich versuchen die Regierungen den Menschenrechtsdiskurs zu kontrollieren.

Allerdings: „*rights talk cannot be put in a box*" (Langlois 2021: 153). Im Zusammenspiel teils mit nationalen Menschenrechtsinstitutionen (Gomez/Ram-

---

270 Die zehn ASEAN-Mitgliedstaaten sind: Brunei, Indonesien, Kambodscha, Laos, Malaysia, Myanmar, Philippinen, Singapur, Thailand und Vietnam.

271 Siehe die Kritik etlicher internationaler und regionaler Menschenrechts-NGOs (https://www.amnesty.org/en/documents/ior64/002/2012/en/) sowie der damaligen UN-Hochkommissarin für Menschenrechte, Navai Pillay, bei der Verabschiedung der ASEAN Menschenrechtserklärung (https://news.un.org/en/story/2012/11/426012). Siehe auch Wahyuningrum 2019.

charan 2020) fungieren zivilgesellschaftliche Organisationen in der Region mitunter „as watchdog and critical observer, sometimes norm socializer, and also creator of alternative human rights discursive positions" (Manea 2015: 73), zumal in Asien auch der globale Menschenrechtsschutz zum Tragen kommt (Sundrijo 2021). Die Allgemeine Erklärung der Menschenrechte entwickelt auch dort ihre völkergewohnheitsrechtliche Kraft, und die asiatischen Staaten sind an jene globalen UN-Menschenrechtsabkommen gebunden, die sie ratifiziert haben. Im Rahmen des Allgemeinen Überprüfungsverfahrens des UN-Menschenrechtsrates bedürfte es allerdings dringend eines größeren zivilgesellschaftlichen Engagements seitens etlicher asiatischer Staaten (Gomez/Ramcharan 2017).

14. Menschenrechtspolitik im Rahmen der Vereinten Nationen

Der moderne internationale Menschenrechtsschutz im Rahmen der Vereinten Nationen setzt an der UN-Charta von 1945 an. Neben dem Bezug auf die Menschenrechte in der Präambel benennt die UN-Charta als eines der Ziele der Vereinten Nationen, mittels internationaler Zusammenarbeit die Achtung der Menschenrechte unterschiedslos zu fördern und zu festigen (Art. 1 Abs. 3). Um dieses Ziel zu erreichen, verpflichtet die UN-Charta alle Mitgliedstaaten zur Kooperation mit den Vereinten Nationen (Art. 55 und 56). Konkrete Bestimmungen – oder gar einen Katalog an Menschenrechten – sucht man allerdings in der UN-Charta vergebens. Ein solcher findet sich erst in der Allgemeinen Erklärung der Menschenrechte von 1948 und den darauf aufbauenden internationalen Menschenrechtsabkommen, die im Rahmen der Vereinten Nationen erarbeitet, verabschiedet und von einer mehr oder minder großen Zahl an Staaten ratifiziert wurden.

Schaubild 10: Kernabkommen des UN-Menschenrechtsschutzes

UN-Menschenrechtsabkommen (Verabschiedung/In Kraft)	Ratifikation durch BRD (Jahr)	Ratifikationen insgesamt
Internationaler Pakt über wirtschaftliche, soziale und kulturelle Rechte (1966/1976)	1973	171
Zusatzprotokoll (2008/2013)*	Im Prozess	26
Internationaler Pakt über bürgerliche und politische Rechte (1966/1976)	1973	173
Fakultativprotokoll (1966/1976)*	1993	117
Zweites Fakultativprotokoll (1989/1991)**	1992	90
Internationales Übereinkommen zur Beseitigung jeder Form von Rassendiskriminierung (1966/1969)	1969	182
Übereinkommen zur Beseitigung jeder Form von Diskriminierung der Frau (1979/1981)	1985	189
Fakultativprotokoll (1999/2001)*	2002	115

UN-Menschenrechtsabkommen (Verabschiedung/In Kraft)	Ratifikation durch BRD (Jahr)	Ratifikationen insgesamt
Übereinkommen gegen Folter und andere grausame, unmenschliche oder erniedrigende Behandlung (1984/1987)	1990	171
Fakultativprotokoll (2002/2006) (Folterprävention)	2008	92
Übereinkommen über die Rechte des Kindes (1989/1990)	1992	196
Fakultativprotokoll, betreffend die Beteiligung von Kindern an bewaffneten Konflikten (2000/2002)	2004	172
Fakultativprotokoll, betreffend Kinderhandel, Kinderprostitution und Kinderpornographie (2000/2002)	2009	178
Fakultativprotokoll (2012/2014)*	2013	50
Internationale Konvention zum Schutz der Rechte aller Wanderarbeitnehmer und ihrer Familien (1990/2003)	Nein	58
Übereinkommen über die Rechte von Menschen mit Behinderung (2006/2008)	2009	185
Fakultativprotokoll (2006/2008)*	2009	100
Internationales Übereinkommen zum Schutz aller Menschen vor gewaltsamem Verschwinden (2006/2010)	2009	68

* u. a. Beschwerdeverfahren, **Abschaffung der Todesstrafe
Quelle: eigene Zusammenstellung auf Grundlage: www.ohchr.org, Stand: Oktober 2022

Vielfalt an Institutionen

Wer sich heute mit Menschenrechten in den Vereinten Nationen beschäftigt, kann leicht den Überblick verlieren, angesichts der vielen UN-Institutionen, die mittlerweile direkt oder indirekt die Menschenrechte schützen und fördern.[272] Nicht alle gehören jedoch zum UN-Menschenrechtssystem im engeren Sinne, das auf zwei Pfeilern beruht:

Der erste Pfeiler umfasst die auf der UN-Charta beruhenden (*charta-based*) Menschenrechtsorgane, allen voran den UN-Menschenrechtsrat, der als Nebenorgan der UN-Generalversammlung fungiert und dieser gegenüber verantwort-

272 An der Vielfalt der Institutionen macht sich mitunter Kritik an einer „excessive institutionalisation“ (Alston/Mégret 2020: 3) fest.

lich ist. Der Menschenrechtsrat löste 2006 die – zuvor 60 Jahre lang bestehende – Menschenrechtskommission ab, die noch dem Wirtschafts- und Sozialrat unterstellt war. Gemeinsam mit der UN-Vollversammlung ist der UN-Menschenrechtsrat das maßgebliche politische Gremium für den Menschenrechtsschutz in den Vereinten Nationen. Dort findet auch der 2006 eingeführte *Universal Periodic Review* (UPR) statt, dem sich bislang alle Staaten unterziehen. Zudem setzt der Menschenrechtsrat Untersuchungskommissionen sowie als „Sonderverfahren" unabhängige thematische und länderbezogene Sonderberichterstatter:innen und Arbeitsgruppen zu Menschenrechten ein. Von großer Bedeutung ist auch das Amt des/der UN-Hochkommissarar:in für Menschenrechte (seit 1993). Das Hochkommissariat ist Teil des Sekretariats der Vereinten Nationen.

Der zweite Pfeiler besteht aus den auf Menschenrechtsverträgen beruhenden (*treaty-based*) Menschenrechtsvertragsorganen. Dazu zählen all jene unabhängigen Sachverständigenausschüsse, welche die Umsetzung der einzelnen Menschenrechtsverträge kontrollieren. Sie lassen sich leicht merken: Mit Ausnahme des Menschenrechtsausschusses, der den Internationalen Pakt über bürgerliche und politische Rechte überwacht, tragen die Ausschüsse dieselben Namen wie die Verträge: Der Antirassismusausschuss überwacht die Antirassismuskonvention, der Kinderrechtsausschuss die Kinderrechtskonvention und so fort. Die entsprechenden Ausschüsse sind in der Regel Bestandteil des Vertragstextes und werden durch die Verträge selbst geschaffen. Einzige Ausnahme stellt der UN-Ausschuss für wirtschaftliche, soziale und kulturelle Rechte dar, der erst nachträglich eingerichtet wurde.

Nicht zum UN-Menschenrechtssystem im engeren Sinne gehören all jene Hauptorgane (wie der Sicherheitsrat), Nebenorgane (wie seinerzeit die Ad-hoc Strafgerichtshöfe zu Ex-Jugoslawien und Ruanda), Sonderorganisationen (ILO, FAO, UNESCO, WHO etc.) und Programme (z.B. UNDP, Habitat, UN Women), die sich im Rahmen ihrer Zuständigkeiten fallweise mit Menschenrechten beschäftigen. So nimmt sich beispielsweise die ILO insbesondere den Rechten auf Arbeit und soziale Sicherheit an, und (in der Sache oder ausdrücklich) arbeiten die FAO zum Recht auf Nahrung, die UNESCO zum Recht auf Bildung und die WHO zum Recht auf Gesundheit. Von besonderer Bedeutung ist zudem der UN-Sicherheitsrat, da er als einzige UN-Institution letztlich auch über Zwangsmaßnahmen entscheiden kann. Während die beiden (inzwischen aufgelösten) Ad-hoc-Strafgerichtshöfe in und zu Ruanda und dem ehemaligen Jugoslawien noch vom UN-Sicherheitsrat eingerichtet wurden, stellt der 2002 geschaffene Internationale Strafgerichtshof (IStGH) wiederum eine autonome

Einrichtung auf Grundlage des Römischen Statuts dar. Er ist kein Organ der Vereinten Nationen, obgleich die Zusammenarbeit mit den UN bei der Verfolgung von Menschenrechtsverbrecher:innen vertraglich geregelt ist.

Nun soll und kann im Rahmen dieser Einführung nicht die institutionelle Vielfalt des UN-Menschenrechtssystem im Detail entfaltet werden; dies leisten bereits andere Publikationen (statt vieler: Mégret/Alston 2020). Auch sind auf der Website des Hochkommissariats (www.ohchr.org) umfassend und detailreich alle Aktivitäten der charta- und vertragsbasierten UN-Menschenrechtsorgane dokumentiert. Doch schauen wir uns zumindest einige ausgesuchte Institutionen etwas näher an.

Der Menschenrechtsrat

Der Menschenrechtsrat (MRR) löste, wie gesagt, im Jahr 2006 die vormalige Menschenrechtskommission (MRK) ab.[273] Auf Grundlage einer institutionellen Aufwertung und verschiedener prozeduraler Reformen sollte der MRR dem Menschenrechtsschutz innerhalb der Vereinten Nationen eine größere Bedeutung und eine neue Dynamik verleihen und die Schwächen der vormaligen MRK überwinden.[274] Zwar kamen der MRK große historische Verdienste gerade im Bereich des *standard-setting* zu. Auch die Einführung von Sonderverfahren (*special procedures*) und die Dialogmöglichkeiten zwischen Vertreter:innen von Regierungen und Zivilgesellschaft wurden als Stärken betrachtet, auf die sich aufbauen ließ (Rathgeber 2015a). Doch die Glaubwürdigkeit und Professionalität der MRK waren aufgrund ihrer Politisierung, Selektivität und geringen Wirksamkeit am Ende gering. Der MRR sollte, so der damalige UN-Generalsekretär Kofi Annan, nun eine „neue Ära“ einleiten. Gemäß den vorab definierten Zielen[275] soll der neue MRR u.a.: die Umsetzung von staatlichen Menschenrechtsverpflichtungen fördern; durch Dialog und Kooperation Menschenrechtsverletzungen vorbeugen; umgehend auf Menschenrechtskrisen antworten; Empfehlungen zum Schutz und zur Förderung der Menschenrechte aussprechen. Neu war aber vor allem, dass im Rahmen des UPR-Verfahrens nunmehr *alle* UN-Mitgliedstaaten einer regelmäßigen Überprüfung unterzogen wurden.

---

273 Eine umfassende Beschreibung und Bewertung des „großen Experiments“ der MRK unternimmt Pace 2020.

274 Vgl. etwa Heinz 2006, Theissen 2006, Lauren 2007.

275 General Assembly A/RES/60/251, 3. April 2006.

Um den MRR und sein Wirken beschreiben, untersuchen und bewerten zu können, ist neben zahlreichen Publikationen[276] die o.g. Website des Hochkommissariats eine überaus hilfreiche Informationsquelle. Auf deren Unterseite zum MRR[277] sind dessen reguläre und Sondersitzungen dokumentiert. Ebenso sind dort die vom MRR eingesetzten Untersuchungs- und Fact-Finding-Kommissionen aufgelistet sowie die – davon zu unterscheidenden – thematischen und länderbezogenen Sonderberichterstattungen des MRR. Auch zum UPR-Verfahren und zu der hier nicht behandelten Arbeit des Advisory Committee und den Beschwerdemöglichkeiten vor dem MRR finden sich umfassende Informationen. Sitzungen des MRR werden zudem im UN WebTV *live* übertragen und archiviert.

Aufschlussreich sind weiterhin Berichte von Thinktanks sowie von NGOs und NGO-Netzwerken, welche die Arbeit des MRR beobachten, nachhalten und kommentieren. Als Beispiel sei der Thinktank „Universal Rights Group" genannt, der u.a. ein „UN Human Rights Resolution Portal" und ein „HRC Voting Portal" betreibt. Die NGO „UN-Watch", die vor allem zu Israel arbeitet, unterhält ebenfalls eine Datenbank zu Länderresolutionen verschiedener UN-Institutionen. In Deutschland ist die Beobachtung des MRR durch das Forum Menschenrechte beispielhaft. Die auf der Website des Forums offen zugänglichen Berichte[278] zu den Sitzungen des MRR, die bisher Theodor Rathgeber (von 2006 bis 2018) und Silke Voß-Kyeck (seit 2019) erstellt haben, geben einen zwar subjektiv gefärbten, aber überaus kenntnisreichen Einblick in die Arbeit des Gremiums. Neben viel Sitzungsroutine berichten sie von konfrontativen Debatten und strittigen Resolutionen, von taktischen Manövern, „faulen Kompromissen" und Blockaden, aber auch von unerwarteten Erfolgen und substanziellen Stellungnahmen, Berichten, Resolutionen und Diskussionen. Dabei weisen sie stets auch Staaten aus, die den Menschenrechtsschutz zu befördern oder aber auszubremsen versuchen.

Im Folgenden seien vier Aspekte herausgegriffen, die immer wieder für Diskussionsstoff sorgen und für die Bewertung des MRR von Bedeutung sind. Sie betreffen: a) die Zusammensetzung und, damit verbunden, b) die Politisierung des MRR, c) die Thematisierung dringlicher Menschenrechtsprobleme, sowie d) die Mitwirkung von zivilgesellschaftlichen Akteuren.

---

276 Vgl. etwa Nowak et al. 2011, Ramcharan 2011, 2022, Osthoff 2012, Freedman 2013, 2020, Rathgeber 2013, 2016, 2017, Heinz 2016, Tistounet 2020.

277 https://www.ohchr.org/en/hrbodies/hrc/home

278 https://www.forum-menschenrechte.de/unsere-themen/un-menschenrechtsrat/

a) Zusammensetzung des Menschenrechtsrates – ein Ort für „bad guys"?

Von Beginn an war die Zusammensetzung des MRR ein Kritikpunkt und gab immer wieder Anlass für Reformanstöße. Auf den ersten Blick scheint an der Wahl der Mitglieder nichts auszusetzen zu sein: Die 47 Mitgliedstaaten des MRR werden jeweils für drei Jahre in geheimer Wahl mit absoluter Mehrheit von der UN-Vollversammlung gewählt, wobei jedes Jahr ein Drittel der Mitglieder erneuert wird. Eine unmittelbare Wiederwahl ist möglich, danach muss das Land aus Gründen der Rotation mindestens ein Jahr pausieren, bevor es wiedergewählt werden kann. Um eine angemessene geographische Verteilung zu gewährleisten, stellen – ähnlich wie in der MRK – Regionalgruppen jeweils eine festgelegte Anzahl an Mitgliedern (Afrika 13, Asien/Pazifik 13, Lateinamerika/Karibik 8, Osteuropa 6, westliche und andere Staaten 7). Bis Januar 2021 waren insgesamt 119 der 193 UN-Mitgliedstaaten mindestens einmal Mitglied des MRR.[279] Die meisten, nämlich fünf Amtszeiten können von 2006 bis 2022 folgende Länder vorweisen: Brasilien, China, Cuba, Großbritannien, Indien, Indonesien, Japan, Mexiko, Saudi Arabien und Südkorea.[280] Die Mitgliedstaaten sollen dabei eigentlich höchsten Menschenrechtsstandards genügen und umfänglich mit dem MRR kooperieren, und bei der Wahl sollten deren bisherige Beiträge zum Menschenrechtsschutz und die bei der Kandidatur getätigten freiwilligen Versprechen (*voluntary pledges*) und Selbstverpflichtungen (*commitments*) berücksichtigt werden.[281]

Problematisch ist zunächst, dass keine echte Wahl stattfindet. Die jeweiligen Regionalgruppen stellen meist nur so viele Kandidaten auf, wie Sitze zu vergeben sind („*clean slates*", „*closed slates*").[282] Problematisch ist aber vor allem, dass auch Staaten, die eine schlechte oder gar eine desaströse Menschenrechtsbilanz aufweisen, als Kandidaten aufgestellt und – mit wenigen Ausnahmen[283] – bis-

---

279 https://www.ohchr.org/en/hr-bodies/hrc/hrc-elections

280 HRC World Map 2006-2022, Historic membership auf: https/yourhrc.org

281 UN Doc. General Assembly A/RES/60/251, 3. April 2006, sowie: UN Office of the High Commissioner for Human Rights: „Suggested Elements for Voluntary Pledges and Commitments by Candidates for Election to Human Rights Council".

282 Bei den Wahlen im Oktober 2022 kandidierten für 14 neue Sitze (2023 bis 2025) immerhin 17 Staaten, wobei allerdings nur die Regionalgruppen Asien/Pazifik und Lateinamerika/Karibik mehr Kandidaten als Sitze aufwiesen.

283 Während einzelne Autokratien, wie etwa Syrien, diplomatisch „entmutigt" wurden zu kandidieren oder, wie der Iran 2010, ihre Kandidatur mangels Unterstützung zurückzogen, verfehlten Belarus 2007 und Sri Lanka 2008 bei der Wahl die nötige Mehrheit. Dasselbe Schicksal erlitt Saudi-Arabien 2019, obwohl es zuvor bereits mehrfach in den MRR gewählt

lang auch von der UN-Vollversammlung „gewählt" wurden. Zwar sind hochrepressive Regime dort in der Minderheit, doch insgesamt stellten diejenigen Staaten, die z.B. von Freedom House gemessen an bürgerlichen und politischen Rechten als „nicht frei" oder „halbfrei" eingestuft werden, meist die (knappe) Mehrheit im MRR.[284] Am höchsten war bisher deren Anteil im Jahr 2022 mit 68%.

Im Jahr 2022 gehörten neben etlichen anderen Autokratien (wie sogar zum zweiten Mal Eritrea) auch wieder China, Cuba, (bis 7. April) Russland und Venezuela dem Menschenrechtsrat an. Deren offene Obstruktionspolitik gegenüber dem multilateralen Menschenrechtsschutz schwächt das Argument für einen inklusiven MRR, der als Forum dienen soll, um sich über politische und kulturelle Grenzen hinweg zu Menschenrechten auszutauschen, und mindert die Glaubwürdigkeit des MRR. Zwar ist es wichtig, dass der MRR nicht nur aus Gleichgesinnten besteht, sondern die Möglichkeit der aktiven Auseinandersetzung auch mit solchen Regierungen bietet, die den Menschenrechten indifferent bis skeptisch und ablehnend gegenüberstehen – zumal, wenn deren Gebaren im MRR auf Widerstände stößt –, doch das grundlegende Dilemma bleibt bestehen: Mit der Wahl notorischer Menschenrechtsverletzer wird, um eine abgegriffene Redensart zu bemühen, der „Bock zum Gärtner gemacht". Dabei bräuchte der UN-Menschenrechtsrat mehr Gärtner und Pfleger und keine (oder weniger) Böcke (Frankenberger 2020).

Ein wichtiger Unterschied zur früheren Menschenrechtskommission besteht immerhin darin, dass die UN-Vollversammlung mit einer Zweitdrittelmehrheit die Mitgliedsrechte eines Mitgliedstaates des MRR aussetzen kann, wenn dieser sich schwerer und systematischer Menschenrechtsverletzungen schuldig macht. Erstmals erfolgte ein solcher, zeitweiliger Ausschluss gegenüber Libyen in der Endphase der Herrschaft Gaddafis am 1. März 2011 (bis 18. November 2011). Ein zweites Mal suspendierte die UN-Vollversammlung am 7. April 2022 (mit 93 Ja-Stimmen, 24 Enthaltungen und 58 Nein-Stimmen) Russlands Mitgliedschaft im MRR.

---

worden war. Vor der Wahl im Oktober 2022 zog Bahrain angesichts massiver Kritik seine Kandidatur zurück, und Afghanistan und Venezuela wurden (neben Südkorea) nicht gewählt.

284 Laut Berechnungen von UN Watch („Dictatorships at UN"): 2007: 47 %, 2008: 51 %, 2009: 53 %, 2010: 51 %, 2011: 62 %, 2012: 57%, 2013: 49%, 2014: 52%, 2015: 57%, 2016: 62%, 2017: 53%, 2018: 54%, 2019: 53%, 2020: 52%, 2021: 61%, 2022: 68%; https://unwatch.org/database/ (Zugriff: 29. Juli 2022).

b) Politisierung – unvermeidbar?

Ein Gremium, das aus politischen Staatenvertreter:innen besteht, ist zwangsläufig politisch. Die Frage ist jedoch, ob sich die politischen Debatten vorrangig auf Menschenrechte beziehen oder aber von anderweitigen politischen Interessen überlagert werden. Wie angesichts der Zusammensetzung des MRR nicht anders zu erwarten ist, spiegelt sich die wieder an Schärfe gewonnene globale Auseinandersetzung zwischen Demokratien und Autokratien gegenwärtig auch im MRR wider. Dabei wird der Vorwurf der Politisierung und Parteilichkeit nicht nur von demokratisch regierten Staaten erhoben. Er gehört auch zum rhetorischen Standardrepertoire ausgewiesener Autokraten, die „dem Westen" gerne doppelte Standards vorwerfen. Bei aller Routine, Konsenssuche und Dialogorientierung sind daher manche Debatten im MRR politisch aufgeladen und finden in einer angespannten, hitzigen Atmosphäre statt.

Politischer „Dauerbrenner" (Voß-Kyleck) ist zudem der feste Tagesordnungspunkt 7 der regulären Sitzungen des MRR; er behandelt die „Situation der Menschenrechte in Palästina und anderen besetzten arabischen Gebieten". Das bedeutet, dass Israel im Gegensatz zu allen anderen Ländern in jeder MRR-Sitzung zur Sprache kommt und dort gerade von islamischen Staaten regelmäßig wegen Menschenrechtsverletzungen kritisiert wird. Die überproportional häufige Beschäftigung mit und die massive Kritik an Israel boten der US-Regierung unter Präsident Donald Trump den Anlass und die Rechtfertigung, sich 2018 – als erstes Land freiwillig – aus dem MRR zurückzuziehen. Die damalige UN-Botschafterin Nikki Haley und der damalige Außenminister Mike Pompeo der USA begründeten seinerzeit den Schritt mit der anti-israelischen Ausrichtung des MRR, mit dessen Reformresistenz und mit der MRR-Mitgliedschaft von Staaten, deren Regierungen für schwerste Menschenrechtsverletzungen verantwortlich seien. Erst unter US-Präsident Joe Biden kehrten die USA zunächst als Beobachter in den MRR zurück, bevor sie dann 2022 das dritte Mal zum Mitglied gewählt wurden.

Zu den umstrittenen menschenrechtlichen Themen zählen im interregionalen Diskurs weiterhin, um nur einige Beispiele zu nennen, Rassismus und Islamophobie, Gender-Fragen und sexuelle Vielfalt sowie traditionelle Werte und der Schutz der Familie. Auch die Auswirkungen des Kolonialismus, der internationalen Wirtschafts- und Finanzpolitik oder von Sanktionen auf die Menschenrechte sind strittige Themen, ebenso wie der Umgang mit einer kritischen Zivilgesellschaft und Menschenrechtsverteidiger:innen. Auch hier folgen Kritik und Gegenkritik oft außenpolitischen Interessen, bündnispolitischen Überlegungen und gemeinsamen Feindbildern von Regierungen aus ganz unterschiedlichen Weltregionen. Zugleich werden die Zustimmung und Ablehnung von Resolutionen im MRR mehr oder minder stark von der Zugehörigkeit zu den Regionalgruppen geprägt. Um die Politisierung abzubauen, geht es daher auch darum, Blockmentalitäten zu überwinden und über die Regionalgruppen hinaus mit anderen Staaten in der Sache zu Menschenrechten zusammenzuarbeiten. Dies ist bei einer Vielzahl von Themen möglich.

c) Thematisierung drängender Menschenrechtsprobleme

Bei allen diplomatischen Manövern und Routinen bieten Sitzungen des MRR durchaus Möglichkeiten drängende Menschenrechtsprobleme auf die Tagesordnung zu setzen und zu vertiefen. Dies kann bei Sondersitzungen erfolgen oder auch bei regulären Sitzungen des MRR, beispielsweise in Dringlichkeitsdebatten oder auch infolge von Berichte(n) des/der UN-Hochkommissar:in für Menschenrechte und von Sonderberichterstatter:innen. Die Möglichkeit, Menschenrechtsverletzungen und -probleme in einzelnen Staaten offen zu benennen, kritische Länderresolutionen zu verabschieden und Untersuchungen zu einzelnen Ländern zu mandatieren, bietet zudem der – erst nach zähen Verhandlungen platzierte (Rathgeber 2015a) – feste Tagesordnungspunkt 4 der regulären Sitzungen; er behandelt die Menschenrechtslage in allen Teilen der Welt, die eine Befassung durch den MRR erfordern.

Seit der ersten Sitzung des MRR im Juli 2006 fanden bis Dezember 2022 insgesamt 35 Sondersitzungen statt, die mit den Stimmen von einem Drittel der Mitglieder des MRR einberufen werden können. Sie betrafen die Menschenrechtslage beispielsweise: in der Ukraine (infolge der russischen Aggression), in Äthiopien, im Sudan, in Afghanistan, gleich mehrfach in den „besetzten palästinensischen Gebieten", Myanmar und in Syrien, weiterhin im Südsudan, in Burundi, dem Irak, der Zentralafrikanischen Republik, Libyen, Sri Lanka, Côte d'Ivoire, Haiti, im Libanon sowie zuletzt im Iran. Sehr vereinzelt gab es auch themenzentrierte Sondersitzungen.[285]

Im Rahmen der regulären Sitzungen wurden bis zur 50. Sitzung des UN-Menschenrechtsrats im Juni 2022 zudem sieben Dringlichkeitsdebatten durchgeführt, deren Abhaltung bei Abstimmungen eine einfache Mehrheit im MRR benötigen.[286] Teils griffen sie dieselben Ländersituationen wie die Sondersitzun-

---

285 Eine Liste aller Sondersitzungen findet sich unter: https://www.ohchr.org/en/hr-bodies/hrc/special-sessions

286 Die Zahl nannte Michelle Bachelet, UN-Hochkommisarin für Menschenrechte, in ihrem Statement zur Eröffnung der 50. Sitzung des MRR am 15. Juni 2022; https://www.ohchr.

gen auf. So fand beispielsweise im Rahmen der 49. Sitzung des MRR – gegen die Stimmen von China, Cuba, Eritrea, Russland und Venezuela – im März 2022 eine Dringlichkeitsdebatte zur Menschenrechtslage in der Ukraine infolge der russischen Aggression statt. Oder es kamen andere Ländersituationen zur Sprache, die gegebenenfalls Anlass für strittige politische Debatten boten. Ein Beispiel: Die Dringlichkeitssitzung zu Belarus im September 2020, die anlässlich schwerer Menschenrechtsverletzungen und anhaltender Massenproteste nach den dortigen Präsidentschaftswahlen beantragt worden war, bot laut Voß-Kyeck alles, was die Arbeit des MRR gleichermaßen notwendig und unerfreulich mache:

Nach den Stellungnahmen der stellvertretenden UN-Hochkommissarin für Menschenrechte, Nada Al-Nashif, und der Sonderberichterstatterin zu Belarus, Anäis Marin, durften die belarussische Oppositionspolitikerin Swetlana Tichanowskaja und die *online* zugeschaltete Aktivistin Ekatarina Novikana sprechen. Nicht nur wurden die Reden von zahlreichen Änderungsanträgen, allen voran von Belarus und Russland, aber auch von China und Venezuela, unterbrochen und erfolglos abzubrechen versucht. In der nachfolgenden Debatte wurden auch substantielle Hinweise auf schwere Menschenrechtsverletzungen von Belarus als unbewiesen und ungerechtfertigt zurückgewiesen und Vorwürfe gegen Sicherheitskräfte mit Anschuldigungen gegen angeblich gewalttätige Demonstrierende gekontert. Forderungen nach unbhängiger Überprüfung der Ereignisse stand das Beharren auf staatliche Souveränität und Nichteinmischung gegenüber, und Kooperations- und Dialogangebote kontrastierten mit der gegen die EU gerichtete Kritik, etwa seitens Russlands, an der angeblichen Politisierung des MRR durch eine Gruppe „aggressiver Staaten".[287]

Maßstab für die Thematisierung drängender Menschenrechtsprobleme sind weiterhin die 36 Fact-Finding bzw. Untersuchungskommissionen zu einzelnen Ländern, die der Menschenrechtsrat, sei es in regulären oder in Sondersitzungen, bisher mit entsprechenden Resolutionen eingesetzt hat.[288] Die bis einschließlich 2022 eingesetzten oder verlängerten und bis dato noch nicht abgeschlossenen Untersuchungskommissionen betreffen Verletzungen der Menschenrechte und ggf. auch des humanitären Völkerrechts in der Ukraine (infolge der russischen Aggression), in Nicaragua, Äthiopien, den „besetzten palästinensischen Gebie-

org/en/statements/2022/06/statement-michelle-bachelet-un-high-commissioner-human-rights

287 https://www.forum-menschenrechte.de/wp-content/uploads/2020/11/45.-Tagung-des-UN-MRR.pdf

288 https://www.ohchr.org/en/hr-bodies/hrc/list-hrc-mandat

ten und Israel“, Libyen, Venezuela, Myanmar, in der Demokratischen Republik Kongo sowie im Südsudan. Das Ländermandat zum Jemen wurde hingegen – trotz der anhaltenden humanitären und menschenrechtlichen Notlage – 2021 nicht verlängert. Hier hatte Voß-Kyleck zufolge Saudi-Arabien, unterstützt von Bahrain und Ägypten, massiv darauf hingewirkt, eine Mandatsverlängerung zu verhindern.[289] Zugleich ist mit der Errichtung einer Untersuchungskommission nicht gewährleistet, dass die betroffenen Staaten kooperieren. Das Ortega-Regime in Nicaragua verweigert beispielsweise völlig die Zusammenarbeit.

Auch bei den vielen weiteren der insgesamt 1.372 Resolutionen, die der Menschenrechtsrat bis zu seiner 50. Sitzung im Juni 2022 verabschiedet hat[290], ist es interessant, mit welchen Themen und Ländern diese sich befassen, wie offen Menschenrechtsprobleme benannt werden und wie sich das Abstimmungsverhalten der Staaten darstellt.[291] Zu vielen Ländern, so etwa auch zu China und den USA, gab es trotz offenkundiger, wenn auch unterschiedlich gelagerter Menschenrechtsprobleme noch nie kritische Resolutionen, zu anderen aber durchaus. Bei der 51. Sitzung im Oktober 2022 gelang es China beispielsweise darauf hinzuwirken, dass eine Resolution, welche die Befassung mit der Lage in der Xinjiang bei der nächsten Menschenrechtsrat-Sitzung vorsah, mit knapper Mehrheit abgelehnt wurde. Die mit Abstand meisten Resolutionen betrafen – aus den o.g. politischen Motiven – Israel im Hinblick auf die „besetzten palästinensischen Gebiete“.[292] Manche Resolutionen benennen zudem deutlich menschenrechtliche Probleme, andere werden bei der Suche nach Konsens sichtlich „verwässert“. Viele Resolutionen werden konsensual, andere wiederum nur per einfacher Mehrheit angenommen. Manche Länderresolutionen sind hochgradig strittig[293], andere, wie etwa solche zur technischen Kooperation mit einzelnen Ländern, sind politisch wenig(er) brisant.

---

289 https://www.forum-menschenrechte.de/wp-content/uploads/2021/11/FMR-Bericht-zur-48.-Tagung-des-UN-MRR.pdf

290 So Michelle Bachelet in ihrem Statement zur Eröffnung der 50. Sitzung des MRR am 15. Juni 2022; https://www.ohchr.org/en/statements/2022/06/statement-michelle-bachelet-un-high-commissioner-human-rights

291 Das jeweilige Abstimmungsverhalten ist in den – auf der Website des MRR abrufbaren – Sitzungsberichten dokumentiert. Siehe auch das HRC Voting Portal der Universal Rights Group.

292 UN-Watch zählte allein 99 *condemnatory resolutions* zu Israel seit 2006 im MRR und 125 seit 2015 in der UN-Vollversammlung; https://unwatch.org/database/#dictatorships-at-un (Rubrik: „UN resolutions disproportionaly condemn Israel“) (Zugriff: 30. Juli 2022).

293 Exemplarisch seien hier nur die Länderresolutionen zu Tigray/Äthiopien und Burundi bei der 46. Sitzung des MRR genannt.

Nicht minder aufschlussreich sind die den Resolutionen vorgelagerten Debatten und Änderungsanträge sowie die Kompromisse, die im Vorfeld von Resolutionen eingegangen werden (vgl. auch Voss 2019). Bei der Suche nach Konsens oder von Mehrheiten wird manch fortschrittlicher oder auch problematischer Resolutionsentwurf abgeschwächt. Selbst, wenn es zu keinen Resolutionen kommt, geben Staatenvertreter:innen zudem ggf. gemeinsame Stellungnahmen zur Menschenrechtslage in einzelnen Ländern ab, die oft wiederum Gegenstellungnahmen hervorrufen.[294] Hier ist dann aufschlussreich, wer, weswegen und auf welche Weise in den Stellungnahmen kritisiert wird, und wie viele und welche Staaten die Stellungnahmen mittragen.

Auch themenbezogene Resolutionen können umstritten sein. Um nur einen von vielen Problembereichen beispielhaft herauszugreifen: Resolutionen zu Frauenrechten, Gender, sexuellen und reproduktiven Rechten lösen regelmäßig Kritik konservativer Regierungen aus (Jordaan 2016, Voss 2018). Oder wie es Joel Voss (2018) beschreibt: „To say that resolutions related to sexual orientation and gender identity are highly contested would be an understatement. The 2011 resolution, which first introduced SOGI <Sexual Orientation and Gender Identity> to the Council, featured an orchestrated walkout by members of the Organization for Islamic Cooperation, while the 2014 resolution faced seven 'hostile' amendments; the purpose of which was to make the resolutions devoid of any meaning."

Interessant ist weiterhin, inwieweit Resolutionen neu aufgekommene Themen (z.B. Covid 19, Digitalisierung, Klimaschutz) aufgreifen (was durchaus geschieht), und wie sich die Staaten dazu positionieren. Für die Fortentwicklung des Menschenrechtsschutzes bedeutsam sind wiederum Resolutionen, die noch nicht oder kaum kodifizierte Menschenrechte anerkennen. Für die Anerkennung des Menschenrechts auf Wasser und Sanitärversorgung waren etwa die von Deutschland und Spanien regelmäßig im MRR eingebrachten und dort verabschiedeten Resolutionen wichtig. Sie bekräftigen eine Resolution der UN-Vollversammlung vom 28. Juli 2010, in der die Staatengemeinschaft aufgerufen wurde, ihre Bemühungen zu verstärken, allen Menschen den Zugang zu sauberem Wasser und sanitären Anlagen zu ermöglichen. Ein aktuelles Beispiel ist die Re-

294 Exemplarisch sei bei der 50. Sitzung des MRR die (auch von Deutschland beworbene) gemeinsame Stellungnahme von 49 Staaten angeführt, welche die Menschenrechtsverletzungen in China kritisierte. Die von Cuba vorgetragene Gegenstellungnahme von 69 Staaten beharrte hingegen auf die Nicht-Einmischung in innere Angelegenheiten souveräner Staaten und kritisierte Doppel-Standards (beide vom 14. Juni 2022).

solution zum „Recht auf sichere, saubere, gesunde und nachhaltige Umwelt“, die am 2. Oktober 2021 bei der 48. Sitzung des MRR ohne Gegenstimmen verabschiedet wurde.[295] Zugleich gilt es, Resolutionsinitiativen zu verhindern, die etablierte Menschenrechtsstandards aufweichen oder ins Gegenteil verkehren wollen, wie sie beispielsweise die chinesische Regierung immer wieder anstößt.[296]

Insgesamt lässt sich feststellen, dass der MRR bei seinen Sitzungen durchaus aktuelle und dringliche Menschenrechtsprobleme aufgreift. Gleichwohl gibt es etliche „Leerstellen“ und wird die Auswahl der Themen und die Art und Weise, wie diese diskutiert und behandelt werden, sowohl von Verfahrensroutinen als auch von diplomatischen Manövern der einzelnen Staaten und Regionalgruppen bei der Suche nach Konsens oder Bündnispartnern bestimmt. Den Bestrebungen, den Menschenrechtsschutz zu stärken, stehen dabei immer auch Bemühungen entgegen, Kritik abzuwehren und Gegenkritik zu formulieren. Auch werden unterschiedliche Vorstellungen von Menschenrechten und staatlichen Menschenrechtspflichten vorgebracht.

d) Mitwirkung von NGOs

Ein wesentliches Merkmal des MRR (wie zuvor auch der MRK) ist die Beteiligung von NGOs.[297] „There is no other body within the UN System or in other organisations where the space granted to civil society is as important“ (Tistounet 2020: 140). Zwar können nur NGOs mit Konsultativstatus im UN-Wirtschafts- und Sozialrat[298] als „Beobachter“ zu MRR-Sitzungen akkreditiert werden,[299] doch hat sich deren Zahl von 2006 bis 2018 von 407 auf 874 verdoppelt (ebd.). Zugleich dürfen sie weit mehr als nur alle Verfahren (mit Ausnahme des vertraulichen Beschwerdemechanismus) „beobachten“. Akkreditierte NGOs können

295 A/HRC/48/L.23/Rev.1. Siehe auch: *Zeit Online*: Vereinte Nationen: Recht auf saubere Umwelt als Menschenrecht anerkannt, 8. Oktober 2021.

296 Allgemein zu Chinas Außenpolitik in den UN-Menschenrechtsinstitutionen: Piccone 2018, Chen 2019, Kinzelbach 2019. Siehe auch das Dossier von Amnesty International und urgewald: „What China Says, What China Means and What this Means for Human Rights“, https://whatchinasays.org/

297 https://www.ohchr.org/en/hr-bodies/hrc/ngo-participation. Siehe auch die entsprechenden Kapitel in Tistounet 2020 und McGaughey 2021.

298 Auf der Website (www.csonet.org) wurden – zum Zeitpunkt des Zugriffs am 10. August 2022 – 6.110 NGOs mit einem aktiven Konsultationsstatus bei ECOSOC angegeben. Nur ein Teil davon ist menschenrechtlich aktiv oder beim MRR akkreditiert.

299 In der Praxis können mitunter auch nicht-akkreditierte NGOs mithilfe der Zulassung akkreditierter NGOs an den MR-Sitzungen teilnehmen.

schriftliche und mündliche Stellungnahmen vor und in den MRR-Sitzungen abgeben, dürfen an Debatten, interaktiven Dialogen, Podiumsdiskussionen und informellen Treffen teilnehmen sowie Side-Events organisieren. Allein die Anzahl solcher Side-Events stieg in den Jahren 2006 bis 2018 von 87 auf 590 (ebd.). Während der virtuellen oder hybriden Sitzungen, die wegen der Corona-Pandemie 2020 und 2021 stattfanden, war zwar der übliche formale und informelle Austausch in Genf beeinträchtigt, doch eröffneten die Videostatements neue Chancen für NGOs und Betroffene, um ihre Erfahrungen und Anliegen in den MRR einzubringen.[300]

So manchen Regierungen ist die Beteiligung zivilgesellschaftlicher Organisationen, die Menschenrechtskritik üben, allerdings ein Dorn im Auge. Nicht nur werden kritische Stellungnahmen von NGOs und Betroffenen bei den Sitzungen immer wieder durch Anträge zur Geschäftsordnung unterbrochen, gestört oder verhindert (wie bei der o.g. Dringlichkeitssitzung zu Belarus). Es kommt auch zu Repressionen gegenüber zivilgesellschaftlichen Akteuren (und ihre Familien). Dazu zählen: Ausreiseverbote oder Inhaftierungen, um Reisen nach Genf zu unterbinden; das Fotografieren und Filmen der Personen in Genf; Diffamierungen und Hassbotschaften, Einschüchterungen und Drohungen; oder auch Repressalien nach der Rückkehr aus Genf (Tistounet 2020: 145 f.).

Bereits die frühere Menschenrechtskommission hatte in entsprechenden Resolutionen die Regierungen eindringlich aufgefordert, jegliche Behinderungen, Einschüchterungen und Repressalien gegenüber Privatpersonen (und deren Familien) zu unterlassen, die mit UN-Menschenrechtsinstitutionen, einschließlich des MRR, zusammenarbeiten. Vielmehr sollten sie diese wirksam schützen.[301] Der Menschenrechtsrat knüpfte daran an. 2009 verabschiedete er die Resolution 12/2, auf deren Grundlage der Generalsekretär seit 2010 alljährlich Berichte über entsprechende Vorkommnisse vorlegt.[302] Allein in dem Bericht vom 1. Dezember 2021 wurden in fast 30 Staaten entsprechende Fälle von Repression benannt.[303] In Resolutionen zur „Kooperation mit den Vereinten Nationen,

300 Vgl. hierzu die o.g. Berichte für diesen Zeitraum von Silke Voß-Kyeck für das Forum Menschenrechte.

301 Zuletzt: Human Rights Resolution 2005/9.

302 Die Liste der Berichte seit 2010 findet sich unter: https://www.ohchr.org/en/reprisals/annual-reports-reprisals-cooperation-un

303 In alphabetischer Reihenfolge: Ägypten, Äthiopien, Belarus, Burundi, China, DR Congo, Indien, Indonesien, Iran, Israel, Kambodscha, Kamerun, Laos, Libyen, Malediven, Mali, Mexiko, Myanmar, Nicaragua, Pakistan, Philippinen, Saudi-Arabien, Sri Lanka, Südsudan,

ihren Vertreter:innen und Mechanismen im Bereich der Menschenrechte" verurteilt der MRR regelmäßig entsprechende Praktiken.

Trotz aller Repressalien: Zu den Stärken des MRR, einschließlich des UPR und der Sonderverfahren (auf die wir noch eingehen werden), gehört, dass um den MRR herum eine lebendige Menschenrechtsszene entstanden ist, in der Betroffene von Menschenrechtsverletzungen und deren Unterstützergruppen ihre Anliegen vorbringen können. Zugleich tragen zivilgesellschaftliche Organisationen im Idealfall dazu bei, dass die in Genf verabschiedeten Empfehlungen in den (menschenrechts-)politischen Diskurs in den jeweiligen Ländern Eingang finden, und nutzen diese, sofern möglich, für ihre Menschenrechtsarbeit vor Ort.

Deutschlands Mitwirkung im Menschenrechtsrat

Die Mitwirkung in und die Unterstützung von UN-Menschenrechtsinstitutionen ist von zentraler Bedeutung für die multilaterale Menschenrechtsaußenpolitik der Bundesrepublik. Deutschland wurde bisher fünf Mal für drei Jahre (2006-2009, 2013-2015, 2016-2018, 2020-2022, 2023-2025) in den Menschenrechtsrat gewählt und wirkte auch als Nicht-Mitglied (ohne Stimm-, aber mit Rederecht) im MRR mit. Inwieweit sich Deutschland, alleine oder gemeinsam mit anderen EU- oder Nicht-EU-Staaten, eingebracht hat, lässt sich mithilfe der verfügbaren UN-Dokumente quantitativ erfassen und über entsprechende Sitzungsberichte (und möglicherweise Expert:inneninterviews mit Insidern) auch qualitativ untersuchen und bewerten. Hier nur ein erster Eindruck:

Als (einer von mehreren) Hauptsponsor(en) brachte Deutschland seit Bestehen des MRR bis März 2022 insgesamt 84 Resolutionen (mit-)federführend ein, beginnend mit einer Resolution zum Recht auf Wasser (gemeinsam mit Spanien) im September 2006 bis hin zu einer Resolution zum Recht auf Wohnen (gemeinsam mit Brasilien, Finnland und Namibia) im März 2022. Zu beiden Rechten sowie etwa zum „Recht von Privatheit im digitalen Zeitalter" wurden regelmäßig Resolutionen von Deutschland federführend mitgetragen. Auch reichte Deutschland gemeinsam mit anderen Staaten oder im Namen der EU wiederholt Resolutionen zur Menschenrechtslage in Belarus, Burundi, Eritrea, Sri Lanka, Sudan und vor allem Syrien ein.

Und wie steht es um das Abstimmungsverhalten bei anderen Resolutionen? Von den rund 1.000 Resolutionen und Entscheidungen während der Mitgliedschaften Deutschlands im MRR wurden die meisten im Konsens verabschiedet

---

Syrien, Tansania, Turkmenistan, Vereinigte Arabische Emirate, Zentralafrikanische Republik.

oder bei Abstimmungen von Deutschland mitgetragen.[304] Sofern die jeweiligen Bundesregierungen gegen Resolutionen stimmten, handelte es sich oft um Resolutionseingaben von Autokratien (Aserbaidschan, China, Cuba, Iran, Venezuela etc.). Thematisch betrafen diese beispielsweise die regelmäßig von Cuba eingebrachten Resolutionen zur „Förderung einer demokratischen und gerechten internationalen Ordnung", zu „Menschenrechten und internationaler Solidarität", zu den „Folgen von Auslandsverschuldung und anderen finanziellen Verpflichtungen der Staaten auf die volle Nutzung der Menschenrechte, insbesondere der wsk-Rechte" – und die damit verbundenen Mandate von Sonderberichterstatter:innen. Das Gleiche gilt für Resolutionen zu den „negativen Auswirkungen einseitiger Sanktionen auf die Nutzung von Menschenrechten" oder zum „Recht auf Entwicklung", die etwa Aserbaidschan, Venezuela oder der Iran im Namen des Non-Alignement Movement (NAM) einbrachten.

Auch stimmte Deutschland gegen die Wiederauflage etlicher von China eingebrachten Resolutionen, so etwa jene zum „Beitrag von Entwicklung für die Nutzung der Menschenrechte" oder jene zur „Förderung der für beide Seiten förderlichen Zusammenarbeit". Vorderhand mögen diese unverdächtig klingen, doch koppeln sie die Umsetzung der Menschenrechte an die Voraussetzung von Entwicklung oder stellen diese lediglich als eine Angelegenheit freundlicher Kooperation dar.[305] Auf Ablehnung stießen auch einige von afrikanischen Staaten eingebrachten Resolutionen zu „Rassismus, rassistische Diskriminierung, Fremdenfeindlichkeit und ähnliche Formen der Intoleranz". Uneinheitlich ist das Abstimmungsverhalten bei – zumal aus deutscher Sicht – politisch heiklen Resolutionen zu Israel, die bislang meist von Pakistan im Namen der Organisation Islamischer Staaten (OIC) eingereicht wurden. Insgesamt weisen die eingangs genannten Berichte der Beobachter:innen des „Forum Menschenrechte" teils ein engagiertes, teils ein zögerliches Verhalten deutscher Regierungsvertreter:innen bei Verhandlungen und Diskussionen über Resolutionen und Stellungnahmen aus.

Das UPR-Verfahren

Die wichtigste Neuerung, die mit der Gründung des MRR einherging, ist die Allgemeine regelmäßige Staatenprüfung – der *Universal Periodic Review*

---

304 Siehe hier erneut das HRC voting portal der Universal Rights Group: https://www.universal-rights.org/country-voting-history-portal/ (Zugriff: 1. August 2022).

305 Siehe die Berichte von Voß-Kyleck.

(UPR).[306] Mit dem UPR wurde ein Verfahren der gegenseitigen universellen Prüfung etabliert: *Alle* 193 UN-Mitgliedstaaten sollten sich fortan in periodischen Abständen[307] auf Grundlage objektiver und verlässlicher Informationen daraufhin prüfen lassen, inwieweit sie ihren menschenrechtlichen Verpflichtungen nachkommen. Das Verfahren ist dabei ausdrücklich auf Kooperation und Dialog angelegt, unter der vollen Mitwirkung des untersuchten Staates und unter Berücksichtigung seines Kapazitätsbedarfs.[308] Der UPR wird also nicht gegen den überprüften Staat, sondern in Zusammenarbeit mit diesem durchgeführt und ist auf dessen Mitwirkung angewiesen. Dabei sind die Staaten zur Kooperation und zur Interaktion angehalten. Das übergeordnete Ziel ist es, dazu beizutragen, die Menschenrechtslage in dem jeweiligen Staat für die dortigen Menschen spürbar zu verbessern. Zu diesem Zweck werden menschenrechtliche Probleme identifiziert und seitens der Staaten Empfehlungen ausgesprochen, wie diese zu überwinden sind. Kurzgefasst stellt sich das UPR-Verfahren wie folgt dar:

1) Zur Vorbereitung der Überprüfung erstellt der betroffene Staat – im Idealfall im Rahmen eines nationalen Konsultationsprozesses – einen Staatenbericht von höchstens 20 Seiten (*state report*). Das UN-Hochkommissariat legt zwei weitere Dokumente vor: eine Zusammenstellung der Empfehlungen und Stellungnahmen von Sonderberichterstatter:innen, Menschenrechtsvertragsausschüssen oder anderen UN-Institutionen zu dem überprüften Staat von maximal zehn Seiten (*UN compilation*); eine Zusammenfassung von Informationen, Stellungnahmen und Parallelberichten, die sogenannte *stakeholders*, inklusive Nationale Menschenrechtsinstitute und NGOs, einreichen, von bis zu zehn Seiten (*stakeholder summary*).

2) Die eigentliche Überprüfung findet zunächst außerhalb der regulären Sitzung in einer UPR-Arbeitsgruppe des MRR statt, in der die 47 MRR-Mitglieder vertreten sind, an der aber auch alle anderen UN-Mitgliedstaaten als „Beobachterstaaten" teilnehmen können und Rederecht haben. In einem bis zu dreieinhalb stündigen „interaktiven Dialog" kommentieren die Staatenvertreter:innen unter Zuhilfenahme der o.g. Dokumente die Lage der Menschenrechte in dem zu überprüfenden Staat, stellen Fragen und geben Empfehlungen ab. Eine „Troi-

---

306 Neben der UPR-Website des UN-Hochkommissariats und der Datenbank von UPR-Info siehe u.a.: Charlesworth/Larking 2014.

307 Der Überprüfungszeitraum belief sich anfänglich auf vier Jahre, wurde aber im zweiten Überprüfungszyklus auf viereinhalb Jahre und im dritten Zyklus auf fünf Jahre erhöht.

308 UN Doc. General Assembly A/RES/60/251, 3. April 2006, 5e.

ka“, bestehend aus drei MRR-Mitgliedstaaten aus unterschiedlichen Regionalgruppen, fungiert als *facilitator* und Berichterstatter.[309] Deren vorläufiger Bericht über den interaktiven Dialog und über die dort ausgesprochenen Empfehlungen wird gemeinsam mit der Stellungnahme des überprüften Staates (zu den Empfehlungen) dann in der nächsten regulären Plenarsitzung des MRR behandelt. Spätestens zu diesem Zeitpunkt muss der überprüfte Staat erklärt haben, welche Empfehlungen er unterstützt (*supported*), also annimmt, und welche er nur zur Kenntnis nimmt (*noted*), also eigentlich ablehnt. Bei der abschließenden Beratung in der regulären Sitzung kommen nochmals der überprüfte Staat und die Mitglieds- und Beobachterstaaten zu Wort. Deren jeweilige Redezeit ist allerdings sehr kurz. Zusätzlich können nun auch NGOs kurze mündliche Stellungnahmen abgeben, die allerdings nicht in den Abschlussbericht einfließen.

3) Nach der Überprüfung in Genf soll der betroffene Staat die von ihm akzeptierten Empfehlungen umsetzen. Jedoch gibt es bislang kaum Vorgaben, wie die Umsetzung und deren Nachverfolgung vonstatten gehen sollen. Die Art und Weise, wie das Follow-Up ausgestaltet ist, bleibt somit den jeweiligen Staaten überlassen. Im Idealfall führen die Staaten nationale Konsultationen zur Umsetzung der Empfehlungen durch und erstellen auf freiwilliger Basis einen Zwischenbericht. Oft ist aber das Follow-Up völlig ungenügend. Die nächste reguläre Überprüfung nimmt dann auf die Umsetzung der Empfehlungen und die Entwicklung der menschenrechtlichen Lage in dem betroffenen Staat Bezug.

Eine Stärke des UPR-Verfahrens ist, dass sich alle UN-Mitgliedstaaten, auch politische Schwergewichte wie die USA und China, vor den Augen der internationalen Staatengemeinschaft einer Menschenrechtsprüfung unterziehen. Damit wird inbesondere der viel kritisierten Selektivität bei der Behandlung von Ländersituationen entgegengewirkt.[310] Tatsächlich hat sich bislang kein Staat dem UPR grundsätzlich entzogen, auch wenn beispielsweise während des zweiten Überprüfungszyklus eine Nicht-Teilnahme Israels gerade noch verhindert werden konnte (Charlesworth/Larking 2014: 15) und später bei der 38. regulären Sitzung des MRR (Juni/Juli 2018) – zeitgleich mit dem Austritt der USA aus dem MRR – die israelische Staatenvertretung die Verabschiedung des UPR-Berichts zum eigenen Staat boykottierte.

309 Die Mitglieder der Troika werden per Los ermittelt. Der untersuchte Staat kann einen Staat aus seiner Regionalgruppe verlangen und einmal einen Staat austauschen lassen.

310 Zwar mag kritisiert werden, dass dabei Staaten mit guter und schlechter Menschenrechtsbilanz gleich viel Aufmerksamkeit erhalten, jedoch ist dies einer gleichberechtigten Behandlung aller Staaten zuträglich. Ohnehin bestehen auch in „menschenrechtsfreundlichen“ Staaten menschenrechtlicher Handlungsbedarf und Verbesserungsmöglichkeiten.

Ohnehin gibt es große Unterschiede, inwieweit die Staaten bei der eigenen Überprüfung kooperieren und zur Selbstkritik willens sind. Ebenso unterscheiden sie sich darin, inwieweit sie sich in die Überprüfung anderer Staaten innerhalb und außerhalb ihrer Regionalgruppen einbringen und auch substantielle Probleme ansprechen. Trotz schwerer Menschenrechtsverletzungen bleibt es mitunter beim gegenseitigen „Sich-auf-die-Schulter-Klopfen" durch befreundete Staaten und harmlosen Empfehlungen, gerade (aber nicht nur) unter Autokratien. Während einige Beiträge in Charlesworth/Larking (2014) auf *rituals* und *ritualism* im UPR hinweisen, sehen Milewicz/Goodin (2018) Belege dafür, dass der UPR einen deliberativen Prozess über die weltweite Förderung der Menschenrechte in Gang setzt, und erachten das Verfahren sogar als ein Modell für internationale Organisationen, die deliberative Kapazität des internationalen Systems zu stärken. Diese Einschätzung ist aber allzu wohlwollend.

Welche Empfehlungen die Regierungen der untersuchten Staaten von welchen Staaten annehmen oder nur zur Kenntnis nehmen, lässt sich den Abschlussberichten des UPR entnehmen. Terman/Voeten (2018) hoben hervor, dass zwar Regierungen gegenüber ihren strategischen Partnern im UPR-Verfahren nachsichtiger sind, doch würde die Kritik von diesen eher angenommen. Sie nennen dies *„relational politics of shame"* zwischen den Staaten. Auch Etone (2020) stellte für afrikanische Staaten fest, dass Empfehlungen aus der „eigenen" Regionalgruppe am ehesten angenommen werden. Die Frage, aus welchen Gründen bestimmte Empfehlungen von den Regierungen ausgesprochen und angenommen werden, bietet Forschenden ein weites quantitatives wie qualitatives Untersuchungsfeld, das auch Anknüpfungspunkte an theoretische Konzepte bietet.

Um nur ein Beispiel zu nennen: Andrea Cofelice (2017) zeigte für den Untersuchungszeitraum 2008 bis 2014 auf, dass die italienische Regierung sich in Genf als menschenrechtsfreundlich präsentierte, indem sie etwa Empfehlungen aussprach, bei denen Italien auf multilateraler und nationaler Ebene selbst gut abschnitt. Diese Bemühungen, internationale Legitimität zu gewinnen, führte Cofelice im konstruktivistischen Sinne auf sozialen Konformitätsdruck in dem multilateralen Forum zurück sowie im liberal-institutionalistischen Sinne auch auf die Umsetzung anderer liberaler Ziele in der Außenpolitik.[311] Zuhause aber, wo dieser Konformitätsdruck weit weniger zu verspüren gewesen wäre, sei es vor allem darum gegangen, die politischen und materiellen Kosten der Empfehlungen so gering wie möglich zu halten. Hier benutzt die Autorin die (bereits oben

---

311 Zu den theoretischen IB-Ansätzen kommen wir später.

angeführte) Metapher des Two-Level-Games von Putnam (ohne allerdings dessen tiefergehenden Wirkungsmechanismus zu bemühen).

Was die Qualität der Empfehlungen betrifft, ist festzustellen, dass viele der ausgesprochenen und angenommenen Staatenempfehlungen allgemein gehalten sind. Wirkkraft entfalten die Empfehlungen aber potenziell vor allem dann, wenn sie präzise formuliert sind, konkrete, überprüfbare Maßnahmen beinhalten und innerhalb der Länder dazu genutzt werden (können), eine aktive Lobbyarbeit gegenüber den Regierungen zu betreiben. So kommt es wesentlich darauf an, dass nationale Menschenrechtsinstitutionen und vor allem auch NGOs und NGO-Netzwerke sich das UPR-Verfahren zu eigen machen und sich, sofern möglich, in alle Phasen des UPR einbringen, also in die Vorbereitung, die Durchführung und das Follow-Up:

1) Bei der Vorbereitung des UPR können sie ggf. im Rahmen etwaiger Konsultationen der Regierung mitwirken und auf kritische Punkte und Leerstellen bei der Erstellung des Staatenberichts hinweisen. Oder sie schicken eigene Stellungnahmen und Berichte an das UN-Hochkommissariat, die in die *stakeholder summary* einfließen.[312] Dies ist auch NGOs ohne Konsultativstatus bei ECOSOC und ohne eine Akkreditierung für die Sitzungen des MRR möglich.

2) Vor der Überprüfung in Genf können NGOs den dortigen Staatenvertreter:innen gezielt Informationen zu den untersuchten Staaten zuspielen. Dazu dienen gerade auch Side-Events und Pre-Sessions. Die NGO „UPR-Info" führt beispielsweise seit 2012 Pre-Sessions durch, bei der nationale Menschenrechtsinstitute und zivilgesellschaftliche Organisationen über die Menschenrechtslage in den jeweils untersuchten Staaten berichten und die Vertreter:innen anderer Staaten Informationen aus erster Hand erhalten können.[313] Ferner kann ggf. die eigene Regierung lobbyiert und dazu gedrängt werden, Empfehlungen anzunehmen. Schließlich können bei der Annahme des Endberichts im MRR mündliche Stellungnahmen durch akkreditierte NGOs abgegeben werden.

3) Bei der nationalen Umsetzung der Empfehlungen sind im Idealfall ebenfalls nationale Menschenrechtsinstitute und zivilgesellschaftliche Organisatio-

312 Angesichts der Vielfalt an Informationen muss das Hochkommissariat dabei jedoch „filtern" (vgl. Billaud 2014, Mc Gaughey 2021). Auch sind NGOs mit Erfahrungen über die Abläufe in Genf und mit entsprechenden Ressourcen strukturell im Vorteil. Allerdings geben sie – wie ggf. auch nationale Menschenrechtsinstitute – unerfahrenen NGOs mitunter Hilfestellungen.

313 Allerdings kommt UPR-Info damit auch eine „Gatekeeper"-Funktion zu.

nen in nationalen Konsultationen einbezogen, begleiten und/oder beobachten die Umsetzung der Empfehlungen und informieren über Probleme und Fortschritte.

Die grundlegende Frage ist also, inwiefern der UPR von zivilgesellschaftlichen Organisationen (und auch nationalen Menschenrechtsinstituten) genutzt wird, um mit Hilfe menschenrechtsfreundlicher Staaten menschenrechtliche Anliegen vorzubringen (vgl. Parra 2017) und im Sinne eines Bumerang-Effekts (s.u.) die Menschenrechtslage im eigenen Land zu verbessern. Inwieweit die *voices of the ground* in Genf tatsächlich vernehmbar sind und die UPR-Empfehlungen später für die lokale Menschenrechtsarbeit genutzt werden können, hängt dabei nicht zuletzt von der Beschaffenheit, Stärke und Vernetzung zivilgesellschaftlicher Organisationen sowie der Bereitschaft der jeweiligen Regierungen ab, diese in den Prozess einzubeziehen. Besonders problematisch ist, wenn – wie oben bereits erwähnt wurde – NGO-Vertreter:innen daran gehindert werden, Informationen in das UPR-Verfahren einzuspeisen und sich daran zu beteiligen. Problematisch ist auch, wenn Regierungen – wie z.B. jene von China, Cuba und Venezuela – ihnen gewogene, „servile" NGOs bzw. GONGOs mobilisieren, um vorteilhafte Berichte in das Verfahren einzubringen (McCaughey 2021: 48) oder um die Redner:innenlisten bei der Abschlussberatung der UPR-Berichte zu besetzen (vgl. Rathgeber 2015a).

Deutschland und der UPR

Deutschland wurde 2009, 2013 und 2018 im Rahmen des UPR überprüft und muss sich 2023 erneut der Überprüfung unterziehen. Während der nationale Konsultationsprozess zum ersten Zyklus noch recht holprig verlief (Hof 2020: 178 ff.), wurden jene zu den beiden späteren Zyklen, die unter der Abstimmung der jeweiligen Menschenrechtsbeauftragten im AA (Markus Löning, Bärbel Kofler) erfolgten, positiv bewertet.[314] Etliche NGOs reichten zudem allein oder gemeinsam Parallelberichte ein und waren bei den bislang drei Überprüfungen Deutschlands in Genf zugegen.[315] Die Staatenberichte selbst ließen zwar mitunter Selbstkritik vermissen, doch wurde dies durch die mündlichen Präsentationen der diplomatischen Vertretungen Deutschlands in Genf teils kompensiert.

314 Vgl. Hof 2020: 192 ff. für den zweiten Zyklus. Darüber hinaus beruft sich der Autor – als teilnehmender Beobachter – auf zahlreiche Diskussionen im Forum Menschenrechte.

315 Zu der weiteren Mitwirkung von NGOs in der Vorbereitung, Durchführung und Nachbereitung des UPR in Deutschland siehe ebenfalls: Hof 2020.

Bei der ersten Überprüfung (2009) wurden 72 Empfehlungen gegenüber Deutschland ausgesprochen, von denen die Bundesregierung 56 annahm.[316] Bei der zweiten Überprüfung (2013) wurden 167 von insgesamt 200 Empfehlungen angenommen („unterstützt“) [317] und bei der dritten (2018) 209 von 259.[318] Die Empfehlungen deckten ein breites Themenspektrum ab. Jene des dritten Zyklus reichten von der ausstehenden Ratifikation von Menschenrechtsabkommen und der als nötig erachteten Anpassung innerstaatlicher Rechtsvorschriften über die Umsetzung und Erweiterung des Nationalen Aktionsplans Wirtschaft und Menschenrechte bis hin zur vielfach eingeforderten Förderung der Gleichstellung der Geschlechter und der Bekämpfung von geschlechtsspezifischer Gewalt. Zahlreiche Empfehlungen betrafen weiterhin die Bekämpfung von Rassismus, Hasskriminalität, Rechtsextremismus, Antisemitismus und Diskriminierung. Auch Menschenhandel war ein Thema.

Eigenangaben zufolge prüfte die damalige Bundesregierung unter Mitwirkungen aller zuständigen Bundesministerien sorgfältig die 259 Empfehlungen. Bei nicht allen angenommenen Empfehlungen sah sie dabei Handlungsbedarf. Auch wurden etliche Empfehlungen nur zur Kenntnis genommen, sei es, weil noch Abstimmungsbedarf mit den Bundesländern geltend gemacht wurde, oder, weil sich die Bundesregierung trotz des unterstützten Ziels nicht auf die vorgeschlagenen Maßnahmen verpflichten wollte. Mitunter erachtete die Bundesregierung die bestehende Rechtslage auch als ausreichend und sah keinen Handlungsbedarf.[319] Traditionell abgelehnt wurde u.a. die Ratifikation der Wanderarbeitnehmerkonvention und des Protokolls Nr. 12 der EMRK, das ein allgemeines Diskriminierungsverbot enthält. Auch etliche (vielfach von Autokratien) vorgeschlagene Maßnahmen zur Bekämpfung von Rassismus wurden nur zur Kenntnis genommen. Ebenso einige (von Demokratien vorgebrachte) Empfehlungen zum Schutz von LGBTIQ+ oder auch manche singulären Empfehlungen, wie etwa jene Österreichs, das Wahlalter auf 16 Jahre zu senken und die deutsche Übersetzung der Behindertenrechtskonvention zu überarbeiten.

Im Hinblick auf das Follow-Up wurde zwar auf einen Zwischenbericht verzichtet, doch als Alternative lud die damalige Menschenrechtsbeauftragte im

316 A/HRC/11/15/Add.1, 20. Mai 2009.

317 A/HRC/24/9/Add.1, 11. September 2013.

318 A/HRC/39/9, 11. Juli 2018, A/HRC/39/9/Add.1, 11. September 2018. Eine entsprechende Matrix findet sich auch auf der UPR-Website: https://www.ohchr.org/en/hr-bodies/upr/de-index

319 Vgl. A/HRC/39/9/Add.1, 11. September 2018.

Auswärtigen Amt, Bärbel Kofler, zivilgesellschaftliche Organisationen zu einem ressortübergreifenden Austausch im Oktober 2020 ein. Das Forum Menschenrechte erstellte zu diesem Zwecke eigens eine Zwischenbilanz.[320] Ferner nahm der 14. Menschenrechtsbericht der Bundesregierung aus dem Jahr 2020 auf etliche UPR-Empfehlungen Bezug.

Die Überprüfung Deutschlands im UPR-Verfahren des Menschenrechtsrats ist – wie auch jene durch die Menschenrechtsvertragsausschüsse (s.u.) – zwar vor allem im Hinblick auf die innenpolitische Umsetzung von Menschenrechten von Bedeutung, doch werden stets auch der Schutz und die Förderung der Menschenrechte in den auswärtigen Beziehungen angesprochen. Zugleich geht von einer gewissenhaften und selbstkritischen Mitwirkung bei der Überprüfung ein außenpolitisches Signal an andere Staaten aus, bei dem UPR aktiv mitzuwirken. Für den multilateralen Menschenrechtsschutz bedeutsam ist weiterhin, dass sich Deutschland aktiv an der Überprüfung anderer Staaten beteiligt. In den drei abgeschlossenen Überprüfungszyklen (2008-2012, 2012-2016, 2017-2021) hat Deutschland 1.539 Empfehlungen zu anderen Ländern abgegeben, verteilt auf die unterschiedlich großen Regionalgruppen (Asien/Pazifik: 504, Afrika: 491, Lateinamerika/Karibik: 256, Osteuropa: 155, Westeuropa und andere Staaten: 133) (sowie 5 ohne Label). Davon wurden 949 angenommen und 593 nur zur Kenntnis genommen.[321]

Die UN-Sonderberichterstattung

Einst von Kofi Annan als „Kronjuwelen“ des UN-Menschenrechtssystems bezeichnet[322], sind die vom UN-Menschenrechtsrat eingesetzten Sonderverfahren (*special procedures*) ein wichtiges Instrument des Charta-gestützten Menschenrechtsschutzes, das organisch entstanden ist.[323] Es handelt sich um länderbezogene oder thematische Mandate, die von unabhängigen Expert:innen bekleidet werden. Auf Grundlage eines mehrstufigen Auswahlprozesses[324] werden diese vom MRR für drei Jahre eingesetzt (mit der Möglichkeit einer weiteren Amts-

320 Forum Menschenrechte: UPR Zwischenbilanz Oktober 2020. https://www.forum-menschenrechte.de/wp-content/uploads/2020/10/UPR-Zwischenbilanz-2020-Forum-Menschenrechte.pdf

321 Entsprechende Daten lassen sich über die Datenbank von UPR-Info (www.upr-info.org) abfragen (Zugriff: 8. August 2022).

322 SG/SM/10769-HR/4907, 29. November 2006.

323 Zur Geschichte der Sonderverfahren siehe: Domínguez-Redondo 2017.

324 https://www.ohchr.org/en/hr-bodies/hrc/sp/basic-information-selection-independent-experts

zeit); sie sollen Sachkenntnis, Erfahrung, Unabhängigkeit, Unparteilichkeit, persönliche Integrität und Objektivität mitbringen.[325] Das Geschlechterverhältnis der Mandatsträger:innen war 2021 ausgeglichen (51 % weiblich, 49 % männlich).

Im Oktober 2022 bestanden neben 14 länderbezogenen Mandaten[326] weitere 45 thematische Mandate, die ein breites inhaltliches Spektrum abdecken.[327] Die im Laufe der Zeit stark angestiegene Zahl an thematischen Sonderverfahren spiegelt die thematische Ausweitung des Menschenrechtsdiskurses in den Vereinten Nationen wider. Sortiert man die Mandate chronologisch, dann fällt auf, dass zunächst „klassische" bürgerliche und politische Rechte im Vordergrund standen, ab 1998 dann wirtschaftliche, soziale und kulturelle Rechte an Bedeutung gewannen und schließlich verstärkt auch die Rechte einzelner Bevölkerungsgruppen und übergreifende Themen berücksichtigt wurden, die teils weit in ökonomische und inzwischen auch ökologische Bereiche hineinreichen. Bezeichnenderweise wurde auf der 48. Sitzung des Menschenrechtsrats (2021) die Einrichtung eines Sonderverfahrens zu „Menschenrechten und Klimawandel" beschlossen. Bei allen Unterschieden der jeweiligen Resolutionstexte, die den Mandaten zugrundeliegen, ist den Sonderverfahren eines gemein: Zum einen sollen sie einen Beitrag zum Schutz und zur Förderung der Menschenrechte leisten, indem sie *monitoring* und *fact-finding* betreiben, ggf. *best practice*-Beispiele zusammentragen und Empfehlungen aussprechen. Zum anderen können sie an der normativen Entwicklung der Menschenrechte mitwirken. Als Instrumente stehen ihnen Einzelfallmitteilungen, Länderberichte und thematische Berichte zur Verfügung.

a) *Einzelfallmitteilungen*: Im Rahmen ihres jeweiligen Mandats können die Sonderberichterstatter:innen Beschwerden von Personen(gruppen) annehmen und diesen nachgehen, indem sie in Form von *letters of allgegations* oder *urgent appeals* von den Staaten Stellungnahmen oder Maßnahmen einfordern. Dabei muss der nationale Klageweg – im Unterschied zu den Beschwerdeverfahren zu den UN-Menschenrechtsabkommen (s.u.) – nicht ausgeschöpft sein. Aufgrund seiner Unkompliziertheit wird das Verfahren inzwischen häufig genutzt. Um die Dimensionen zu verdeutlichen: Laut einer Aufstellung des UN-Hochkommis-

325 A/HRC/RES/5/1, 18. Juni 2007, Abs. 39 ff.

326 Zu: Palästina (seit: 1967), Myanmar (1992), Somalia (1993), Kambodscha (1993), Nordkorea (2004), Iran (2011), Syrien (2011), Belarus (2012), Mali (2013), Eritrea (2013), Zentralafrikanische Republik (2013), Afghanistan (2021), Burundi (2021) und sogar Russland (2022). Die Mandate müssen regelmäßig erneuert werden.

327 Eine Auflistung findet sich unter: https://www.ohchr.org/en/special-procedures-human-rights-council

sariats wandten sich die Sonderberichterstatter:innen im Jahre 2021 – einzeln oder gemeinsam mit anderen Mandatsträger:innen – mit insgesamt 1.002 Mitteilungen (die 2.256 Personen betrafen) an 149 Staaten und 257 nichtstaatliche Akteure (Unternehmen, Organisationen etc.).[328] Auf diese erhielten sie (bis 10. Januar 2022) insgesamt 527 Antworten.[329] Die Zahl „substantieller" Antworten belief sich dabei auf 459.[330] Die Einzelmitteilungen sind ein wichtiger Bestandteil der Arbeit von Sonderberichterstatter:innen. Heiner Bielefeldt beispielsweise verschickte in seiner Amtszeit als Sonderberichterstatter für Religions- und Weltanschauungsfreiheit zwischen dem 1. August 2010 und 31. Oktober 2016 insgesamt 254 Einzelfallmitteilungen, d.h. durchschnittlich alle neun Tage ein Schreiben an eine Regierung oder an eine *de facto*-Autorität (Wiener i.E.).

b) *Länderberichte*: Nicht nur die länderbezogenen, sondern auch die thematischen Mandatsträger:innen erstellen regelmäßig Länderberichte, die in der Regel auf Länderbesuchen beruhen.[331] Diese Besuche sind – in den Worten von Ted Piccone (2012: 23) – „the most important tool in the special procedures' toolbox". Gerade für das *fact-finding* und *fact-checking* sind sie von großer Bedeutung. Die Länderbesuche ermöglichen den Sonderberichterstatter:innen, sich einen persönlichen Eindruck von der Lage vor Ort zu machen und Informationen aus erster Hand zu erhalten. Sie setzen allerdings eine Einladung der jeweiligen Regierungen voraus, die *ad hoc* oder auf Grundlage von *standing invitations* erfolgen kann (die allerdings auch umgesetzt werden müssen).[332] Bis 31. August 2022 haben 128 der 193 UN-Mitgliedstaaten solche „stehenden Einladungen" für Sonderberichterstatter:innen ausgesprochen, und bis zum 31. Dezember 2021 wurden 171 der 193 UN-Mitgliedstaaten mindestens einmal von Sonderberichterstatter:innen besucht.[333] Nun ist Besuch nicht gleich Besuch.

---

328 Davon: 3 *urgent appeals*, 107 *joint urgent appeals*, 35 *allegation letters*, 724 *joint allegation letters* sowie 35 *other letters* und 100 *joint other letters*; vgl. ebd: 22. Die Zahl der vielen Mitteilungen der Arbeitsgruppe gegen das unfreiwillige und gewaltsame Verschwindenlassen, auf die gesondert verwiesen wird (ebd.: 24), scheint hier nicht inbegriffen zu sein.

329 Die Anzahl der insgesamt 2021 eingegangenen Antworten (651, davon substantiell 584) liegt höher, da sie auch Antworten auf Anfragen von 2020 erfasst.

330 Vertrauliche Antworten wurden nicht erfasst. Manche Mitteilungen erhielten mehrere Antworten. Zur regionalen Verteilung der Mitteilungen und Antworten; vgl. ebd.: 23.

331 In Ausnahmefällen kann es sein, dass Länderberichte ohne Besuche in dem untersuchten Land erstellt werden, weil den Sonderberichterstatter:innen der Zugang verwehrt wurde, so etwa im Falle Nordkoreas oder Eritreas.

332 In etlichen Staaten sind trotz solcher *standing invitations* etliche Anfragen für Länderbesuche anhängig; siehe A/HRC/49/82/Add.1, 22. März 2022.

333 Zur regionalen Verteilung der *standing invitations* sowie der Länderbesuche im Jahr 2021

Optimale Bedingungen liegen vor: wenn die Vereinten Nationen in den Ländern ein hohes Ansehen genießen; wenn die Besuche inhaltlich und organisatorisch gut vorbereitet und mit etwaigen UN-Missionen vor Ort gut abgestimmt sind; wenn die Sonderberichterstatter:innen sich – wie in den (revidierten) *terms of reference* für Länderbesuche vorgesehen[334] – in dem Land frei bewegen und informieren können; wenn die staatlichen Stellen auf unterschiedlicher Ebene mit ihnen kooperieren; wenn vertrauliche Gespräche mit Betroffenen, Vertreter:innen zivilgesellschaftlicher Organisationen und anderen *stakeholders* stattfinden; wenn die Medien über den Länderbesuch angemessen berichten; wenn ein ehrlicher Dialog mit der Regierung erfolgt; wenn nach dem Besuch substanielle und umsetzbare Empfehlungen ausgesprochen und diese im Rahmen eines Follow-ups auch umgesetzt werden.

Besonders problematisch ist hingegen, wenn die Regierungen trotz Einladung nicht kooperationswillig sind und die Sonderberichterstatter:in zu manipulieren und zu instrumentalisieren[335] versuchen oder ihre Empfehlungen nicht ernst nehmen oder rundherum ablehnen. Oder noch schlimmer: wenn die Sonderberichterstatter:innen behindert oder persönlich verunglimpft werden und ihre Gesprächspartner Drohungen und Repressionen ausgesetzt sind. Verwiesen sei auf die bereits genannten jährlichen Berichte des UN-Generalsekretärs über die Repressionen gegenüber Personen, die mit UN-Organen zusammenarbeiten. Auch gibt es immer wieder Versuche von Staaten, wie etwa bei der 42. Sitzung des MRR (2019) seitens China und Pakistan, die Unabhängigkeit und die Befugnisse von Sonderberichterstatter:innen einzuschränken. Dagegen wehren sich NGOs[336], nationale Menschenrechtsinstitutionen und menschenrechtsfreundliche Staaten.

---

siehe ebd. In 22 Staaten fanden bis Ende 2021 noch nie Länderbesuche statt.

334 https://www.ohchr.org/en/special-procedures-human-rights-council/terms-reference-country-visits-special-procedures

335 So können die Regierungen ein *picking and choosing* betreiben, indem sie Länderbesuche zu ihnen genehmen oder eher unproblematischen Themen zulassen und jene zu eher kritischen Themen ablehnen oder auf unbestimmte Zeit aufschieben (vgl. Gaer 2017). Der Sonderberichterstatterin zu negativen Auswirkungen von Sanktionen auf die Menschenrechte, Alena Douhan, wurde beispielsweise vorgeworfen, dass sie sich von autokratischen Regierungen, die ansonsten keine Sonderberichterstatter:innen einladen, politisch instrumentalisieren ließ (vgl. Pfaff 2022).

336 Exemplarisch hier ein Statement von Amnesty International im Namen von 20 NGOs bei der 42. Sitzung des MRR: „Civil society statement on efforts to strengthen and increase effectiveness of the United Nation Special Procedures 30. August 2019; http://www.amnesty.org/en/documents/ior40/0967/2019/en/

c) *Thematische Berichte*: Neben ihren Länderberichten erstellen die thematischen Sonderberichterstatter:innen und Arbeitsgruppen auch thematische Berichte. Obwohl sie diese in ihrer persönlichen Eigenschaft als unabhängige Sachverständige verfassen, können sie einen wichtigen Beitrag zum Verständnis der untersuchten Rechte und Problembereiche leisten. So haben beispielsweise gerade die ersten Sonderberichterstatter:innen zu den Rechten auf Bildung, auf Wohnen, auf Gesundheit sowie auf Wasser und Sanitärversorgung[337] mittels ihrer thematischen Berichte viel zur Klärung des normativen Gehalts dieser Rechte und den damit verbundenen Staatenpflichten beigetragen. Selbst bei etablierten Rechten wie dem Recht auf Religions- und Weltanschauungsfreiheit – als einem „Menschenrecht der ersten Stunde" – wurden noch viele substantielle Klärungen und normative Fortentwicklungen vorgenommen.[338] Empirisch nachhalten lässt sich die Wirkung dann, wenn die Berichte von internationalen, regionalen und/oder nationalen Menschenrechtsinstitutionen sowie von Regierungen und *stakeholders* aufgegriffen werden.[339]

Ein Plädoyer für den Menschenrechtsrat

Die öffentliche Kritik am MRR fällt mitunter vernichtend aus: „Der UN-Menschenrechtsrat ist unbrauchbar und eine Zumutung für die Völker der Welt", schrieb beispielsweise Katja Leikert, damals stellvertretende Vorsitzende der CDU/CSU-Faktion im Deutschen Bundestag für Europa und Menschenrechte, in der *Frankfurter Allgemeine Zeitung* am 21. Oktober 2021. Dabei kritisierte sie gegenseitige „Persilbescheinigungen" menschenrechtsverletzender Staaten, die Israelfixierung des MRR sowie vor allem das Gebaren von China und Russland, die nicht nur regelmäßig ohne Ermahnung davonkämen, sondern mithilfe ihrer Verbündeten demokratischen Staaten auch noch obskure Menschenrechtsverletzungen vorwerfen würden. Leikert empfahl die konsequente Bloßstellung von Menschenrechtsverbrechern. Derart politisiert würde der MRR zwar „ein Stück weit kaputt gehen", doch müsse er „zerdeppert" werden, damit man aus den Scherben etwas Neues aufbauen könne.

---

337 In der Reihenfolge der genannten Rechte: Katarina Tomasevski (1998-2004), Miloon Kothari (2000-2008), Paul Hunt (2002-2008), Catarina de Albuquerque (2008-2014). In Bezug auf das Recht auf Wohnen sei zudem Rajindar Sachar genannt, der 1993 von der damaligen Subcommission on Human Rights als Sonderberichterstatter zum Recht auf Wohnen eingesetzt wurde; vgl. Hohmann 2017: 274 ff.

338 In diesem Fall von Heiner Bielefeldt (2010-2016); vgl. Schirrmacher 2017; siehe auch: Bielefeldt 2013, Bielefeldt et al. 2016, 2020.

339 Zur Rezeption von Bielefeldts Berichten siehe Wiener i. E.

Bei allem berechtigten Frust seien angesichts einer solchen Fundamentalkritik einige Gründe stichpunktartig benannt, warum der MRR nötig ist, selbst wenn er nur über *„non-binding powers“* (Freedman 2020: 217) verfügt und Menschenrechtsverletzungen nur bedingt etwas entgegenzusetzen hat: 1) Der MRR bietet menschenrechtsfreundlichen Staaten ein Forum, um Menschenrechtsstandards hochzuhalten und gegenüber jenen Staaten einzufordern, die sich Menschenrechten gegenüber indifferent verhalten oder diese verletzen. Angesichts weltweiter Menschenrechtsverletzungen und neuer Menschenrechtsherausforderungen ist dies von großer Bedeutung. 2) Statt sich nur unter Gleichgesinnten zu bewegen, bietet der MRR die Möglichkeit der aktiven Auseinandersetzung mit Staaten, die sich ansonsten menschenrechtlicher Kritik verwehren und/oder die Menschenrechte umzuinterpretieren versuchen. Der Infragestellung, Umdeutung und Unterspülung menschenrechtlicher Standards kann im MRR, eine engagierte Positionierung menschenrechtsfreundlicher Staaten vorausgesetzt, ggf. Paroli geboten werden. 3) Zumindest hochrepressive Regime sind im MRR in der Minderheit und es fällt ihnen – trotz manch erfolgreicher Bemühungen – schwer, Menschenrechtskritik völlig zu unterbinden. Entsprechende Manöver entlarven diese mitunter sogar. 4) In Form von Untersuchungskommissionen und Sonderberichterstatter:innen verfügt der MRR über Verfahren, um Ausmaß und Schwere von Menschenrechtsverletzungen zu erfassen und zu dokumentieren. Zugleich unterziehen sich im UPR alle Staaten einer – wenn auch stark auf Kooperation angelegten – Prüfung, inwieweit sie ihren menschenrechtlichen Verpflichtungen nachkommen. 5) Die Verfahren des MRR öffnen zivilgesellschaftlichen Gruppen die Möglichkeit, auf Menschenrechtsverletzungen weltweit aufmerksam zu machen und die Staaten zur Umsetzung ihrer menschenrechtlichen Verpflichtungen zu drängen. Zugleich können sie die Beschlüsse und Empfehlungen des MRR für ihre Menschenrechtsarbeit auf transnationaler, nationaler und lokaler Ebene nutzen. 6) Auch menschenrechtsfreundlichen Staaten bietet der MRR die Chance, die Umsetzung der Menschenrechte im eigenen Lande kritisch zu reflektieren und Verbesserungen auf den Weg zu bringen. 7) Der MRR ist das Herzstück der internationalen Menschenrechtspolitik. Seine Abschaffung oder Ächtung würde die Axt an den multilateralen Menschenrechtsschutz legen. Demokratische Regierungen sollten daher den MRR aktiv nutzen, anstatt sich daraus zurückzuziehen. Mehr Courage wäre allerdings oft angebracht.

Die UN-Menschenrechtsvertragsorgane

Die im Rahmen der Vereinten Nationen verabschiedeten internationalen Menschenrechtsverträge sind die zentrale Rechtsquelle des UN-Menschenrechtsschutzes und sind für die Vertragsparteien, die diese ratifiziert haben, völkerrechtlich bindend. In ihrer Gesamtheit decken die o.g. neun Menschenrechts(kern)abkommen und ihre Zusatzprotokolle im Wesentlichen das bisher etablierte Spektrum globaler menschenrechtlicher Standards ab.

Alle Abkommen verfügen (inzwischen) über eigene Kontrollorgane: die *treaty bodies*. Diese stellen Sachverständigenausschüsse dar, deren Mitglieder[340] von den Vertragsstaaten (zeitversetzt) gewöhnlich für vier Jahre gewählt werden;[341] dabei soll es sich um Persönlichkeiten von hohem sittlichem Ansehen und ausgewiesenem Sachverstand handeln. Obwohl von den Vertragsstaaten nominiert und gewählt[342], sollen die Sachverständigen ihre Aufgaben nicht als Staatenvertreter:innen, sondern in ihrer persönlichen Eigenschaft und unabhängig wahrnehmen.[343] Die Transparenz der Wahlen sowie die Expertise und die Unabhängigkeit der Mitglieder sind somit wichtige Bewertungskriterien für die Zusammensetzung der Vertragsausschüsse. Dementsprechend werden eine intransparente Auswahl der Kandidat:innen ohne angemessene Überprüfung der fachlichen Geeignetheit ebenso kritisiert[344] wie die Nominierung so mancher Diplomat:innen und Regierungsfunkionär:innen[345]. Auch engagieren sich nicht alle Ausschussmitglieder gleichermaßen. Weitere offizielle Bewertungskriterien sind die geographische Verteilung und die Gender-Repräsentation. Die geographische Verteilung der Gesamtheit der Mitglieder der Ausschüsse stellte sich 2021 – im Verhältnis zu den Ratifikationen – zwar vergleichsweise ausgeglichen dar. Dasselbe galt dank des hohen Frauenanteils im Frauenrechtsausschuss auch für das Gender-Verhältnis. Doch gibt es große Unterschiede zwischen den Ausschüssen. Vor allem im Ausschuss zur Wanderarbeiterkonvention, aber auch in jenen zum Sozialpakt, der Antifolterkonvention und der Konventi-

---

340 Je nach Ausschuss variiert die Mitgliederzahl zwischen 10 und 23 Sachverständigen; in den meisten Fällen sind es 18. Der Unterausschuss für Folterprävention hat 25 Mitglieder. Siehe https://www.ohchr.org/en/treaty-bodies/electing-treaty-body-members

341 Je nach Ausschuss ist eine Wiederwahl unbeschränkt, beschränkt oder gar nicht möglich.

342 Ausnahme ist hier der UN-Ausschuss für wsk-Rechte, der von ECOSOC-Mitgliedern gewählt wird.

343 Siehe auch die *Guidelines on the independence and impartiality of treaty body members (Addis Abeba guidelines)*, A/67/222, Annex 1, 2012.

344 Alston 2020: 442, Evans 2020: 521, Hennebel 2020: 342.

345 Alston 2020: 443, Byrnes 2020a: 399, Chetail 2020: 606, Hennebel 2020: 344.

on gegen das Verschwindenlassen waren Frauen noch 2021 deutlich unterrepräsentiert.[346]

Die zentrale Aufgabe der Vertragsausschüsse ist es, die Umsetzung der einzelnen Menschenrechtsabkommen durch die jeweiligen Vertragsstaaten zu beobachten (*monitoring*) und darüber in den Dialog mit den Regierungen zu treten. Hierfür stehen mehrere Verfahren zur Verfügung:

1) Zunächst ist das obligatorische *Staatenberichtsverfahren* zu nennen, das einen der Schwerpunkte der Arbeit der Ausschüsse bildet. Bei den jeweiligen Kernabkommen des UN-Menschenrechtsschutzes müssen die Vertragsparteien zunächst einen *initial report* und dann für gewöhnlich in mehrjährigen Abständen *periodic reports* darüber ablegen, inwieweit sie ihren staatlichen Verpflichtungen aus den Menschenrechtsabkommen nachkommen. Um das Verfahren zu vereinfachen, lassen die Ausschüsse inzwischen mitunter auch ein *simplified reporting* auf Grundlage einer *list of issues prior to reporting* (LoIPR) zu, die Themen vorgibt, so dass kein umfassender Bericht nötig ist.[347] Als Standardverfahren hat sich diese für die Ausschüsse aufwendige Praxis zwar noch nicht etabliert, doch könnte sie – nach der Einigung der Ausschussvorsitzenden und bei Bereitstellung entsprechender Ressourcen – in absehbarer Zeit beschlossen und möglicherweise ab 2024 für alle Vertragsstaaten, dann in einem achtjährigen Zyklus (mit Follow-Up zu ausgewählten wichtigen Themen nach vier Jahren), angewandt werden.

Eingegangene Berichte werden von den jeweiligen Ausschüssen geprüft. Dabei berücksichtigen diese auch zusätzliche Informationen von UN-Institutionen, nationalen Menschenrechtsinstituten sowie von NGOs, die ggf. „Parallelberichte" („Schattenberichte") einreichen. Nach einem „konstruktiven Dialog" mit den Delegationen der zu prüfenden Staaten, der durch Länderberichterstatter:innen und durch die *lists of issues* (vor oder nach der Berichtsabgabe) vorstrukturiert wird, veröffentlichen die Ausschüsse sodann „Abschließende Bemerkungen" (*concluding observations*). In diesen weisen sie auf positive Entwicklungen hin, bevor sie anschließend Menschenrechtsprobleme benennen und Empfehlungen aussprechen. Für das Monitoring der Umsetzung von Empfehlungen haben inzwischen alle Ausschüsse ihre Follow-Up-Mechanismen ausgebaut, beispielsweise, indem sie eigens Berichterstatter:innen einsetzen und Follow-Up-Berichte einfordern.

---

346 Vgl. die Listen (Stand: 1. Januar 2021) auf https://www.ohchr.org/en/treaty-bodies/electing-treaty-body-members (Zugriff: 20. August 2022).

347 Davon zu unterscheiden ist das konventionelle Verfahren, bei dem erst *nach* Einreichen der Berichte eine *list of issues* (LoI) erstellt wird, um den Dialog des Ausschusses mit der Staatendelegation vorzustrukturieren.

Für die Bewertung des Staatenberichtsverfahrens lassen sich in Modifikation der Kriterien von Kälin (2012: 41) folgende Fragen formulieren: a) Wie pünktlich kommen die Staaten ihren Berichtspflichten nach und wie schnell werden die Berichte überprüft (*Effizienz*)? b) Wie partizipativ und transparent ist der Prozess ausgestaltet (*Partizipation, Transparenz*)? c) Welche Qualität weisen die Berichte sowie die Überprüfungen und Empfehlungen auf (*Qualität*)? d) Inwiefern werden die Empfehlungen anerkannt und wirksam umgesetzt – und weiterführend, welche Wirkung geht davon auf den Menschenrechtsschutz aus (*Effektivität*)? e) Wie viel politische und öffentliche Aufmerksamkeit erfahren das Staatenberichtsverfahren und seine Ergebnisse (*Aufmerksamkeit*)? All diese Fragen lassen sich quantitativ wie qualitativ empirisch prüfen. Hier nur ein kurzer Eindruck:

a) *Effizienz*: Ein Grundproblem aller Ausschüsse ist, dass Staatenberichte teils unvollständig, mit jahrelanger Verspätung oder mitunter gar nicht eingereicht werden. Beispielsweise waren im Falle der Antirassismuskonvention mit ihren 171 Vertragsstaaten zum 30. April 2021 insgesamt die Berichte von 47 Staaten seit über zehn Jahren und von 16 weiteren Staaten seit über fünf Jahren überfällig.[348] Teils sind solche *overdue reports* dem fehlenden politischen Commitment, teils aber auch den mangelnden Kapazitäten der untersuchten Staaten geschuldet; so handelt es sich im Falle vieler säumiger Staaten um ärmere Länder. Um *overdue reports* abzubauen, versenden die Ausschüsse *reminders*, veröffentlichen Listen säumiger Staaten, leisten über das Hochkommissariat technische Hilfe und/oder ermöglichen mitunter den betreffenden Staaten, Sammelberichte oder vereinfachte Berichte abzugeben. In Ausnahmefällen kann die Prüfung auch ohne einen Staatenbericht erfolgen.[349] Aber auch bei der Behandlung der eingegangenen Berichte durch die Ausschüsse kommt es – trotz aller *overdue reports* – zu Verzögerungen und einem Rückstau.

b) *Partizipation/Transparenz*: Zivilgesellschaftliche Organisationen stehen – wie in Deutschland – mitunter bereits im Vorfeld der Prüfung im Austausch mit den federführenden Ministerien. Zugleich können sie je nach Verfahren vor der Berichtsabgabe oder zur Sitzung in Genf schriftliche Eingaben zu den *list of issues* einbringen und machen davon im Falle Deutschlands bislang auch regen

348 Siehe den Jahresbericht von CERD an die UN-Generalversammlung: A/76/18 (2021).

349 Der Menschenrechtsausschuss führte 2001 erstmals eine solche Überprüfung ohne einen Staatenbericht im Falle Gambias durch (Kälin 2012: 33), CEDAW erstmals 2009 im Falle Dominicas (Byrnes 2020: 407). Der Antifolter-Ausschuss verfuhr ebenso mit Antigua und Barbuda sowie Kap Verde; A/76/44 (2021), Abs. 29.

Gebrauch. Viele NGOs oder NGO-Netzwerke reichen auch Parallelberichte ein. Weiterhin suchen NGO-Vertreter:innen, sofern sie nach Genf reisen, in Vorgesprächen den Austausch mit Ausschussmitgliedern und versuchen so den Dialog der Ausschüsse mit den Staatendelegationen noch zu beeinflussen. Nach der Verabschiedung der Ausschuss-Empfehlungen können sie die *concluding observations* wiederum für ihre Öffentlichkeits- und Lobbyarbeit nutzen. Auch kommt ihnen beim Follow-Up eine wichtige Bedeutung zu. Hilfreich ist dabei, dass der gesamte Prozess gut dokumentiert und auf der Website archiviert ist, einschließlich u.a. der Staatenberichte, der *lists of issues*, der Informationen von NGOs, der Zusammensetzung der Staatendelegationen, der *concluding observations* sowie etwaiger Follow-Up-Berichte.

c) *Qualität*: Die inhaltliche Qualität der Staatenberichte unterscheidet sich je nach bestehenden Berichtskapazitäten und politischem Commitment erheblich. Die Qualität des Dialogs und der Empfehlungen ist zwar gemeinhin höher als jene des UPR-Verfahrens, doch auch hier gibt es große Unterschiede je nach Ländern und Themen. Ideal ist, wenn substantielle Staatenberichte eingereicht und zeitnah behandelt werden, so dass sie nicht „veraltern“; wenn die Berichterstatter:innen und Ausschussmitglieder die nötigen Sach- und Länderkenntnisse aufweisen und ihnen alternative Informationen zur Verfügung stehen; wenn eine kritische, an den Rechten im Vertragstext orientierte Überprüfung der Berichte erfolgt, die Umsetzungsdefizite und Handlungsbedarfe benennt; wenn eine ehrliche Diskussion des Ausschusses mit inhaltlich qualifizierten Staatendelegationen stattfindet; wenn die Überprüfung in konkreten, substantiellen und nützlichen Empfehlungen mündet und hierbei besonders dringliche Punkte hervorgehoben werden, deren Umsetzung im Follow-Up dann gewissenhaft überprüft wird. Um festzustellen, inwieweit so oder eben anders verfahren wird, bedarf es einer Analyse der Prozesse und der Ausschussempfehlungen zu einzelnen Ländern (oder im Ländervergleich). Hier besteht hinreichend Forschungsbedarf.

d) *Effektivität*: Dies gilt auch für die Frage, inwiefern die Vertragsstaaten die (völkerrechtlich unverbindlichen) Empfehlungen umsetzen, um ihren (völkerrechtlich verbindlichen) Pflichten aus den Menschenrechtsabkommen (besser) nachzukommen – und weiterführend, welche Wirkungen diese entfalten. Einen ersten Einblick in die Umsetzung bieten die auf der Website zugänglichen Follow-Up-Berichte sowie etwaige Auswertungen der Ausschüsse. In einer Auswertung der Berichtsperiode von 2011 bis 2016 kam beispielsweise der Frauenrechtsausschuss zu dem Ergebnis, dass 18 % der Empfehlungen umgesetzt, 37 % teilweise und 20 % nicht umgesetzt wurden und im Rest der Fälle unzureichende Informationen für eine Bewertung vorlagen (Byrnes 2020a: 413). Hinweise für die Umsetzung von Empfehlungen ergeben sich im Idealfall bereits aus den Staatenberichten, die insbesondere auch auf die Umsetzung der Empfehlungen aus dem jeweils vorangegangenen Berichtsverfahren eingehen sollen.

Methodisch ausgefeilter ist eine Studie von Jasper Krommendijk (2015) zu den Empfehlungen von sechs Vertragsorganen gegenüber den Niederlanden, Neuseeland und Finnland. Er untersuchte die Wirksamkeit *(effectiveness)* der *concluding observations* (COs). Dabei machte er *effectiveness* daran fest, ob die COs zu Veränderungen in den jeweiligen Ländern führten (die sonst so nicht stattgefunden hätten). Konkret prüfte er, ob die COs zu neuen Politikinitiativen oder zur Bereitstellung von Extra-Ressourcen für (bestehende) Politikmaßnahmen führten, oder: zur Annahme von Gesetzesreformen; zu neuen Themen auf der politischen Agenda; zur Initiierung von Studien und Evaluierungen; zur Einrichtung von neuen bzw. zur Stärkung von bestehenden Institutionen oder zur Abkehr von geplanten Politikmaßnahmen. Gemessen wurde dies an: einer offenkundigen Verbindung zwischen COs und Gesetzesmaßnahmen, Policy-Dokumenten und Berichten; dem Einleiten entsprechender Maßnahmen kurz nach der Verabschiedung von COs; der Nutzung von COs für eine erfolgreiche Lobbyarbeit nationaler Akteure. Schließlich zählte er noch, wie häufig die interviewten staatlichen Funktionsträger:innen, die in das Berichtsverfahren involviert waren, auf die Bedeutung der COs für ergriffene Maßnahmen hinweisen. Als ineffektiv sah er COs an, die von den Regierungen ausdrücklich zurückgewiesen wurden oder mit bereits ergriffenen politischen und gesetzlichen Maßnahmen übereinstimmten (ebd.: 201).

Der Autor kam zu dem Ergebnis, dass die meisten COs in den drei untersuchten Ländern keine große Wirkung entfalteten. Nur in einigen Fällen führten die COs, gemeinsam mit anderen Bestimmungsgründen, zu politischen und legislativen Maßnahmen oder beschleunigten diese. Dennoch wies er COs als hilfreiche Instrumente aus, welche die Argumente und Forderungen von nationalen Akteuren bestärkten, die sich für politische und gesetzliche Reformen einsetzten. Während Krommendija annahm, dass die Ergebnisse sich möglicherweise auf andere liberale, westliche Demokratien in Industriestaaten übertragen ließen, mahnte er Forschungen zu anders gelagerten Fällen an, verbunden mit der These, dass entsprechende Monitoringverfahren in Transformationsstaaten (von Autokratien zu Demokratien) möglicherweise am größten seien (ebd.: 222).

Ergänzend zur Studie von Krommendijk ist auf weitere mögliche Auswirkungen hinzuweisen: Mit der Teilnahme an dem Staatenberichtsverfahren können die jeweiligen Regierungen ihr Commitment zu dem jeweiligen Menschenrechtsabkommen erneut bestätigten. Auch kommt dem Verfahren eine potenziell wichtige Funktion der Selbstkontrolle zu. Bei der Berichterstellung müssen sich die jeweiligen Regierungen und Regierungsressorts vergewissern, inwieweit in ihren Arbeitsfeldern die Menschenrechte von Bedeutung sind und inwieweit diese dort geachtet, geschützt und gewährleistet werden. Dadurch können im Idealfall inner- und zwischenministerielle Lerneffekte angestoßen, Selbstevaluierungsfähigkeiten gestärkt und Fortschritte beim Menschenrechtsschutz in Wert gesetzt werden. Der Selbstkontrolle schließt sich die Fremdkontrolle durch die UN-Ausschüsse an, die die Berichte prüfen. Selbst- und Fremdkontrolle lassen sich, wie bereits gezeigt wurde, zudem durch eine aktive Zivilgesellschaft stärken, die auf die Auswahl der Menschenrechtsthemen und deren kritische Prüfung hinwirken kann. Zugleich bieten die Staatenberichtsverfahren zivilgesellschaftlichen Organisationen einen zusätzlichen Anlass für eine Vernetzung. Über teilnehmende Beobachtung oder Interviews mit Beteiligten lässt sich dies gut nachhalten.

e) *Aufmerksamkeit*: Die Wirksamkeit des Verfahrens hängt letztlich auch davon ab, welche politische und öffentliche Aufmerksamkeit diesem zuteilwird, sowohl international als auch national. Wie stark nehmen weitere UN-Institutionen und Verfahren darauf Bezug? Wieviel Aufmerksamkeit schenken die Regierungen und andere staatliche Institutionen dem Verfahren? Inwiefern nutzen zivilgesellschaftliche Organisationen die Empfehlungen für ihre Arbeit? Inwieweit finden die Empfehlungen Eingang in den nationalen menschenrechtspolitischen Diskurs, und inwiefern greifen die Medien das Thema auf? Auch hierzu besteht großer Forschungsbedarf. Bereits auf den ersten Blick ist jedoch erkennbar, dass die stärker spezialisierten Staatenberichtsverfahren politisch und medial (noch) weniger Aufmerksamkeit erhalten als der UPR. So liegt es an den Regierungen und ergänzend an nationalen Menschenrechtsinstitutionen und zivilgesellschaftlichen Organisationen auf das Verfahren hinzuweisen, die Empfehlungen zu verbreiten und ein ernsthaftes Follow-Up zu betreiben bzw. kritisch zu begleiten.[350]

2) Während das obligatorische Staatenberichtsverfahren die Gesamtentwicklung in den jeweiligen Staaten in den Blick nimmt, sind fakultative *Individualbeschwerdeverfahren* zunächst auf den Individualrechtsschutz ausgelegt. Sie

350 Exemplarisch: der von der Nationalen Armutskonferenz und dem Forum Menschenrechte organisierte Fachtag „Deutschlands soziale Pflichten. Wie weiter mit den Empfehlungen des UN-Sozialausschusses?“ in Berlin am 22. März 2019.

räumen einzelnen Personen und/oder Personengruppen[351] die Möglichkeit ein, nach Ausschöpfung des innerstaatlichen Rechtsweges (oder wenn dieser versperrt ist) eine „Mitteilung" (*communication*), faktisch eine Beschwerde, bei dem jeweiligen UN-Ausschuss einzureichen, wenn sie sich in ihren Rechten aus dem jeweiligen Abkommen verletzt sehen. Dabei darf der Sachverhalt nicht bereits vor einem anderen internationalen Beschwerdegremium vorgebracht worden sein. Auf Grundlage der Beschwerdeschrift und der schriftlichen Stellungnahme des betroffenen Staates bewertet der zuständige Sachverständigenausschuss den Sachverhalt in sogenannten Auffassungen (*views*) zu den Mitteilungen, wobei *views* für gewöhnlich auch Empfehlungen enthalten. Für die Bewertung des Verfahrens ist u.a. bedeutsam, a) inwieweit es genutzt werden kann und genutzt wird, b) welche Qualität die quasi-gerichtlichen *views* aufweisen und c) welche Wirkung sie entfalten.

a) *Nutzung*: Einschränkend ist zunächst darauf hinzuweisen, dass beileibe nicht alle Vertragsparteien von Menschenrechtsabkommen die fakultativen Individualbeschwerdeverfahren angenommen haben. Dies gilt sowohl für jene Konventionen, in denen die fakultative Annahme eines Individualbeschwerdeverfahrens bereits im Vertragstext geregelt ist,[352] als auch (und noch deutlicher sichtbar) im Falle fakultativer Zusatzprotokolle zu den jeweiligen Abkommen. Die Ratifikationsstände der entsprechenden Zusatzprotokolle liegen weit unter jenen der jeweiligen Menschenrechtsabkommen. So haben bis Oktober 2022 nur 117 der insgesamt 173 Vertragsparteien des UN-Zivilpaktes das Zusatzprotokoll, das ein Beschwerdeverfahren vorsieht, ratifiziert. Bei der Frauenrechtskonvention liegt das Verhältnis bei 115 zu 189 und bei der Behindertenrechtskonvention bei 100 zu 185. Im Falle der Kinderrechtskonvention (50 zu 196) und des UN-Sozialpaktes (26 zu 171) ist der Ratifikationsstand der – allerdings auch recht jungen – Zusatzprotokolle besonders niedrig.

Sofern akzeptiert, werden Beschwerdeverfahren je nach Abkommen unterschiedlich stark genutzt. Die meisten Beschwerden betrafen bisher den UN-Zivilpakt, bei dem seit Inkrafttreten des Zusatzprotokolls (1976) bis März 2021 insgesamt 3.727 Beschwerden eingingen, von denen 791 Beschwerden nicht zu-

---

351 Einige Ausschüsse akzeptieren mitunter auch Beschwerden von juristischen Personen, zumal, wenn deren Mitglieder betroffen sind. Exemplarisch: *TBB-Turkish Union in Berlin/Brandenburg vs. Germany*, CERD/C/82/D/48/2010 (2013), Abs. 11.

352 So im Falle der Antirassismuskonvention (Art. 14), der Antifolterkonvention (Art. 22) und der Konvention gegen das gewaltsame Verschwindenlassen (Art. 23). Im Falle der Wanderarbeitnehmerkonvention ist das Beschwerdeverfahren (Art. 77) mangels hinreichender Anerkennung noch nicht in Kraft getreten.

gelassen, 527 Verfahren eingestellt und in 1.289 von 1.737 behandelten Fällen Rechtsverletzungen festgestellt wurden, während 1.990 Verfahren noch nicht abgeschlossen waren.[353] Für das 2013 in Kraft getretenen Beschwerdeverfahren zum UN-Sozialpakt weist die Jurisprodenz-Datenbank des UN-Hochkommissariats[354] 21 Entscheidungen zur Unzulässigkeit von Beschwerden und 53 Entscheidungen zur Einstellung von Beschwerdeverfahren sowie elf *adoptions of views* aus. Gleichzeitig waren bereits 196 Beschwerden aus den Jahren 2018 bis 2022 anhängig.[355] Besonders auffällig ist hierbei, dass das überwältigende Gros der Beschwerden aus Spanien und neuerdings auch aus Italien kommt und das Recht auf Wohnen, insbesondere Zwangsräumungen, betrifft.[356] Vergleichsweise hoch ist die Beschwerdezahl auch zur Antifolterkonvention, ganz im Unterschied etwa zum Antirassismus-Ausschuss. Insgesamt lässt sich feststellen, dass das Individualbeschwerdeverfahren, sofern es von Staaten angenommen wurde, durchaus genutzt wird. Dabei wird eine mehr oder minder große Zahl an Beschwerden als nicht zulässig erachtet, eingestellt oder ist noch anhängig. Sofern es zu Auffassungen (*views*) kommt, werden immer wieder Verletzungen der Paktrechte festgestellt.

b) *Qualität*: Hinsichtlich der Qualität der Entscheidungen ist zunächst zu bedenken, dass diese nicht von ständigen Richtergremien, sondern „nur" von Sachverständigenausschüssen getroffen werden, die nur wenige Male im Jahr zusammenkommen. Auch werden die Beschwerden nicht mündlich verhandelt. So werden die Rechtsauffassungen lediglich auf Grundlage von schriftlichen Unterlagen erstellt. Da den Entscheidungen und *views* aber quasi-gerichtliche Bedeutung beigemessen wird, müssen sie dennoch auch einer juristischen Bewertung standhalten. Hier sind Rechtswissenschaftler:innen gefragt. Im Falle des jungen Beschwerdeverfahrens zum UN-Sozialpakt hat beispielsweise Christian Tomuschat (2018) die erste Rechtsspruchpraxis kritisiert und vom UN-Ausschuss eingefordert, genaue Kriterien zu erarbeiten, um den Kreis potenzieller

---

353 A/76/4, 2021.

354 https://juris.ohchr.org (Zugriff: 17. Oktober 2022).

355 https://www.ohchr.org/en/treaty-bodies/cescr/table-pending-cases (Zugriff: 17. Oktober 2022).

356 Begründet liegt dies zum Teil darin, dass das Oberste Gericht in Spanien die Entscheidungen von UN-Menschenrechtsabkommen als bindend betrachtet (kritisch hierzu: Tomuschat 2022) und der UN-Ausschuss bei Zwangsräumungen verschiedentlich das Recht auf Wohnen verletzt sah (Alston 2020: 458 f.). Auffällig ist ferner, dass etliche Beschwerdenverfahren eingestellt wurden (*discontinuance decions*), weil die Beschwerdeführer:innen die Beschwerde nicht weiter verfolgten.

Beschwerdeberechtigter in sachgerechter Weise einzugrenzen. Zu einem gegenläufigen Ergebnis kam seinerzeit das Deutsche Institut für Menschenrechte auf Grundlage der bis dato 17 eingegangenen Beschwerden: Die Verfahren würden verdeutlichen, dass der Ausschuss in seiner Fallbeurteilung sorgfältig vorgehe und strenge Prüfkriterien anwende (Bettzieche 2018: 8). Inwieweit die Beschwerden dann auch zu rechtlich angemessenen und menschenrechtspolitisch wünschenswerten Ergebnissen führen, lässt sich dann nochmals eigens prüfen.

c) *Wirkung*: Völkerrechtlich betrachtet sind die Empfehlungen der UN-Menschenrechtsvertragsorgane nicht bindend. Doch der betroffene Staat muss die Rechtsauffassung und die Empfehlungen des Ausschusses zur Kenntnis nehmen, sollte sich mit diesen auseinandersetzen und begründen, wenn er diesen nicht folgt. Ähnlich wie im Staatenberichtsverfahren[357] können im Rahmen eines Beschwerdeverfahrens also Differenzen bei der Auslegung der Vertragsrechte zwischen den jeweiligen Regierungen und den UN-Ausschüssen zu Tage treten; auch sind die Rechtsauffassungen mitunter innerhalb der Ausschüsse umstritten.[358] Immerhin bieten die Beschwerden aber die Möglichkeit, sich über rechtliche Auslegungsfragen zu verständigen, zumal sie auch die jeweiligen UN-Ausschüsse disziplinieren müssen, ihre „quasi-gerichtlichen“ Entscheidungen auf justiziable Weise zu begründen. Politisch stellt sich wiederum die Frage, ob die Individualbeschwerden über die Einzelfälle hinaus systematische Probleme benennen und die Rechtsauffassungen der Ausschüsse auch genutzt werden (können), um solche Probleme politisch zu thematisieren und anzugehen.

3) Der Vollständigkeit halber sei erwähnt, dass etliche Menschenrechtsabkommen, sei es im Zusatzprotokoll oder im Vertragstext, entweder fakultativ oder gar obligatorisch, ein *Staatenbeschwerdeverfahren* vorsehen. Ein solches ermöglicht den Vertragsstaaten eine Beschwerde („Mitteilung“) gegen einen anderen Vertragsstaat einzureichen, wenn sie der Ansicht sind, dass dieser seinen Vertragspflichten nicht nachkommt. In der Praxis spielte das Verfahren bis vor kurzem keinerlei Rolle. Erstmals wurden zwei *interstate communications* dann im

---

357 Die Bundesregierung wies beispielsweise in der Vergangenheit einzelne Kritikpunkte in Bezug auf den UN-Sozialpakt als nicht sachgerecht zurück.

358 Als Beispiel unter vielen sei hier die bereits genannte Beschwerde des *Türkischen Bundes Berlin-Brandenburg e.V. gegen Deutschland* vor dem Antirassismus-Ausschuss angeführt; die Einstellung des Ermittlungsverfahrens wegen Volksverhetzung gegen Thilo Sarrazin verstieß laut dem Ausschuss gegen die Antirassismuskonvention. Während auch das DIMR diese Auffassung vertrat (Cremer/Rudolf 2011), war die Entscheidung umstritten. Sie gab Anlass für die spätere, längst überfällige General Recommendation Nr. 35 zu „*Combating racist hate crime*“ des Ausschusses; CERD/C/GC/35, 26. September 2013.

März 2018 beim Antirassismusausschuss eingereicht, und zwar von Katar: zum einen gegen Saudi-Arabien, zum anderen gegen die Vereinigten Arabischen Emirate, und zwar jeweils aufgrund von Grenzschließungen und Ausweisungen seiner Staatsbürger:innen im Rahmen unilateraler Sanktionen. Im April 2018 folgte eine weitere Staatenbeschwerde, dieses Mal von Palästina gegen Israel, bei der es um den Schutz vor rassistischer Diskriminierung ging.[359]

4) Fünf der neun Kernabkommen des UN-Menschenrechtsschutzes sehen zudem *Untersuchungsverfahren* (*inquiries*) vor. Deren Annahme ist freilich fakultativ. Auch hier haben viele Staaten die entsprechenden Zusatzprotokolle nicht ratifiziert oder haben eine opt-out-Option im Vertragstext oder im Zusatzprotokoll gezogen. Dort, wo sich die Staaten dem Verfahren unterworfen haben, können die jeweiligen UN-Ausschüsse, sofern sie verlässliche Informationen über schwerwiegende und systematische Menschenrechtsverletzungen erhalten, eigeninitiativ Untersuchungen durchführen. Der Antifolterausschuss führte bislang (Stand: August 2022) zu neun Ländern[360] solche Untersuchungen durch, der Frauenrechtsausschuss zu sieben[361], der Behindertenrechtsausschuss zu drei Ländern[362] und der Kinderrechsausschuss zu einem Land (Chile).[363] Der UN-Ausschuss für wsk-Rechte hat noch keine Untersuchung durchgeführt. Der Ausschuss gegen das gewaltsame Verschwindenlassen verfügt zwar nicht über ein vergleichbares Untersuchungsverfahren, kann aber Länderbesuche in Absprache mit dem betroffenen Staat durchführen, so geschehen in Mexiko.

5) Ein vergleichsweise neues Verfahren, das mit dem Zusatzprotokoll zur Antifolterkonvention eingerichtet wurde, sind *Präventivmaßnahmen*. Mittels eines Besuchsystems sollen vorbeugend Folter und Misshandlungen von Personen, denen die Freiheit entzogen ist, verhindert werden, anstatt sie im Nachhinein zu sanktionieren. Zu diesem Zweck wurde nicht nur ein UN-Unterausschuss für die Verhütung von Folter gebildet, der Besuche durchführt, sondern die Staaten verpflichten sich auch selbst unabhängige innerstaatliche Besuchsmechanismen einzurichten. In Deutschland wurde dafür eigens die Nationale Stelle zur Verhütung von Folter gegründet, in der eine Bundesstelle und eine Länderkommis-

---

359 Zu den Details der Beschwerden: https://www.ohchr.org/en/treaty-bodies/cerd/inter-state-communications.

360 Beginnend mit der Türkei 1994, dann: Ägypten, Peru, Sri Lanka, Mexiko, Rest-Jugoslawien, Brasilien, Nepal und erneut Ägypten.

361 Mexiko, Philippinen, Kanada, Kirgistan, Großbritannien sowie im Jahre 2021 zuletzt Mali und Südafrika.

362 Spanien, Ungarn, Großbritannien.

363 Die entsprechenden Dokumente finden sich auf den Webseiten der jeweiligen Ausschüsse.

sion zusammenarbeiten. Sie soll auf vorgefundene Missstände aufmerksam machen und den betroffenen Behörden gegebenenfalls Verbesserungsvorschläge unterbreiten. Entsprechende Besuche finden grundsätzlich an allen Orten des Freiheitsentzugs statt: von Justizvollzugsanstalten, Polizeiinspektionen, Kasernen und Abschiebehaft bis hin zu psychiatrischen Einrichtungen oder auch Alten- und Pflegeheimen.[364] Der UN-Antifolter-Ausschuss kritisierte Deutschland wiederholt aufgrund der unzureichenden personellen, finanziellen, technischen und logistischen Ausstattung der Nationalen Stelle zur Verhütung von Folter.[365]

Über die beschriebenen Monitoring-Verfahren hinaus haben die Ausschüsse zudem *early warning*- und *urgent action*-Mechanismen entwickelt, mit denen sie präventiv auf Menschenrechtsbedrohungen und reaktiv auf drängende Menschenrechtsprobleme einzuwirken versuchen.[366] Diese werden teils ausgiebig benutzt.

Weiterhin nehmen die Ausschüsse eine wichtige Funktion bei der Interpretation der in den Menschenrechtsabkommen verankerten Rechte und der damit verbundenen vornehmlich staatlichen Menschenrechtsverpflichtungen ein. Neben den Abschließenden Bemerkungen im Staatenberichtsverfahren und der Spruchpraxis in etwaigen Beschwerdeverfahren sind hier von allem die „Allgemeinen Bemerkungen“ (*General Comments*) von großer Bedeutung. Es handelt sich dabei um Interpretationsvorgaben, die zwar nicht rechtsverbindlich sind, aber ein hohes Maß an Autorität beanspruchen. Dementsprechend werden sie auch von regionalen Menschenrechtskommissionen und Gerichtshöfen aufgegriffen und spielen im rechtlichen wie politischen Diskurs eine große Rolle.

---

364 Siehe Follmar-Otto 2013 sowie die Jahresberichte der Nationalen Stelle, abrufbar auf der Website: https://www.nationale-stelle.de/publikationen.html

365 CAT/C/DEU/CO/6, 11. Juli 2019, Abs. 13 f.

366 Exemplarisch: die entsprechenden Leitlinien des Antirassismus-Ausschusses; https://www.ohchr.org/en/treaty-bodies/cerd/about-early-warning-and-urgent-procedures

15. Internationale Sanktionen

Ein scharfes Schwert internationaler Politik sind Sanktionen, die durch die Vereinten Nationen, durch regionale Organisationen (wie die EU) oder auch durch einzelne Staaten verhängt werden können. Von eher symbolischem Charakter sind diplomatische Sanktionen (Absage offizieller Treffen, Reduzierung von Botschaftspersonal, Abbruch diplomatischer Beziehungen, etc.) oder kulturelle Sanktionen (Boykott von sportlichen oder kulturellen Ereignissen etc.). Völkerrechtlich hoch bedeutsam ist hingegen die politische Nicht-Anerkennung neuer Regierungen, Staatsgrenzen oder Staatsgebiete. Im Vordergrund globaler Sanktionsregime stehen jedoch wirtschaftliche Sanktionen, Waffenembargos sowie gezielte Maßnahmen gegen einzelne Personen(gruppen) und Einrichtungen, etwa in Form von Reisebeschränkungen und Kontosperrungen. Militärische Gewalt, die nicht durch das Selbstverteidigungsrecht gedeckt ist (Art. 51 UN-Charta), ist aufgrund des allgemeinen Gewaltverbotes (Art. 2 Abs. 4), das vertrags- und gewohnheitsrechtlich bindend ist, völkerrechtlich nur auf Grundlage von UN-Sicherheitsratsbeschlüssen (Art. 42) zulässig.

Sanktionen der Vereinten Nationen

Sanktionen werden aus verschiedenen Gründen verhängt, nur zum Teil aufgrund von Menschenrechtsverletzungen. Innerhalb der *Vereinten Nationen* kann der Sicherheitsrat, dem die Wahrung des Weltfriedens und der internationalen Sicherheit obliegt (Art. 24 UN-Charta), bei einer Bedrohung oder einem Bruch des Friedens (Art. 39) nicht-militärische (Art. 41) oder militärische (Art. 42) Zwangsmaßnahmen beschließen, und zwar mit den Stimmen von neun der 15 Mitgliedstaaten, wobei keines der fünf ständigen Sicherheitsratsmitglieder ihr Veto einlegen darf. Insgesamt hat der UN-Sicherheitsrat seit 1966 bislang 30 Sanktionsregime eingerichtet.[367] Für den Menschenrechtsschutz bedeutsam ist, ob der Sicherheitsrat – der ein Instrument der Sicherheits- und nicht der Menschenrechtspolitik ist[368] – die Menschenrechtslage in einem Staat und ihre Aus-

---

367 https://www.un.org/securitycouncil/sanctions/information (Zugriff: 18. Oktober 2022).

368 Zur Rolle der Menschenrechte im UN-Sicherheitsrat allgemein siehe z.B. Bailey 1994, Forsythe 2012b, 2014, Heinz/Litschke 2014, Heemann/Rudolf 2020, Megret 2020, Universal Rights Group 2021. Als Mitglied im UN-Sicherheitsrat (2019-2021) bemühte sich die Bundesregierung, die Thematisierung von Menschenrechten im Sicherheitsrat zu

wirkungen als eine Bedrohung des Weltfriedens und der internationalen Sicherheit ausweist und daraufhin Sanktionen verabschiedet. Oder, ob er zumindest im Rahmen anderweitig begründeter Sanktionen auch den Schutz von Menschenrechten als Ziel in entsprechende Resolutionen aufnimmt.

Lange Zeit war der Sicherheitsrat nur sehr bedingt bereit, im Sinne des Art. 39 eine Friedensbedrohung bei innerstaatlichen Menschenrechtsverletzungen anzunehmen. Zu den wenigen Beispielen zählten bis zu den 1990er Jahren die Beschlüsse gegen (Süd-)Rhodesien (Resolution 232 von 1966) und gegen die Republik Südafrika (Resolution 418 von 1977), die Embargo-Maßnahmen nach sich zogen. Unter veränderten weltpolitischen Bedingungen gewannen in den 1990er Jahren jedoch selbst militärische Zwangsmaßnahmen zum Schutz von Menschenrechten an Bedeutung. Den Auftakt für solche „humanitäre Interventionen“[369] bildete die „Kurden-Resolution“ 688 von 1991, welche die Folgen der Unterdrückung der irakischen Zivilbevölkerung in Gestalt eines grenzüberschreitenden Flüchtlingsstroms als eine Bedrohung des Friedens und der internationalen Sicherheit bewertete. Die Somalia-Resolution 794 von 1992 ermächtigte dann die erste eindeutige humanitäre Intervention im Namen der UN, mit dem Ziel, militärisch ein sicheres Umfeld für humanitäre Hilfe in dem kollabierenden Staat zu errichten. Danach genehmigte der Sicherheitsrat mehrfach militärische Zwangsmaßnahmen in humanitär prekären Konfliktsituationen (vgl. Hinsch/Janssen 2006, Janssen 2008).

Bis zum Krieg im Kosovo (1999) lag einer Androhung oder Anwendung von Gewalt zu humanitären Zwecken stets eine Resolution des Sicherheitsrates zugrunde – auch wenn die konkrete Auslegung solcher Resolutionen zwischen den Mitgliedern des Sicherheitsrates oft umstritten blieb und ein entsprechendes Mandat gelegentlich auch erst nachträglich erteilt wurde, wie etwa beim Eingreifen westafrikanischer Friedenstruppen in Sierra Leone (1997/98). Die

verstetigen und die UN-Agenda Frauen, Frieden und Sicherheit dort besser zu verankern. Zu einer Bilanz Deutschlands im Sicherheitsrat siehe Vorrath 2021.

369 Eine „humanitäre Intervention“ stellt einen militärischen Eingriff in das Hoheitsgebiet eines Staates zum Schutz von Menschen dar, die sich in einer humanitären Notlage befinden, sofern der betroffene Staat nicht fähig oder willens ist, diesen Menschen Schutz zu bieten. Grundsätzlich abzugrenzen von einer humanitären Intervention als einer militärischen Zwangsmaßnahme, welche definitorisch mit der Androhung oder Anwendung von Waffengewalt verbunden ist, ist die Entsendung von Truppen in einen Staat mit Zustimmung der jeweiligen Regierung bzw. Konfliktparteien, wie dies im Rahmen friedenserhaltender Einsätze geschieht, auch wenn die entsprechenden Mandate mitunter „robust“ ausgestaltet sind.

Luftangriffe der NATO im Kosovo entbehrten erstmals einer Resolution, die sich als Mandat oder als Ermächtigung für ein militärisches Eingreifen interpretieren ließ. Auslöser war die Handlungsunfähigkeit des Sicherheitsrates. Zwar bewertete dieser die Lage im Kosovo als Gefahr für den Frieden und die Sicherheit in der Region, doch erließ er vor allem aufgrund des Widerstands Russlands weder ein Mandat noch eine Ermächtigung für die Androhung oder Anwendung von Gewalt gegen (Rest-)Jugoslawien. Vor diesem Hintergrund beschloss die NATO, ohne entsprechendes Mandat militärische Lufteinsätze durchzuführen (vgl. etwa Merkel 1999). Völkerrechtlich war der Einsatz höchst problematisch, zumal er nicht auf die ungeteilte Zustimmung der Staatengemeinschaft stieß. Der Kosovo-Krieg entfachte eine breite Diskussion über die Rechtmäßigkeit unautoritisierter humanitärer Interventionen. Vor dem Hintergrund von Berichten über Massaker und Massenvertreibungen im Kosovo und der Handlungsblockade im Sicherheitsrat traten dabei völkerrechtliche Einwände vorübergehend in den Hintergrund. Humanitäre Interventionen erschienen vielen als moralisches Gebot angesichts von Bürgerkriegen, Völkermord und anderer schwerster Menschenrechtsverbrechen.

Verstärkt wurde die Debatte durch das in den 2000er Jahren entwickelte Konzept einer „Responsibility to Protect“ (R2P). Angestoßen wurde dieses – nach dem Versagen der Vereinten Nationen bei der Verhinderung des Völkermords in Ruanda 1994 und des Massakers in Sebrenica (Bosnien-Herzegowina) 1995 – durch den damaligen UN-Generalsekretär Kofi Annan. Die R2P besagt, dass die Schutzverantwortung an die internationale Gemeinschaft übergeht, wenn ein Staat nicht willens oder fähig ist, seine Bevölkerung vor Genozid, Kriegsverbrechen, „ethnischen Säuberungen“ und Verbrechen gegen die Menschlichkeit zu schützen. Dabei sieht die eingeforderte Schutzverantwortung allerdings nicht nur ein militärisches Eingreifen, sondern auch präventive, politische sowie Wiederaufbaumaßnahmen vor.[370] Erstmals wurde eine militärische Intervention im Falle des Libyen-Krieges (2011) mit der R2P gerechtfertigt (kritisch: Beestermöller 2013). Danach ließen sich entsprechende militärische Interventionen im Sicherheitsrat jedoch nicht mehr durchsetzen und blieben etwa in Syrien und anderen Krisenregionen aus, obwohl in der Literatur verschiedentlich noch auf die R2P Bezug genommen wurde (statt vieler: Bellay 2016, Gözen Ercan 2022). Im Falle der Verfolgung der Rohingya in Myanmar sprach

---

370 Um die Konfliktprävention und die Friedenskonsolidierung zu stärken, verbindet Daniel Peters (2020) die R2P sogar mit extraterritorialen Schutzpflichten des Menschenrechtsschutzes im Bereich Arbeit, Ernährung, Gesundheit und Bildung.

beispielsweise Markus Berg (2021) von einem „Lehrbuchbeispiel des Versagens“ der Schutzverantwortung, die nicht aktiviert worden wäre. Im Sicherheitsrat stellt jedoch das Konzept der Schutzverantwortung keine gemeinsame Entscheidungsgrundlage mehr dar (Heemann/Rudolf 2020: 13).

Angesichts der politischen Konfrontation zwischen den ständigen Sicherheitsratsmitgliedern, die über eine Vetomacht im Sicherheitsrat verfügen, ist es höchst unwahrscheinlich, dass dort militärische Zwangsmaßnahmen künftig autorisiert werden. Selbst nicht-militärische Sanktionen sind zusehends schwierig durchzusetzen. Zurzeit sind noch 14 Sanktionsregime der Vereinten Nationen in Kraft, die auf die Beilegung von Konflikten, die Nicht-Proliferation von Nuklearwaffen und die Bekämpfung des internationalen Terrorismus abzielen und stellenweise auf die Eindämmung von Menschenrechtsverletzungen Bezug nehmen.[371] Dabei ist der Sicherheitsrat dazu übergegangen, statt umfassender Wirtschafts- und Handelssanktionen gezielte Sanktionen zu verhängen. Mit Ausnahme etwa Nordkoreas und des Irans (gegen die Proliferation von *weapons of mass destruction*) handelt es sich bei den verhängten UN-Sanktionen um *targeted sanctions*, die strategisch gegen bestimmte Personen(gruppen), Einrichtungen und Unternehmen gerichtet sind. Neben Waffenembargos umfassen sie vor allem Reisebeschränkungen und das Einfrieren von Konten. Die UN-Sanktionsliste umfasste im Januar 2022 insgesamt über 1.000 Personen und Einrichtungen, die z.B. aufgrund von Bedrohungen des Friedens und der internationalen Sicherheit, schwerer Menschenrechtsverletzungen oder der Behinderung humanitärer Hilfe gelistet wurden (ebd.). Seit 2006 gibt es auch einen „Focal Point for De-Listening“, bei dem Anträge eingereicht werden können, um von der Liste genommen zu werden.

EU- und unilaterale Sanktionen

Auch die *Europäische Union* verfügt über ein Sanktionsregime. „Restriktive Maßnahmen“, wie es im EU-Jargon heißt, werden in GASP-Beschlüssen des Rates festgelegt. Sie werden auf Vorschlag des Hohen Vertreters der Union für die Gemeinsame Außen- und Sicherheitspolitik einstimmig angenommen. Sanktionen der EU stehen entweder in Funktion der Umsetzung von UN-Sicherheitsratsbeschlüssen, wobei die EU die UN-Sanktionen auch in verschärfter Form verhängen kann, oder es handelt sich um eigenständige thematische oder länderbe-

---

371 https://www.un.org/securitycouncil/sites/www.un.org.securitycouncil/files/subsidiary_organs_factsheets.pdf

zogene Sanktionen, welche die EU im Rahmen der GASP beschließt.[372] Artikel 215 des Vertrags über die Arbeitsweise der Europäischen Union (AEUV) ermöglicht dabei die Aussetzung, Einschränkung oder vollständige Einstellung von Wirtschafts- und Finanzbeziehungen zu einem oder mehreren Drittländern, sofern die Sanktionen als nötig erachtet werden, um die Ziele der GASP zu erreichen. Unter die Ziele der GASP fallen nicht zuletzt der Friedenserhalt und der Schutz der Menschenrechte. Besonders umfassend sind gegenwärtig die autonomen EU-Sanktionen, die sich aufgrund des Angriffskrieges und der Annexionen Russlands in der Ukraine gegen die russische Wirtschaft und Elite richten; die Sanktionen betreffen den Finanz-, Energie-, Transport- und Industriesektor, den Medienbereich sowie gelistete Personen und Einrichtungen. Auch gegenüber Belarus bestehen beispielsweise Wirtschafts- und Finanzsanktionen sowie *targeted sanctions* aufgrund der dortigen Menschenrechtslage und der Beteiligung am russischen Angriffskrieg.

Im Dezember 2020 hat der Rat zudem eigens einen Beschluss und eine Verordnung zur Einführung der ersten „globalen Sanktionsregelung der EU im Bereich der Menschenrechte“ angenommen (wobei auch „Drittstaaten“ ausdrücklich ermutigt werden, gleichartige Sanktionen zu verhängen). Die – dem *Global Magnitsky Act* der USA nachempfundene (Ernst 2021) – Regelung ermöglicht es, gezielt gegen Einzelpersonen, Organisationen und staatliche wie nichtstaatliche Einrichtungen vorzugehen, die für schwere Menschenrechtsverletzungen und -verstöße irgendwo in der Welt verantwortlich sind, daran beteiligt sind oder damit in Verbindung stehen. Die restriktiven Maßnahmen sehen in Form von Einreiseverboten und dem Einfrieren von Vermögenswerten *targeted sanctions* vor. Die ersten Sanktionen auf dieser Grundlage betrafen 2021 beispielsweise vier Russen, die an der willkürlichen Verhaftung von Alexei Navalny beteiligt waren, sowie Verantwortliche u.a. für Masseninternierungen in China (insbesondere in Xinjiang) und für außergerichtliche Tötungen in Libyen, im Südsudan und in Eritrea. Im Oktober 2022 beschloss die EU – die zuvor bereits Maßnahmen gegen Personen und Einrichtungen im Iran verhängt hatte – gezielte Sanktionen auch gegen Mitglieder der „Sittenpolizei“ und andere Verantwortliche für die brutale Unterdrückung der dortigen Massenproteste.

Zusehends an Bedeutung gewinnen auch *unilaterale Sanktionen* durch einzelne Staaten. Dabei kann es sich ebenfalls um umfassende Wirtschafts- und Finanzsanktionen handeln, wie sie beispielsweise die USA gegenüber Cuba, Venezuela, Syrien und dem Iran verhängt hat. Diese betreffen mitunter nicht nur die

372 Siehe die Sanktionsliste: https://www.sanctionsmap.eu/#/main

Staaten selbst, sondern auch (Angehörige von) Drittstaaten, die mit diesen Ländern kooperieren (*secondary sanctions*). Ergänzt werden unilaterale Wirtschafts- und Finanzsanktionen oft durch Waffenembargos sowie *targeted sanctions*. So verfügen beispielsweise die USA und Großbritannien über autonome Sanktionsregime, die sich aufgrund von Menschenrechtsverletzungen (und Korruption) mit gezielten Sanktionen gegen Einzelpersonen und staatliche wie nichtstaatliche Institutionen richten (Ernst 2021).

In den USA sind hier der *Magnitsky Act* von 2012 und der *Global Magnitsky Human Rights Accountability Act* von 2016 zu nennen. Ersterer richtet sich gegen die Verantwortlichen für den Tod des US-amerikanischen Steuerberaters Sergey Magnitsky in russischer Haft (2009), letzterer allgemein gegen Menschenrechtsverletzer:innen und korrupte Personen im Ausland. Laut den Menschenrechtsorganisationen Human Rights First und Freedom House (2022) wurden auf dessen Grundlage bereits 420 Personen in 43 Staaten mit Sanktionen belegt, einschließlich 19 saudi-arabischer Staatsangehöriger aufgrund der Ermordung des Journalisten Jamal Khashoggi.[373] In Großbritannien wiederum ermöglichen die *Global Human Rights Sanctions Regulations* von 2020, gezielte Sanktionen (Einreiseverbote, Einfrieren von Vermögenswerten) gegenüber Personen zu verhängen, die bestimmte Menschenrechte (Leben, Verbot der Folter, der Sklaverei und der Zwangsarbeit) verletzen.[374] Auch einige andere Länder haben inzwischen ähnliche Gesetze verabschiedet oder geplant.

Insgesamt ist die Zahl an Sanktionen angestiegen, was gerade auch der Zunahme von *targeted sanctions* und von unilateralen Sanktionen geschuldet ist. Ein beachtlicher Teil davon hat Menschenrechte oder Demokratie zum erklärten Ziel (Felbermayr et al. 2020, Kirilakha et al. 2021). Gleichwohl ist die Sanktionspraxis umstritten. Ohne auf die Menschenrechtsverletzungen seitens der sanktionierten Staaten einzugehen, beanstandet beispielsweise Alena Douhan in ihrer Funktion als *Special Rapporteur on the negative impact of unilateral coercive measures on the enjoyment of human rights* die negativen humanitären Folgen von Wirtschafts- und Finanzsanktionen und kritisiert die Listung von Personen *ex officio*, die weit „einfacher" sei als eine strafrechtliche Verfolgung mit entsprechenden prozeduralen Garantien.[375] Noch massiver fällt naturgemäß die Kritik seitens der Regierungen umfassend sanktionierter Staaten wie Cuba, Venezuela,

---

373 „Permanent Global Magnitsky Act Will Ensure Perpetrators Face Consequences". Joint Statement, 12. April 2022.

374 https://www.gov.uk/government/collections/uk-global-human-rights-sanctions

375 Vgl. etwa A/HRC/48/59, 8. Juli 2021.

Iran, Syrien, Russland und Belarus aus, die in den Sanktionen einen Akt der Aggression sehen. Die EU und die Regierungen sanktionierender Einzelstaaten erachten Sanktionen hingegen als ein symbolträchtiges und wirkkräftiges Mittel ihrer Außenpolitik.

Welche Wirkungen haben aber Sanktionen? Sanktionen sollen im Idealfall eine *Verhaltensänderung* seitens der adressierten Regierungen, Einrichtungen, Gruppen oder Personen im Sinne der anvisierten Ziele und, sofern sie menschenrechtlich begründet werden, eine Verbesserung der Menschenrechtslage bewirken. Die Ergebnisse quantitativer empirischer Studien zur Wirkung von (wirtschaftlichen) Sanktionen sind indes oft ernüchternd: Vielfach würde sich die Menschenrechtslage verschlechtern[376], da angesichts des wachsenden Drucks die sanktionierten Regierungen zusehends repressiv reagierten.[377] Solche Befunde sind ernst zu nehmen. So gilt es die jeweiligen Sanktionen gewissenhaft auf ihre Wirkungen hin zu prüfen. Die erwünschte Verhaltensänderung seitens der Adressaten ist selbst bei einer konsequenten Umsetzung der Sanktionen sehr schwierig zu erreichen und zugleich können die Sanktionen selbst negative Auswirkungen auf die Menschenrechte zeitigen.[378] Allerdings ist zu beachten, dass Sanktionen auch eine *symbolische Wirkung* haben und auch der *Abschreckung* dienen: Sofern sie menschenrechtlich begründet werden, halten sie internationale Menschenrechtsstandards hoch und setzen ein deutliches Zeichen der Solidarität mit Menschen, die sich für Menschenrechte einsetzen und von Menschenrechtsverletzungen betroffen sind. Auch formulieren sie menschenrechtliche Erwartungshaltungen und ziehen „rote Linien", deren Überschreitung sanktioniert wird. Möglicherweise wirken sie auch abschreckend und verhindern, dass andere Regierungen ähnliche Verhaltensweisen an den Tag legen. Solche Wirkmechanismen sind empirisch indes schwierig zu messen.

---

376 Vgl. etwa Peksen 2009, Adam/Tsarsitalidou 2019, Liou et al. 2021.

377 Neben diesem Wirkmechanismus weisen Liou et al. (2021) bei Wirtschaftssanktionen noch auf die sanktionsbedingt verringerte Kapazität der Regierung hin, die Sicherheitsorgane zu kontrollieren, die dann unkontrolliert zu (noch mehr) Menschenrechtsverletzungen neigen würden.

378 Siehe erneut: A/HRC/48/59, 8. Juli 2021.

16. Internationale Strafgerichtsbarkeit

Dem großen Thema der internationalen Strafgerichtsbarkeit[379] und weiterführend einer *Transitional Justice*[380] kann im Rahmen der vorliegenden Einführung in die Menschenrechtspolitik nicht Genüge getan werden. Nur so viel: Jeder Staat ist verpflichtet, Menschenrechtsverbrechen im eigenen Land zu verfolgen und zu bestrafen. Für die Bestrafung der Täter:innen sind daher in erster Linie die Gerichte des jeweiligen Landes zuständig. Doch oft gelingt es Menschenrechtsverbrecher:innen straflos auszugehen, indem sie in den Genuss politischer Amnestien kommen oder indem sie sich mit Hilfe von politischem Einfluss und Geld dem Zugriff einer schwachen oder korrupten Justiz entziehen. In Lateinamerika hat sich hierfür der Begriff der „Straflosigkeit“ (*impunidad*) eingebürgert. Allerdings gibt es dort immerhin eine Rechtsprechung des Interamerikanischen Gerichtshofs für Menschenrechte, derzufolge Amnestien für schwere Menschenrechtsverbrechen unzulässig sind[381], und viele Betroffenen- und Menschenrechtsorganisationen forder(te)n die Bestrafung der Täter:innen solcher Verbrechen. Auch sind in Staaten wie Argentinien und Chile etliche Verantwortliche für schwere Menschenrechtsverbrechen, die während der Militärdiktaturen begangen worden waren, inzwischen von nationalen Gerichten verurteilt worden (Huhle 2022b).

Bleibt das nationale Rechtssystem untätig oder versagt es, kommt ggf. das internationale Strafrecht zum Tragen. Zumindest schwerste Menschenrechtsverletzungen können von dem Internationalen Strafgerichtshof (IStGH) aufgegriffen werden, der auf Grundlage des 1998 verabschiedeten und 2002 in Kraft getretenen Römischen Statuts seine Arbeit aufnahm.[382] Die – auch von Deutschland unterstützte (z.B. Eikel 2018) – Gründung des IStGH wurde als „Höhepunkt der allgemeinen Völkerrechts- und Menschenrechtseuphorie der 1990er

---

379 Allgemein zum Internationalen Strafrecht/Völkerstrafrecht: Safferling 2011, Safferling/Kirsch 2014, Ambos 2018, 2021.

380 Vgl. etwa Kritz 1995, Roht-Arriaza et al. 2006, Buckley-Zistel et al. 2013, Mihr et al. 2017, Werle/Vormbaum 2018, Lissowsky 2021, Safferling 2021, Huhle 2022a sowie die Fachzeitschrift *International Journal of Transitional Justice* oder den *International Center for Transitional Justice*.

381 Beispielsweise: IAGMR, *Caso Barrios Altos vs. Perú*. Fondo. Sentencia de 14 de marzo de 2001.

382 Siehe Ambos 2021 sowie die Website des IStGH: https://www.icc-cpi.int/

Jahre" angesehen (Bock 2022: 125): Mit ihr verband sich die Hoffnung, Machtmissbrauch durch Recht zu begrenzen, indem die Verantwortlichen von schwersten Menschenrechtsverbrechen – Völkermord, Verbrechen gegen die Menschlichkeit, Kriegsverbrechen und inzwischen Verbrechen der Aggression – *individuell* zur Verantwortung gezogen werden (ebd.). Die weltweite Anwendung ist allerdings begrenzt: Der Gerichtsbarkeit des IStGH haben sich bis Oktober 2022 insgesamt zwar 123 Staaten unterworfen, aber beispielsweise nicht China, Indien, Russland oder die USA.

Immerhin ist der IStGH aber die erste *ständige* internationale Rechtsinstanz, die Einzelpersonen für die o.g. Verbrechen verurteilen kann. Zuvor gab es „lediglich" einzelne Ad-hoc-Gerichte, die, bezogen auf bestimmte Zeiträume und Staaten, schwerste Menschenrechtsverletzungen ahndeten. Neben den Militärgerichtshöfen von Nürnberg[383] und Tokio nach dem Zweiten Weltkrieg sind hier die Internationalen Strafgerichtshöfe zum ehemaligen Jugoslawien und zu Ruanda die bekanntesten Beispiele. Weniger bekannt sind die in den 2000er Jahren errichteten internationalen oder „hybriden" Ad-hoc-Sondergerichtshöfe etwa in und zu Sierra Leone, Libanon und Kambodscha.[384]

Unter bestimmten Bedingungen müssen sich zudem Menschenrechtsverbrecher:innen auch vor nationalen Gerichten anderer Staaten verantworten. Die vom spanischen Ermittlungsrichter Baltasar Garzón erwirkte Festnahme Pinochets in London am 4. November 1998 markiert diesbezüglich einen Präzedenzfall. Zwar wurde der chilenische Ex-Dikator nicht nach Spanien ausgeliefert, doch wurde er in seinem Heimatland Chile vor Gericht gestellt. Auf Grundlage des Universalitätsprinzips wurden 2021 in 16 Ländern Verfahren gegen insgesamt mindestens 102 Angehörige fremder Staaten durchgeführt, die andernorts schwere Menschenrechtsverbrechen begangen haben (Trial International 2022). In Deutschland hat der Generalbundesanwalt seit 2019 insgesamt 117 Ermittlungsverfahren wegen Tatvorwürfen nach dem Völkerstrafgesetzbuch (VStGB) eingeleitet. Auf Grundlage dieser Verfahren seien 16 Anklagen erhoben worden, so die Bundesregierung (BT-Drs. 20/2851). Weltweite Aufmerksamkeit erzielte das Verfahren gegen den Syrer Anwar R. vor dem OLG Koblenz (Syria Justice and Accountability Centre et al. 2021).[385]

---

383 Noch heute interessant sind Reden der Hauptankläger; übersetzt und kommentiert finden sie sich in NMRZ 2015.

384 Siehe etwa Klip/Freeland 2018, Alamuddin et al. 2024, Arens 2016, Hinton 2020, Etcheson 2019.

385 Siehe auch die entsprechende Pressemitteilung der UN Independent International Com-

17. Anknüpfungspunkte an Theorien internationaler Beziehungen

(Neo)realismus, Liberalismus und Konstruktivismus

Im Unterschied zu *Foreign Policy*-Analysen setzen Studien aus dem Bereich der „Internationalen Beziehungen“ *(international relations)*, wie bereits erwähnt wurde, bei den Staaten als den maßgeblichen Akteuren an[386] und untersuchen das Verhalten der Staaten[387] untereinander vor dem Hintergrund der Strukturen des internationalen Systems. Studien, die sich im Bereich der „Internationalen Beziehungen“ mit Menschenrechtspolitik beschäftigen, nehmen mitunter auf entsprechende Großtheorien Bezug: Dunne/Hanson (2016: 45 ff.) etwa skizzieren drei grundlegende Sichtweisen auf die Menschenrechtspolitik, die sie dem (Neo-)Realismus, dem Liberalismus und dem Konstruktivismus zuordnen. Nimmt man eine solche Dreiteilung als Ausgangspunkt, dann stellen sich die Sichtweisen folgendermaßen dar:

Aus Sicht *(neo)realistischer Ansätze* geht es nicht vorrangig um Menschenrechte, sondern um Macht. Eine Menschenrechtsaußenpolitik mag aus dieser Sicht zwar nützlich sein, wenn sie die relative Macht der jeweiligen Staaten im internationalen Umfeld befördert oder Machtinteressen kaschiert, doch sobald sie sich gegen solche Interessen richtet, ist sie diesen unterzuordnen oder es ist ganz von ihr Abstand zu nehmen. Sofern überhaupt Menschenrechtsaußenpolitik betrieben wird, ist sie (oder soll sie) macht- und interessengeleitet (sein).[388] Wenn nötig, zollen die Regierungen den Menschenrechten dann nur Lippenbe-

---

mission of Inquiry on the Syrian Arab Republic vom 13. Januar 2022: https://www.ohchr.org/en/2022/01/un-panel-welcomes-landmark-guilty-verdict-germanys-prosecution-former-syrian-intelligence. Allgemein zum Umgang der Justiz mit verdeckt einreisenden Völkerrechtsverbrecher:innen siehe Safferling/Petrossian 2019.

386 Kritisch hierzu z.B. Hudson/Day (2020: 6): „States are not agents because states are abstractions and thus have no agency. Only human beings can be true agents“.

387 Wie oben erwähnt wurde, können Staaten eigentlich keine Akteure sein. Es handeln immer Regierungen oder andere Repräsentanten des Staates in deren Namen.

388 Im Falle des russischen Angriffskrieges in der Ukraine ist die „Verteidigung europäischer Werte“ nicht nur aus liberaler Sicht geboten, sondern auch Bestandteil einer Sicherheitspolitik, die aus realpolitischer Sicht nötig erscheint, um Putin Einhalt zu gebieten.

kenntnisse und schrecken nicht vor „Doppelstandards“ zurück. Auch bedarf es für die Durchsetzung einer Menschenrechtsaußenpolitik aus (neo-)realistischer Sicht wirksamer Sanktionen gegenüber normverletzenden Staaten. Die internationalen Menschenrechtsinstitutionen sind mangels entsprechender Zwangsmittel dafür zu schwach.

Aus Sicht des *Liberalismus* geht es bei der Menschenrechtsaußenpolitik, vereinfacht gesprochen, darum, die weltweite Ausbreitung liberaler Demokratien und der (bürgerlich-politischen) Menschenrechte zu befördern und der Ausbreitung autokratischer Regime und der Missachtung dieser Menschenrechte entgegenzuwirken. Die Ausdehnung der „liberalen Zone“ steht dabei im wohlverstandenen Eigeninteresse, soll sie doch ein friedenförderndes internationales Umfeld an liberal-demokratischen Staaten schaffen.[389] Zugleich wird die Menschenrechtsaußenpolitik von der liberalen Idee getragen, dass die einzelnen Menschenrechte grundlegende Freiheitsrechte innehaben, die universell gültig sind, und dass die Staaten die Verantwortung haben, diese zu achten und zu schützen. Die Menschenrechte benötigen aus dieser Sicht einer angemessenen rechtlich-institutionellen Fundierung und Absicherung durch demokratische und rechtsstaatliche Prinzipien und Institutionen. Der Schwerpunkt liegt hierbei freilich auf den bürgerlich-politischen Menschenrechten, obwohl inzwischen auch die wirtschaftlichen, sozialen und kulturellen Menschenrechte Eingang in den liberalen Menschenrechtsdiskurs gefunden haben.[390]

Konstruktivistische Ansätze gehen weder von vorab definierten und stabilen nationalen Interessen der Staaten aus noch von bereits bestehenden liberalen Normen, die handlungsleitend sind. Vielmehr nehmen sie die (Menschenrechts-)Normen in den Blick, die sich im Rahmen der internationalen Gemeinschaft und einer sich ausbreitenden „Weltkultur“ herausbilden. Menschenrechtskonformes Handeln in der Außen- wie Innenpolitik ergibt sich dann daraus, dass den – im Rahmen internationaler Menschenrechtsdiskurse und -regime geschaffenen – Verhaltenserwartungen Genüge getan wird und/oder die Regierungen menschenrechtskonformes Verhalten bereits verinnerlicht und habitualisiert haben. Transnational tätige NGOs, Netzwerke, Koalitionen und Bewegungen können diese Sozialisationsprozesse u. a. durch „*naming and shaming*“ verstärken.

---

389 Hier sei an die allgemeine Erkenntnis der Friedens- und Konfliktforschung erinnert, dass Demokratien nicht gegeneinander Krieg führen.

390 Zu dem Verständnis sozialer Menschenrechte auch als Freiheitsrechte siehe: Krennerich 2006 und 2013. Allerdings handelt es sich nicht um neo-liberale Rechte: Krennerich 2021b.

Staaten, die sich dem international herausgebildeten Menschenrechtskonsens widersetzen, bezahlen dies, so die Logik, mit Reputationsverlust und Isolation.

Internationale Menschenrechtsinstitutionen: Instrumente, Arenen, Akteure

Für eine Funktionsanalyse von internationalen Menschenrechtsinstitutionen, die auch Anknüpfungspunkte an Theorien internationaler Beziehungen aufweist, bietet sich eine Dreiteilung an, die sich in Studien zu internationalen Organisationen[391] bewährt hat. Demnach stellen auch internationale Menschenrechtsinstitutionen a) Instrumente, b) Arenen und c) Akteure dar (Oberleitner 2007: 10 f.).

a) Als *Instrument* werden internationale Institutionen von den Staaten genutzt, um ihre Interessen und Ziele zu verfolgen. Im Verständnis des (Neo-)Realismus dient die Gründung, Ausgestaltung, Mitarbeit und Aufrechterhaltung solcher Institutionen vornehmlich dem Zweck mächtiger Staaten, die eigenen, vor allem machtpolitischen Interessen zu verfolgen. Internationale Menschenrechtsinstitutionen sind zwar aus (neo-)realistischer Sicht weitgehend wirkungs- und damit bedeutungslos. Doch mag es aus dem jeweiligen nationalen Interesse heraus nötig erscheinen, auch in solchen Institutionen die Willensbildungs- und Entscheidungsprozesse mitzubestimmen, und sei es auch nur, um den eigenen Interessen zuwiderlaufende Entscheidungen zu verhindern. Allerdings nehmen nicht nur (Neo-)Realisten, sofern sie sich überhaupt mit Menschenrechtsinstitutionen beschäftigen, eine instrumentelle Sichtweise ein, sondern auch (linke) Kritiker:innen, die in dem globalen Menschenrechtssystem lediglich einen Ausdruck imperialistischer Politik mächtiger westlicher Staaten, allen voran der USA, sehen.

Anders stellt sich der instrumentelle Charakter internationaler Institutionen dar, wenn diese von Staaten dazu genutzt werden, um übergeordnete Interessen und Werte zu verfolgen, die sich aus ihrer Sicht nur oder besser multilateral umsetzen lassen. So bedarf es angesichts etwaiger unzureichender Umsetzungskapazitäten und problematischer politischer, wirtschaftlicher und ökologischer Strukturen durchaus internationaler Kooperationen, um die Menschenrechte besser zu achten, zu schützen und zu gewährleisten. Besteht das außenpolitische Ziel von Regierungen zudem darin, die Menschenrechte auch in anderen Staaten zu fördern, dann kann die staatliche Zusammenarbeit in Menschenrechtsin-

---

391 Ich ziehe im Folgenden den Begriff „internationale Institutionen“ dem Begriff der „internationalen Organisationen“ vor, um diesen deutlich von internationalen nichtstaatlichen Organisationen abzugrenzen.

stitutionen die einzelstaatlichen Kosten für solches Handeln verringen. Solche Kosten können nicht nur in teueren Fördermaßnahmen bestehen, sondern auch in schädlichen Gegenmaßnahmen menschenrechtsverletzender Staaten. Vor allem aber können die Staaten gemeinsam eher etwas bewirken. Auch aus diesem Grund setzt die Bundesregierung auf eine multilaterale Menschenrechtspolitik im Rahmen internationaler Institutionen, um ihre menschenrechtspolitischen Ziele zu verfolgen, die sie bilateral nur bedingt umsetzen kann oder möchte. Eine multilaterale Menschenrechtspolitik setzt dabei allerdings voraus, dass die Förderung der Menschenrechte tatsächlich ein gemeinsames außenpolitisches Ziel einer hinreichend großen Zahl an Staaten ist.

b) Als *Arenen* dienen internationale Institutionen dann, wenn sie Raum bieten für zwischenstaatlichen Austausch, Diskussionen, Verhandlungen und Zusammenarbeit. Im Sinne einer „Agora"-Funktion (Oberleitner 2007: 35) öffnen internationale Menschenrechtsinstitutionen den Mitgliedstaaten Foren, um in den weltweiten Dialog über Menschenrechte zu treten. Selbst im Falle, dass unüberwindbare Differenzen bestehen und der Austausch folgenlos bleibt, reißen die dicht gesponnenen Gesprächsfäden für gewöhnlich nicht einfach ab. Die verschiedenen internationalen Menschenrechtsforen bieten vielmehr den unterschiedlichen Beteiligten institutionalisierte Möglichkeiten für einen anhaltenden Austausch über die Bedeutung, das Verständnis und die Umsetzung der Menschenrechte. Hierzu gehört auch die Möglichkeit, Menschenrechtsprobleme zu definieren, auf die öffentliche Agenda zu setzen und sich über die Lösung der Probleme zu verständigen. Über den zwischenstaatlichen Austausch hinaus ist es dabei auch zivilgesellschaftlichen Organisationen möglich, in formalisierter Weise (oder auch informell) menschenrechtliche Anliegen zur Sprache zu bringen.

Die Arena-Funktion internationaler Menschenrechtsinstitutionen fügt sich insofern in liberale Sichtweisen in den internationalen Beziehungen ein, als liberal-demokratische Staaten die Institutionen nutzen, um multilateral für liberale Werte und Normen zu werben und diese einzufordern und zu fördern. Aus (neo-)institutionalistischer Sicht bieten solche Institutionen potenziell eine Arena für einen institutionalisierten Konfliktaustrag über Menschenrechte, und zwar auch mit Staaten, die gegenläufige Interessen vertreten. Bedeutsam ist die Arena-Funktion aber auch aus konstruktivistischer Perspektive, weil internationale Menschenrechtsinstitutionen wichtige Sozialisationsforen darstellen, in denen unter Beteiligung der Vertreter:innen der Staaten, der Institutionen und der Zivilgesellschaft menschenrechtliche Verhaltenserwartungen formuliert und vermittelt werden.

c) Als eigenständige *Akteure* sind internationale Institutionen anzusehen, „wenn sie selbst auf der Basis der ihnen zugrundeliegenden Regeln und Satzungen und durch Vertreter ihrer Institutionen als Handelnde auftreten“ (Brummer 2005: 46). Im Sinne (neo-)institutionalistischer Ansätze kommt ihnen also eine Akteursqualität zu. Dabei stellt sich die grundlegende Frage, inwieweit auch internationale Menschenrechtsinstitutionen – nach der Mandatierung durch die Mitgliedstaaten – in der Lage sind, eine eigenständige, zielgerichtete Menschenrechtspolitik zu betreiben, und zwar gegebenenfalls auch gegen die Interessen beteiligter Staaten. Auch wenn die Einschätzungen variieren mögen: Eine gewisse Unabhängigkeit lässt sich beispielsweise weder den Sonderverfahren und Untersuchungskommissionen des UN-Menschenrechtsrates noch den Menschenrechtsvertragsorganen der Vereinten Nationen absprechen. Auch das UN-Hochkommissariat für Menschenrechte setzt, obwohl es sich stärker mit den Staaten abstimmen muss, eigene Akzente in der Menschenrechtspolitik. Insgesamt sind jedoch die Aktivitäten der UN-Menschenrechtsinstitutionen vor allem auf Kooperation und weniger auf Konfrontation angelegt. Insbesondere bei der Umsetzung der Menschenrechte sind die UN-Menschenrechtsinstitutionen auf den politischen Willen der Regierungen und auf die Zusammenarbeit mit diesen angewiesen. Ähnliches gilt auch für regionale Menschenrechtsinstitutionen, und zwar selbst dann, wenn diese über Menschenrechtsgerichtshöfe verfügen, die rechtsverbindliche Urteile sprechen.

Transnationale Menschenrechtspolitik

Seit den 1990er Jahren brachte die wachsende Bedeutung transnational aktiver NGOs, Netzwerke, Koalitionen und Bewegungen eine Vielzahl an Studien in den Internationalen Beziehungen hervor.[392] Khagram et al. (2002: 7 ff.) unterscheiden dabei zwischen: a) *transnational adovacy networks,* die eine lose Koordinationsform darstellen und deren Netzwerkaktivitäten vor allem im Austausch und dem Nutzen von Informationen bestehen; b) *transnational coalitions,* die stärker koordiniert sind und ihre Strategien, Taktiken und Kampagnen absprechen; und c) *transnational social movements,* die stärkere kollektive Identitäten aufweisen und die Mobilisierung für kollektives Handeln in den Vordergrund rücken. Hier bestehen Anknüpfungspunkte an die etablierte soziale Bewegungsforschung, nunmehr aber mit Fokus auf transnationale Aktionen. Allerdings las-

392 Vgl. etwa Risse-Kappen 1995, Keck/Sikkink 1998, Smith et al. 1998, Khagram et al. 2002, Tarrow 2006, West 2013, Bob 2019a.

sen sich transnationale Netzwerke, Koalitionen und Bewegungen nur schwierig voneinander abgrenzen, zumal sie miteinander verflochten sein können.

Einem engen Begriffsverständnis zufolge umfassen transnationale Netzwerke, Koalitionen und Bewegungen nur zivilgesellschaftliche Akteure. Im einem weiteren, gängigeren Verständnis weisen zumindest Advocacy-Netzwerke und Advocacy-Koalitionen eine größere Akteursvielfalt auf; so können neben zivilgesellschaftlichen Akteuren, wie etwa nationalen und internationalen NGOs, auch Vertreter:innen von staatlichen und zwischenstaatlichen Institutionen, *epistemic communities*, Stiftungen, Interessenverbänden und Unternehmen eingebunden sein. Hier fällt dann auch die Ähnlichkeit zu den *Advocacy Coalitions* auf, die wir aus der Policy-Forschung kennen. Allerdings ist im Rahmen transnationaler Politik der Advocacy-Begriff enger gefasst: Es geht um Aktivist:innen, die über Landesgrenzen hinweg für Ideen, Werte und Normen eintreten.[393]

Oder in den Worten von Khagram et al. (2002: 4): „One of the primary goals of transnational advocacy is to create, strengthen, implement, and monitor international norms." Dazu zählen gerade auch die Menschenrechte. Die Beispiele sind vielfältig. Ob bürgerliche und politische oder wirtschaftliche, soziale und kulturelle Menschenrechte, ob Menschenrechte von politischen Dissidenten und Gefangenen, von Arbeiter:innen, Landlosen, campesinos und Umweltaktivist:innen, von Kindern, Frauen und LGBTIQ+, von Menschen mit Behinderung, von Mitgliedern ethnischer, religiöser oder anderer nationaler Minderheiten – überall lassen sich Beispiele für transnationale Advocacy-Bemühungen erkennen, die weit über Landesgrenzen hinaus stattfinden und wirken.[394] Dabei verbindet eine erfolgreiche *transnationale Menschenrechtspolitik* die lokale und die globale Ebene.[395]

---

393 Deutlich wird dies etwa in der Definition von Keck/Sikkink (1998: 8 f.): „We call them advocacy networks because advocates plead the causes of others or defend a cause or proposition. Advocacy captures what is unique about these transnational networks. They are organized to promote causes, principled ideas, and norms, and they often involve individuals advocating policy changes that cannot be easily linked to a rationalist understanding of their ‚interests' " (ebd. 8 f.).

394 Siehe etwa die Beispiele in: Keck/Sikkink 1998, Khagram et al. 2002, Risse et al. 1999, 2002, 2013, Tarrow 2006, Cleary 2007, Quataert 2009, De Feyter et al. 2011, Neier 2012, Becker 2013, Monshipouri 2016, Snow et al. 2019 sowie Beiträge in der Fachzeitschrift *„Mobilization: An International Quarterly"*.

395 Laut Morten Kjaerum (i.E.) geht es um „downstream and upstream processes" from Lokalem zum Globalem und umgekehrt.

Ihr Erfolg macht sich zum einen daran fest, ob und inwiefern lokale, innerstaatliche Menschenrechtsanliegen auf die regionale und globale Ebene gehoben werden können und dort Eingang finden in die internationale Menschenrechtspolitik. Es gibt zahlreiche Beispiele dafür, dass öffentlich artikulierte Unrechtserfahrungen von lokalen und transnational aktiven NGOs, Netzwerken, Koalitionen und Bewegungen auf der großen Bühne der Vereinten Nationen aufgegriffen wurden und Einfluss nahmen auf die rechtlich-institutionelle Verankerung, die Interpretation und den globalen Schutz von Menschenrechten. Eine erfolgreiche transnationale Menschenrechtspolitik „von unten" ermöglicht somit, dass die globale Menschenrechtspolitik an die Menschenrechtsprobleme vor Ort rückgebunden wird, also nicht „abhebt" und nicht über die Köpfe und Bedürfnisse der Menschen hinweg betrieben wird.

Zum anderen macht sich der Erfolg transnationaler Menschenrechtspolitik daran fest, ob und inwiefern lokale Menschenrechtsaktivist:innen mithilfe transnationaler zivilgesellschaftlicher Akteure, menschenrechtsfreundlicher Regierungen und/oder internationaler Institutionen die Lage der Menschen vor Ort verbessern können.[396] Von entscheidender Bedeutung ist hierbei, ob sich auf transnationaler Ebene (zusätzliche) Gelegenheiten eröffnen, die es lokalen Akteuren ermöglichen, gewissermaßen „über Bande" äußeren Druck gegenüber den inländischen Autoritäten aufzubauen oder zu verstärken. Weiterhin ist wichtig, ob externe materielle, personelle, organisatorische, symbolische und moralische Ressourcen für menschenrechtliche Mobilisierungen innerhalb des Landes (und zur Generierung weiterer Unterstützung außerhalb des Landes) genutzt werden können.

Interessant ist, dass auf transnationaler Ebene für Menschenrechtsaktivist:innen politische Gelegenheiten und Möglichkeiten selbst dann bestehen, wenn diese innerstaatlich verstellt sind. Hier bietet es sich an, Überlegungen zu *political opportunity structures* auch auf die transnationale Ebene zu beziehen. Fehlende innerstaatliche Möglichkeiten können „von außen" eingefordert und bestehende innerstaatliche Möglichkeiten können auf transnationaler Ebene verstärkt werden. Kurzum: Es bestehen miteinander verbundene „*multilayered opportunity structures*" (Khagram et al. 2002: 18), die von Aktivist:innen genutzt

---

396 Dementsprechend sind erfolgreiche transnationale Aktivist:innen, so Tarrow (2006: xiii), „*rooted cosmopoliticians*" – Personen, die den Bezug zum lokalen Menschenrechtsaktivismus wahren und zugleich transnational aktiv sind. Zur lokalen Bedeutung von Menschenrechten siehe auch De Feyter et al. (2011) sowie Mortem Kjaerum (i.E.).

werden können, um Menschenrechtsverletzungen anzuprangern und auf die Umsetzung von Menschenrechten zu drängen.

Dabei ist zugleich zu prüfen, welches zusätzliches Handlungsrepertoire den Menschenrechtsaktivist:innen auf transnationaler Ebene zur Verfügung steht. Angesichts der globalen Kommunikationsstrukturen sind beispielsweise die Möglichkeiten, Menschenrechtsinformationen aufzubereiten, zu verbreiten und zielgerichtet zu adressieren, enorm gewachsen (*information politics*). Dasselbe gilt für die Möglichkeiten, mittels symbolischer Aktionen über die Landesgrenzen hinaus Unterstützung zu mobilisieren (*symbolic politics*). Auch können auf transnationaler Ebene Hebelwirkungen erzielt werden, wenn mächtige Akteure, etwa menschenrechtsfreundliche Regierungen und internationale Menschenrechtsinstitutionen, dazu gebracht werden, gemeinsam mit oder auch unabhängig von Advocacy-Netzwerken oder -Koalitionen Menschenrechtswandel voranzutreiben (*leverage politics*). Auch gehört es zu den bewährten Taktiken von transnationalen Menschenrechts-NGOs, Netzwerken, Koalitionen und Bewegungen, verantwortliche staatliche (oder auch nichtstaatliche) Akteure anhand ihrer proklamierten menschenrechtlichen Politiken, Prinzipien und (Selbst-)Verpflichtungen zur Rechenschaft zu ziehen und von diesen einzufordern, ihren „Worten Taten folgen zu lassen“ (*accountability politics*).[397]

Letztlich stellt sich transnationale Menschenrechtspolitik als ein komplexes Zusammenspiel nichtstaatlicher und staatlicher Akteure dar, denen ein breites Spektrum an Handlungsmöglichkeiten zur Verfügung steht, um menschenrechtliche Normen zu entwickeln, zu stärken und einzufordern: von Informationen zu Menschenrechtsverletzungen über koordinierte Menschenrechtskampagnen bis hin zu internationalen Sanktionen. Entsprechende Wirkungsmechanismen sind Zwang, Druck und Anreize, die Formulierung von Erwartungshaltungen, die von den Verantwortlichen bewusst oder unbewusst übernommen werden (Sozialisation, Habitualisierung), Argumentation, Überzeugung und Lernprozesse oder auch menschenrechtliches *capacity-building*.

Das Spiralmodell des Menschenrechtswandels

Abschließend wird noch etwas ausführlicher auf das Spiralmodell eingegangen, weil es gerade in der politikwissenschaftlichen Forschung im Bereich der „Inter-

397 Die Begriffe *information politics*, *symbolic politics*, *leverage politics* und *accountability politics* wurden von Keck/Sikkink (1998: 16-24) übernommen, werden aber hier nicht nur auf transnationale Advocacy-Netzwerke bezogen, sondern auf verschiedene Formen transnationalen zivilgesellschaftlichen Engagements.

nationalen Beziehungen" beachtliche Prominenz erlangte. Das Modell wurde Ende der 1990er Jahre erarbeitet und ist geprägt von dem Menschenrechtsoptimismus seiner Zeit. Tatsächlich schien nach dem Ende des Ost-West-Konfliktes und angesichts der Demokratisierungsprozesse der „dritten Welle" das Gelegenheitsfenster für transnationale Menschenrechtspolitik so groß wie noch nie. Die Menschenrechte avancierten seinerzeit geradezu zu einer *lingua franca*, der sich anfänglich selbst Autokraten nicht entziehen konnten.

Das Spiralmodell trifft in generalisierender Absicht Aussagen darüber, wie internationale Menschenrechtsnormen im Innern von Staaten durch- und umgesetzt werden. Es werden also Bedingungen identifiziert, unter denen internationale Menschenrechtsnormen innerhalb der jeweiligen Länder zur Geltung gebracht werden und zu dauerhaften Verhaltensänderungen führen. Dabei beschränkt sich das Modell ausdrücklich auf Menschenrechte, die sich auf die „Freiheit von staatlicher Repression" beziehen, insbesondere auf die *physical integrity rights.*[398] Darunter werden die Freiheit von extra-legalen Tötungen, von Folter und von willkürlichen Verhaftungen gefasst. Etwas unklar bleibt, inwiefern auch politische Menschenrechte wie Versammlungs-, Vereinigungs- und Meinungsfreiheit in die Analyse einbezogen werden.

Der analytische Zugriff ist akteursbezogen: Im Fokus steht die Interaktion zwischen der jeweiligen Regierung, der gesellschaftlichen Opposition und den Akteuren des globalen Menschenrechtsregimes. Das Spiralmodell setzt an dem von Keck und Sikkink entwickelten Bumerang-Modell an, demzufolge „domestic NGOs bypass their state and directly search out international allies to try to bring pressure on their states from outside" (Keck/Sikkink 1998: 12). Das Spiralmodell besteht, bildhaft gesprochen, aus mehreren Bumerangwürfen und beschreibt einen mehrphasigen Wandel, der – aus Sicht der Regierenden – von Repression und Leugnen über taktische Konzession bis hin zu ernsthaften Reformen und normgeleitetem Verhalten führt. Die in der Literatur vielfach dargestellten Phasen stellen sich in ihrer Grundstruktur folgendermaßen dar:[399]

Phase der Repression: Ausgangspunkt ist die Lage in einem autoritär regierten Staat, in dem die Opposition[400] unterdrückt wird und ihre Forderungen in-

---

398 Vgl. Risse et al. 2002: 13; Jetschke/Liese 2013: 27.

399 Vgl. Risse et al. 1999, 2002, 2013; Risse 2007.

400 Der Begriff der Opposition wird nicht weiter ausgeführt. Systematisch gesehen ist es sinnvoll, darunter nicht nur die parteipolitische Opposition zu verstehen, sondern mit Blick auf das Thema gerade auch jene Gruppen zu berücksichtigen, die unter Menschenrechtsverletzungen leiden bzw. die menschenrechtliche Kritik an der Regierung üben. Da sich das Spiralmodell auf bürgerlich-politische Menschenrechte beschränkt,

nenpolitisch nicht artikulieren, geschweige denn zur Geltung bringen kann. Die Repression kann dem Modell zufolge unterschiedlich stark sein und unterschiedlich lange andauern. Erst wenn es den im eigenen Land unterdrückten Oppositionsgruppen gelingt, Kontakt zu transnationalen Menschenrechtsnetzwerken und dadurch zu „westlichen Staaten"[401] und zu internationalen Menschenrechtsorganisationen aufzunehmen, käme es zu einem Übergang in die „Phase des Leugnens". Entscheidend für den Übergang ist laut dem Modell die Weitergabe von Informationen und die Alarmierung der internationalen Öffentlichkeit.[402]

Phase des Leugnens: Diese Phase sei dadurch geprägt, dass transnationale Netzwerke – in Zusammenarbeit mit den lokalen Menschenrechtsorganisationen vor Ort – die internationale Öffentlichkeit über die Menschenrechtslage in dem autoritär regierten Staat informieren und mobilisieren. Ansprechpartner seien hierbei vorrangig internationale Organisationen (des globalen Menschenrechtsregimes) und „westliche" (besser: menschenrechtsfreundliche) Staaten, weniger aber das repressive Regime. Die erste Reaktion des Regimes sei dennoch „Leugnen", hier aber nicht verstanden als die Zurückweisung einzelner Anschuldigungen, sondern als Versuch, menschenrechtliche Kritik als unberechtigtes Anliegen und illegitime Einmischung in die inneren Angelegenheiten abzuwehren. Je mehr es dem transnationalen Netzwerk gelinge, internationalen moralischen und materiellen Druck gegen das menschenrechtsverletzende Regime aufzubauen, und je verwundbarer die Regierung gegenüber diesem internationalen Druck sei, desto eher erfolge der Übergang zur Phase der taktischen Konzessionen. Entscheidend ist hier also die Verwundbarkeit des Regimes und internationaler Druck.

Phase der taktischen Konzessionen: In dieser Phase geraten die menschenrechtsverletzenden Regime zunehmend unter Druck „von oben" (besser: „von außen") und „von unten". Durch die umfassende internationale und innergesellschaftliche Mobilisierung werde die Handlungsfähigkeit repressiver Regime zusehends eingeschränkt. Sie sähen sich gezwungen, „taktische Konzessionen" zu

---

gehen Forderungen nach politischer Demokratie und Menschenrechten Hand in Hand – und werden im Modell miteinander vermengt.

401 In dem ursprünglichen Modell wird ausdrücklich von „westlichen Staaten" gesprochen; systematisch sinnvoller wäre es von „menschenrechtsfreundlichen Staaten" zu sprechen. Diese können selbstverständlich auch aus anderen Weltregionen stammen.

402 Kritisch ist hier einzuwenden, dass über Menschenrechtsverletzungen in vielen Staaten hinreichend Informationen vorliegen, ohne dass die internationale Aufmerksamkeit erregt wird.

machen (etwa die Freilassung politischer Gefangener etc.), möglicherweise sogar eine kontrollierte Liberalisierung einzuleiten. Wenn es nun den innenpolitischen Kritikern gelinge, die Menschenrechte zur „konsensualen Basis" der gesellschaftlichen Opposition gegen die Regierung zu machen, und wenn gleichzeitig die gesellschaftliche Mobilisierung von den transnationalen Netzwerken und der internationalen Öffentlichkeit unterstützt werde, dann seien repressive Regime gezwungen, einen „tiefgreifenden Politikwandel" einzuleiten – oder ein Regimewechsel würde wahrscheinlich. In beiden Fällen käme es zum Übergang in die nächste Phase.

Phase des präskriptiven Status: In dieser Phase erreichten die Menschenrechte einen „präskriptiven Status", das heißt, die maßgeblichen Akteure würden sich regelmäßig auf die Menschenrechte beziehen. Der Geltungsanspruch der Menschenrechte stünde nun nicht mehr in Frage. Die Autor:innen legen strenge Maßstäbe an diesen Status an. Demnach haben die Regierungen (und die Parlamente) nicht nur die internationalen Menschenrechtskonventionen samt den jeweiligen Zusatzprotokollen zu ratifizieren. Sie müssen auch nachhaltige Anstrengungen unternehmen, um den Menschenrechtsschutz zu institutionalisieren. So seien die Menschenrechtsnormen in Verfassung und nationales Recht zu übernehmen, gelte es, Menschenrechtsbeschwerden auf nationaler Ebene zu ermöglichen[403], und müssten die Regierungen öffentlich die Gültigkeit der Menschenrechte anerkennen. Der präskriptive Status ist gleichwohl noch nicht mit regelgeleitetem Verhalten identisch. Trotz ihrer Anerkennung könnten die Menschenrechte weiterhin durch staatliche Akteure verletzt werden, gerade etwa durch Streit- und Sicherheitskräfte, welche die Regierung nicht hinreichend kontrolliert.

Phase normgeleiteten Verhaltens: Diese Phase entspricht der Verwirklichung der Menschenrechte im politischen Alltag. Sie ist den Urhebern des Spiralmodells zufolge erreicht, wenn es zu einer Institutionalisierung rechtsstaatlicher Verhältnisse kommt. Eine rechtsstaatliche Entwicklung hänge maßgeblich von der andauernden lokalen und internationalen Mobilisierung durch transnationale Menschenrechtsnetzwerke ab (deren Mobilisierungsfähigkeit freilich aufgrund der verbesserten Menschenrechtslage bereits während des präskriptiven Status abzunehmen drohe). Sofern Menschenrechtsverletzungen vorkommen, würden sie juristisch geahndet und seien nicht mehr Bestandteil staatlicher Politik.

---

403 Risse/Jetschke/Schmitz 2002: 42-43. Es ist nicht ersichtlich, warum auf der nationalen Ebene nur von Beschwerden und nicht auch von Klagen gesprochen wird.

Im Hinblick auf die Handlungsmodi verstehen die Autor:innen des Spiralmodells die innenpolitische Umsetzung internationaler Menschenrechtsnormen als einen Sozialisationsprozess. In dessen Verlauf machen sich die politischen und gesellschaftlichen Eliten eines Landes menschenrechtliche Standards angemessenen Verhaltens zu eigen, welche die internationale Staatengemeinschaft und die innergesellschaftliche Opposition von ihnen erwartet und einfordert. Dabei wird in dem Spiralmodell ein umfassender Begriff von „*socialization*“ verwendet. Er umfasst drei Handlungsmodi: 1) strategisches, zweckrationales Handeln und die instrumentelle Anpassung an Druck (*instrumental adaption*), 2) regelgeleitetes Verhalten im Sinne einer „Logik der Angemessenheit“, die in der Übernahme von Handlungsnormen besteht (*habitualization*); 3) argumentatives Handeln, das auf kommunikative Verständigung und argumentative Überzeugung abzielt (*argumentation*). Gerade in den frühen Phasen des Modells würden sich internationaler und innergesellschaftlicher Druck als notwendige Bedingung für die Durchsetzung der Menschenrechte erweisen. Allerdings seien dabei immaterieller, moralischer Druck und das öffentliche Anprangern von Menschenrechtsverletzungen mindestens ebenso bedeutsam wie handfeste, materielle Sanktionen etwa wirtschaftlicher oder gar militärischer Art. In späteren Phasen nimmt dem Modell zufolge die Bedeutung argumentativen Handelns sowie der Verinnerlichung von Menschenrechtsnormen zu.

Würdigung und Kritik

Das Spiralmodell ermöglicht, strukturierte und vergleichbare Fallstudien durchzuführen, selbst wenn diese mit der Gefahr einer Überschematisierung der realen Prozesse einhergehen. Das in den 1990er Jahren entwickelte Modell wurde in zahlreichen Länderstudien angewandt und hat dabei seinen deskriptiv-systematischen Nutzen unter Beweis gestellt. So konnte gezeigt werden, dass etliche untersuchte Fälle aus den 1980er und frühen 1990er Jahren einzelne (meist nicht alle) Phasen des Modells durchliefen.[404] Besonders hilfreich erwies sich das Modell für die Beschreibung der ersten drei Phasen des Menschenrechtswandels. Verschiedentlich konnte nachgehalten werden, dass internationaler Druck dann

404 Zu den „*success stories*“ während der 1980er Jahre zählen Risse/Ropp (2013: 7): Chile, Südafrika, die Philippinen, Polen und die Tschechoslowakei, während schwierigere Fälle etwa Guatemala, Kenia, Uganda, Marokko, Tunesien und Indonesien darstellten. Inzwischen wurden weitere Staaten untersucht, darunter: Israel, Türkei, Jemen, China, Algerien, Ägypten, Kolumbien, Mexiko, Bangladesch, Iran und Saudi-Arabien. Vgl. Jetschke/Liese (2013: 28 ff.) sowie die dort angegebenen Fallstudien.

zum Erfolg führte, wenn er zivilgesellschaftliche Mobilisierung im Innern der jeweiligen Länder förderte und sich dort aufgrund taktischer Konzessionen des Regimes politische Freiräume eröffneten. Allerdings erreichten nur wenige Staaten, in denen zuvor die Menschenrechte systematisch verletzt wurden, auch die beiden letzten Phasen des Modells (Jetschke/Liese 2013: 27 ff.).

Neben viel Lob hat das Spiralmodell allerdings auch Kritik auf sich gezogen. Deren Urheber:innen haben selbst einige Schwächen ausgemacht: Erstens, ging das Modell von funktionierenden Staaten aus, sodass die Umsetzung der Menschenrechte vor allem als Frage des politischen Willens und nicht als Frage institutioneller Möglichkeiten behandelt wurde. Trotz politischen *commitments* können aber Staatlichkeitsprobleme (*limited statehood*) die Umsetzung der Menschenrechte behindern. Eine weitere Schwäche besteht den Autor:innen zufolge in der Unterspezifizierung des Prozesses, wie und unter welchen Bedingungen staatliche und nichtstaatliche Akteure vom *commitment* zur *compliance* gelangen.[405] Drittens nahm das ursprüngliche Konzept keine mächtigen Staaten wie die USA oder China in den Blick, die sich gegenüber menschenrechtlichem Druck von außen resistenter zeigen als die weniger mächtigen Staaten, die ursprünglich untersucht worden waren.

Der Folgeband (Risse et al. 2013) versuchte diese Lücke zu füllen – und enthält jeweils Kapitel zu den o.g. Leerstellen. Interessant ist dabei, dass teils überschneidend, teils ergänzend zu den bereits genannten Handlungsmodi der Sozialisierung auch weitere *Compliance*-Mechanismen aus der Literatur aufgegriffen wurden. Dazu gehören: a) Zwang im Sinne von militärischer Gewalt von außen (Stichwort: *responsibility to protect*) und der an Bedeutung gewonnenen Rechtsdurchsetzung durch nationale, regionale und internationale Gerichte; b) Anreize und Sanktionen; c) Argumentation, Überzeugung und Lernprozesse[406]; d) „*capacity building*", das gerade im Falle schwacher Staaten von Bedeutung ist. Darüber hinaus ist das ursprüngliche Modell auch in weiterer Hinsicht kommentierungs- und ergänzungsbedürftig:

---

405 *Commitment* meint, dass „actors accept international human rights as valid and binding for themselves"; *compliance* wird definiert als „sustained behaviour and domestic practices that conform to the international human rights norms" (*rule-consistent behaviour*). Der Übergang von *commitment* zu *compliance* erfolgt in den letzten Phasen des Spiralmodells.

406 Während das Argumentieren fester und wichtiger Bestandteil des diskurs-orientierten Spiralmodells ist, hat sich das Modell nicht mit Konzepten sozialen Lernens (*social learning*) auseinandergesetzt – und mit der Frage, wie etwaige Lernprozesse in Strategien argumentativer Überzeugung eingebunden sind.

1) Obwohl darauf hingewiesen wird, dass es zu Stillstand und Rückschritten kommen kann, nimmt das Modell (im Unterschied zu einigen, gerade jüngeren Fallstudien) vor allem jene Interaktionen in den Blick, die den Sozialisierungsprozess befördern. Dies ist zwar wichtig, um die Dynamik menschenrechtsfördernder Bemühungen von „unten“ und „außen“ zu verstehen. Wichtig wäre es aber auch, bereits das Modell und, falls nötig, die Analysen systematisch auch um gegenläufige Strategien und Handlungen zu ergänzen. Sozialisationsprozesse werden eben nicht nur von strategischem, argumentativem und regelgeleitetem Verhalten *im Sinne der Menschenrechte* geprägt. In der Regel nutzen autokratische Regime eben auch staatliche Institutionen, kontrollierte Medien, regimetreue gesellschaftliche Kräfte und internationale Allianzen dazu, a) menschenrechtliche Kritik abzuwehren, b) Gegendruck und Gegendiskurse aufzubauen sowie c) Wahrnehmungen und Handlungsstandards, oft in Allianz mit verbündeten Regierungen, zu verändern.

Gerade angesichts der vielfältigen, in jüngster Zeit verstärkten Bemühungen von Autokraten, aber leider auch einiger demokratischer Regierungen, a) die zivilgesellschaftlichen Spielräume im eigenen Lande einzuschränken (Stichwort: *shrinking political space of civil society*), b) das für den Menschenrechtsschutz so wichtige Band zwischen Menschenrechtsverteidiger:innen im eigenen Land und der internationalen Menschenrechts-Community zu kappen, sowie c) die globalen und regionalen Menschenrechtsinstitutionen oder gar die Menschenrechte zu diskreditieren, wäre es nötig, die für einen Menschenrechtswandel förderlichen *und* abträglichen Sozialisationsprozesse systematisch zu untersuchen und aufeinander zu beziehen. Dies gilt umso mehr, als etliche Autokratien, allen voran China, internationale Foren nicht mehr nur defensiv dazu nutzen, um sich gegen Menschenrechtskritik zu wehren, sondern auch offensiv dafür nutzen, alternative Ordnungsmodelle zu den Menschenrechten zu propagieren.[407]

Angesichts erfolgreicher – populistischer und populärer – Bemühungen vieler Regierungen, sich im Namen der staatlichen Souveränität menschenrechtliche Einmischung von außen zu verbitten und lokale Menschenrechtsverteidiger:innen als „ausländische Agenten“ oder „Handlanger ausländischer Interessen“ zu diskreditieren, neigt das Spiralmodell zudem aus heutiger Sicht dazu, den menschenrechtsfördernden Einfluss transnationaler Menschenrechtspolitik im Innern des jeweiligen Landes tendenziell zu überschätzen. Dies gilt umso mehr, wenn im Kontext tatsächlicher oder angeblicher Bedrohungen der nationalen Sicherheit oder der territorialen Integrität die Menschen-

407 Piccone 2018, Chen 2019, Kinzelbach 2019, 2020b, Pils 2021.

rechtsaktivist:innen und Regimekritiker:innen vor Ort erfolgreich als (Sympathisant:innen von) Terrorist:innen und Separatist:innen diffamiert und kriminalisiert werden. Die Türkei – zumal nach dem gescheiterten Putschversuch von 2017 – ist hierfür eines unter vielen Beispielen.

2) Das Spiralmodell zeigt nur ein sehr grobkörniges Bild der Akteurslandschaft. Im Wesentlichen geht es in dem Modell um die Interaktion zwischen a) Regierung, b) gesellschaftlicher Opposition und c) Akteuren der Weltgemeinschaft (transnationale Netzwerke, internationale Organisationen, „westliche Staaten"). Es wäre sinnvoll, der Heterogenität dieser Akteursgruppen stärker Rechnung zu tragen.

Bereits die *Regierung* ist kein monolithischer Block. Die komplexen und sich verändernden Beziehungen innerhalb und zwischen der politischen Führung und den sie ggf. (unter)stützenden wirtschaftlichen, gesellschaftlichen, religiösen und militärischen Eliten sind für die Erklärung von politischem Wandel hin zu mehr Demokratie und Menschenrechten von großer Bedeutung. Oft besteht unter den Eliten kein Konsens darüber, wie politischer Dissens und menschenrechtliche Kritik zu bewerten sind und wie darauf zu reagieren ist. Sowohl Repression als auch Konzessionen können zu erheblichen Friktionen im „Herrschaftsblock" führen. So sind der Zusammenbruch autoritärer Regime, politische Öffnungen, demokratische Transitionen und Menschenrechtswandel vielfach Ergebnis von Konflikten und Machtverschiebungen innerhalb der herrschenden und herrschaftstragenden Eliten. Selbst die einfache Unterscheidung zwischen *hardlinern* und *softlinern*, die schon in frühen akteurs- bzw. elitenorientierten Ansätzen der Transitionsforschung (O'Donnell et al. 1986) in Bezug auf Lateinamerika benutzt wurden, wird in dem Spiralmodell nicht berücksichtigt. Letztlich sind vertiefende, strukturell angereicherte Analysen zu dem Verhalten und den Strategien der jeweiligen heterogenen Eliten nötig (Nohlen/Thibaut 1994).

Auch in der *Bevölkerung* gibt es zudem soziale Kräfte, die sich ganz maßgeblich darin unterscheiden, wie sie zum Regime stehen – ob sie dieses unterstützen, dagegen opponieren oder sich unpolitisch und indifferent verhalten. Ein Erklärungsmodell, das auf die Stärke der *gesellschaftlichen Opposition* setzt, muss der Heterogenität der Gesellschaft, aber auch der Opposition Rechnung tragen. Mitunter verfügen die Autokratien über eine breite gesellschaftliche Basis und lokale Menschenrechtsorganisationen genießen, sofern sie überhaupt zugelassen und bekannt sind, wenig Unterstützung in der Bevölkerung. Auch ist die Opposition oft in gemäßigte und radikale Teile gespalten. Teile der Opposition mögen beispielsweise auf den gewaltsamen Regimesturz setzen, um sich eines hochrepressiven Diktators zu entledigen (eine Option, die in dem Spiralmodell nicht vorkommt), andere setzen auf Reformen und sind zu Konzessionen und Absprachen bereit. Auch ist nicht jede(r), die (der) gegen politische Repression opponiert, ein Streiter für Demokratie und Menschenrechte. Im Übrigen können sich auch Oppositionsgruppen taktisch verhalten – und dem Demokratisierungs- und Menschenrechtsdiskurs Lippenbekenntnisse zollen, während sie möglicherweise abweichende Ziele verfolgen.

Sehr vielschichtig stellt sich schließlich auch die *internationale Gemeinschaft* dar. Transnationale Netzwerke, internationale Organisationen und „westliche Staaten" sind bereits für sich betrachtet keine einheitlichen Akteure, geschweige denn ziehen sie stets am selben Strang. Die Einschränkung auf „westliche Staaten" ist ohnehin nicht hinnehmbar. Später schreiben die Autor:innen des Spiralmodells von *„human rights international community"*, was weitaus angebrachter ist. Allerdings gibt es, wie bereits gezeigt wurde, auch in den regionalen und globalen Menschenrechtsinstitutionen Staaten(vertreter:innen), die sich nicht nur menschenrechtsfreundlich verhalten, sondern in diesen Institutionen auch mitwirken, um Menschenrechtskritik zu unterbinden oder gegenüber Kritikern selbst Kritik anzubringen, gerne mit dem – nicht ganz unberechtigten – Hinweis auf „doppelte Standards". Zudem gibt es kein einheitliches Bild zwischen Befürwortern und Gegnern von Menschenrechten. So manche Regierung fordert bestimmte Menschenrechte ein, während sie andere ablehnt, oder sie kritisiert die Menschenrechtsverletzung des einen Staates, blockiert aber Menschenrechtskritik gegenüber einem anderen.

3) Weniger Erklärung als Beschreibung: Das Spiralmodell bietet die Möglichkeit, verschiedene Phasen des Menschenrechtswandels in systematisch-vergleichender Weise zu erfassen. Sein darüberhinausgehender analytischer Nutzen bleibt jedoch begrenzt: Obwohl das Modell den Erfolg des Menschenrechtswandels – im Sinne eines Sozialisationsprozesses – maßgeblich von der Stärke und der Vernetzung der Zivilgesellschaft abhängig macht[408], sagt das Modell wenig darüber aus, wie und unter welchen Bedingungen sich eine starke Zivilgesellschaft herausbildet. Und auch wenig darüber, wie und unter welchen Bedingungen es zivilgesellschaftlichen Gruppen gelingt, transnationale und internationale Akteure auf ihr Anliegen aufmerksam zu machen – und diese dazu zu

408 Ist der außenpolitische und innenpolitische Druck, die Menschenrechte zu achten, groß (und das Regime gegenüber menschenrechtlichem Druck vulnerabel), kommt es dem Modell zufolge zu Menschenrechtswandel. Ist der Druck hingegen schwach (und das Regime wenig vulnerabel), bleibt der Wandel aus.

bewegen, sich ihrer Sache anzunehmen. Solche Prozesse sind aber in hohem Maße erklärungsbedürftig. Die Beantwortung solcher Fragen bleibt letztlich den qualitativen Einzelfallanalysen überlassen, ohne dass die entsprechenden empirischen Ergebnisse in systematisch-vergleichender Hinsicht in das Modell eingefügt werden. Theoretische Überlegungen etwa aus der Forschung zum Erfolg oder Misserfolg sozialer Protestbewegungen ließen sich hier gezielt berücksichtigen. Dabei ist zu vermeiden, dass bereits vorab ein *bottom-up*-bias die empirische Analyse prägt. Letztlich ist es keine theoretische, sondern eine empirische Frage, welche Akteure im Zusammenwirken von nichtstaatlichen Akteuren, menschenrechtsfreundlichen Regierungen und internationalen Organisationen im jeweiligen Falle für menschenrechtlichen Wandel bedeutsam waren oder sind.

4) Das Spiralmodell ist, wie erwähnt, vornehmlich akteursorientiert – und erhebt den Anspruch über politische, wirtschaftliche und kulturelle Unterschiede hinweg Menschenrechtswandel vor allem anhand der Interaktion der o.g. Akteure zu beschreiben und zu erklären. Für qualitative empirische Analysen ist es allerdings sinnvoll, Akteure und Strukturen zusammen zu denken. Weder die Interaktion der Akteure noch die Frage der Verwundbarkeit oder Resilienz der jeweiligen politischen Regime gegenüber menschenrechtlichem Druck lassen sich ohne Analyse der politisch-institutionellen, wirtschaftlichen und soziokulturellen Strukturen angemessen erklären. Die Akteurs-Strategien für „Demokratisierer", die einige frühe Transformationsforscher:innen zu Lateinamerika nahezu rezeptbuchartig formuliert hatten, finden in dem auf einen Menschenrechtswandel hin ausgelegten Spiralmodell gewissermaßen ihr Gegenstück: Es liest sich ebenfalls wie ein Rezeptbuch, an dem sich Studierende nur allzu gern, oft unkritisch orientieren. Im Unterschied hierzu versuch(t)en historisch-qualitativ und vergleichend arbeitende Transitionsforscher:innen die Komplexität der politischen Veränderungen über eine Gesamtschau von Strukturen, Institutionen und Handlungen einzufangen, selbst, wenn dies auf Kosten der Verallgemeinbarkeit der Ergebnisse geht. Sinnvollerweise nimmt die Folgestudie zum Spiralmodell später zumindest einige grundlegende *„scope conditions for compliance"* gezielt in den Blick, namentlich die Frage des Regimetyps (demokratisch vs. autoritär), den Grad der Staatlichkeit (konsolidiert vs. begrenzt), die Strukturen der Normdurchsetzung (zentral vs. dezentral) sowie die materielle und die soziale Verwundbarkeit des Regimes (substantiell vs. beschränkt) (Risse et al. 2013: 16 ff.).

5) Aus analytischen Gründen nahm die Forschungsgruppe zunächst autoritär-repressive Regime in den Blick. Der Fallauswahl lag die Annahme zugrunde, dass sich die Wirkung internationaler Menschenrechtsnormen auf das Ver-

halten der Akteure *nur* dann nachweisen lasse, wenn die Normeinhaltung zunächst „unbequem", d.h. mit materiellen oder sozialen „Kosten" verbunden sei. Um den eigenen Einfluss der internationalen Normen sinnvoll messen zu können, bedürfe es geradezu einer Diskrepanz zwischen einerseits internationalen Normen und andererseits den nationalen Regelungen, Institutionen und kollektiv geteilten Überzeugungen, an denen sich das Verhalten der Akteure im Innern des Landes orientiert (Risse/Jetschke/Schmitz 2002: 18 f.).

Methodisch ist ein solches Vorgehen dem Versuch geschuldet, deutlich die Wirkung der unabhängigen, erklärenden Variable (transnationale Mobilisierung für internationale Normen) auf die abhängige, zu erklärende Variable (politischer Wandel im Innern der Staaten) kausal herauszuarbeiten. In Ländern, in denen sich die Akteure bereits aufgrund der nationalen Verfasstheit des Rechts, der Politik und der Gesellschaft an Menschenrechte halten (oder zu halten geneigt sind), ist es schwieriger, den eigenständigen Einfluss internationaler Menschenrechtsnormen isoliert festzustellen. Unmöglich ist es allerdings nicht: Zum einen bestehen auch in Demokratien, in denen die Menschenrechte in hohem Maße umgesetzt sind, mitunter erkennbare Diskrepanzen zwischen internationaler Norm und politischer Praxis. In späteren Arbeiten werden in diesem Sinne auch Folterpraktiken seitens der USA thematisiert. Zum anderen können internationale Normen die bestehenden nationalen Normen nachweislich verstärken oder ergänzen. Ein Beispiel wäre die Einführung und das Zusammenspiel internationaler und nationaler Mechanismen zur Prävention von Folter, auch in Deutschland.

Insofern ist es wichtig, auch den Einfluss internationaler Menschenrechtsnormen auf die Politik in liberalen Demokratien zu untersuchen – wie dies in späteren Fallstudien zum Spiralmodell auch getan wurde. Dabei ist plausiblerweise davon auszugehen, dass demokratische Staaten besonders für immateriellen Druck und argumentative Diskurse anfällig sind, die an ihr menschenrechtliches Selbstverständnis und ihre völkerrechtlichen Selbstverpflichtungen appellieren. Allerdings ist eine solche moralische Vulnerabilität oft auch gepaart mit demokratischer Ignoranz oder gar Arroganz, der zufolge im eigenen Land die Menschenrechte doch umgesetzt würden. Hierzu muss man nicht einmal in die USA schauen, deren Verhältnis zu Menschenrechten von einem ausgeprägten *exceptionalism* geprägt ist (Ignatieff 2005). Auch in Deutschland fällt es oft schwer, politische oder schon gar wirtschaftliche und soziale Missstände unter menschenrechtlichen Gesichtspunkten zu problematisieren – seien es Polizeiübergriffe, Datenschutzprobleme und rassistische Hetze oder strukturelle Diskriminierungen im Bildungsbereich, Arbeitsausbeutung und Wohnungsnot.

Schlusswort

Wie eingangs erwähnt, erfüllt das Buch zwei Zwecke. Erstens führt es in die Vielfalt an Themen, Akteuren und Institutionen der Menschenrechtspolitik ein. Vieles könnte und müsste man dabei vertiefen, wie etwa die nur angerissene Diskussion um Sanktionen und internationale Strafgerichtsbarkeit. Auch lassen sich weitere, hier nicht angesprochene Themen aufgreifen, wie etwa die Auswirkungen von Korruption auf Menschenrechte. Das Spektrum an menschenrechtspolitischen Themen ist zweifelsohne breit. Dies zeigt bereits die Themenpalette, die beispielsweise in der *Zeitschrift für Menschenrechte (zfmr)* und vielen weiteren, internationalen Fachzeitschriften zu Menschenrechten behandelt wird.

Zweitens enthält das Buch auch Hilfestellungen und Anregungen, wie sich Menschenrechtspolitik konzeptionell fassen und untersuchen lässt. Zwangsläufig handelt es sich nur um eine kleine Auswahl sozialwissenschaftlicher Ansätze. Viele mehr sind möglich. Die Bandbreite des epistemologisch-methodischen Zugriffs auf die zu beschreibenden, zu erklärenden oder zu verstehenden sozialen Phänomene – wie die Menschenrechtspolitik – ist in den Sozialwissenschaften beträchtlich. Welcher Zugang aber auch immer gewählt wird: Die Analyse von Menschenrechtspolitik bleibt seltsam blutleer, wenn die Menschenrechte nur eine akademische Fingerübung und kein echtes Anliegen sind.

So können sozialwissenschaftliche Analysen wesentlich zum Verständnis der Menschenrechte und zum Gelingen von Menschenrechtspolitik beitragen. Sie zeigen beispielsweise auf, dass eine erfolgreiche Menschenrechtspolitik vielerlei benötigt: lebendige Zivilgesellschaften, die engagiert Menschenrechte einfordern und die es zu schützen und zu fördern gilt; couragierte Regierungen, die auch gegen Widerstände für Menschenrechte eintreten und ihre Politik darauf ausrichten, die Menschenrechte bestmöglich umzusetzen; starke, inklusive Institutionen, in denen menschenrechtliche Probleme ernsthaft behandelt werden und die den Betroffenen und ihren Unterstützer:innen den notwendigen rechtlich-institutionellen Rückhalt bieten. Zugleich ist es aber auch wichtig, Gegenkräfte in Politik und Gesellschaft gezielt in den Blick zu nehmen, die etablierte menschenrechtliche Standards in Frage stellen und menschenrechtspolitische Forderungen abzuwehren versuchen; sie haben in den vergangenen Jahren erheblich an Bedeutung gewonnen. Weiterhin sind die Politik ebenso wie die Wissenschaft angehalten, über die eigentliche Menschenrechtspolitik hinaus stets auch die übergreifenden politischen, wirtschaftlichen, gesellschaftlichen und ökologischen Bedingungen in den Blick zu nehmen, die der Verwirklichung der Menschenrechte förderlich oder abträglich sind. Erst so kann aus einer Menschenrechtspolitik eine umfassende Politik der Menschenrechte werden, die demokratisch, sozial und ökologisch ausgerichtet ist. Wie bereits betont wurde, ist die Umsetzung der Menschenrechte ein höchst anspruchsvolles, kritisch-emanzipatorisches politisches Projekt.

Literatur

Abebe, Allehone Mulugeta (2009): Of Shaming and Bargaining: African States and the Universal Periodic Review of the United Nations Human Rights Council. In: *Human Rights Law Review*, 9, 1-35.

Adam, Antonis/Tsarsitalidou, Sofia (2019): Do Sanctions Lead to a Decline in Civil Liberties? In: *Public Choice*, 180 (3-4), 191-215.

Adjolohoun, Ségnonna Horace (2020): A crisis of design and judicial practice? Curbing state disengagement from the African Court on Human and Peoples' Rights. In: *African Human Rights Law Journal*, 20, 1-40.

African Human Rights Yearbook (AHRY) (2021), Vol. 5. Pretoria University Law Press.

Ahrens, Helen (2011): Die Zukunft als Herausforderung des Rechts – Gedanken zur (Menschen-)Rechtspolitik in Lateinamerika. In: *Zeitschrift für Menschenrechte*, 5 (2), 26-35.

Aichele, Valentin/Litschke, Peter/Striek, Judith/Vief, Nils (2020): *Zukunftspotenzial entfalten. Die Aktionspläne der Länder zur Umsetzung der UN-Behindertenrechtskonvention*. Berlin: DIMR.

Alamuddin, Amal et al. (Hg.) (2014): *The Special Tribunal for Lebanon. Law and Practice*. Oxford: OUP.

Albers, Marion/Weinzierl, Ruth (Hg.) (2010): *Menschenrechtliche Standards in der Sicherheitspolitik. Beiträge zur rechtsstaats-orientierten Evaluierung von Sicherheitsgesetzen*. Baden-Baden: Nomos.

Alden, Chris/Aran, Ammon (2017): *Foreign Policy Analysis. New Approaches*. London, New York: Routledge, 2. Aufl.

Alemann, Ulrich von/Forndran, Erhard (1990): *Methodik der Politikwissenschaft*. Stuttgart u. a.: Kohlhammer.

Almeida, Paul D. (2019): The Role of Threat in Collective Action. In: Snow, David et al. (eds.): *The Wiley Blackwell Companion to Social Movements*. Oxford: Wiley Blackwell, 2. Aufl., 43-62.

Alston, Philip (2020): The Committee on Economic, Social and Cultural Rights. In: Mégret, Fredéric/Alston, Philip (Hg.) (2020): *The United Nations and Human Rights. A Critical Appraisal*. Oxford: OUP, 2. Aufl., 439-475.

Alston, Philip (2005): *Non-State Actors and Human Rights*. Oxford: OUP.

Alston, Philip/Knuckey, Sarah (Hg.) (2016): *The Transformation of Human Rights Fact-Finding*. Oxford u. a.: OUP.

Ambos, Kai (2018): *Internationales Strafrecht*. München: C.H. Beck, 5. Aufl.

Ambos, Kai (Hg.) (2021): *Rome Statute of the International Criminal Court. Article-by-Article Commentary*. München: C.H. Beck, 4. Aufl.

Amnesty International (2021): *„This will only end when you die". National Security Harassment of Former Political Detainees and Activists in Egypt*. London: AI.

Amnesty International/Human Rights Watch/International Service for Human Rights (2019): *From the Ground Up: Opportunities for Strengthening and Leveraging Membership of the UN Human Rights Council*. Report of a one-day dialogue, held on 5 February 2019.

Andreassen, Bård A./Sano, Hans-Otto/McInercney-Lankford, Siobhán (Hg.) (2017): *Research Methods in Human Rights. A Handbook*. Cheltenham u. a.: Edward Elgar.

Apodaca, Clair (2006): *Understanding U.S. Human Rights Policy. A Paradoxical Legacy*. New York, London: Routledge.

Arens, Madeleine (2016): *Die Strafverfahrenswirklichkeit am Khmer Rouge Tribunal im völkerstrafprozessualen Kontext*. Frankfurt/M.: Peter Lang.

Auswärtiges Amt (2022): 15. Bericht der Bundesregierung über ihre Menschenrechtspolitik. Berlin: AA.

Bailey, Sydney D. (1994): *The UN Security Council and Human Rights*. Houndsmill u. a.: Macmillan.

Bakiner, Onur (2016): *Truth Commissions. Memory, Power, and Legitimacy*. Philadelphia: University of Pennsylvania Press.

Banaszak, Lee Ann/Ondercin, Heather L. (2016): Public Opinion as a Movement Outcome: The Case of U.S. Women's Movement. In: *Mobilization. An International Quarterly*, 21 (3), 361-378.

Bandelow, Nils C. (2014): Policy Lernen: Begriffe und Ansätze im Vergleich. In: Schubert, Klaus/Bandelow, Nils (Hg.): *Lehrbuch der Politikfeldanalyse*. München: Oldenbourg, 3. Aufl., 341-370.

Beach, Derek (2012): *Analyzing Foreign Policy*. Basingstoke: Palgrave Macmillan.

Becker, Jo (2013): *Campaigning for Justice. Human Rights Advocacy in Practice*. Stanford: Stanford University Press.

Berglund, Oscar/Schmidt, Daniel (2020): *Extinction Rebellion and Climate Change Activism: Breaking the Law to Change the World*. Cham: Palgrave Macmillan/Springer.

Bertelsmann Stiftung (Hg.) (2019): *Ankommen im neuen Zuhause. Flüchtlingsintegration als Chance für weltoffene Kommunen*. Gütersloh: Verlag Bertelsmann Stiftung.

Bestermöller, Gerhard (Hg.) (2013): *Libyen. Missbrauch der Responsibility to Protect?* Baden-Baden: Nomos.

Beestermöller, Gerhard (2016): Wann wird Kooperation zur Mittäterschaft? Systematische Unterscheidungen zu Grund und Grenzen einer Kooperation mit Staaten zweifelhafter Legimität. In: *Sicherheit und Frieden* (S + F), 34 (3), 211-26.

Bellay, Alex (ed.) (2016): *The Oxford Handbook of the Responsibility to Protect*. Oxford: OUP.

Bemelmans-Videc, Marie-Louise/Rist, Ray C./Vedung, Evert (Hg.) (1998): *Carrots, Sticks, and Sermons: Policy Instruments and their Evaluation*. New Brunswick u.a.: Transaction Publishers.

Bendel, Petra (2013): *Nach Lampedusa: Das neue Gemeinsame Europäische Asylsystem auf dem Prüfstand*. Bonn: FES.

Bendel, Petra (2014): *Das neue Gemeinsame Europäische Asylsystem und die Verantwortung des Europäischen Parlaments*. Bonn: FES.

Bendel, Petra (2015): *Flüchtlingspolitik der Europäischen Union – Menschenrechte wahren!* Bonn: FES.

Bendel, Petra (2017): *EU-Flüchtlingspolitik in der Krise. Blockaden, Entscheidungen, Lösungen*. Bonn: FES.

Bendel, Petra (2018): Contemporary Politics of International Protection in Europe: From Protection to Prevention. In: Weinar, Angieszka et al. (Hg.): *The Routledge Handbook of the Politics of Migration in Europe*. London: Taylor and Francis, 293-303.

Bendel, Petra (2022a): Gemeinsame Europäische Asylpolitik. In: *Aus Politik und Zeitgeschichte* (APuZ), 42, 11-16.

Bendel, Petra (2022b): Die Aufnahme der Ukraine-Flüchtlinge – eine Chance, Europas Spaltung in der Asylpolitik zu überwinden? Thomas Mirow (Hg.): *Wende in Europa: Ausblick auf eine neue Zeit. Berichte zur Lage der Nation*. Berlin, 217-240.

Benhabib, Seyla (2009): Claiming Rights across Borders: International Human Rights and Democratic Sovereignty. In: *American Political Science Review*, 103, 691-704.

Bennett, W. Lance/Segerberg, Alexandra (2013): *The Logic of Connective Action: Digital Media and the Personalization of Contentious Politics*. New York: Cambridge University Press.

Berg, Markus (2021): Lehrbuchbeispiel des Versagens: Die Schutzverantwortung und die Rohingya in Myanmar. In: *MenschenRechtsMagazin*, 26 (2), 112-123.

Besson, Samanda (2015): The Bearers of Human Rights Duties and Responsibilities for Human Rights. In: *Social Philosophy and Policy*, 32, 244-268.

Bettzieche, Lissa (2018): *Die Spruchpraxis des UN-Ausschusses für wirtschaftliche, soziale und kulturelle Rechte*. Information. Berlin: DIMR.

Beyer, Heiko/Schnabel, Annette (2017): *Theorien sozialer Bewegungen. Eine Einführung*. Frankfurt/M. u.a.: Campus.

BICC/HSFK/IFSH/INEF (Hg.) (2022): *Friedensgutachten 2022*. Bielefeld: transcript.

Bielefeldt, Heiner (1998): *Philosophie der Menschenrechte. Grundlagen eines weltweiten Freiheitsethos*. Darmstadt: Wissenschaftliche Buchgesellschaft.

Bielefeldt, Heiner (2004): *Freiheit und Sicherheit im demokratischen Rechtsstaat*. Essay Nr. 1. Berlin: DIMR.

Bielefeldt, Heiner (2006): Menschenrechte als Antwort auf historische Unrechtserfahrungen. In: *Jahrbuch Menschenrechte 2007*. Frankfurt/M.: Suhrkamp, 135-142.

Bielefeldt, Heiner (2008a): *Gefahrenabwehr im demokratischen Rechtsstaat. Zur Debatte um ein Feindrecht.* Essay Nr. 9. Berlin: DIMR.

Bielefeldt, Heiner (2008b): *Menschenwürde. Der Grund der Menschenrechte.* Berlin: DIMR.

Bielefeldt, Heiner (2008c): „...in a Spirit of Brotherhood". Die „kommunitäre" Dimension in den Menschenrechten. In: Bielefeldt, Heiner et al. (Hg.): *Menschenrechtsfragen. Volkmar Deile zum 65. Geburtstag.* Karlsruhe: von Loeper, 154-168.

Bielefeldt, Heiner (2011): *Auslaufmodell Menschenwürde?* Freiburg u.a.: Herder.

Bielefeldt, Heiner (2013): Misperceptions of Freedom of Religion or Belief. In: *Human Rights Quarterly*, 35 (1), 33-68.

Bielefeldt, Heiner (2019): Moyn's World. Menschenrechtskritik als Orakel. In: *Zeitschrift für Menschenrechte*, 13 (2), 157-173.

Bielefeldt, Heiner (2020): Human Rights as a „Substitute Utopia"? Questionable Assumptions in Samuel Moyn's Work. In: *Nordic Journal of Human Rights*, 38, 1-17.

Bielefeldt, Heiner (2022): *Sources of Solidarity. A Short Introduction to the Foundations of Human Rights.* Erlangen: FAU University Press.

Bielefeldt, Heiner/Ghanea, Nazila/Wiener, Michael (2016): *Freedom of Religion or Belief. An International Law Commentary.* Oxford: OUP.

Bielefeldt, Heiner/Wiener, Michael (2020): *Religionsfreiheit auf dem Prüfstand. Konturen eines umkämpften Menschenrechts.* Bielefeld: transcript.

Billaud, Julie (2014): Keepers of the Truth: Producing "Transparent" Documents for the Universal Periodic Review. In: Charlesworth, Hilary/Larking, Emma (Hg.): *Human Rights and the Universal Periodic Review. Rituals and Ritualism.* Cambridge: CUP, 63-83.

Binder, Christina (2019): Liberty and Security in Times of Terrorism, an Inter-Disciplinary Perspective. In: Hladschik, Patricia/Steinert, Fiona (Hg.): *Menschenrechten Gestalt und Wirksamkeit verleihen. Festschrift für Manfred Nowak und Hannes Tretter.* Wien: NWV, 741-762.

Binder, Christina/Hofbauer, Jane/Piovesan, Flávia/Steiner, Anna-Zoe/Steiner, Elisabeth (2016): *Social Rights in the Case Law of Regional Human Rights Monitoring Institutions: the European Court of Human Rights, the Inter-American Court of Human Rights and the African Commission on Human and Peoples' Rights.* Morstel (Antwerp): Intersentia, Wien: NWV.

Binder, Christina/Nowak, Manfred/Hofbauer, Jane E./Janig, Philipp (Hg.) (2022): *Elgar Encylopedia of Human Rights.* 4 Volumes. Cheltenham: Edgar Elgar.

Birkenkötter, Hannah (2016): Die Menschenrechtsausschüsse der Vereinten Nationen. In: *Aus Politik und Zeitgeschichte* (APuZ), 66 (10-11), 10-16.

Birkenkötter, Hannah (2021): Zum Verhältnis der Agenda 2030 für Nachhaltige Entwicklung und der internationalen Menschenrechte. In: *Zeitschrift für Menschenrechte*, 15 (1), 26-45.

Bisset, Alison (2014): *Truth Commissions and Criminal Courts.* Cambridge: CUP.

Bittner, Jochen et al. (2013): Wir tun doch nichts ... In: *Die Zeit*, 21. März 2013.

Blum, Sonja/Schubert, Klaus (2011): *Politikfeldanalyse.* Wiesbaden: VS Verlag für Sozialwissenschaften, 2. Aufl.

BMFSFJ (Bundesministerium für Familien, Senioren, Frauen und Jugend) (2022): *Verhütung und Bekämpfung von Gewalt gegen Frauen und häuslicher Gewalt. Erster Bericht des Expertenausschusses (GREVIO) zur Umsetzung des Übereinkommens des Europarats vom 11. Mai 2011 (Istanbul-Konvention) in Deutschland.* Berlin: BMFSFJ.

BMWi (Bundesministerium für Wirtschaft und Energie) (2022): *Bericht der Bundesregierung über ihre Exportpolitik für konventionelle Rüstungsgüter im Jahre 2021. Rüstungsexportbericht 2021.* Berlin: BMWi.

Bob, Clifford (2019a): Social Movements and Transnational Context. In: Snow, David A. et al. (Hg.): *The Wiley Blackwell Companion to Social Movements*, Oxford: Willey Blackwell, 2. Aufl., 115-130.

Bob, Clifford (2019b): *Rights as Weapons: Instruments of Conflict, Tools of Power*. Princeton University Press.

Bobbio, Norberto (1998): *Das Zeitalter der Menschenrechte. Ist Toleranz durchsetzbar?* Berlin: Wagenbach.

Bock, Stefanie (2022): Mit Recht gegen Gewalt. In: *Vereinte Nationen*, 70 (3), 125-129.

Bogerts, Lisa Katherina (2015): Die Kraft des Visuellen: Emotionen und Bilder in der Protest- und Bewegungsforschung. In: Korte, Karl-Rudolf (Hg.): *Emotionen und Politik. Begründungen, Konzeptionen und Praxisfelder einer politikwissenschaftlichen Emotionsforschung*. Baden-Baden: Nomos, 225-246.

Borgh, Chris van der/Terwindt, Carolijn (2012): Shrinking Operational Space of NGOs – a Framework of Analysis. In: *Development in Practice*, 22 (8), 1065-1081.

Boscheinen, Jens/Bortfeldt, Laurens (2021): *Umwelt- und Ökologiebewegungen*. Wiesbaden: Springer VS.

Bösl, Anton/Diescho, Joseph (Hg.) (2009): *Human Rights in Africa. Legal Perspectives on their Protection and Promotion*. Windhoek: Macmillan Education Namibia.

Bourke Martignoni, Joanna/Umlas, Elizabeth (2018): *Gender-Responsive Due Diligence for Business Actors: Human Rights-Based Approaches*. Genf: Geneva Academy of International Humanitarian Law and Human Rights.

Braml Josef/Merkel, Wolfgang/Sandschneider, Eberhard (Hg.): *Außenpolitik mit Autokratien*. Berlin u.a.: De Gruyter Oldenbourg.

Breen, Claire (2017): *Economic and Social Rights and the Maintenance of International Peace and Security*. London u.a.: Routledge.

Breuning, Marije (2007): *Foreign Policy Analysis. A Comparative Introduction*. Basingstoke: Palgrave Macmillan.

Breutz, Iris (2015): Das afrikanische Menschenrechtsschutzsystem. In: Kirchmeier, Felix/Krennerich, Michael (Hg.) (2015): *Handbuch der Menschenrechtsarbeit 2014/2015*. Berlin: FES und Forum Menschenrechte, 373-397.

Britt, Lori/Heise, David R. (2000): From Shame to Pride in Identity Politics. In: Stryker, Sheldon/Owens, Timothy J./White, Robert W. (Hg.): *Self, Identity and Social Movements*. Minneapolis: University of Minnesota Press, 252-268.

Brock, Lothar in Verbindung mit dem Kirchenamt der EKD (Hg.) (1996): *Menschenrechte und Entwicklung*. Hannover u.a.: GEP Buch.

Broecker, Christen/O'Flaherty, Michael (2014): *The Outcome of the General Assembly Treaty Body Strenghtening Process: An Important Milestone on a Longer Journey* Genf: Universal Rights Group.

Bruce, Katherine M. (2016): *Pride Parades*. New York: New York University Press.

Brummer, Klaus (2012): Germany's Participation in the Kosovo War: Bringing Agency Back. In: *Acta Politica*, 43 (3), 272-291.

Brummer, Klaus/Oppermann, Kai (2019): *Außenpolitikanalyse*. Berlin u.a.: De Gruyter Oldenbourg, 2. Aufl.

Brune, Julia (2020): *Menschenrechte und transnationale Unternehmen. Grenzen und Potentiale des UN Framework for Business and Human Rights*. Baden-Baden: Nomos

Brysk, Alison (2017): Expanding Rights: New Frames for Violence against Women. In: Brysk, Alison/Stohl, Michael (eds.): *Expanding Human Rights. 21st Century Norms and Governance*. Cheltenham u.a.: Edward Elgar, 77-93.

Brysk, Alison/Stohl, Michael (Hg.) (2019): *Contesting Human Rights. Norms, Institutions, and Practice*. Cheltenham u.a.: Edward Elgar.

Buckley-Zistel, Susanne (2016): Zur Konstruktion von Wahrheit. Die Aufarbeitung von Menschenrechtsverbrechen durch Wahrheitskommissionen. In: Brunner, José/Stahl, Daniel (Hg.): *Recht auf Wahrheit. Zur Genese eines neuen Menschenrechts im 20. Jahrhundert*. Göttingen: Wallstein, 163-173.

Buckley-Zistel, Susanne/Beck, Teresa Koloma/Braun, Christian/Mieth, Friederike (Hg.) (2014): *Transitional Justice Theories*. New York u.a.: Routledge.

Bui, Hien (2016): The ASEAN Human Rights System: A Critical Analysis. In: *Asian Journal of Comparative Law*, 11, 111-140.

Bunch, Charlotte (1990): Women's Rights as Human Rights: Toward a Re-vision of Human Rights. In: *Human Rights Quarterly*, 12 (4), 486-498.

Bünte, Marco (2018): Policing Politics: Myanmar`s Military Regime and Protest Spaces in Times of Transition. In: Weiss, Merdith/Hannsson, Eva (eds.): *Political Participation and Protest Spaces in Asia*. London: Routledge, 188-206.

Burchardt, Hans-Jürgen/Öhlschläger, Rainer (Hg.) (2012): *Soziale Bewegungen und Demokratie in Lateinamerika*. Baden-Baden: Nomos.

Burni, Aline/Keijzer, Niels (2022): Entwicklungspolitik. Mit Diktaturen richtig umgehen. In: *E+Z Entwicklung und Zusammenarbeit*, 2022/07-08, 8-9.

Bussmann, Werner/Klöti, Ulrich/Knoepfel, Peter (1997): *Einführung in die Politikevaluation*. Basel, Frankfurt/M.: Helbing und Lichterhahn.

Bütikofer, Reinhard (2020): Europas Chinapolitik. Raus aus der Appeasement-Falle. In: *Der Tagesspiegel*, 16. Juni 2020.

Byrnes, Andrew (2020a): The Committee on the Elimination of Discrimination Against Women. In: Mégret, Fredéric/Alston, Philip (Hg.) (2020): *The United Nations and Human Rights. A Critical Appraisal*. Oxford: OUP, 2. Aufl., 393-438.

Byrnes, Andrew (2020b): The Committee against Torture and the Subcommittee for the Prevention of Torture. In: Mégret, Fredéric/Alston, Philip (Hg.) (2020): *The United Nations and Human Rights. A Critical Appraisal*. Oxford: OUP, 2. Aufl., 477-517.

Charlesworth, Hilary/Larking, Emma (Hg.) (2014): *Human Rights and the Universal Periodic Review. Rituals and Ritualism*. Cambridge: CUP.

Chen, Yu-Chie (2019): China's Challenge to the International Human Rights Regime. In: *International Law and Politics*, 51 (4), 1178-1222.

Chetail, Vincent (2020): The Committee of the Rights of All Migrant Workers and Members of Their Families. In: Mégret, Fredéric/Alston, Philip (Hg.) (2020): *The United Nations and Human Rights. A Critical Appraisal*. Oxford: OUP, 2. Aufl., 601-644.

CIVICUS/Brot für die Welt (2021): *Atlas der Zivilgesellschaft 2021*. Berlin: Brot für die Welt.

Claphan, Andrew (2006): *Human Rights Obligations of Non-State Actors*. Oxford: OUP.

Clark, Anne Marie (2009): Non-Governmental Organizations. Overview. In: Forsythe, David (Hg.): *Encyclopedia of Human Rights*, Vol. 4. New York: Oxford University Press, 87-96.

Clarke, Gerard (2012): The Evolving ASEAN Human Rights System: The ASEAN Human Rights Declaration of 2012. In: *Journal of International Human Rights*, 11(1), 1-27.

Cleary, Edward (2007): *Mobilizing for Human Rights in Latin America*. Bloomfield, CT: Kumarian Press.

Cofelice, Andrea (2017): Italy and the Universal Periodic Review of the United Nations Human Rights Council. Playing the two-level game. In: *Italian Political Science Review*, 47, Special Issue 2, 227-250.

Coomans, Fons/Grünfeld, Fred/Kamminga, Menno T. (eds.) (2009): *Methods of Human Rights Research*. Antwerp u.a.: Intersentia.

Coomans, Fons/Kamminga, Menna (2004): *Extraterritorial Application of Human Rights Treaties*. Antwerp u.a.: Intersentia.

Coomans, Fons/Künnemann, Rolf (Hg.) (2012): *Cases and Concepts on Extraterritorial Obligations in the Area or Economic, Social and Cultural Rights*. Cambridge u.a.: intersentia.

Cremer, Hendrik (2014): *Menschenrechtliche Verpflichtungen bei der Unterbringung von Flüchtlingen. Empfehlungen an die Länder, Kommunen und den Bund*. Berlin: DIMR.

Cremer, Hendrik/Rudolf, Beate (2011): *Stellungnahme des Deutschen Instituts für Menschenrechte im Verfahren vor dem Antirassismus-Ausschuss Türkischer Bund in Berlin-Brandenburg e.V. ./. Deutschland (Beschwerde-Nr. 48/2010)*. Berlin: DIMR.

Crenshaw, Kimberlé (1989): Demarginalizing the Intersection of Race and Sex: A Black Feminist Critique of Antidiscrimination Doctrine, Feminist Theory and Antiracist Politics. In: *University of Chicago Legal Forum*, 1, 139-167.

Crenshaw, Kimberlé (2021): Das Konzept der Intersektionalität und seine Bedeutung für die Menschenrechte. Kommentiert und übersetzt von Eva Kalny. In: *Zeitschrift für Menschenrechte*, 15 (1), 142-166.

Critelli, Filomena M. (2010): Women's Rights = Human Rights. Pakistani Women against Gender Violence. In: *Journal of Sociology & Social Welfare*, 37 (2), 135-160.

Curzi, Ludovica Chiussi (2020): *General Principles for Business and Human Rights in International Law*. Leiden: Brill Nijhoff.

Daphi, Priska (2011): Soziale Bewegungen und kollektive Identität. Forschungsstand und Forschungslücken. In: *Forschungsjournal Soziale Bewegungen*, 24 (4), 13-25.

Davies, Thomas (ed.) (2019): *Routledge Handbook of NGOs and International Relations*. London and New York: Routledge.

Degener, Theresia (2017): A New Human Rights Model of Disability, in: Della Fina, Valentina/Cera Rachele/Palmisano, Guiseppe (Hg.): *The United Nations Convention on the Rights of Persons with Disabilities*. Cham: Springer, 41-59.

Deile, Volkmar (2013): Lasst die diplomatischen Floskeln. In: *Die Zeit*, 25. April 2013.

De Feyter, Koen/Pasrmentier, Stephan/Timmerman, Christiane/Ulrich, Georg (Hg.) (2011): *The Local Relevance of Human Rights*. Cambridge: CUP.

della Porta, Donatella (2015). *Social Movements in Times of Austerity: Bringing Capitalism back into Protest Analysis*. Cambridge: Polity Press.

della Porta, Donatella (ed.) (2017): *Global Diffusion of Protest. Riding the Protest Wave in the Neoliberal Crisis*. Amsterdam University Press.

della Porta, Donatella (2020b): *Die schöne neue Demokratie. Über das Potenzial sozialer Bewegungen*. Frankfurt, New York: Campus.

della Porta, Donatella/Diani, Mario (2020): *Social movements*. Hoboken: Wiley Blackwell, 3. Aufl.

Demmelhuber, Thomas (2019): Ausnahmezustand als Herrschaftstechnik? Ägypten und die politischen Umbrüche seit 2011. In: *Zeitschrift für Menschenrechte*, 13 (2), 57-70.

Deutscher Bundestag, Wissenschaftler Dienst (2007): *Erklärungen und Vorbehalte der Bundesrepublik Deutschland zur Kinderrechtskonvention der Vereinten Nationen*, WD2-039/07.

Deva, Surya/Birchall, David (eds.) (2020): *Research Handbook on Human Rights and Business*. Cheltenham, Northampton: Edward Elgar Publishing.

Dietz, Matthias/Garrelts, Heiko (Hg.) (2013): *Die internationale Klimabewegung*. Wiesbaden: Springer.

DIMR (2016): *Entwicklung der Menschenrechtssituation in Deutschland Januar 2015 – Juni 2016*. Berlin: DIMR.

DIMR (2017): *Entwicklung der Menschenrechtssituation in Deutschland Juli 2016 – Juni 2017*. Berlin: DIMR.

DIMR (2018a): *Entwicklung der Menschenrechtssituation in Deutschland Juli 2017 – Juni 2018*. Berlin: DIMR.

DIMR (2019): *Entwicklung der Menschenrechtssituation in Deutschland Juli 2018 – Juni 2019*. Berlin: DIMR.

DIMR (2020): *Entwicklung der Menschenrechtssituation in Deutschland Juli 2019 – Juni 2020*. Berlin: DIMR.

DIMR (2021a): *Entwicklung der Menschenrechtssituation in Deutschland Juli 2020 – Juni 2021*. Berlin: DIMR.

DIMR (2021b): *Leitbild „Berichterstattungsstelle zu Menschenhandel“*, Berlin: DIMR.

DIMR (2022): *Entwicklung der Menschenrechtssituation in Deutschland Juli 2021 – Juni 2022*. Berlin: DIMR.

DIMR, Monitoring-Stelle UN-Behindertenrechtskonvention (2019): *Menschenrechtliche Aktions- und Maßnahmenpläne. Handreichung für Anwender_innen aus Verwaltung und Zivilgesellschaft*. Berlin: DIMR.

Dolata, Ulrich/Schrape, Jan-Felix (Hg.) (2018): *Kollektivität und Macht im Internet. Soziale Bewegungen – Open Source – Communities – Internetkonzerne*. Wiesbaden: Springer.

Dolowitz, David P./Marsh, David (1996): Who Learns What from Whom: A Review of the Policy Transfer Literature. In: *Political Studies*, 44 (2), 343-357.

Dolowitz, *David P./Marsh, David* (2000): Learning from Abroad: The Role of Policy-Transfer in Contemporary Policy-Making. In: *Governance*, 13 (1), 5-23.

Domínguez-Redondo, Elvira (2017): The History of the Special Procedures: A „Learning-by-Doing" Approach to Human Rights Implementation. In: Nolan, Aoife/Freedman, Rosa/Murphy, Thérèse (Hg.): *The United Nations Special Procedures System*. Leiden u.a.: Brill Nijoff, 11-51.

Duchrow, Julia (2015): Zwischen Professionalisierung und Fragmentierung. Herausforderungen für die Menschenrechtsszene in Deutschland. In: *Forschungsjournal Soziale Bewegungen*, 28 (4), 66-74.

Duffy, Helen (2018): *Strategic Human Rights Litigation. Understanding and Maximising Impact*. Oxford: Hart Publishing.

Dunlop, Claire/Radaelli, Claudio (2013): Systematising Policy Learning. From Monolith to Dimension. In: *Political Studies*, Vol. 61, No. 3, 599-619.

Dunne, Tim/Hanson, Marianne (2016): Human Rights in International Relations. In: Goodhart, Michael (ed.): *Human Rights. Politics and Practice*. Oxford: Oxford University Press, 3. Aufl., 44-59.

Düwell, Marcus et al. (eds.) (2014): *The Cambridge Handbook of Human Dignity. Interdisciplinary Perspectives*. Cambridge: Cambridge University Press.

Eckel, Jan (2015a): *Die Ambivalenz des Guten. Menschenrecht in der internationalen Politik seit den 1940ern*. Göttingen: Vandenhoeck & Ruprecht, 2. Aufl.

Eckel, Jan (2015b): Schwierige Erneuerung. Die Menschenrechtspolitik Jimmy Carters und der Wandel der Außenpolitik in den 1970er Jahren. In: *Geschichte in Wissenschaft und Unterricht*, 66 (1-2), 5-24.

Eckel, Jan (2019): Menschenrechte und die Gestaltung der internationalen Ordnung im 20. Jahrhundert. In: Geiss, Peter /Geppert, Dominik/Reuschenbach, Julia (Hg.): *Eine Werteordnung für die Welt? Universalismus und Gegenwart*. Baden-Baden: Nomos, 263-288.

Eckel, Jan/Moyn, Samuel (2012) (Hg.): *Moral für die Welt. Menschenrechtspolitik in den 1970er Jahren*. Göttingen: Wallstein.

Eckel, Jan/Stahl, Daniel (2019) (Hg.): *Embattled Visions: Human Rights Since 1990*. Göttingen: Wallstein.

Edwards, Bob/Kane, Melinda (2014): Ressource Mobilization Theory and Contemporary Social and Political Movements. In: van der Heijdenk, Hein-Anton (ed.): *Handbook of Political Citizenship and Social Movements*. Camberley, UK: Edward Elgar Publishers, 205-232.

Edwards, Bob/McCarthy, John D./Matiac, Dane R. (2019): The Ressource Context of Social Movements. In: Snow, David A. et al. (Hg.): *The Wiley Blackwell Companion to Social Movements*. Oxford: Wiley Blackwell, 2. Aufl., 79-97.

Egan, Suzanne (2020): Reform of the UN Human Rights Treaty Body System. In: Mégret, Frederic/Alston, Philip (Hg.) (2020): *The United Nations and Human Rights. A Critical Appraisal*. Oxford: OUP, 2. Aufl., 645-664.

Eichenhofer, Eberhard (2012): *Soziale Menschenrechte im Völker-, europäischen und deutschen Recht*. Tübingen.

Eichendorfer, Eberhard (2013): Gesundheitsleistungen für Flüchtlinge. In: *Zeitschrift für Ausländerrecht und Ausländerpolitik (ZAR)*, Jg. 33, Nr. 5-6, 169-175.

Eichenhofer, Eberhard (2016): Sozialer Rechtsstaat – Staat sozialer Rechte. In: *Deutsches Verwaltungsblatt*, 131.2, 78-90.

Eichenhofer, Eberhard (2021): *WSK-Rechte*. Frankfurt/M.

Eikel, Markus (2018): "Die Herrschaft des Rechts und nicht das Recht des Stärkeren". Die Bundesrepublik Deutschland und die Entstehungsgeschichte des Internationalen Strafgerichtshofs 1993 bis 1998. In: *Vierteljahreshefte für Zeitgeschichte* (VfZ), Jg. 66, Nr. 1, 9-41.

El Obaid, Ahmed/Lamontagne, Véronique (2002): *Rights-Based Approach to Development: Key Principles and a Review of Recent Policies and Practices*. Paper presented for Governance and Social Policies Division, CIDA, (draft).

Engelmann, Claudia (2022): *Notunterkünfte für Wohnungslose menschenrechtskonform gestalten. Leitlinien für Mindeststandards in der ordnungsrechtlichen Unterbringung*. Analyse/Studie 06/2022. Berlin: DIMR.

Engelmann, Claudia/Mahler, Claudia/Follmar-Otto, Petra (2020): *Von der Notlösung zum Dauerzustand. Recht und Praxis der kommunalen Unterbringung wohnungsloser Menschen in Deutschland*. Berlin DIMR.

Eriksson, Mikael (2016): *Targeting Peace: Understanding UN and EU Targeted Sanctions*. Routledge, Taylor & Francis Group.

Ernst, Oliver (2021): *Zähne für den Tiger? Die dynamische Entwicklung Globaler Menschenrechtssanktionsregime*. Analysen & Argumente Nr. 450. Berlin: KAS.

Etcheson, Craig (2019): *Extraordinary Justice: Law, Politics, and the Khmer Rouge Tribunals*. New York: Colombia University Press.

Etone, Damian (2020): *The Human Right Council: The Impact of the Universal Periodic Review in Africa*. London and New York: Routledge.

European Commission (2021a): *Applying the Human Rights Based Approach to International Partnerships. An Updated Toolbox for Placing Rights-Holders at the Centre of EU's Neighbourhood, Development and International Cooperation*. Commission. Staff Working Document. SWD(2021) 179 final, 30. Juni 2021.

European Commission (2021b): *Report from the Commission to the European Parliament, the Council, the European Economic and Social Committee and the Committee of the Nations: Protection Fundamental Rights in the Digital Age – 2021 Annual Report on the Application of the EU Charter on Fundamental Rights*. Brussels, 10.12.2021, COM(2021) 819 final.

Europäisches Parlament (2022): *Menschenrechte und Demokratie in der Welt – Jahresbericht 2021*. P9_TA(2022)0041.

Evans, Christine (2020): The Committee on the Rights of the Child. In: Mégret, Frederic/Alston, Philip (Hg.) (2020): *The United Nations and Human Rights. A Critical Appraisal*. Oxford: OUP, 2. Aufl., 519-545.

Evans, Malcolm/Murray, Rachel (Hg.) (2008): *The African Charter on Human and Peoples' Rights*. Cambridge: CUP, 2. Aufl.

Evans, Matthew (2015): Trade Unions as Human Rights Organizations. In: *Journal of Human Rights Practice*, Vol. 7, No. 3, 466-483.

Farahat, Anuscheh (2022): Human Rights and the Politcal: Assessing the Allegation of Human Rights Overreach in Migration Matters. In: *Netherlands Quarterly of Human Rights*, 40 (2), 180-201.

Ferber, Natalie (2011): Überzeugen statt Anprangern! Advocacy-Arbeit für Fakultativprotokoll zum UN-Sozialpakt. In: *Zeitschrift für Menschenrechte*, 5 (1), 118-133.

Ferrer Mac-Gregor/Morales Antoniazzi, Mariela/Flores Pantoja, Rogelio (Hg.) (2020): *Inclusión, Ius Commune y Justiciabilidad de los DESCA en la Jurisprudencia Interamericana*. México: Instituto de Estudios Constitucionales del Estado Querétaro.

Fleay, Caroline (2005): *The Impact of Internal and External Responses on Human Rights Practices in China: The Chinese Government and the Spiral Model*. PhD Dissertation, Curtin University of Technology, Perth.

Follmar-Otto (2013): *Die Nationale Stelle zur Verhütung von Folter fortentwickeln! Zur völkerrechtskonformen Ausgestaltung und Ausstattung*. Berlin: DIMR.

Forsythe, David P. (1990): Human Rights in U.S. Foreign Policy: Retrospect and Prospect. In: *Political Science Quarterly*, 105 (3), 435-454.

Forsythe, David P. (1995): Human Rights and US Foreign Policy: Two Levels, Two Worlds. In: *Political Studies*, 43, 111-130.

Forsythe, David P. (2000): *The United States and Human Rights: Looking Inward and Outward*. Lincoln, NB: University of Nebraska Press.

Forsythe, David P. (2012a): *Human Rights in International Relations*. Cambridge: CUP, 3. Aufl.

Forsythe, David P. (2012b): *UN Security Council and Human Rights*. Berlin: FES.

Forsythe, David P. (2014): The UN Security Council and Human Rights: Promising Developments, Persistent Problems. In: *Journal of Human Rights*, 13 (2), 121-145.

Forum Menschenrechte (2012): *Schützen statt verfolgen! Die schwierige Lage von Verteidiger/innen wirtschaftlicher, sozialer und kultureller Menschenrechte*. Berlin: FMR.

Forum Menschenrechte (2021): *Menschenrechte wählen! Forderungen des Forum Menschenrechte anlässlich der Bundestagswahl 2021*. Berlin: FMR.

FRA (European Union Agency for Fundamental Rights) (2021): *Grundrechtebericht 2021*. Luxemburg: EU.

Frankenberger, Klaus-Dieter (2020): UN-Menschenrechtsrat: Zu viele Böcke im Garten der Welt. Ein Kommentar. In: *FAZ.NET*, 14. Oktober 2020.

Frankovits, Andrew/Earle, Patrick (2000): *The Human Rights Based Approach to Development Cooperation*. Stockholm Workshop 16-19 October.

Freedman, Rosa (2013): *The United Nations Human Rights Council: A Critique and an Early Assessment*. London, New York: Routledge.

Freedman, Rosa (2014): *Failing to Protect: The United Nations and the Politicisation of Human Rights*. New York: OUP, London: Hurst.

Freedman, Rosa (2020): The Human Rights Council. In: Mégret, Fredéric/Alston, Philip (Hg.) (2020): *The United Nations and Human Rights. A Critical Appraisal*. Oxford: OUP, 2. Aufl., 181-238.

Freedom House (2021): *Freedom in the World 2021: Democracy under Siege*. Washington D.C.

Freeman, Mark (2015): *Truth Commissions and Procedural Fairness*. Cambridge: Cambridge University Press.

Freemann, Marsha/Chinkin, Christine/Rudolf, Beate (Hg.) (2012): *The UN Convention on the Elimination of All Forms of Discrimination Against Women: A Commentary*. Oxford: OUP.

Freeman, Michael (2009): Children's Rights as Human Rights. Reading the UNCRC, in: Qvortrup J./Corsaro W.A./Honig MS. (eds): *The Palgrave Handbook of Childhood Studies*. London: Palgrave Macmillan, 377-393.

Frei, Norbert/Stahl, Daniel/Weinke, Annette (Hg.) (2017): *Human Rights and Humanitarian Intervention. Legitimizing the Use of Force Since the 1970s*. Göttingen: Wallstein.

Friederichs, Hauke (2013): Gute Geschäfte dank der Merkel-Doktrin. In: *Die Zeit*, 28. März 2013.

de Frouville, Olivier (2020): The Committee on Enforced Disappearnces. In: Mégret, Fredéric/Alston, Philip (Hg.) (2020): *The United Nations and Human Rights. A Critical Appraisal*. Oxford: OUP, 2. Aufl., 579-599.

Gaer, Felice D. (2017): Picking and Choosing? Country Visits by Thematic Special Procedures. In: Nolan, Aoife/ Freedman, Rosa/Murphy, Thérèse (Hg.): *The United Nations Special Procedures System*. Leiden u.a.: Brill Nijoff, 87-130.

Galchninsky, Michael (2009): Nongovernmental Organizations: Jewish NGOs. In: Forsythe, David (ed.): *Enciclopedia of Human Rights*, Vol. 4. New York: OUP, 103-107.

Gamson, William (1995): Constructing Social Protest. In: Johnstan, Hank/Klandermans, Bert (eds.): *Social Movements, Protest, and Contention*. Vol. 4. Minneapolis: University of Minnesota Press, 85-106.

Gebauer, Thomas (2015): Pochen auf öffentliche Verantwortung – Menschenrechtliches Empowerment in der Praxis. In: *Zeitschrift für Menschenrechte*, Jg. 9, Nr. 2, 136-142.

Gerschewski, Johannes/Merkel, Wolfgang/Schmotz, Alexander/Stefes, Christoph H./Tanneberg, Dag (2013): Warum überleben Diktaturen? In: *Politische Vierteljahresschrift*, Sonderheft 47, 106-131.

GIZ (Deutsche Gesellschaft für Internationale Zusammenarbeit) (2020): *The Human Rights Based Approach in German Development Cooperation*. Eschborn.

Gibney, Mark/Erdem Türkelli, Gamze/Krajewski, Markus/Vanderhole, Wouter (eds.) (2022): *The Routledge Handbook on Extraterritorial Human Rights Obligations*. New York: Routledge.

GKKE-Fachgruppe Rüstungsexporte (2022): *Rüstungsexportbericht 2021*. Berlin: Gemeinsame Konferenz Kirche und Entwicklung.

Goméz, James/Ramcharan, Robin (Hg.) (2017): *The Universal Periodic Review of Southeast Asia. Civil Society Perspectives*. Bangkok: Asia Centre, Singapore: Palgrave Macmillan.

Goméz, James/Ramcharan, Robin (Hg.) (2020): *National Human Rights Institutions in Southeast Asia. Selected Case Studies*. Bangkok: Asia Centre, Singapore: Palgrave Macmillan.

Goodwin, Jeff/Jasper, James M. (Hg.) (2015): *The Social Movement Reader. Cases and Concepts*. Chichester, West Sussex: Wiley Blackwell, 3. Aufl.

Goodwin, Jeff/Jasper, James M./Poletta, Francesca (Hg.) (2001): *Passionate Politics*. Chicago: Chicago University Press.

Gosewinkel, Dieter/Weinke, Annette (Hg.) (2019): *Menschenrechte und ihre Kritiker. Ideologien, Argumente, Wirkungen*. Göttingen: Wallstein.

Gözen Ercan, Pinar (Hg.) (2022): *The Responsibility to Protect. Twenty Years on*. Basingstoke: Palgrave Macmillan.

Grabenwarter, Christoph/Pabel, Katharina (2021): *Europäische Menschenrechtskonvention*. München u.a.: C.H. Beck/Helbing Lichterhahn/Manz, 7. Aufl.

Grabosch, Robert (Hg.) (2021): *Das neue Lieferkettensorgfaltspflichtengesetz*. Baden-Baden Nomos.

Gready, Paul/Ensor, Jonathan (Hg) (2005): *Reinventing Development? Translating Rights-Based Approaches from Theory to Practice*. London: Zed Books.

Grotz, Florian/Schroeder, Wolfgang (2021): *Das politische System der Bundesrepublik Deutschland*. Wiesbaden: Springer.

Günther, Wolfgang/Kurrek, Dennis/Töller, Annette Elisabeth (2019): Ein starker Fall für die Parteiendifferenztheorie: Die Einführung der Gesundheitskarte für Asylsuchende in den Bundesländern. In: *Zeitschrift für Politikwissenschaft*, 29 (3), 361-392.

Guerney, Joan Neff/Tierney, Kathleen J. (1982): Relative Deprivation and Social Movement: A Critical Look at Twenty Years of Theory and Research. In: *The Sociological Quarterly*, 23 (1), 33-47.

Guerrero, Marion (2020): Strategische Prozessführung – eine Annäherung. In: *Zeitschrift für Menschenrechte*, 14 (2), 26-51.

Gusy, Christoph (Hrsg.) (2015): *Evaluation von Sicherheitsgesetzen*. Wiesbaden: Springer VS.

Hambleton, Robin (2020): From "Best Practice" to "Relevant Practice" in International City-to-City Learning. In: van de Dool, Leon (Hg.): *Strategies for Urban Network Learing. International Practices and Theoretical Reflections*. Cham: Palgrave Macmillan, 31-56.

Hamm, Brigitte (2001): A Human Rights Approach to Development. In: *Human Rights Quarterly*, Vol. 23, No. 4, 1005-1031.

Hancock, Jan (2007): *Human Rights and US Foreign Policy*. London, New York: Routledge.

Handicap International (2021): Empowerment Now: Selbstvertretung von Geflüchteten mit Behinderung; www.hi-deutschland-projekte.de/crossroads

Hanung, Cornelius Damar/Judhistari, Rachel Arinii (2019): A Decade of AICHR: Progress, Challenges and Opportunities. In: Forum Asia (Hg.): *Human Rights Systems and Mechanisms. Experiences and Reflections*. Working Paper Series No. 6. Bangkok u.a.: Forum Asia, 29-39.

Haunss, Sebastian/Sommer, Moritz (Hg.): *Fridays for Future. Die Jugend gegen den Klimawandel: Konturen einer Protestbewegung*. Bielefeld: transcript.

Heemann, Lisa/Rudolf, Beate (2020): *Der UN-Sicherheitsrat und der Schutz der Menschenrechte. Fortschritte, Lücken, Grenzen*. Analyse. Berlin: DIMR.

Heidenkamp, Henrik (2015): *Deutsche Rüstungspolitik. Ein Politikfeld unter Handlungsdruck*. Opladen u.a.: Barbara Budrich.

Heinz, Wolfgang (2006): Von der UN-Menschenrechtskommission zum UN-Menschenrechtsrat. In: *Die Friedenswarte*, 1/2006, 129-144.

Heinz, Wolfgang (2007): *Terrorismusbekämpfung und Menschenrechtsschutz in Europa. Exemplarische Fragestellungen 2005/2006*. Berlin: DIMR.

Heinz, Wolfgang (2016): Zehn Jahre UN-Menschenrechtsrat. Zwischen Politisierung und Positionierung. In: *Vereinte Nationen*, 3/2016, 115-120.

Heinz, Wolfgang/Arend, Jan-Michael (2005): *Internationale Terrorismusbekämpfung und Menschenrechte. Entwicklungen 2003/2004*. Berlin: DIMR.

Heinz, Wolfgang S./Litschke, Peter (2014): *Der UN-Sicherheitsrat und der Schutz der Menschenrechte. Chancen, Blockaden und Zielkonflikte*. Essay Nr. 13. Berlin: DIMR, 2. Aufl.

Heinz, Wolfgang S./Schlitt, Stephanie/Würth, Anna (2004): *Internationale Terrorismusbekämpfung und Menschenrechte (Oktober 2001-April 2003)*. Berlin: DIMR.

Hellmann, Sebastian (2020): How Foreign Pressure Affects Mass Mobilization in Favor of Authoritarian Regimes. In: *European Journal of International Relations*, 27(2), 450-477.

Hennebel, Ludovic (2020): The Human Rights Committee. In: Mégret, Fredéric/Alston, Philip (Hg.) (2020): *The United Nations and Human Rights. A Critical Appraisal*. Oxford: OUP, 2. Aufl., 339-391.

Hermann, Margaret G. (2005): Assessing Leadership Style: Trait Analysis. In: Post, Jerrold M. (ed.): *The Psychological Assessment of Political Leaders. With Profiles of Saddam Hussein and Bill Clinton*. Ann Arbor: University of Michigan Press, 178-212.

Herriger, Norbert (2014): *Empowerment in der Sozialen Arbeit. Eine Einführung*. Stuttgart: Kohlhammer, 5. Aufl.

Heydenreich, Cornelia/Paasch, Armin (2017): *Globale Energiewirtschaft und Menschenrechte – Deutsche Unternehmen und Politik auf dem Prüfstand*. Aachen, Berlin: Misereor, Germanwatch.

Heydenreich, Cornelia/Paasch, Armin (2020): *Globale Agrarwirtschaft und Menschenrechte – Deutsche Unternehmen und Politik auf dem Prüfstand*. Aachen, Berlin: Misereor, Germanwatch.

Heydenreich, Cornelia/Paasch, Armin/Kusch, Johanna (2014): *Globales Wirtschaften und Menschenrechte – Deutschland auf dem Prüfstand*. Aachen, Berlin: Misereor, Germanwatch.

Heyns, Christof (2020): Commissions of Inquiry: Accountability for Right to Life Violations in Africa? In: *Zeitschrift für Menschenrechte*, 14 (2), 132-154.

Hinsch, Wilfried/Janssen, Dieter (2006): *Menschenrechte militärisch schützen. Ein Plädoyer für humanitäre Interventionen*. München: Beck.

Hinton, Alexander Laban (2022): *Anthropological Witness: Lessons from the Khmer Rouge Tribunal*. Ithaca u.a.: Cornell University Press.

Hirschfeld-Eddy-Stiftung (2020): *Aufklären, sensibilisieren, vernetzen. LSBTI*-Rechte sind Menschenrechte*. Dokumentation der Online-Konferenz der Hirschfeld-Eddy-Stiftung am 2. und 3. Dezember 2020. Köln: Hirschfeld-Eddy-Stiftung.

Hirschfeld-Eddy-Stiftung (2021): *Sexuelle Minderheiten weltweit – zwischen Verfolgung und Schutz*. Factsheet Nr. 2. Köln, Berlin.

Hoeft, Christoph (2021): *Stillstand in Bewegung? Kollektives Lernen in sozialen Bewegungen*. Bielefeld: transcript.

Hof, Christina (2020): *New framework – new dynamics? Partizipation und Einfluss von Nichtregierungsorganisationen im Universal Periodic Review des Menschenrechtsrates*. Erlangen: FAU University Press.

Hofmann, Werner (1974): *Ideengeschichte der sozialen Bewegung des 19. und 20. Jahrhunderts*. Berlin/New York: de Gruyter, 5. Aufl.

Hohmann, Jessie (2017): Principle, Politics and Practice: The Role of UN Special Rapporteurs on the Right to Adequate Housing in the Development of the Rights to Housing in International Law. In: Nolan, Aoife/Freedman, Rosa/Murphy, Thérèse (Hg.): *The United Nations Special Procedures System*. Leiden u.a.: Brill Nijhoff, 271-296.

Hoitink, Cecile (2014a): *The Special Tribunal for Lebanon Collection. Volume 1: The Road to the Establishment of the Special Tribunal for Lebanon*. International Courts Association.

Hoitink, Cecile (2014a): *The Special Tribunal for Lebanon Collection. Volume 2: The Independent Investigation Commission*. International Courts Association.

Holland, Sean (2008): Ranking Rights: Problems and Prospects for a Quantitative Global Human Rights Index. In: *Measurement and Human Rights Issue Papers*, Vol. 1, Issue 4.

Holzleithner, Elisabeth (2016): Feministische Menschenrechtskritik. In: *Zeitschrift für Menschenrechte*, 10 (1), 110-120.

Holzleithner, Elisabeth (2017): Freiheit und Sicherheit – Konkurrenz oder Synergie? In: *Zeitschrift für Menschenrechte*, 11 (2), 7-29.

Holzleithner, Elisabeth (2020): Lesbische Verhältnisse auf dem Hühnerhof. Eine rechtliche Groteske als Brennpunkt des Ringes um sexuelle Menschenrechte in Österreich. In: *Zeitschrift für Menschenrechte*, 14 (1), 7-22.

Hopgood, Stephen (2013): *The Endtimes of Human Rights*. Ithaca u.a.: Cornell University Press.

Hudson, Valerie M./Day, Benjamin S. (2020): *Foreign Policy Analysis. Classic and Contemporary Theorie*. Lanham u.a.: Rowmann and Littlefield, 3. Aufl.

Huhle, Rainer (2009): Die politische Sprengkraft des Unpolitischen. Die Menschenrechtsbewegung verändert das politische Gesicht Lateinamerikas. In: Mittag, Jürgen/Ismar, Georg (Hg.): *„¿El pueblo unido?" Soziale Bewegungen und politischer Protest in der Geschichte Lateinamerikas*. Münster: Westfälisches Dampfboot, 405-432.

Huhle, Rainer (2011): Wie universell ist die Allgemeine Erklärung der Menschenrechte? In: *Vereinte Nationen*, 59 (5), 195-200.

Huhle, Rainer (2018): Die Menschenrechte – konservativ oder subversiv? In: *Zeitschrift für Menschenrechte*, 12 (2), 118-129.

Huhle, Rainer (2022a). Transitional Justice. In: Binder, Christina et al. (Hg.): *Elgar Encyclopedia of Human Rights*. Cheltenham: Edgar Elgar.

Huhle, Rainer (2022b): *Das Problem der Straflosigkeit und seine Verortung im lateinamerikanischen Kontext in Vergangenheit und Gegenwart*. Berlin: FDCL.

Huhle, Rainer (i.E.): Wie universell sind die Menschenrechte? Fragen wir Hansa Metha. In: Krennerich, Michael/Lissowksy, Michaela/Schendel, Marco (Hg.): *Die Freiheit der Menschenrechte. Festschrift für Heiner Bielefeldt zum 65. Geburtstag 2023*. Frankfurt/M.: Wochenschau.

Hüllinghorst, Yannik/Roll, Stephan (2020): *Deutsche Rüstungsexporte und die Militarisierung der Außenpolitik arabischer Staaten*. SWP Aktuell 103. Berlin: SWP.

Human Rights Council of Australia (1995): *The Rights Way to Development: A Human Rights Approach to Development Assistance*. Australia.

Human Rights Council of Australia (1998): *The Rights Way to Development. Manual*. Australia.

Human Rights Council of Australia (2001): *The Rights Way to Development: Policy and Practice*. Australia.

Ibáñez Rivas, María Juana et al. (Hg.) (2020): *Desaparición forzada en el Sistema Interamericano de Derechos Humanos. Balance, impacto y desafíos*. México: Instituto de Estudios Constitucionales del Estado de Querétaro u.a.

Ignatieff, Michael (2005): Introduction: American Exceptionalism and Human Rights. In: ders. (ed.): *American Exceptionalism and Human Rights*. Princeton u.a.: Princeton University Press, 1-26.

Ingram, James D. (2015): The Revolutionary Origins of Human Rights. History, Politics, Practice. In: *Zeitschrift für Menschenrechte*, 9 (1), 9-25.

Jann, Werner/Wgrich, Kai (2009): Phasenmodelle und Politikprozesse: Der Policy Cycle. In: Schubert, Klaus/Bandelow, Nils C. (Hg.): *Lehrbuch der Politikfeldanalyse 2.0*. München: Oldenbourg Verlag, 75-113.

Janssen, Dieter (2008): *Menschenrechtsschutz in Krisengebieten*. Frankfurt/M.: Fischer.

Jasper, James (1997): *The Art of Moral Protest*. Chicago: University of Chicago Press.

Jasper, James (2011): Emotions and Social Movements: Twenty Years of Theory and Research. In: *Annual Review of Sociology*, 37 (1), 285-303.

Jasper, James M./Poletta, Francesca (2019): The Cultural Context of Social Movements. In: Snow, David A. et al. (Hg.): *The Wiley Blackwell Companion to Social Movements*. Oxford: Wiley Blackwell, 2. Aufl., 63-78.

Jetschke, Anja (2006): Weltkultur versus Partikularismus: Die Universalität der Menschenrechte im Lichte der Ratifikation von Menschenrechtsverträgen. In: *Die Friedens-Warte*, 81 (1), 25-49.

Jetschke, Anja/Liese, Andrea (2013): The Power of Human Rights A Decade Later. In: Risse, Thomas et al. (Hg.): *The Persistent Power of Human Rights*. Cambridge: CUP, 26-42.

Joffe, Josef (2015): Wohlfeile Moral. Lammert trotzt, Merkel empfängt Ägyptens Sissi – zu Recht. In: *Die Zeit*, 28. Mai 2015.

Johnston, Hank (2011): *States and Social Movements*. Cambridge, UK: Polity.

Johnston, Hank (2018): Repertoires of Resistance and Repression: The Authoritarian Governance Area. In: *Zeitschrift für Menschenrechte*, 12 (1), 20-45.

Jordaan, Eduard (2014): South Africa and the United Nations Human Rights Council. In: *Human Rights Quarterly*, 36, 90-122.

Jordaan, Eduard (2016): The Challenge of Adopting Sexual Orientation Resolutions at the UN Human Rights Council. In: *Journal of Human Right Practice*, 8, 298-310.

Kaleck, Wolfgang (2021): *Die konkrete Utopie der Menschenrechte*. Frankfurt/M.: Fischer.

Kaleck, Wolfgang (2022): Menschenrechtsanwalt? Wie wird man das? Was bedeutet das eigentlich? In: *Zeitschrift für Menschenrechte*, 16 (2), i.E,

Kaleck, Wolfgang/Saage-Maaß (2016): *Unternehmen vor Gericht. Globale Kämpfe für Menschenrechte*. Berlin: Wagenbach.

Kälin, Walter (2012): Examiniation of State Reports. In: Keller, Helen/Ulfstein, Geir (Hg.): *UN Human Rights Treaty Bodies*. New York u.a: Cambridge University Press, 16-72.

Kälin, Walter/Künzli, Jörg (2019): *Universeller Menschenrechtsschutz*. 4. Aufl. Baden-Baden: Nomos.

Kalny, Eva/Wagner, Heike (Hrsg.) (2019): *Menschenrechte in Lateinamerika*. Baden-Baden: Nomos.

Kaltenborn, Markus (2015): Die Neufassung des Asylbewerberleistungsgesetzes und das Recht auf Gesundheit. In: *Neue Zeitschrift für Sozialrecht*, 24 (5), 161-166.

Kaltenborn, Markus/Krajewski, Markus/Kuhn, Heike (Hg.) (2020): *Sustainable Development Goals and Human Rights*. Cham: Springer.

Kämpf, Andrea (2016): Foreign policy, development assistance/international cooperation and human rights. In: Lettinga, Doutje/van Troost, Lars (Hg.): *Shifting Power and Human Rights Diplomacy: Germany*. Amsterdam: Amnesty International Netherlands, 61-72.

Kanalan, Ibrahim/Krajewski, Markus (2017): Medizinische Versorgung irregulärer Migranten aus menschenrechtlicher Sicht. In: *Zeitschrift für europäisches Sozial- und Arbeitsrecht*, 418-426.

Kanter, Arlene S. (2014): *The Development of Disability Rights Under International Law. From Charity to Human Rights*. London: Routledge.

Keck, Margaret E./Sikkink, Kathryn (1998): *Activists Beyond Borders. Advocacy Networks in International Politics*. Ithaca u.a.: Cornell University Press.

Keller, Helen/Ulfstein, Geir (Hg.) (2012): *UN Human Rights Treaty Bodies*. Cambridge u.a.: CUP.

Kern, Thomas (2003): Kritische Ereignisse, Memory Frames und Protest in Südkorea (1980-1987). In: *Berliner Journal für Soziologie*, 13 (3), 1-23.

Kern, Thomas (2008): *Soziale Bewegungen. Ursachen, Wirkungen, Mechanismen*. Wiesbaden: VS Verlag.

Kerr, Joanna (Hg.) (1993): *Ours by Right: Women's Rights as Human Rights*. London: Zed Books.

Kessler, Adriana (2018): Strategische Prozessführung – politischer Protest vor Gericht am Beispiel des Familiennachzugs. In: *Zeitschrift für Menschenrechte*, 12 (1), 103-111.

Khagram, Sanjeev/Riker, James V./Sikkink, Kathryn (Hg.) (2002): *Restructuring World Politics. Transnational Social Movements, Networks, and Norms.* Minneapolis und London: University of Minnesota Press.

Kilkelly, Ursula (2020): *International human rights of children.* Singapore: Springer Singapore.

Kinzelbach, Katrin (2011): Warum kuscht ihr so vor China? In: *Financial Times Deutschland*, 7. Oktober 2011.

Kinzelbach, Katrin (2013a): Resisting the Power of Human Rights. In: Risse, Thomas/Ropp, Stephen C./Sikkinik, Kathryn (Hg.): *The Persistent Power of Human Rights.* Cambridge: CUP, 164-181.

Kinzelbach, Katrin (2013): Chinas Menschenrechtspolitik in den UN. In: *Vereinte Nationen*, 2/2013, 57-62.

Kinzelbach, Katrin (2014): *The EU's Human Rights Dialogue with China: Quiet Diplomacy and its Limits.* New York: Routledge.

Kinzelbach, Katrin (2018): Zur Heroisierung und Handlungs(ohn)macht Inhaftierter Protestanführer, *Zeitschrift für Menschenrechte*, 12 (1), 146-153.

Kinzelbach, Katrin (2019): Human Rights in Chinese Foreign Policy: a Battle for Global Public Opinion. In: Biddulph, Sarah/Rosenzweig, Joshua (Hg.): *Handbook on Human Rights in China.* Cheltenham u.a.: Edward Elgar, 84-102.

Kinzelbach, Katrin (2020a): Ist Wasser starker als Stein? Hongkongs Social-Media basierte Protestbewegung und Pekings repressive Antwort. In: *Zeitschrift für Menschenrechte*, 14 (2), 8-25.

Kinzelbach, Katrin (2020b): Was will China im UN-Menschenrechtsrat. In: *Vereinte Nationen*, 6, 255-260.

Kinzelbach, Katrin/Mohan, Garima (2016): German human rights policy in a multipolar world. In: Lettinga, Doutje/van Troost, Lars (Hg.): *Shifting Power and Human Rights Diplomacy: Germany.* Amsterdam: Amnesty International Netherlands, 37-51.

Kirchner, Felix/Krennerich, Michael (Hg.) (2015): *Handbuch der Menschenrechtsarbeit. Edition 2014/2015.* Berlin: FES und Forum Menschenrechte.

Kjaerum, Morten (i.E.): Me Too and Woke: A Contribution to the Fights against Discrimination. How Can Human Rights Mechanisms Benefit from New Trends. In: Krennerich, Michael/Lissowksy, Michaela/Schendel, Marco (Hg.): *Die Freiheit der Menschenrechte. Festschrift für Heiner Bielefeldt zum 65. Geburtstag 2023.* Frankfurt/M.: Wochenschau.

Klandermans, Bert/Staggenborg, Suzanne (2002): *Methods of Social Movement Research.* Minneapolis: The University of Minnesota Press.

Klandermans, Bert/Van Stekelenburg, Jacquelien (2015): Taking Austerity to the Streets: Fighting Austerity Measures or austerity states. In: *Mobilization. An International Quarterly*, 21 (4), 431-448.

Klein, Naomi (2008): *The Shock Doctrine. The Rise of Disaster Capitalism.* New York: Picador.

Klip, André/Freeland, Steven (Hg.) (2018): *The Special Court for Sierra Leone 2012-2015.* Antwerp: Intersentia.

Knappmann, Alexia/Berg, Andrea (2016): The Challenging Inconsistencies of German External Human Rights Policy. In: Lettinga, Doutje/van Troost, Lars (Hg.): *Shifting Power and Human Rights Diplomacy: Germany.* Amsterdam: Amnesty International Netherlands, 93-105.

Knill, Christoph/Tosun, Jale (2015): *Einführung in die Policy-Analyse.* Opladen u.a.: Barbara Budrich.

Knoepfel, Peter/Larrue, Corinne/Varone, Frédéric/Veit, Sylvia (2011): *Politikanalyse.* Opladen u.a.: Barbara Budrich.

Kocyb, Piotr/Lewicki, Alexandra (2020): Shrinking Spaces für die Zivilgesellschaft. Aktivismus unter illiberalen Vorzeichen. In: *Forschungsjournal Soziale Bewegungen*, 33 (3), 561-570.

Kocyba, Piotr/Mikecz, Dániel (2020): Lethargie, zivilgesellschaftlicher Aufruhr und Shrinking Spaces – Protest und Bewegungsforschung in Ostmitteleuropa. In: *Forschungsjournal Soziale Bewegungen*, 33 (3), 690-702.

Kolben, Kevin (2010): Labor Rights as Human Rights? In: *Virginia Journal of International Law*, 50 (2), 449-484.

Kommers, Donal P. (Hg.): (1979): *Human Rights and American Foreign Policy*. Notre Dame: University of Notre Dame Press.

Konegen, Norbert/Nitschke, Peter (Hg.) (1997): *Revision des Grundgesetzes? Ergebnisse der Gemeinsamen Verfassungskommission (GVK) des Deutschen Bundestages und des Bundesrates*. Opladen: Leske und Budrich.

Koo, Jeong-Woo/Cheong, Byeong-Eun/Ramirez, Francisco O. (2015): Who Thinks and Behaves According to Human Rights? Evidence from the Korean National Human Rights Survey. In: *Korea Observer*, 46 (1), 53-87.

Koopmans, Ruud/Olzak, Susan 2004: Discursive Opportunities and the Evolution of Right-Wing Violence in Germany. In: *American Journal of Sociology*, 110 (1), 198-230.

Kovács, Kriszta/Scheppele, Kim Lan (2021): Rechtsstaat unter Druck. Ungarn, Polen und die Rolle der EU. In: *Aus Politik und Zeitgeschichte* (APuZ), 71 (30), 32-39.

Krajewski, Markus (2017): Schmückendes Beiwerk oder echte Ergänzung? Zur Wirkung der Menschenrechte im innerstaatlichen Recht. In: *Zeitschrift für Menschenrechte*, 11 (8), 8-23.

Krajewski, Markus (Hg.) (2018): *Staatliche Schutzpflichten und unternehmerische Verantwortung für Menschenrechte in globalen Lieferketten*. Erlangen: FAU University Press.

Krajewski, Markus (2020): *Völkerrecht*. Baden-Baden: Nomos, 2. Aufl.

Krajewski, Markus (2022): Extraterritoriale Menschenrechtsverpflichtungen: Zehn Jahre nach Verabschiedung der Maastrichter Grundsätze. In: *Food First*, 2/2022, 4 f.

Krajewski, Markus (i.E.): „You say universal, I say extraterritorial – Let's call the whole thing ...": Interdisziplinäre Gedanken zu extraterritorialen Menschenrechtsverpflichtungen am Beispiel des Lieferkettensorgfaltspflichtengesetz. In: Krennerich, Michael/Lissowksy, Michaela/Schendel, Marco (Hg.): *Die Freiheit der Menschenrechte. Festschrift für Heiner Bielefeldt zum 65. Geburtstag 2023*. Frankfurt/M.: Wochenschau.

Krajewski, Markus/Oehm, Franziska/Saage-Maaß, Miriam (2018) (Hg.): *Zivil- und strafrechtliche Unternehmensverantwortung für Menschenrechtsverletzungen*. Heidelberg: Springer.

Krajweski, Markus/Saage-Maaß, Miriam (2018) (Hg.): *Die Durchsetzung menschenrechtlicher Sorgfaltspflichten von Unternehmen. Zivilrechtliche Haftung und Berichterstattung als Steuerungsinstrumente*. Baden-Baden: Nomos.

Krause, Joachim (2018): Deutschlands Rolle im internationalen Handel mit konventionellen Waffen und Rüstungsgütern: Sind wir die Waffenkammer der Welt? In: *SIRIUS – Zeitschrift für Strategische Analysen*, 2 (2), 137-157.

Kreide, Regina (2008): *Globale Politik und Menschenrechte*. Frankfurt/M. u.a.: Campus.

Kreide, Regina (2013): Menschenrechte als Platzhalter. Eine politische Menschenrechtskonzeption zwischen Moral und Recht. In: *Zeitschrift für Menschenrechte*, 7 (2), 80-100.

Krennerich, Michael (1993): Krieg und Frieden in Nikaragua, El Salvador und Guatemala. In: Bendel, Petra (Hg.): *Zentralamerika: Frieden – Demokratie – Entwicklung*. Frankfurt/M.: Vervuert, 105-139.

Krennerich, Michael (2003b): *Menschenrechtsansatz für die deutsche Entwicklungszusammenarbeit – Ansätze und Erfahrungen der Kirchen*. Bonn: DIE.

Krennerich, Michael (2004): Menschenrechte und Entwicklungspolitik. Allgemeine Tendenzen und Sichtweisen. In: Bendel, Petra/Fischer, Thomas (Hg.): *Menschen- und Bürgerrechte. Ideengeschichte und Internationale Beziehungen*. Erlangen: FAU Press, 153-167.

Krennerich, Michael (2006): Soziale Menschenrechte sind Freiheitsrechte! Plädoyer für ein freiheitliches Verständnis wirtschaftlicher, sozialer und kultureller Menschenrechte. In: Deutsches Institut für Menschenrechte et al. (Hg.): *Jahrbuch Menschenrechte 2007*. Frankfurt/M.: Suhrkamp, 57-66.

Krennerich, Michael (2008): Entwicklung und Menschenrechte. In: Hinze, Daniela (Hg.): *Für Freiheit und Menschenwürde. 60 Jahre Allgemeine Erklärung der Menschenrechte*. Berlin: FES, 48-82.

Krennerich, Michael (2012): Soziale Menschenrechte – von der zögerlichen Anerkennung bis zur extraterritorialen Geltung. In: *Zeitschrift für Menschenrechte*, 6 (2), 166-183.

Krennerich, Michael (2013): *Soziale Menschenrechte – zwischen Recht und Politik.* Schwalbach/Ts.: Wochenschau.

Krennerich, Michael (2014): Wie lange grüßt das Murmeltier? Deutscher Prüfbedarf und das Beschwerdeverfahren für den Internationalen Pakt über wirtschaftliche, soziale und kulturelle Rechte. In: *Zeitschrift für Menschenrechte,* 8 (2), 158-167.

Krennerich, Michael (2015a): Zivilgesellschaft unter Druck. In: *Zeitschrift für Menschenrechte,* 9 (1), 144-154.

Krennerich, Michael (2015b): Das Menschenrecht auf Gesundheit. Grundzüge eines komplexen Rechts. In: Frewer, Andreas/Bielefeldt, Heiner (Hg.): *Das Menschenrecht auf Gesundheit.* Bielefeld: transcript, 57-92.

Krennerich, Michael (2016a): Internationale soziale Menschenrechte als Maßstab für den Umgang mit Asylsuchenden. In: *Zeitschrift für Politikwissenschaft,* 26 (1), 95-103.

Krennerich, Michael (2016b): Menschenrechtliche Verantwortung in der Textil- und Bekleidungsindustrie. In: Grillmeyer, Siegfried et al.: *Untragbar. Ein Menschenrecht auf faire Kleidung?* Würzburg: Echter Verlag, 29-41.

Krennerich, Michael (2016c): German foreign policy and human rights. In: Lettinga, Doutje/van Troost, Lars (Hg.): *Shifting Power and Human Rights Diplomacy: Germany.* Amsterdam: Amnesty International Netherlands, 15-25.

Krennerich, Michael (2017a): Der UN-Sozialpakt und sein Zusatzprotokoll. In: *Vorgänge. Zeitschrift für Bürgerrechte und Gesellschaftspolitik,* 56 (3), 13-21.

Krennerich, Michael (2017b): Butter bei die Rechte. Deutschland muss endlich das Beschwerdeverfahren für soziale Menschenrechte anerkennen. In: *IPG-Journal,* 16.01.2017, www.ipg-journal.de

Krennerich, Michael (2018): Menschenrechte und Autokratien. Wie damit umgehen? In: *Politikum,* 4 (1), 28-37.

Krennerich, Michael (2019): Von Indizes, Weltkarten und Länderrankings zu Menschenrechten. In: *Zeitschrift für Menschenrechte,* 13 (1), 179-192.

Krennerich, Michael (2021a): *Freie und faire Wahlen? Standards, Kurioses, Manipulationen.* Frankfurt/M.: Wochenschau, 2. Aufl.

Krennerich, Michael (2021b): Kein neoliberales Projekt. Ein Plädoyer für die Menschenrechte. In: *Zeitschrift für Menschenrechte,* 15 (1), 214-226.

Krennerich, Michael (2021c): *Wahlrecht von wohnungslosen Menschen. Rechtliche, organisatorische und politische Bedingungen der Wahlrechtsnutzung durch wohnungslose Menschen,* Berlin: DIMR.

Krennerich, Michael (2021d): Menschenrechtsschutz in Europa. In: *Aus Politik und Zeitgeschichte* (APuZ), 71 (37), 41-47.

Kritz, Neil J. (1995): *Transitional Justice.* 3 Volumes. Washington D.C.: US Institute of Peace Press.

Krommendijk, Jasper (2015): The (In)Effectiveness of UN Human Rights Treaty Body Recommendations. In: *Netherlands Quarterly of Human Rights,* 33 (2), 194-223.

Kroworsch, Susann (2019): *Menschen mit Behinderungen in Nordrhein-Westfalen. Zur Umsetzung der UN-Behindertenrechtskonvention in den Bereichen Wohnen, Mobilität, Bildung und Arbeit.* Berlin: DIMR, Monitoring-Stelle der UN-Behindertenrechtskonvention.

Krüger, Anne K. (2014): *Wahrheitskommissionen. Die globale Verbreitung eines kulturellen Modells.* Frankfurt/M.: Campus.

Krumwiede, Heinrich-W. (1997): *Revolution in Zentralamerika als Problem westlicher Außenpolitik.* Ebenhausen: SWP.

Landman, Todd/Carvalho, Edzia (2010): *Measuring Human Rights.* London u.a.: Routledge.

Langford, Malcolm (Hg.) (2008): *Social Rights Jurisprudence. Emerging Trends in International and Comparative Law.* Cambridge: CUP.

Langford, Malcolm/Rodriguez-Garavito, César/Rossi, Julieta (Hg.) (2018): *Social Rights Judgments and the Politics of Compliance.* New York u.a.: Cambridge University Press.

Langlois, Anthony J. (2021): Human Rights in Southeast Asia: ASEAN's Rights Regime after its First Decade. In: *Journal of Human Rights*, 20 (2), 151-157.

LASTESIS (2021): *Verbrennt eure Angst. Ein feministisches Manifest.* Übersetzt von Svenja Becker. Frankfurt/M.: S. Fischer.

Lau, Jörg (2013): Das bisschen Unterdrückung. Genscher, Mißfelder und der regierungsnahe Thinktank DGAP – Deutschlands Außenpolitiker arrangieren sich mit Diktatoren und Halbdemokraten. In: *Die Zeit*, 21. Februar 2013.

Lauren, Paul Gordon (2007): "To Preserve and Build on Its Achievements and to Redress its Shortcomings." The Journey from the Commission on Human Rights to the Human Rights Council. In: *Human Rights Quarterly*, 29 (2), 307-345.

Laurienti, Jerry M. (2007): *The U.S. Military and Human Rights Promotion. Lessons from Latin America.* Westport, CT, u.a.: Praeger.

Legal Transformation Center (2012): *Afterword … Square 2010 through the Eyes of Belusarian Human Rights Defenders.* Minsk: LTC.

Leijten, Ingrid (2018): *Core Socio-Economic Rights and the European Court of Human Rights.* Cambridge: CUP.

Leisering, Lutz/Focke, Jürgen (2022): Brauchen wir eine Weltaltenrechtskonvention? In: *Vereinte Nationen*, 70 (3), 111-116.

Lembke, Ulrike (2014) (Hg.): *Menschenrechte und Geschlecht.* Baden-Baden: Nomos.

Lemke, Stefanie (2018): Human Rights Lawyering: Das Stiefkind der deutschen Anwaltschaft? In: *Menschen RechtsMagazin*, 23 (2), 89-102.

Lettinga, Doutje/van Troost, Lars (Hg.) (2014): *Debating the Endtimes of Human Rights. Activism and Institutions in a Neo-Westphalian World.* Amsterdam: Amnesty International Netherlands.

Letnar Černič, Jernej/Carrillo-Santarelli, Nicolás (Hg.) (2018): *The Future of Business and Human Rights. Theoretical and Practical Considerations for a UN Treaty.* Cambridge u.a.: Intersentia.

Liang-Fenton, Debra (ed.) (2004): *Implementing U.S. Human Rights Policy.* Washington D.C.: US Institute of Peace Press.

Liese, Andrea (2006a): *Staaten am Pranger. Zur Wirkung internationaler Regime auf innerstaatliche Menschenrechtspolitik.* Wiesbaden: VS Verlag.

Liese, Andrea (2006b): Epistula (non) erubescit. Das Staatenberichtsverfahren als Instrument internationaler Rechtsdurchsetzung. In: *Die Friedens-Warte*, 81 (1), 51-55.

Lindner, Katja (2015): Die gesundheitliche Versorgung von Asylsuchenden in Deutschland. Aktuelle politische Entwicklungen. In: *Migration und Soziale Arbeit*, 1, 1-18.

Lingnau, Hildegard (2003): *Menschenrechtsansatz für die deutsche EZ.* Bonn: DIE.

Liou, Ryan Yu-Lin/Murdie, Amanda/Peksen, Dursun (2021): Revisting the Causal Link between Economic Sanctions and Human Rights Violations. In: *Political Research Quarterly*, 74 (4), 808-821.

Lissowsky, Michaela (2021): *Das Menschenrecht auf Reparation.* Berlin: Duncker & Humblot.

Lohmann, Georg (2010a): Die rechtsverbürgende Kraft der Menschenwürde. Zum menschenrechtlichen Würdeverständnis nach 1945. In: *Zeitschrift für Menschenrechte*, 4 (1), 46-63.

Lohmann, Georg (2010b): Zur moralischen, juridischen und politischen Dimension der Menschenrechte. In: Sandkühler, Hans Jörg (Hg.): *Recht und Moral.* Hamburg: Felix Meiner, 135-150.

Lohmann, Georg (2014): Werden die Menschenrechte überschätzt? Über Missbrauch, problematische Ausweitungen und Grenzen der Menschenrechte. In: *Zeitschrift für Menschenrechte*, 7 (2), 9-23.

Lohmann, Georg (2020): Droht der internationalen Menschenrechtsentwicklung eine Regression. In: *Zeitschrift für Menschenrechte*, 14 (1), 126-149.

Lohrenscheit, Claudia/Schmel, Andrea/Schmitt, Caroline Schmitt/Straub, Ute (Hg.) (2023): *Internationale Soziale Arbeit und soziale Bewegungen.* Baden-Baden: Nomos.

Lord, Janet E./Stein, Michael Ashley (2020): The Committee on the Rights of Persons with Disabilities. In: Mégret, Fredéric/Alston, Philip (Hg.) (2020): *The United Nations and Human Rights. A Critical Appraisal.* Oxford: OUP, 2. Aufl., 547-599.

Mahler, Claudia (2011): *Das Fakultativprotokoll zum UN-Sozialpakt – Warum die Ratifikation durch Deutschland notwendig ist.* Aktuell, Nr. 2. Berlin: Deutsches Institut für Menschenrechte.

Mahler, Claudia (2015): *Das Fakultativprotokoll zum UN-Sozialpakt endlich annehmen.* Berlin: Deutsches Institut für Menschenrechte.

Maihold, Günter/Mair, Stefan/Müller, Melanie/Vorrath, Judith/Wagner, Christian (Hg.) (2021): *Deutsche Außenpolitik im Wandel. Unstete Bedingungen, neue Impulse.* Berlin: SWP.

Manea, Maria-Gabriela (2015): The Claims of the ASEAN to Human Rights and Democracy: What Role for Regional Civil Society? In: *Asien. The German Journal on Contemporary Asia*, 136, 73-97.

Mansour, Khaled (2017): Egypt's Human Rights Movement: Repression, Resistance, and Co-optation. The Century Foundation. https://tcf.org/content/report/egypts-human-rights-movement/

Maráková, Natálie (2021): Pressefreiheit in Polen im Kontext der Presseentwicklung in Ungarn. In: *Zeitschrift für Menschenrechte*, 15 (2), 86-109.

Martinez-Alier, Joan/Temper, Leah/Del Bene, Daniela/Scheidel, Arnim (2016): Is there a global environmental justice movement? In: The Journal of Peasant Studies, 43 (3), 731-755.

Masouridou, Yiota/Kyprioti, Evi (2018): *The EU-Turkey Statement and the Greek Hotspots. A Failed European Pilot Project in Refugee Policy.* Brussels: The Greens/European Free Alliance in the European Parliament.

Massoud, Sofia (2018): *Menschenrechtsverletzungen im Zusammenhang mit wirtschaftlichen Aktivitäten von transnationalen Unternehmen.* Berlin: Springer.

Matthews, Sally (2001): Womens Rights are Human Rights. In: *Conflict Trends*, 2, 44-49.

Mattoni, Alice (2013): Repertoires of Communication in Social Movement Processes. In: Cammaerts, Bart/Mattoni, Alice/McCurdy, Patrick McCurdy (Hg.): *Mediation and Protest Movements.* Bristol, UK: Intellect, 39-56.

Maull, Hanns W. (2012): Außenpolitische Entscheidungen in Krisenzeiten. In: *Aus Politik und Zeitgschichte* (APuZ), 62 (10), 34-40.

Maus, Ingeborg (2018): *Justiz als gesellschaftliches Über-Ich. Zur Position der Rechtsprechung in der Demokratie.* Berlin: suhrkamp.

McAdam, Doug (1994): Culture and Social Movements. In: Laraña, Enrique/Johnston, Hank/Gusfield, Joseph R. (Hg.): *New Social Movements: From Ideology to Identity.* Philadelphia: Temple University Press, 36-57.

McAdam, Doug (1999): *Political Process and the Development of Black Insurgecny, 1930-1970*, Chicago: University of Chicago Press, 2. Aufl.

McAdam, Doug/Tarrow, Sidney (2019): The Political Context of Social Movements. In: Snow, David et al. (Hg.): *The Wiley Blackwell Companion to Social Movements.* Oxford: Wiley Blackwell, 2. Aufl., 19-42.

McAdam, Doug/Tarrow, Sidney/Tilly, Charles (1996): To Map Contentious Politics. In: *Mobilization*, 1 (1), 17-34.

McAdam, Doug/Tarrow, Sidney/Tilly, Charles (2001): *Dynamics of contention.* Cambridge: CUP.

McCarthy, John D./Zald, Mayer N. (1977). Resource Mobilization and Social Movements: A Partial Theory. In: *American Journal of Sociology*, 82 (6), 1212-1241.

McCarthy, John D./Zald, Mayer N. (2001): The Enduring Vitality of the Resource Mobilization Theory of Social Movements. In: Turner, Jonathan H. (ed.): *Handbook of Sociological Theory.* New York: Kluwer Academic/Plenum Publishers, 533-565.

McCarthy, John D./Zald, Mayer N. (2015): Social Movement Organizations. In: Goodwin, Jeff/Jasper, James M. (Hg.): *The Social Movement Reader: Cases and Concepts.* Chichester, West Sussex: Wiley Blackwell, 3. Aufl., 159-183.

McConnell, Lee/Smith, Rhona (2018): *Research Methods in Human Rights*. London u.a.: Routledge.

McGaughey, Fiona (2021): *Non-Governmental Organizations and the United Nations Human Rights System*. London u.a.: Routledge.

McLaren, Margaret A. (2017): Decolonizing Rights. Transnational Feminism and "Women's Rights as Human Rights". In: dies. (Hg.): *Decolonizing feminism. Transnational Feminism and Globalization*. London: Rowman and Littlefield International, 83-116.

McMahon, Edward/Ascherio, Marta (2012): A Step Ahead in Promoting Human Rights? The Universal Periodic Review of the United Nations Human Rights Council. In: *Global Governance*, 18 (2), 231-248.

McMahon, Edward/Busia, Kojo/Ascherio, M. (2013): Comparing Peer Reviews: The Universal Periodic Review of the UN Human Rights Council and The African Peer Review Mechanism. In: *African and Asian Studies*, 12 (3).

Mégret, Frédéric (2020): The Security Council. In: Mégret, Fredéric/Alston, Philip (Hg.) (2020): *The United Nations and Human Rights. A Critical Appraisal*. Oxford: OUP, 2. Aufl., 39-98.

Mégret, Fredéric/Alston, Philip (Hg.) (2020): *The United Nations and Human Rights. A Critical Appraisal*. Oxford: OUP, 2. Aufl.

Melber, Henning/Platt, Kristin (Hg.) (2022): *Kolonale Vergangenheit – postkoloniale Zukunft? Die deutsch-nambischen Beziehungen neu denken*. Frankfurt/M.: Brandes & Apsel.

Mende, Janne (2021): *Der Universalismus der Menschenrechte*. München: UVK Verlag.

Menke, Christoph/Pollmann, Arnd (2007): *Philosophie der Menschenrechte zur Einführung*. Hamburg: Junius.

Menzel, Anne (2020): The Pressures of Getting it Right: Expertise and Victims' Voices in the Work of the Sierra Leone Truth and Reconciliation Commission (TRC). In: *International Journal of Transitional Justice*, 14 (2), 300-319.

Merkel, Reinhard (1999) (Hg.): *Der Kosovo-Krieg und das Völkerrecht*. Frankfurt/M.: Suhrkamp.

Mertus, Julie A. (2008): *Bait and Switch. Human Rights and U.S. Foreign Policy*. New York u.a.: Routledge, 2. Aufl.

Meyer-Ladewig, Jens (2017): *EMRK Europäische Menschenrechtskonvention: Handkommentar*. Nomoas: Baden-Baden.

Mihr, Anja/Pickel, Gert/Pickel, Susanne (Hg.) (2017): *Handbuch Transitional Justice*. Wiesbaden: VS-Verlag (E-Book).

Mikecz, Dániel (2020): Die öffentliche Meinung und diskursive Gelegenheitsstrukturen für ungarische NGOs. In: *Forschungsjournal Soziale Bewegungen*, 33 (3), 635-685.

Milewicz, Karolina M./Goodin, Robert E. (2018): International Organizations: The Case of the Universal Periodic Review of Human Rights. In: *British Journal of Political Science*, 48 (2), 513-533.

Misbach, Elène (2015): „Sich für Gesundheit stark machen" – Solidarische Flüchtlingsarbeit als gemeinsamer sozialer Kampf um Rechte. In: *Zeitschrift für Menschenrechte*, 9 (2), 122-135.

Möckel, Benjamin (2020). Endtimes of Human Rights. Neuere Forschungen zur Geschichte der Menschenrechte. In: *Neue Politische Literatur*, 65 (3), 473-501.

Moeckli, Daniel/Sha, Sangeeta/Sivakumaran (Hg.) (2019): *International Human Rights Law*. Oxford: OUP, 3. Aufl.

Mok, Chit Wai John (2022): Violent Repression, Relational Positions, and Emotional Mechanism in Hong Kong's Anti-Extradition Movment. In: *Mobilization: An International Quarterly*, (27 (3), 297-317.

Moltmann. Bernhard (2015): Wende mit begrenzter Wirkung: Die Rüstungsexportpolitik der Großen Koalition seit 2013. In: *HSFK-Standpunkte*, 4/2015, 1-12.

Monshipouri, Mahmood (Hg.) (2016): *Information Politics, Protests, and Human Rights in the Digital Age*. New York: Cambridge University Press.

Morales Antoniazzi, Mariela/Ronconi, Liliana/Clérico, Laura (Hg.) (2020): *Interamericanización de los DESCA. El Caso Cuscul Pivaral de la Corte IDH.* México: Instituto Max Planck de Derecho Público Comparado y Derecho Internacional Público u.a.

Morin, Jean-Frédéric/Paquin, Jonathan (2018): *Foreign Policy Analysis. A Toolbox.* Cham: Springer (Palgrave macmillan).

Morsink, Johannes (1999): *The Universal Declaration of Human Rights. Origins, Drafting, and Intent.* Philadelphia: University of Pennsylvania Press.

Motte, Jochen (2015): Entwicklungen und Herausforderungen im Bereich des Menschenrechtsschutzes seit der Wiener Menschenrechtskonferenz 1993 in zivilgesellschaftlicher Perspektive. In: Kirchmeier, Felix/Krennerich, Michael (Hg.): *Handbuch der Menschenrechtsarbeit. Edition 2014/2015.* Berlin: FES/Forum Menschenrechte, 29-40.

Moyn, Samuel (2010): *The Last Utopia. Human Rights in History.* Cambridge: Harvard University Press.

Moyn, Samuel (2018): *Not Enough. Human Rights in an Unequal World.* Cambridge u.a.: Harvard University Press.

Müller, Melanie (2017): *Auswirkungen internationaler Konferenzen auf soziale Bewegungen. Das Fallbeispiel der Klimakonferenz in Südafrika.* Wiesbaden: Springer VS.

Murray, Rachel/Long, Debra (2015): *The Implementation of the Findings on the African Commission on Human and Peoples' Rights.* Cambridge: CUP.

Mutschler, Max (2019): *Für eine strenge Rüstungsexportpolitik in Deutschland und Europa.* Arbeitspapier Sicherheitspolitik Nr. 12. Berlin: Bundesakademie für Sicherheitspolitik.

Neier, Aryeh (2012): *The International Human Rights Movement. A History.* Princeton u.a.: Princeton University Press.

Niemann, Arne/Lauter, Dorothee (2011): Playing Two-Level Games in Berlin and Brussels: Maintaining Control of Asylum Policies. In: Bendel, Petra/Ette, Andreas/Parkes, Roderick (Hg.): *The Europeanization of Control. Venues and Outcomes of EU Justice and Home Affairs Cooperation.* Münster: LIT, 137-175.

Nolan, Aoife/Freedman, Rosa/Murphy, Thérèse (Hg.) (2017): *The United Nations Special Procedures System.* Leiden u.a.: Brill Nijoff.

Nowak, Manfred (2008): Ein Weltgerichtshof für Menschenrechte. In: *Vereinte Nationen*, 56 (5), 205-211.

Nowak, Manfred (2011): Das Amt des UN-Sonderberichterstatters über Folter. In: *Vereinte Nationen*, 59 (5), 202-209.

Nürnberger Menschenrechtszentrum (Hg.) (2015): *Das Internationale Militärtribunal von Nürnberg 1945/46. Die Reden der Hauptankläger. Neu gelesen und kommentiert.* Hamburg: CEP Europäische Verlagsanstalt.

Oberleitner, Gerd (2007): *Global Human Rights Institutions.* Cambridge u.a.: Polity Press.

O'Donnell, Guillermo/Schmitter, Philippe C./Whitehead, Laurence Whitehead (1986): *Transitions from Authoritarian Rule: Comparative Perspectives.* Baltimore und London: The John Hopkins University Press.

Oettler, Annika (2006): Multidimensionale Aufarbeitung: Wahrheitskommissionen in Lateinamerika. In: *Lateinamerika-Analysen*, 2, 113-139.

OHCHR (2006): *Frequently Asked Questions on a Human Rights-Based Approach to Development Cooperation.* Genf.

Ortiz, Isabel/Burke, Sara/Berrada, Mohamed/Saenz Cortes, Hernan (2022): *A Study of Key Protest Issues in the 21st Century.* Cham: Palgrave Macmillan.

OSCE/ODIHR (2012a): *OSCE Human Dimension Commitments: Volume 1, Thematic Compilation.* Warschau, 3. Aufl.

OSCE/ODIHR (2012b): *OSCE Human Dimension Commitments: Volume 2, Chronological Compilation.* Warschau, 3. Aufl.

Osthoff, Janine (2012): *Weiterentwicklung des internationalen Menschenrechtsschutzes unter dem UN-Menschenrechtsrat.* Baden-Baden: Nomos.

Paasch, Armin (2021): Das deutsche Lieferkettensorgfaltspflichtengesetz – Hintergründe, Bewertung, Perspektiven. In: *Zeitschrift für Menschenrechte*, 15 (2), 176-194.

Paasch, Armin (2022): Gefährliche Abhängigkeit: Der Krieg und die Rohstoffe. In: *Blätter für deutsche und internationale Politik*, 67 (5), 25 ff.

Pace, John P. (2020): *The United Nations Commission on Human Rights. „A Very Great Experience"*. Oxford: OUP.

Palleit, Leander (2011): *Gleiches Wahlrecht für alle Menschen? Menschen mit Behinderungen und das Wahlrecht in Deutschland*. Berlin: DIMR.

Pavkovic, Gari/Özbabacan, Ayşe (2018): Der Kommunale Qualitätszirkel zur Integrationspolitik. In: Gesemann, Frank/Roth, Roland (Hg.): *Handbuch Lokale Integrationspolitik in der Einwanderungsgeschaft*. Wiesbaden: Springer VS, 805-822.

Parra, José (2017): *Beyond the Procedure: The Universal Periodic Review as a Catalyst for Public Debate on Human Rights. Selected National Practices*. Genf: FES und CIFEDHOP.

Pastor, Robert A. (1987): *Condemned to Repetition: The United States and Nicaragua*. Princeton: Princeton University Press.

Peksen, Dursun (2009): Better or Worse? The Effect of Economic Sanctions on Human Rights. In: *Journal of Peace Research*, 46 (1), 59-77.

Peter, Erich (2006): *Die deutsche Ratifikationserklärung zur UN-Kinderrechtskonvention im Diskurs, Dokumentationen der rechtspolitischen Kontroverse um eine Rücknahme der deutschen Ratifikationserklärung*. Im Auftrag der Kindernothilfe e.V., Bremen.

Peters, Daniel (2020): *Menschenrechtsschutz in der internationalen Gemeinschaft. Extraterritoriale Staatenpflichten und Responsibility to Protect*. Baden-Baden: Nomos.

Pfaff, Isabel (2022): Genf: „Im Menschenrechtsrat herrscht moralische Korruption". In: *Süddeutsche Zeitung*, 7. Juli 2022.

Piccone, Ted (2012): *Catalysts for Change. How the UN's Independent Experts Promote Human Rights*. Washington D.C.: Brooking Institutions Press.

Piccone, Ted (2018): *China's Long Game on Human Rights at the United Nations*. Washington D.C.: Brookings.

Pils, Eva (2021): Chinas Einfluss auf die Menschenrechte. In: *Zeitschrift für Menschenrechte*, 15 (2), 110-129.

Polack, Jan Tobias et al. (2021a): Menschenrechte in der Praxis der deutschen Entwicklungspolitik: Empirische Befunde und theoretische Einordnung. In: *Zeitschrift für Menschenrechte*, 15 (1), 46-63.

Polack, Jan Tobias et al. (2021b): *Menschenrechte in der deutschen Entwicklungspolitik: Konzept und Umsetzung*. Bonn: DEval.

Polizzi, Marc S./Murdie, Amanda (2019): NGOs and human rights. In: Davies, Thomas (Hg.): *Routledge Handbook of NGO and International Relations*. London u.a.: Routledge, 251-266.

Pollmann, Arnd (2012): Drei Dimensionen des Begriffs der Menschenrechte: Recht, Moral und Politik. In: Pollmann, Arnd/Lohmann, Georg (Hg.): *Menschenrechte. Ein interdisziplinäres Handbuch*. Stuttgart, Weimar: J.B. Metzler, 358-363.

Pollmann, Arnd (2014): Lernen aus historischem Unrecht? Zur menschenrechtlichen Bedeutung der Erfahrung von Krieg, Gewalt und Entwürdigung. In: Gutmann, Thomas/Laukötter, Sebastian/Pollmann, Arnd/Siep, Ludwig (Hg.): *Genesis und Geltung. Historische Erfahrung und Normenbegründung in Moral und Recht*. Tübingen: Mohr Siebeck, 43-66.

Pollmann, Arnd (2022): *Menschenrechte und Menschenwürde. Zur philosophischen Bedeutung eines revolutionären Projektes*. Berlin: Suhrkamp.

Pollmann, Arnd/Lohmann, Georg (Hg.) (2012): *Menschenrechte. Ein interdisziplinäres Handbuch*. Stuttgart, Weimar: J.B. Metzler.

Posner, Eric A. (2014): *The Twilight of Human Rights Law*. New York: OUP.

Prakash, Aseem/Gugerty, Mary Kay (2010): *Advocacy Organizations and Collective Action*. New York: Cambridge University Press.

Putnam, Robert D. (1988): Diplomacy and domestic politics: the logic of two-level games. In: *International Organization*, 42 (3), 427-460.

Quatert, Jean H. (2009): *Advocating Dignity. Human Rights mobilizations in Global Politics*. Philadelphia: University of Pennsylvania Press.

Rabini, Christian/Dimmroth, Katharina/Brummer, Klaus/Hansel, Mischa (2020): *Entscheidungsträger in der deutschen Außenpolitik. Führungseigenschaften und politische Überzeugungen der Bundeskanzler und Außenminister.* Baden-Baden: Nomos.

Ramcharan, Robin /Ramcharan, Bertrand (2019): *Asia and the Drafting of the Universal Declaration of Human Rights*, Singapur: Springer.

Ramcharan, Bertrand G. (2011): *The UN Human Rights Council.* London, New York: Routledge.

Ramcharan, Bertrand G. (2022): *The Protection Role and Jurisprudence of the United Nations Human Rights Council.* Leiden: Brill Nijhoff.

Rat der Europäischen Union (2019): *EU-Jahresbericht über Menschenrechte und Demokratie in der Welt im Jahr 2018.* Brüssel, 13. Mai 2019, 9024/19.

Rat der Europäischen Union (2020): *EU-Jahresbericht über Menschenrechte und Demokratie in der Welt im Jahr 2019.* Brüssel, 15. Juni 2020, 8580/20.

Rat der Europäischen Union (2021): *EU-Jahresbericht über Menschenrechte und Demokratie in der Welt im Jahr 2020.* Brüssel, 21. Juni 2021, 9838/21.

Rathgeber, Theodor (2013): *Performance and Challenges of the UN Human Rights Council. An NGO's View.* Berlin u.a.: FES.

Rathgeber, Theodor (2015a): Menschenrechtssystem der Vereinten Nationen in Genf. In: Kirchmeier, Felix/Krennerich, Michael (Hg.) (2015): *Handbuch der Menschenrechtsarbeit. Edition 2014/2015.* Berlin: FES und Forum Menschenrechte, 227-257.

Rathgeber, Theodor (2015b): Beschwerdeverfahren bei den Vereinten Nationen. In: Kirchmeier, Felix/Krennerich, Michael (Hg.) (2015): *Handbuch der Menschenrechtsarbeit. Edition 2014/2015.* Berlin: FES und Forum Menschenrechte, 258-268.

Rathgeber, Theodor (2016): Im Schatten des UN Menschenrechtsrates. Erwartungen an die Mitgliedstaaten. In: *Zeitschrift für Menschenrechte*, 10 (2), 166-177.

Rathgeber, Theodor (2017): *High Normative Standards in Political Lowlands – The Human Rights Council in 2017.* Geneva: FES.

Reilly, Niamh (Hg.) (2020): *International Human Rights of Women.* Singapore: Springer Singapore.

Reiners, Nina (2018): Die Interpretation von Menschenrechtsnormen durch die Vertragsausschüsse der Vereinten Nationen. In: *MenschenRechtsMagazin*, 23 (1), 5-14.

Renouard, Joe (2016): *Human Rights in Amerian Foreign Policy. From the 1960s to the Soviet Collapse.* Philadelphia, PA: University of Pennsylvania Press.

Renshaw Catherine S. (2013): The ASEAN Human Rights Declaration 2012. In: *Human Rights Law Review*, 13(3), 557-579.

Renshaw, Catherine S. (2019): *Human Rights and Participatory Politics in Southeast Asia.* Philadelphia: University of Pennsylvania Press.

Riedel, Eibe/Giacca, Gilles/Golay, Christophe (Hg.) (2014): *Economic, Social, and Cultural Rights in International Law. Contemporary Issues and Challenges.* Oxford: OUP.

Risse, Thomas (2007): Menschenrechte als Grundlage der Weltgemeinschaftung? Die Diskrepanz zwischen Normanerkennung und Normeinhaltung. In: Janz, Nicole/Risse, Thomas (Hg.): *Menschenrechte – Globale Dimensionen eines universellen Anspruchs.* Baden-Baden: Nomos, 17-37.

Risse, Thomas/Jetschke, Anja/Schmitz, Hans Peter (2002): *Die Macht der Menschenrechte. Internationale Normen, kommunikatives Handeln und politischer Wandel in den Ländern des Südens.* Baden-Baden: Nomos.

Risse, Thomas/Ropp, Stephen C. (2013): Introduction and Overview. In: Risse, Thomas/Ropp, Stephen C./ Sikkinik, Kathryn (Hg.): *The Persistent Power of Human Rights.* Cambridge: CUP, 3-25.

Risse, Thomas/Ropp, Stephen C./Sikkinik, Kathryn (Hg.) (1999): *The Power of Human Rights. International Norms and Domestic Change.* Cambridge: CUP.

Risse, Thomas/Ropp, Stephen C./Sikkinik, Kathryn (Hg.) (2013): *The Persistent Power of Human Rights. From Commitment to Compliance.* Cambridge: CUP.

Risse-Kappen, Thomas (Hg.) (1995): *Bringing Transnational Relations Back In: Non-State Actors. Domestic Structures and International Institutions.* Cambridge: CUP.

Rose, Richard (1993): *Lesson-Drawing in Public Policy. A Guide to Learning across Time and Space.* Chatham, New Jersey: Chatham House Publishers.

Rosenberger, Sieglinde (2023): Menschenrechtspolitik. In: Senn, Martin/Eder, Franz/Kornprobst, Markus (Hg.): *Handbuch Außenpolitik Österreichs.* Wiesbaden: Springer VS, 413-424.

Roht-Arriaza, Naomi/Mariezcurrena, Javier (Hg.): *Transitional Justice in the Twenty-First Century.* Cambridge: CUP.

Roth, Roland/Rucht, Dieter (1987): Einleitung. In: dies. (Hg.): *Neue soziale Bewegungen in der Bundesrepublik Deutschland.* Frankfurt/M. u.a.: Campus, 11-16.

Rüb, Friedbert, W. (2014): Multiple-Streams-Ansatz: Grundlagen, Probleme und Kritik. In: Schubert, Klaus/Bandelow, Nils (Hg.): *Lehrbuch der Politikfeldanalyse.* München: Oldenbourg, 3. Aufl., 373-407.

Rüchardt, Felix/Weiss, Moritz (2018): Der Staat als Broker? Rüstungsdiplomatie als die vernachlässigte Seite von Waffenexporten. In: *Zeitschrift für Friedens- und Konfliktforschung*, 7 (2), 210-245.

Rucht, Dieter (1994): Öffentlichkeit als Mobilisierungsfaktor für soziale Bewegungen. In: Neidhardt, Friedhelm (Hg.): *Öffentlichkeit, öffentliche Meinung, soziale Bewegungen.* Opladen: Westdeutscher Verlag, 337-358.

Rucht, Dieter/Thene, Simon (2017): Einleitung: Das Protestgeschehen in der Bundesrepublik seit den 1980er Wahlen zwischen Kontinuität und Wandel. In: *Leviathan*, Sonderband 33, 9-33.

Rudolf, Beate (2000): *Die thematischen Berichterstatter und Arbeitsgruppen der UN-Menschenrechtskommission. Beitrag zur Fortentwicklung des internationalen Menschenrechtsschutzes.* Berlin u.a.: Springer.

Rudolf, Beate (2013): Bringing Human Rights Home. Zur Rolle nationaler Menschenrechtsinstitutionen. In: *Vereinte Nationen*, 4/2013, 99-104.

Rudolf, Beate (2015): Menschenrechtliche Anforderungen an die Hilfe für wohnungslose Frauen. In: *wohnungslos*, 1/2015, 2-6.

Rudolf, Beate (2020): Die Frauenrechtskonvention (CEDAW) als Bestandteil des deutschen Rechts. In: Bundesministerium für Familie, Senioren, Frauen und Jugend (Hg.): *Mit Recht zur Gleichstellung!* Berlin: BFSFJ, 23-28.

Rühl, Bettina (2016): Mein Partner, der Diktator. Um Fluchtursachen anzugehen, kooperieren Deutschland und die EU mit Despoten. In: *IPG-Journal*, 9. Mai 2016; www.ipg-journal.de

Ruppert, Uta (2005): Die bessere Hälfte transnationaler Zivilgesellschaft? Frauen-NGOs und die Politik der FrauenMenschenrechte. In: Brunnengräber, Achim/Klein, Ansgar/Walk, Heike (Hg.): *NGOs im Prozess der Globalisierung. Mächtige Zwerge – umstrittene Riesen.* Wiesbaden: VS Verlag für Sozialwissenschaften, 214-241.

Ryan, Charlotte/Gamson, William A. (2015/2006): Are Frames Enough? In: Goodwin, Jeff/Jasper, James M. (Hg.): *The Social Movement Reader. Cases and Concepts.* Chichester, West Sussex: Wiley Blackwell, 3. Aufl., 136-142.

Saage-Maaß, Miriam/Rau, Simon (2015): Transnationale juristische Kämpfe gegen Menschenrechtsverletzungen durch Unternehmen. In: *Forschungsjournal Soziale Bewegungen*, 28 (4), 106-117.

Sabatier, Paul A. (1988): An Advocacy-Coalition Framework of Policy Change and the Role of Policy-Oriented Learning Therein. In: *Policy Sciences*, 21, 129-168.

Sabatier, Paul A. (1993): Advocacy-Koalitionen, Policy-Wandel und Policy-Lernen: Eine Alternative zur Phasenheuristik. In: Héritier, Adrienne (Hg.): *Policy-Analyse. Kritik und Neurorientierung*. PVS-Sonderheft 24. Opladen: Westdeutscher Verlag, 116-148.

Sabatier, Paul A./Jenkins-Smith, Hank C. (1993): *Policy Change and Learning. An Advocacy Coalition Approach*. Boulder, Col. u.a.: Westview Press.

Sabatier, Paul A./Weible, Christopher M. (2007): The Advocacy Coalition Framework. Innovations and Clarifications. In: Sabatier, Paul A. (Hg.): *Theories of the Policy Process*. Boulder, Col.: Westview Press, 3. Aufl., 189-220.

Safferling, Christoph (2011): *Internationales Strafrecht: Strafanwendungsrecht – Völkerstrafrecht – Europäisches Strafrecht*. Heidelberg: Springer.

Safferling, Christoph (2021): "Transitional Justice" nach 1945 und nach 1990: Gemeinsamkeiten, Unterschiede, Wirkungen. In: *Recht und Politik*, 8, 25-41.

Safferling, Christoph/Kirsch Stefan (2014): *Völkerstrafrechtspolitik: Praxis des Völkerstrafrechts*. Heidelberg: Springer.

Safferling, Christoph/Petrossian, Gurgen (2019): Kriegsverbrecher unter den Flüchtlingen. Der Umgang der deutschen Justiz mit verdeckt nach Deutschland einreisenden Völkerrechtsverbrechern. In: *Juristische Arbeitsblätter*, 06/2019, 401-406

Sager, Fritz/Hadorn, Susanne/Balthasar, Andreas/Mavrot, Céline (2021): *Politikevaluation Eine Einführung*. Wiesbaden: Springer VS.

Salomon, Margot E./Scheinin, Martin (2019): Review of Moyn's book: „Not Enough". In: *Leiden Journal of International Law*, 32, 609-613.

Sánchez Dionis, Marta (2013): Re-asserting Human Rights in Times of Crisis. The Consequences of the Economic Crisis in Spain and Demand of the *Indignados* Movement. In: *Zeitschrift für Menschenrechte*, 7 (1), 44-60.

Sandschneider, Eberhard (2013): Raus aus der Moralecke. In: *Die Zeit*, 28. Februar 2013.

Sauer, Birgit (2019): Anti-feministische Mobilisierung in Europa. Kampf um eine neue politische Hegemonie? In: *Zeitschrift für Vergleichende Politikwissenschaft*, 13 (3), 339-352.

Saul, Ben/Kinley, David/Mowbray, Jaqueline (Hg.) 2014: *The International Convention on Economic, Social and Cultural Rights. Commentary, Cases, and Materials*. New York: OUP.

Saunders, Clare/Roth, Silke (2019): NGOs and Social Movement Theory. In: Davies, Thomas (Hg.): *Routledge Handbook of NGOs and International Relations*, London u.a.: Routledge, 138-152.

Schammann, Hannes (2020): Fluchtzuwanderung als Integrationsmotor für kommunale Integrationspolitik. In: *Aus Politik und Zeitgeschichte* (APuZ), 70 (30-32), 45-52.

Schammann, Hannes/Bendel, Petra/Müller, Sandra/Ziegler, Franziska/Wittchen, Tobias (2020): *Zwei Welten? Integrationspolitik in Stadt und Land*. Stuttgart: Robert Bosch Stiftung.

Schirrmacher, Thomas (Hg.) (2017): *Heiner Bielefeldt: Freedeom of Religion or Belief. Thematic Reports of the UN Special Rapporteur 2010-2016*. Bonn: VKW.

Schmidt, Manfred G. (2019): *Demokratietheorien. Eine Einführung*. Wiesbaden: Springer VS, 6. Aufl.

Schmidt, Manfred G./Ostheim, Tobias/Siegel, Nico A./Zohlnhöfer, Reimut (Hg.) (2007): *Der Wohlfahrsstaat. Eine Einführung in den historischen und internationalen Vergleich*. Wiesbaden: VS Verlag für Sozialwissenschaften.

Schneider, Volker/Janning, Frank (2006): *Politikfeldanalyse. Akteure, Diskurse und Netzwerke in der öffentlichen Politik*. Wiesbaden: VS Verlag für Sozialwissenschaften.

Schönsteiner, Judith (2021): The Chilenan Economic Constitution and Human Rights. In *Zeitschrift für Menschenrechte*, 15 (1), 64-82.

Schubert, Jonas (2022): Ein Update für die UN-Kinderrechtskonvention? Kinderrechtliche Ansätze für die Auseinandersetzung mit der globalen Umweltkrise. In: *Zeitschrift für Menschenrechte*, 16 (1), 127-159.

Schubert, Klaus/Bandelow Nils (Hg.) (2009): *Lehrbuch der Politikfeldanalyse 2.0*. München: Oldenbourg.

Schubert, Klaus/Bandelow, Nils (Hg.) (2014): *Lehrbuch der Politikfeldanalyse*. München: Oldenbourg, 3. Aufl.

Schubert, Simone (2019): *Die Umsetzung der Leitprinzipien der Vereinten Nationen für Wirtschaft und Menschenrechte durch nationale Aktionspläne.* Berlin: Springer.

Schulz, William F. (Hg.) (2008): *The Future of Human Rights. U.S. Policy for a New Era. Philadelphia.* Pennsylvania: University of Pennsylvania Press.

Schulze, Marianne (2020): Soziale Bewegungen: Menschen mit Behinderungen. In: *Zeitschrift für Menschenrechte*, 14 (2), 52-67.

Seibert, Thomas (2016): Jenseits des Marktes. Offene Fragen. In: Grillmeyer, Siegfried et al.: *Untragbar. Ein Menschenrecht auf faire Kleidung?* Würzburg: Echter Verlag, 74-86.

Selchow, Ulla/Hutter, Franz-Josef (Hg.) (2004): *Menschenrechte und Entwicklungszusammenarbeit.* Wiesbaden: VS Verlag für Sozialwissenschaften.

Sen, Amartya (1997): *Human Rights and Asian Values.* New York: Carneige Council on Ethics and International Affairs.

Sen, Amartya (2004): *Elemente einer Theorie der Menschenrechte.* Stuttgart: Reclam.

Sharp, Gene (1973): *The politics of nonviolent action, Vol. 2: The Methods of Nonviolent Action.* Porter Sargent Publishers.

Shor, Eran (2008): Conflict, Terrorism, and the Socialization of Human Rights Norms: The Spiral Model Revisted. In: *Social Problems*, 55 (1), 117-138.

Sicilianos, Linos-Alexander (2021): The European Convention on Human Rights at 70. The Dynamic of a Unique International Instrument. In: Czech, Philip et al. (Hg.): *European Yearbook on Human Rights 2020.* Cambridge: Intersentia, 3-16.

Sikkink, Kathryn (2004): *Mixed messages: U.S. human rights policy and Latin America.* Ithaca u.a.: Cornell University Press.

Sikkink, Kathryn (2017): *Evidence for Hope. Making Human Rights Work in the 21st Century.* Princeton u.a.: Princeton University Press.

Smith, Jackie/Pagnucco, Ron/Lopez, George (1998): Globalizing Human Rights: The Work of Human rights NGOs in the 1990s. In: *Human Rights Quarterly*, 20, 379-412.

Snow, David A. et al. (1998): Disrupting the "Quotidian": Reconceptualising the Relationship Between Breakdown and the Emergence of Collective Action. In: *Mobilization. An International Quarterly*, 3 (1), 1-22.

Snow, David A./Benford, Robert D. (1992): Master Frames and Cycles of Protest. In: Morris, Aldon/McClurg Mueller, Carol (Hg.): *Frontiers of Social Movement Theory.* New Haven: Yale University Press, 133-155.

Snow, David A./Benford, Robert D. (2000): Framing Processes and Social Movements: An Overview and Assessment. In: *Annual Review of Sociology*, 26, 611-639.

Snow, David A. et al. (2019): Introduction: Mapping and Opening Up the Terrain: In: Snow, David A. et al. (Hg.): *The Wiley Blackwell Companion to Social Movements.* Oxford: Willey Blackwell, 2. Aufl., 1-16.

Spannagel, Janika (2019): Irrlichter in der Erfassung menschenrechtlicher Trends. In: *Zeitschrift für Menschenrechte*, 13 (1), 7-26.

Ssenyonjo, Manisuli (2015): The Development of Economic, Social and Cultural Rights under the African Charter on Human and Peoples' Rights by the African Commission on Human and Peoples' Rights. In: *International Human Rights Law Review*, 4, 147-193.

Ssenyonjo, Manisuli (2009): *Economic, Social and Cultural Rights in International Law.* Oxford u.a.: Hart Publishing.

Staggenborg, Suzanne (2022): Studying a Movement Up Close: Grassroot Environmentalism. In: *Mobilization: An International Quarterly*, 27 (1), 1-12.

Stammers, N. (1999): Social Movements and the Social Construction of Human Rights. In: *Human Rights Quarterly*, 21 (4), 980-1008.

Steiner, Christian/Uribe, Patricia (Hg.): *Convención Americana sobre Derechos Humanos. Comentario.* Bogotá: Editorial Temis/KAS.

Stickler, Armin (2015): *Nichtregierungsorganisationen, soziale Bewegungen und Global Governance*. Bielefeld: transcript.

Stockmann, Reinhard/Meyer, Wolfgang (2010): *Evaluationen. Eine Einführung*. Opladen u.a.: Verlag Barbara Budrich.

Stockmann, Reinhard/Meyer, Wolfgang/Taube, Lena (2020) (eds.): *The Institutionalisation of Evaluation in Europe*. London: Palgrave Macmillan.

Stöber, Silvia/Becker, Andrea (2021): Kuscheln mit Diktatoren, 13. März 2021, *Tagesschau*, www.tagesschau.de/ivestigativ/kontraste/union-politiker-aserbaidschan-kasachstan-101.html

Stoecker, Ralf (2019): *Theorie und Praxis der Menschenwürde*. Paderborn: mentis.

Stürner, Janina; Bendel, Petra (2019): The Two-Way 'Glocalisation' of Human Rights or: How Cities Become International Agents in Migration Governance. In: *Peace Human Rights Governance* 3 (2), 215-239.

Stürner, Janina/Heimann, Christiane/Bendel, Petra/Schammann, Hans (2020): *„When Mayors Make Migration Policy": What Role for Cities in EU Migration and Integration Policy-Making*. Brüssel: European Policy Centre.

Suárez Franco, Ana María (2010): *Die Justiziabilität wirtschaftlicher, sozialer und kultureller Menschenrechte. Eine Untersuchung über den aktuellen Zustand in Lateinamerika unter Beachtung der völkerrechtlichen Mindeststandards. Kolumbien als Beispiel*. Frankfurt/M. u.a.: Peter Lang.

Sundrijo, Dwi Ardhanariswari (2021): *Regionalising Global Human Rights Norms in Southeast Asia*. Cham: Palgrave Macmillan.

SVR (Sachverständigenrat deutscher Stiftungen für Integration und Migration) (2020): *Gemeinsam gestalten: Migration aus Afrika nach Europa. Jahresgutachten 2020*. Berlin: SVR.

SVR (2022): *Systemrelevant: Migration als Stütze und Herausforderung für die Gesundheitsversorgung in Deutschland. Jahresgutachten 2020*. Berlin: SVR.

Syria Justice and Accountability Centre/The International Research and Documentation Centre for War Crimes Trials) (2021): *Scratching the Surface One Year Into the Koblenz Trial*. Washington D.C.: SJAC/ICWC.

Szymanksi, Mike (2022): Geht gerade nicht anders. Krieg und Energiekrise: Warum Berlin mit Ägyptens Alleinherrscher al Sisi verhandelt – trotz des dortigen Unterdrückungsapparates. In: *Süddeutsche Zeitung*, 18. Juli 2022.

Tarrow, Sidney (1989): *Democracy and Disorder: Protest and Politics in Italy, 1965-1975*. Oxford: Clarendon Press.

Tarrow, Sidney (2006): *The New Transnational Activism*. New York: Cambridge University Press.

Taube, Friedel (2021): Wie funktioniert das "System Aserbaidschan", *Deutsche Welle*, 12. März 2021, www.dw.com/de/a-56854642

Terman, Rochelle/Voeten, Erik (2018): The Relational Politics of Shame: Evidence from the Universal Periodic Review. In: *The Review of International Organiziations*, 13, 1-23.

Theissen, Gunnar (2006): Mehr als nur ein Namenswechsel: Der neue Menschenrechtsrat der Vereinten Nationen. In: *Vereinte Nationen*, 4/2006, 138-146.

Thornberry, Patrick (2020): The Committee on the Elimination of Racial Disrimination (CERD). In: Mégret, Fredéric/Alston, Philip (Hg.): *The United Nations and Human Rights. A Critical Appraisal*. Oxford: OUP, 2. Aufl., 309-338.

Thies, Cameron G. (ed.) (2018): *The Oxford Encyclopedia of Foreign Policy Analysis*. Oxford: OUP.

Tilly, Charles (1978): *From Mobilization to Revolution*. Reading, MA: Addison-Wesley.

Tilly, Charles (2014): *Social Movements, 1768-2004*. Boulder: Paradigm Press.

Tilly, Charles (2016): *Regimes and Repertoires*. Chicago: Chicago University Press.

Tistounet, Erich (2020): *The UN Human Rights Council. A Practical Anatomy*. Cheltenham u.a.: Edward Elgar.

Tomuschat, Christian (2018): Wohlfahrtsziele auf Weltebene. Das Recht auf Wohnen in der Rechtsprechung des UN-Sozialpaktes. In: *Europäische Grundrechte Zeitschrift*, 45 (5-8), 121-126.

Tomuschat, Christian (2022): Die Umwandlung von Empfehlungen in Rechtspflichten – die Dynamik der spanischen Rechtsprechung zum Menschenrechtsschutz. Der Fall González Carreño vor dem Tribunal Supremo. In: *Europäische Grundrechte Zeitschrift*, 49 (1-8), 1-6.

Töpfer, Eric/Rudolf, Beate (2019): Terrorismusbekämpfung und Menschenrechte. In: *Rechtswissenschaft*, 10 (4), 525-558.

Trial International (2022): *Universal Jurisdiction Annual Review 2022*. Genf: Trial International.

Tsebelis, George (2002): *Veto Players. How Political Institutions Work*. New York u.a.: Russell Sage Foundation/Princeton University Press.

Tsutsui, Kiyoteru/Smith, Jackie (2019): Human Rights and Social Movements. In: Snow, David A. et al. (Hg.): *The Wiley Blackwell Companion to Social Movements*, Oxford: Willey Blackwell, 2. Aufl., 571-601.

UK Interagency Group on Human Rights-Based Approaches (2007): *The Impact of Rights-based Approaches to Development, Evaluation/Learning Process*. London.

United Nations Human Rights (2014): *Women's Rights are Human Rights*. New York, Geneva: United Nations Human Rights.

Universal Rights Group (2021): *Building a coherent Human Rights Council-Security Council relationship – The prevention of human rights crises, violent conflict and atrocity crimes*. Genf: URG.

Unmüßig, Barbara (2015): Zivilgesellschaft und Klimawandel. Eingeschränkte Handlungsspielräume, Protest und Kooptation. In: *Forschungsjournal Soziale Bewegungen*, 28 (4), 16-22.

Unmüßig, Barbara (2016): *Zivilgesellschaft unter Druck – shrinking – closing – no space*. Berlin: Heinrich-Böll-Stiftung.

UNSDG (2003): *The Human Rights Based Approach to Development Cooperation. Towards a Common Understanding Among UN Agencies*; https://unsdg.un.org/resources/human-rights-based-approach-development-cooperation-towards-common-understanding-among-un

Valji, Nahla (mit Tabellen von Rainer Huhle) (2015): Gerichtsverfahren und Wahrheitskommissionen. In: Kirchmeier, Felix/Krennerich, Michael (Hg.): *Handbuch der Menschenrechtsarbeit. Edition 2014/2015*. Berlin: FES und Forum Menschenrechte, 295-325.

Vanderlaan, Mary B. (1987): *Revolution and Foreign Policy*. Boulder u.a.: Westview Press.

Van Dyke, Nella/Taylor, Verta (2019): The Cultural Outcomes of Social Movements. In: Snow, David A. et al. (Hg.): *The Wiley Blackwell Companion to Social Movements*. Second Edition. Oxford: Wiley Blackwell, 482-498.

Van Ness, Justin/Summers-Effler (2019): Emotions in Social Movements. In: Snow, David A. et al. (Hg.): *The Wiley Blackwell Companion to Social Movements*. Oxford: Willey Blackwell, 2. Aufl., 411-428.

Vey, Judith/Leinius, Johanna/Hagemann, Ingmar (Hg.) (2019): *Handbuch Poststrukturalistische Perspektiven auf soziale Bewegungen*. Bielefeld: transcript.

Vorländer, Hans (2006) (Hg.): *Die Deutungsmacht der Verfassungsgerichtsbarkeit*. Wiesbaden: VS Verlag für Sozialwissenschaften.

Vorrath, Judith (2021): Was vom Rate übrig blieb. In: *Internationale Politik und Gesellschaft*, 1. Februar 2021.

Voss, M. Joel (2018): Contesting Sexual Orientation and Gender Identity at the UN Human Rights Council. In: *Human Rights Review*, 19, 1-22.

Voss, M. Joel (2019): The Use (or Misuse) of Amendments to Contest Human Rights Norms at the UN Human Rights Council. In: *Human Rights Review*, 20, 397-422.

Voß, Silke (2000): *Parlamentarische Menschenrechtspolitik. Die Behandlung internationaler Menschenrechtsfragen im Deutschen Bundestag unter besonderer Berücksichtigung des Unterausschusses für Menschenrechte und humanitäre Hilfe (1972-1998)*. Düsseldorf: Droste.

Wächter-Raquet, Marcus (2016): *Einführung der Gesundheitskarte für Asylsuchende und Flüchtlinge. Der Umsetzungsstand im Überblick der Bundesländer*. Gütersloh: Bertelsmann Stiftung.

Wagner, Beate (2016): 50 Jahre UN-Menschenrechtspakte. In: *Aus Politik und Zeitgeschichte* (APuZ), 66 (10-11), 17-23.

Wagner, Léonie Jana (2017): *Menschenrechte in der Entwicklungspolitik: Extraterritoriale Pflichten, der Menschenrechtsansatz und seine Umsetzung*. Wiesbaden: VS Verlag für Sozialwissenschaften.

Wahyuningrum, Yuyun (2019): Siebzig Jahre Menschenrechte – ein Blick aus dem Süden, https://www.boell.de/de/2019/01/21/siebzig-jahre-menschenrechte-ein-blick-aus-dem-sueden

Waltz, Kenneth N. (1959): *Man, the State and War: A Theoretical Analysis*. New York: Columbia University Press.

Waltz, Kenneth N. (1979): *Theory of International Politics*. Reading, M.A.: Addison-Wesley.

Waltz, Kenneth N. (1996): International Politics is not Foreign Policy. In: *Security Studies*, 6 (1), 54-57.

Weible, Christopher M. et al. (2011): A Quarter Century of the Advocacy Coalition Framework: An Introduction to the Special Issue. In: *Policy Studies Journal*, 39 (3), 349-360.

Weingärtner, Dieter (2021): *Die Evaluation von Sicherheitsgesetzen. Grund- und menschenrechtliche Anforderungen*. Berlin: DIMR.

Weinzierl, Ruth (2006): *Die Evaluierung von Sicherheitsgesetzen. Anregungen aus menschenrechtlicher Perspektive*. Policy Paper 6. Berlin: Deutsches Institut für Menschenrechte.

Weiß, Norman (2016): Schutz von Menschenrechtsverteidigern – neuere Entwicklungen. In: *Menschen RechtsMagazin*, 21 (1), 29-44.

Weiß, Norman (2019): Regionalisierung des Menschenrechtsschutzes – Funktionen, Strukturen und Herausforderungen. In: *MenschenRechtsMagazin*, 24 (1-2), 33-52.

Werle, Gerhard/Vormbaum, Moritz (2018): *Transitional Justice*. Berlin: Springer.

West, David (2013): *Social Movements in Global Politics*. Cambridge: Polity Press.

Weyers, Stefan/Köbel, Nils (Hg.) (2016): *Bildung und Menschenrechte. Interdisziplinäre Zugänge zur Menschenrechtsbildung*. Wiesbaden: Springer VS.

Whyte, Jessica (2019): *The Moral of the Markets: Human Rights and the Rise of Neoliberalism*. London u.a.: Verso.

Widmer, Thomas/De Rocchi, Thomas (2012): *Evaluation: Grundlagen, Ansätze und Anwendungen*. Zürich: Rüegger Verlag.

Wiener, Michael (i.E.): Religionsfreiheit in der Architektur der Menschenrechte – Heiner Bielefeldts Beitrag. In: Krennerich, Michael/Lissowsky, Michaela/Schenckel, Marco (Hg.): *Die Freiheit der Menschenrechte. Subjekte, institutionelle Garantien, Demokratie*. Frankfurt/M.: Wochenschau.

Windfuhr, Michael (1997): *Soziale Menschenrechte in der Entwicklungszusammenarbeit. Eine Herausforderung für die Kirchen*. Eine Studie im Auftrag der AG KED. Hamburg.

Winkler, Heinrich August (2013): Das Beste vom Westen. In: *Die Zeit*, 20. Juni 2013.

Wisotzki, Simone (2021): *Rüstungsexporte als Instrument deutscher Außen- und Sicherheitspolitik*. Sassenberg, Berlin: urgewald.

Whyte, Jessia (2019): *The Morals of the Market: Human Rights and the Rise of Neoliberalism*. London u.a.: Verso.

Wolff, Jonas (2013): *Von Werten und Schurken. Menschenrechte, Demokratie und die normativen Grundlagen deutscher Außenpolitik*. HSFK-Standpunkte, Nr. 3/2013. Frankfurt/M.: HSFK.

Wollmann, Hellmut (2009): Kontrolle in Politik und Verwaltung. Evaluation, Controlling und Wissensnutzung. In: Schubert, Klaus/Bandelow, Nils (Hg.): *Lehrbuch der Politikfeldanalyse 2.0*. München: Oldenbourg, 379-400.

Ziekow, Jan/Katz, Dieter/Piesker, Axel/Willwacher, Hanna (2016): *Gesetzliche Regelungen zur Terrorismusbekämpfung in Deutschland auf dem Prüfstand*. Baden-Baden: Nomos.

Abbildungsverzeichnis